구글 클라우드 플랫폼상의 데이터 과학

구글 클라우드 플랫폼상의 데이터 과학

실시간 데이터 파이프라인 구현: 입수부터 머신 러닝까지

발리아파 락쉬마난 지음

이준호 옮김

에이콘

에이콘출판의 기틀을 마련하신 故 정완재 선생님 (1935-2004)

발리아파 락쉬마난^{Valliappa Lakshmanan}

구글 클라우드의 데이터와 머신 러닝 전문 서비스에 대한 기술 책임자다. 머신 러닝을 민주화해서 어느 곳에서 어느 사용자나 사용하든 하드웨어를 많이 갖고 있지 않아도, 통계나 프로그래밍을 깊이 있게 알지 못해도 구글의 놀라운 인프라를 사용할 수 있게 돕는다. 구글에서 근무하기 전에는 클라이미트 코퍼레이션^{Climate Corporation}에서 데이터 과학자 팀을 이끌었고, NOAA 국립 폭풍 연구소의 연구 과학자로 혹독한 날씨의 진단 및 예측을 위한 머신 러닝 애플리케이션을 운영했다.

감사의 말

일 년 전 구글에 입사했을 때 단순히 인프라를 임대하는 방식으로 퍼블릭 클라우드를 사용했다. 가상 머신을 기동하고 머신에 필요한 소프트웨어를 설치한 후 일상적 워크플로우를 사용해 데이터 처리 작업을 실행했다. 나는 다행히도 구글의 빅데이터 스택은 다르다는 점을 알게 됐고, 구글 클라우드 플랫폼상의 머신 러닝 도구와 모든 데이터 도구를 사용하는 방법을 배우기 시작했다.

내가 가장 잘 배우는 방법은 코드를 작성하는 것이므로, 그렇게 했다. 파이썬 밋업 그룹meetup group에서 구글 클라우드 플랫폼을 설명해 달라는 요청을 받았을 때 작성했던 코드를 보여주고 설명했다. 데이터 과학 문제의 서로 다른 접근 방식을 대조하면서 엔드투엔드 시스템을 구축하는 코드를 살펴보는 것은 참가자들에게 상당히 유익하다는 것을 알았다. 나는 연설의 본문을 책 제안서로 작성해 오라일리 출판에 보냈다.

물론 60분의 워크쓰루보다 이 책에서 훨씬 더 깊은 지식을 다룬다. 근무한 지 6개월 되지 않은 직원을 위해 이전 이메일을 하루 종일 찾는다고 가정해보자. 여러분이 개발하는 데 도움을 줬던 매우 정교한 플랫폼에 관해 누군가가 책을 쓰기로 결정하고 당신에게 도움을 요청한다. 그는 당신의 팀원이 아니고, 그를 돕는 것은 당신의 일이 아니며, 그는 당신과 같은 사무실을 쓰지도 않는다. 당신의 어떻게 할 것인가? 자원하겠는가?

구글을 일하기에 훌륭한 장소로 만드는 것은 여기서 일하는 사람들 때문이다. 많은 사람(엔지니어, 기술 책임자, 제품 관리자, 솔루션 아키텍트, 데이터 과학자, 법률 고문, 디렉터), 아주 다른 팀에서 자신의 전문 지식을 한 번도 만나지도 않은 누군가에게 기꺼이 제공하는 것은 훌륭한 회사 문화의 증거다(나는 아직도 이 책에 도움을 준 사람 중 많은 사람을 개인적으로 만난 적이 없다). 이 책은 (알파벳 순서로) 윌리암 브록맨, 마이크 달린, 토니 딜로레토, 밥 에반스, 롤란드 헤스, 브레트 헤스터버그, 데니스 휴, 차드 제닝스, 푸니스 카울, 디네쉬 쿨카니, 마니쉬 쿠스, 르우벤 렉스, 조나단 류, 제임스 멜런, 데이브 올슨, 모사 파수만스키, 케빈 피터슨, 올리비아 푸에르타, 레자 록니, 칸 샛, 세르게이 소코렌코와 에이미 운루 덕분에 헤아릴 수 없게 좋아졌다. 특히 모든 장을 검토해준 마이크 달린, 매니쉬 쿠스, 올리비아 푸에르타에게 감사한다. 이 책을 쓰는 초기에 안토니오 파테니오와 데이빗 쉬완트너에게 소중한 오류 보고를 받았다. 말할 것도 없이 남아있는 모든 오류에 대한 책임은 내게 있다.

이 책을 집필하는 동안 몇 번이나 내가 완전히 꽉 막혔다는 사실을 깨달았다. 때때로는 기술적인 문제였다. 앞으로 나아갈 수 있는 길을 알려준 (알파벳 순서로) 아멧 알테이, 엘리 빅스비, 벤 체임버, 슬라바 천약, 마리안 드로라스키, 로비 해텔, 펠리브 호파, 아미르 호마티, 치밍(브레들리) 쟝, 케네스 놀리스, 니힐 코타리와 크리스 마이어에게 감사한다. 또 회사의 정책을 파악하거나 적절한 팀, 문서 또는 통계에 접근하는 문제가 있었다. 동료들이 중요한 지점에서 나를 막지 않았다면 이 책은 매우 형편없었을 것이다. (또한 알파벳 순서로) 루이스 바인, 아푸바 데사이, 로체나 골라니, 파우스토 이바라, 제이슨 마틴, 닐 뮬러, 필립 포토넷, 브레드 스비, 조단 티가니, 윌리암 뱀페네베와 마일즈 워드 등 여러분의 도움과 격려에 감사한다.

오라일리 팀에게도 감사한다. 나를 믿어 주고 초안에서 출판까지 어려움 없이 과정을 진행해 준 마리 비구러, 크리스틴 브라운, 벤 로리카, 팀 맥거번, 레이첼 루멜리오티스 및 헤더 셔러에게 감사한다.

끝으로, 가장 중요한 아비라미, 시드하스와 사라다에게 감사한다. 내가 코딩과 집필에 몰입했을 때에도 이해하고 인내해준 것에 감사한다. 이 모든 것을 가치 있게 만들어줬다.

이준호(evans8580@gmail.com)

넥슨 코리아에서 클라우드 아키텍처, 데브옵스^{DevOps} 문화 확산, IaC화, 빅데이터 구축 및 운영을 주도하고 있다. 넥슨에 재직하면서 2년 전 ELK를 기반으로 빅데이터 시스템을 구축해 현재 수백 테라바이트 수준의 데이터를 관리 중이다. 쌓여 있는 데이터를 이용해 유의미한 정보를 추출하려고 노력했고 ELK 기반 실시간 모니터링 체제의 구성은 완료한 상태다. 그러나 실시간 모니터링 수준을 뛰어넘는 예측 시스템을 만들고자 고군분투하고 있다.

옮긴이의 말

처음 이 책을 접했을 때는 참 어려웠다. 데이터 과학과 머신 러닝을 막연하게 이해하는 수준에 머물러 있어서 번역하는 데 1년 이상 소요됐다. 1년 내내 이 책의 내용을 이해하고자 소스를 배포하고 애플리케이션을 실행하고 결과를 확인하는 작업을 쉬지 않고 진행했다. 그 덕분에 적어도 머신 러닝, 딥러닝의 기초 지식은 어느 정도 이해하는 수준이 됐다. 게다가 구글 클라우드라는 특별한 클라우드 플랫폼 덕분에 하둡 같은 빅데이터 시스템을 별도로 구축하지 않고도 이 책에 나오는 모든 소스를 실행해보고 결과를 쉽게 확인할 수 있었고, 좀 더 빠르게 머신 러닝의 실체에 다가갈 수 있었다. 이제는 이해의 수준을 넘어서 사내에 구축돼 있는 빅데이터를 기반으로 본격적인 머신 러닝/딥러닝을 시도하려고 준비 중이다. 그것도 구글 클라우드 플랫폼에서 추진할 예정이다. 하둡 클러스터 등을 구축할 필요도 없고 데이터를 샤딩 처리하는 등의 수고도 필요 없기 때문이다. 게다가 타사 클라우드 대비 비용이 저렴하기까지 하다.

이 책을 접하기 전에 유튜브나 다른 책을 통해 머신 러닝/딥러닝의 기초적인 사항은 파악하길 바란다. 기초 지식 없이 내용을 접하면 정말 어려울 것이기 때문이다. 최근에 이 책의 주제로 사내에서 세미나를 진행했다. 물론 다수의 청중이 머신 러닝/딥러닝의 이해도가 거의 없는 상태였다. 머신 러닝/딥러닝이 워낙 뜨거운 주제인 관계로 관심은 많았지만, 내용을 이해하는 사람은 전체의 5%도 안됐다. "주로 나온 반응은 신기하다", "무슨 얘기인지 하나도 모르겠다", "머신 러닝 절차는 왜 이런 식인지 잘 모르겠다" 등이었다. 따라서 이 책을 읽기 전에 머신 러닝의 기초가 없다면 꼭 사전 공부를 하기를 간곡히 당부 드린다. 유튜브에 어떤 교수님이 아주 쉽고 자세히 설명을 한 강의 동영상이 올라와 있어서 나도 그 동영상을 시청하면서 번역 중 막힐 때마다 도움을 받았다.

끝으로 이제 머신 러닝/딥러닝은 데이터 과학자만 할 수 있는 특화된 분야가 아니라고 생각한다. 적어도 데이터에 대한 통찰력이 있다면 누구나 할 수 있는 분야다. 또한 머신 러닝을 쉽게 실행할 수 있는 클라우드 플랫폼이 계속적으로 나오고 있어서 누구든지 배우고자 한다면 어렵지 않게 실행을 해볼 수 있는 환경이 됐다. 여러분을 이 경이롭고 흥미로운 세계로 초청한다. 꼭 동참해 소기의 성과를 이루기 바란다.

차례

들어가며

나는 구글에서 다양한 산업 분야의 데이터 과학자 및 데이터 엔지니어와 함께 일하면서 그들이 데이터 처리 및 분석 방법을 퍼블릭 클라우드로 이전하도록 돕고 있다. 그들 중에는 온프레미스에서 하던 것과 동일한 작업을, 컴퓨팅 자원을 임대해서 동일한 방식으로 시도하는 이도 있다. 그러나 비전을 가진 사용자는 그들의 시스템을 다시 고민하고, 데이터로 일하는 방식을 변화시킴으로써 혁신을 더 빠르게 실현하고 있다.

2011년 초반, <하버드 비즈니스 리뷰>의 기사에 따르면 전에는 가능하지 않았던 방식으로 그룹과 커뮤니티가 협력할 수 있기 때문에 일부 클라우드 컴퓨팅이 대성공할 수 있었다고 한다. 이제는 이와 같은 성공 사례를 훨씬 더 많이 볼 수 있다. 2017년의 MIT 조사에 따르면 클라우드로 전환한 이유로, 전보다 많은 응답자가 비용 절감(34%)보다는 민첩성의 증가(45%)라고 답변했다.

이 책에서는 데이터 과학을 수행할 때 좀 더 혁신적이고 협력적인 방법을 살펴본다. 또한 엔드투엔드 파이프라인을 구현하는 방법을 알아본다. 서버리스 방식으로 데이터를 입수하는 것에서 시작해 데이터 탐색, 대시보드, 관계형 데이터베이스 및 데이터 스트리밍으로 머신 러닝 모델을 학습시켜 운영하는 것에 이르는 모든 방법을 연구한다. 데이터 기반 서비스의 모든 측면을 다루겠다. 데이터 엔지니어는 서비스를 설계하고, 통계적 및 머신 러닝 모델을 개발하고, 대규모 상용 및 실시간 구현에 참여해야 하기 때문이다.

이 책의 대상 독자

데이터 분석을 하는 독자 모두에게 적합한 책이다. 여러분은 시스템 프로그래머, 데이터 과학자, 데이터 엔지니어, 데이터베이스 관리자 또는 데이터 분석가의 직책을 맡을 수 있다. 오늘날은 역할이 더 세분화될 수도 있지만(데이터 분석만 하든지, 모델 작성만 하든지, 데브옵스만 수행할 것이다), 업무 영역을 조금 늘리고 싶을 것이다. 데이터 과학 모델의 작성법뿐 아니라 상용 시스템에 대규모로 데이터 과학 모델을 구현하는 방법도 배우고 싶을 것이다.

구글 클라우드 플랫폼은 인프라스트럭처를 잊도록 설계돼 있다. 주요한 데이터 서비스(구글 빅쿼리, 클라우드 데이터플로우, 클라우드 pib/sub 및 클라우드 ML 엔진)는 모두 서버리스며 자동 확장된다. 쿼리를 빅쿼리에 제출하면 수천 개의 노드에서 수행한 후 결과를 얻을 수 있다. 클러스터를 시작하거나 소프트웨어를 설치하지 않아도 된다. 유사하게 클라우드 데이터플로우에 데이터 파이프라인을 제출할 때나 클라우드 머신 러닝 엔진에 머신 러닝 작업을 제출할 때 클러스터 관리 또는 장애 복구에 대한 걱정 없이 대규모로 데이터를 처리할 수 있고, 대규모로 모델을 학습시킬 수 있다. 클라우드 pub/sub는 사용자의 개입 없이도 구독자와 게시자의 수 및 처리량에 따라 자동 확장되는 글로벌 메시징 서비스다. 클러스터에서 동작하도록 설계된 아파치 스파크 같은 오픈소스 소프트웨어를 실행할 때조차 구글 클라우드 플랫폼에서 쉽게 구축할 수 있다. 데이터를 HDFS가 아닌 구글 클라우드 스토리지에 두고 스파크 작업을 실행하려면 작업별 클러스터를 실행하라. 작업이 끝난 후 안전하게 클러스터를 삭제할 수 있다. 작업별 인프라로 인해 필요한 작업을 실행하려고 하드웨어를 오버 프로비저닝할 필요가 없어졌고, 용량이 초과될 것을 염려할 필요가 없어졌다. 또한 데이터는 저장 및 전송 시 암호화돼 안전하게 유지할 수 있다. 데이터 과학자로서 인프라를 관리할 필요가 없어진 점은 믿을 수 없을 정도의 자유를 제공받는 것을 의미한다.

구글 클라우드 플랫폼에서 실행할 때 가상 머신 및 클러스터에 신경 쓰지 않는 이유는 네트워크 때문이다. 구글 클라우드 플랫폼 데이터 센터 내의 네트워크 양방향 대역폭은 1PBps다. 따라서 클라우드 스토리지의 지속적인 읽기 속도는 매우 빠르다. 이는 전통적인 맵리듀스 작업에서 하던 것처럼 데이터를 더 이상 샤딩할 필요가 없다는 것을 의미한다. 대신 구글 클라우드 플랫폼은 필요에 따라 신규 컴퓨팅 노드에 데이터를 섞어 계산 작업을 자동 확장할 수 있다. 따라서 구글 클라우드 플랫폼에서 데이터 과학을 수행하면 여러분은 클러스터 관리에서 해방된다.

자동 확장되며 완벽히 관리되는 서비스는 규모 있는 데이터 과학 모델을 쉽게 구현할 수 있다. 이로 인해 데이터 과학자는 더 이상 자신의 모델을 데이터 엔지니어에게 전달할 필요가 없다. 대신 데이터 과학 워크로드를 스스로 작성하고, 클라우드에 제출하고, 자동으로 확장되는 방식으로 워크로드를 자동으로 실행시킬 수 있다. 동시에 데이터 과학 패키지는 점점 더 단순해지고 있다. 따라서 엔지니어가 데이터를 조사하고 준비된 모델을 이용해 초기 (그리고 종종 매우 좋은) 모델을 시작하고 실행하는 것이 매우 쉬워졌다. 잘 설계된 패키지와 쉽게 사용할 수 있는 API를 활용함으로써 데이터 과학 알고리즘의 난해한 세부 사항을 더 이상 알 필요가 없어 졌다. 각 알고리즘이 하는 일이 무엇인지와 실제 문제를 풀기 위해 알고리즘을 어떻게 함께 연결시킬 수 있는지의 방법만 알면 된다. 데이터 과학과 데이터 엔지니어링의 융합은 현재 역할 이상으로 더 넓게 날개를 펼칠 수 있는 이유다.

이 책을 간단히 읽는 것보다는 코드를 실행하면서 따라 하기를 강력하게 권한다. 이 책에서 내가 작성한 엔드투엔드 파이프라인의 전체 소스코드는 깃허브에 있다. 구글 클라우드 플랫폼 프로젝트를 생성하고 각 장을 읽은 후에 코드와 깃허브 리포지터리의 각 폴더에 있는 README.md[1] 파일을 참조해서 내가 한 일의 반복을 시도하라.

---

1. 예로 https://github.com/GoogleCloudPlatform/data-science-on-gcp/blob/master/06_dataproc/README.md를 참조하라.

편집 규약

다음은 이 책에서 주로 사용하는 표기법이다.

고딕체

새 용어를 나타낸다.

고정폭

프로그램이나 변수 또는 함수명, 자료형, 환경 변수, 구문, 키워드와 같은 프로그램의
일부를 표기할 때 사용한다. 커맨드라인의 입력 및 출력을 나타낼 때도 사용한다.

고정폭 볼드체

사용자가 입력해야 하는 명령어나 텍스트를 의미한다.

팁이나 제안을 의미한다.

일반적인 노트 등을 의미한다.

경고 또는 주의를 의미한다.

예제 코드 사용

부가 자료(예제 코드 또는 연습 문제 등)는 https://github.com/GoogleCloudPlatform/data-science-on-gcp에서 다운로드할 수 있다.

동일한 자료를 에이콘출판사의 도서정보 페이지 http://www.acornpub.co.kr/book/google-cloud-platform에서도 찾아볼 수 있다.

이 책은 여러분이 하고자 하는 일을 완수할 수 있게 도와준다. 제공되는 예제 코드는 여러분이 사용하는 프로그램과 문서에 적용해 사용할 수 있다. 또한 예제 코드의 상당 부분을 복사하는 게 아니라면 허가를 구할 필요도 없다. 가령 이 책에서 제공한 코드를 사용하더라도 사용 허가를 받지 않아도 된다. 하지만 오라일리$^{O'Reilly}$에서 제공하는 CD-ROM을 판매하거나 배포하려면 허가를 받아야 한다. 이 책을 인용하거나 예제 코드를 인용해 문제를 만드는 것은 허가를 받지 않아도 된다. 이 책에서 사용한 예제 코드의 많은 양을 제품의 문서에 포함시키려면 허가를 받아야 한다.

필수는 아니지만 인용할 경우 저작권 표시를 남겨 주면 고맙겠다. 저작권 표시에는 일반적으로 제목, 저자, 출판사가 포함된다. 예를 들어 "Data Science on the Google Cloud Platform by Valliappa Lakshmanan (O'Reilly). Copyright 2018 Google Inc."과 같이 쓰면 된다.

예제 코드의 공정 사용 또는 앞서 명시한 사용 범위를 벗어난 것으로 생각되는 경우 permissions@oreilly.com으로 문의하기 바란다.

한국어판에 관한 질문은 이 책의 옮긴이나 에이콘 출판사 편집 팀(editor@acornpub.co.kr)으로 문의해주길 바란다.

표지 그림

이 책 표지의 동물은 누른 도요$^{Calidris\ subruficollis}$다. 대부분의 도요새는 도요 물떼새로 간주되지만, 이 종은 해안 근처에서 흔하지 않다. 캐나다와 알래스카의 툰드라 서식지에서 번식하며, 겨울 동안 미국의 중서부 지역을 비행하면서 남미로 수천 마일을 이주한다. 영국과 아일랜드에서 적은 무리가 발견된다.

누른 도요는 작은 새로, 길이가 7~9인치 정도고 평균 날개 길이는 18인치다. 뒷면에 갈색 깃털과 밝은 회색의 가슴을 가졌고, 이 무늬로 인해 이름이 지어졌다. 짝짓기 기간 동안 새들은 ('레크^{leks}'라고 불리는) 전시장에 모여서 수컷은 부리를 위로 향하고 흰색의 몸 아래 부위를 보여주기 위해 날개를 들고 몸을 흔든다. 성공하면 여러 암컷과 짝짓기를 할 수 있다. 암컷 누른 도요는 개별적인 둥지를 가지며, 이끼, 나뭇잎 및 다른 식물들이 늘어선 얕은 구멍이 있는 지면에 알을 낳는다. 곤충은 누른 도요의 주요 식량 공급원이다. 가만히 서 있다가 먹이를 발견하면 작고 얇은 부리로 먹이를 사냥하기 위해 앞으로 달려 나간다.

번식기 이외에는 짧은 잔디가 있는 서식지를 선호한다. 비행장, 쟁기로 갈아 놓은 밭 및 골프 코스는 새들이 겨울을 날 때 흔히 볼 수 있는 휴식 장소들이다. 이들은 살충제 사용과 북극 번식지에서의 서식지 상실로 인해 현재 멸종 위기종으로 분류돼 있다.

표지 이미지는 『British Birds III』에 있는 이미지다.

## 1장

데이터에 기반을 둔 의사 결정

데이터 분석의 주요 목적은 의사 결정을 돕는 것이다. 데이터 분석의 결과에 기반을 둔 의사 결정에 대한 요구 사항이 없다면 데이터를 분석하기 위해 시간을 소비할 필요가 거의 없을 것이다. 중고 자동차를 구매할 때 중고차 판매상에게 연식과 주행 거리를 문의할 것이다. 차의 연식을 앎으로써 그 중고차의 잠재적인 가치를 평가할 수 있고, 차의 연식으로 연 평균 주행거리를 계산함으로써 얼마나 차를 험하게 몰았는지 파악할 수 있을 것이고, 5년 더 탈 수 있을지도 알 수 있을 것이다. 그러나 자동차를 구매하는 데 관심이 없다면 이런 데이터 분석을 할 필요가 없을 것이다.

실제로도 대부분의 경우 데이터를 수집하는 목적은 나중에 데이터 분석을 수행해 분석에 기반을 둔 의사 결정을 하기 위함이다. 중고차 판매상에게 차의 연식과 주행 거리를 문의했을 때 당신은 이미 분석을 하기 위해 데이터를 수집한 것이다. 그러나 이는 데이터 수집으로만 끝나지 않는다. 자동차에는 기본적으로 주행거리계가 부착 돼 있다. 주행거리계는 중고 자동차 구매자를 위해서만이 아니라 주행거리에 기반을 둔 결정을 위해 부착돼 있는 것이다. 주행거리계는 많은 결정을 위해 필요하다. 예를 들어 제조업자가 탁송 실패에 대해 지불해야 할지, 오일을 교환할 때가 됐는지 등을 결정하는 데 활용할 것이다. 이런 의사 결정에 대한 분석은 각각 달라도 이 모든 것이 수집된 주행거리 데이터에 의존한다는 점은 동일하다.

결정을 내릴 수 있는 형태로 데이터를 수집하면 종종 수집 인프라 및 해당 인프라의 보안에 대한 요구 사항에 이를 적용할 수 있게 된다. 사고 접수를 받고 고객 자동차의 가치에 대해 보상을 해야 하는 보험회사에서 주행거리계가 정확하다는 것을 어떻게 알 수 있을까? 주행거리계를 어떻게 보정해야 할까? 주행거리계가 훼손되지 않았음을 보장하기 위해 어떤 종류의 안정 장치를 장착해야 할까? 주행거리계를 보정하는 데 사용한 것과 다른 크기의 타이어를 장착하는 것과 같은 임의 조작에 대해서는 어떻게 해야 할까? 여러 당사자가 관여할 때마다 데이터의 감사 가능성은 중요하며, 데이터의 소유권과 사용은 별개다. 데이터가 검증되지 않았을 때 시장에서 실패하게 되고, 최적의 의사 결정을 내릴 수 없으며, 관련 당사자는 시장의 시그널과 모니터링에만 의존해야 한다.[1]

모든 데이터가 자동차의 주행거리계를 판독하는 것만큼 수집 및 보안에 비용이 많이 들지는 않는다.[2] 센서 비용은 최근 수십 년간 극적으로 하락했으며, 명시적으로 수집하려는 의도가 없어도 자체적으로 소유하고 있는 일상생활 속에서 생성되는 수많은 데이터를 발견할 수 있다. 데이터를 수집, 입수 및 저장하는 하드웨어가 더 저렴해짐에 따라 식별할 수 없다는 이유로 데이터를 무기한 유지하면서 보관하는 것이 기본처럼 됐다. 그러나 어딘가에 수집하고 저장하는 이 모든 데이터에 대한 분석을 수행할 목적은 여전히 필요하다. 인건비가 매우 비싸기 때문이다.

데이터 분석을 시작하기 위한 목적은 반드시 결정해야 할 사항이다. 시장 진입을 할지, 말지? 수수료를 지불할지, 말지? 입찰 가격을 얼마에 할지? 얼마나 많은 가방을

---

1. 이에 대한 고전적인 논문은 조지 아컬로프(George Akerlof)의 1970년도 논문 〈레몬 시장(Market for Lemons)〉이다. 시그널링을 설명한 마이클 스펜스(Michael Spence), 모니터링(스크리닝)을 설명한 조셉 스틸리츠(Joseph Stiglitz)는 이 문제에 대해 기술해 2001년에 노벨 경제학상을 공동으로 수상했다.

2. 주행거리계 자체가 비싼 것은 아니지만 정보를 수집하고 이 정보가 올바른 건지 확인하는 데는 상당한 비용이 든다. 내가 최근에 차를 팔았을 때 주행거리계를 조작하지 않았다는 서류에 서명을 해야만 했다. 그리고 해당 서류는 은행 직원의 금융 보증을 받아 공증을 받아야 했다. 이 서류는 구매자에게 자동차 구매 비용을 대출해주는 회사에서 필요로 했다. 모든 자동차 정비사는 주행거리계 조작을 신고해야만 하며, 이 규칙을 시행하는 주 정부 기관이 있다. 이 모든 비용은 상당하다.

사야 할지? 지금 살지, 일주일을 기다려야 할지? 의사 결정 요소는 배가되고 있지만, 이제는 관련 데이터가 어디에나 있기 때문에 더 이상 경험적인 규칙에 기반을 두고 이런 결정을 내릴 필요가 없다. 이제 우리는 데이터 기반으로 이런 의사 결정을 할 수 있다.

물론 모든 데이터 기반 의사 결정 작업을 직접 할 필요는 없다. 일정 거리를 주행한 자동차의 가치를 측정하는 사례에 대한 서비스를 제공하는 여러 회사가 있기 때문이다. 그들은 주행거리계가 정확한지 검증하고, 사고가 발생했는지를 확인하고 자동차 호가와 시장 시세와 비교해준다. 이러한 회사의 진정한 가치는 데이터 기반의 의사 결정을 한 번만 제공하는 게 아니고 시스템적으로 실행할 수 있는 서비스를 제공한다는 점이다. 이를 통해 회사는 전문성을 확보하고 지속적으로 의사 결정의 정확성을 높일 수 있다.

많은 유사한 의사 결정

센서와 저장소에 관련된 비용이 더 낮아졌기 때문에 이제는 데이터에 기반을 둔 의사 결정을 지원할 수 있는 잠재력을 가진 더 많은 산업과 사례가 등장할 것이다. 이와 같은 산업에 종사하거나 이런 사례를 다루는 회사를 시작하기 원한다면 데이터 중심의 의사 결정을 지원할 가능성이 더 커질 것이다. 어떤 경우에는 데이터를 수집할 것이다. 다른 경우에는 이미 수집된 데이터에 접근하려 할 것이다. 그리고 많은 경우 필요한 리포트를 생성하기 위해 다른 데이터셋으로 기존 데이터를 보완할 것이다. 이 모든 경우에 있어서 사람을 대신해 체계적인 의사 결정을 지원하기 위해 데이터 분석을 수행할 수 있다는 것은 보유할 가치가 있는 좋은 기술이다.

이 책에서는 결정을 내리거나 결정에 필요한 통찰력을 얻기 위해 다양한 통계와 머신 러닝 방법을 적용한다. 그러나 때때로 단번에 결정을 내리는 태도를 가질지라도 결정을 한 번에 내리지 않길 원한다. 대신 체계적으로 결정을 내리는 방법을 살펴볼 것이다. 궁극적 목표는 의사 결정 기능을 고객에게 서비스로 제공하는 것이다. 고객들은 합리적으로 알기를 기대하는 것에 대해 말할 것이고, (체계적으로 데이터를 수집하고 있기 때문에) 이에 대해 알려 주거나 나머지에 대해 추론해줄 것이다.

데이터를 수집할 때 데이터를 안전하게 하는 방법을 살펴볼 필요가 있다. 여기에는 데이터를 조작하지 않았음을 보장하고 개인 정보를 유출하지 않았음을 보장하는 방법이 포함된다. 예를 들어 주행거리를 체계적으로 수집하고 어느 시점이든 해당 차량의 정확한 주행거리를 알고 있다면 이 지식은 매우 민감한 정보가 될 수 있다. (집 주소 및 고객이 살고 있는 도시의 교통 패턴과 같이) 고객에 대한 다른 정보를 충분히 제공한다면 주행거리 정보로 그 사람의 위치를 항상 추측할 수 있을 것이다. 따라서 자동차의 주행거리와 같이 표면적으로는 무해한 정보를 이용해 무엇인가를 모의한다면 이로 인한 사생활의 영향력은 엄청날 수 있다. 보안은 데이터에 대한 접근을 제어해야 한다는 것을 의미하며, 데이터를 열람하거나 수정한 사람에 대한 변하지 않는 감사 로그를 보관해야 함도 의미한다.

단순히 데이터를 수집하거나 그대로 사용하는 것만으로는 충분치 않다. 데이터를 이해해야 한다. 주행거리를 기준으로 자동차의 가치를 측정하기 위한 요소를 이해하기 위해 주행거리계 조작에 관련한 문제들에 대해 알아야 했던 것처럼 분석 방법에 대해 실시간으로 데이터를 수집하는 방법과 데이터에 관련될 수 있는 오류의 종류에 대해 고려할 필요가 있다. 데이터와 그 데이터가 갖고 있는 결점에 대한 상세한 지식은 데이터 과학을 다루는 데 있어 매우 가치가 있는 지식이다(종종 데이터 과학으로 시작하는 아이디어와 그렇지 못한 아이디어의 차이는 이런 모든 것을 적절한 뉘앙스로 철저하게 평가하고 고려하고 있는지에 대한 여부에 달려 있다).

의사 결정 기능을 서비스로 제공하려고 할 때 일부 오프라인 시스템으로 이를 수행하는 것은 충분하지 않다. 이를 서비스로 사용 가능하게 하는 것은 다른 많은 것의 관심사를 포함한다. 첫 번째 관심사는 의사 결정 자체의 품질에 관련된 것이다. 일반적으로 얼마나 정확한가? 일반적인 오류의 원인은 무엇인가? 이 시스템을 어떤 상황에 사용하지 말아야 하는가? 그러나 다음 관심사는 서비스의 품질에 관한 것이다. 얼마나 신뢰할 수 있는가? 초당 몇 개의 쿼리를 제공할 수 있는가? 사용 가능한 일부 데이터와 체계적인 의사 결정을 제공하는 데 사용하는 모델을 통합하는 데 걸리는 시간은 얼마나 되는지? 요약하면 우리는 실용적인 데이터 과학의 다양한 측면을 탐구하기 위해 단일 사례를 사용할 것이다.

데이터 엔지니어의 역할

이런 상상을 해본다. "잠깐만요! 저희는 이 웹 서비스에 대해 초당 쿼리 수에 대해서는 서명하지 않았습니다. 우리에게는 이런 류의 일을 하는 사람들이 있습니다. 저의 일은 SQL 쿼리 작업을 하고 보고서를 생성하는 것입니다. 당신이 이야기하고 있는 것에 대해서는 잘 모릅니다. 그 일은 내가 맡은 일이 아닙니다." 두 번째 유형의 사람들은 토론 초반에 당황할 수도 있을 것이다. "의사 결정? 그건 사업가들이 하는 일입니다. 내가 하는 일은 데이터 처리 시스템을 설계하는 것입니다. 나는 인프라를 제공하고, 현재 시스템에서 수행 중인 작업을 알려주고, 모든 작업을 안전하게 처리하는 것입니다. 데이터 과학은 확실히 환상적으로 들리지만 나는 엔지니어링을 합니다. 당신이 구글 클라우드 플랫폼의 데이터 과학이라고 말할 때 나는 시스템을 잘 돌게 하는 방법과 폭증하는 활동을 클라우드로 분산시키는 방법에 대해 이야기하고 싶어한다고 생각했습니다." 세 번째 유형의 사람들은 궁금해 하고 있다. "이런 데이터 과학은 어떻습니까? 서로 다른 유형의 모델에 대한 토론과 통계적 추론을 작성하고 평가하는 방법은 어디에 있습니까? 수학은 어디에 있습니까? 왜 데이터 분석가와 엔지니어와 얘기하고 있나요? 저와 얘기해요. 저는 박사입니다." 이것은 공정한 지적이다(당신의 조직에 있는 다른 유형의 사람들이 작업을 뒤섞고 있는 것으로 가정한다).

다시 말하면 다음 사항에 동의할 수 있다.

- 데이터 분석은 의사 결정을 지원한다.

- 데이터에 기반을 둔 의사 결정은 경험에 의한 방법보다 월등할 수 있다.

- 의사 결정 모델의 정확성은 적절한 통계나 머신 러닝 방법의 선택에 좌우된다.

- 데이터에 있는 뉘앙스(미묘한 차이)가 모델링을 완전히 무시할 수 있으므로 데이터와 데이터의 결점을 이해하는 것은 필수적이다.

- 의사 결정을 체계적으로 지원하고 이를 서비스로 제공하는 큰 시장의 기회가 있다.

- 이런 서비스는 지속적인 데이터 수집 및 모델 업데이트가 요구된다.

- 지속적인 데이터 수집에는 강력한 보안 및 감사가 포함된다.

- 서비스를 사용하는 고객은 안정성, 정확성 및 응답 시간에 대한 보장을 요구한다.

동의하지 않을 수도 있겠지만 이런 측면들이 개인적으로나 전문적으로 고려해야 할 모든 요소다.

구글[3]에서 이 역할을 좀 더 광범위하게 살펴볼 것이다. 모든 기술 인력을 엔지니어로 부르는 것과 같이 데이터 엔지니어를 "데이터 분석을 수행해 비즈니스 산출물을 생성할 수 있는(http://bit.ly/2AUAcA3)" 모든 사람에 대한 포괄적인 용어로 간주할 수 있을 것이다. 데이터 분석을 수행하기 위해서는 먼저 데이터에 기반을 둔 (경험이 아닌) 스마트한 의사 결정을 지원할 수 있는 통계 모델을 작성해야 한다. 간단하게 개수를 세고 합산하고, SQL 쿼리와 다이어그램 소프트웨어를 이용해 결과를 그래프

---

3. 일반적으로 이 책에서 말하는 모든 것은 구글에서 일하면서 일어나는 일들에 대해 말하는 것이지 공식적인 구글 정책이 아니라는 점을 고려해야 한다. 그러나 이에 대해 구글은 데이터 분석가, IT 전문가 및 데이터 과학자가 수행하는 여러 가지 역할에 대해 해결사 역할을 하는 데이터 엔지니어 인증(https://cloud.google.com/certification/data-engineer)을 발표했다(http://bit.ly/2AUAcA3). 이 책에서 공식적인 구글 문서를 언급할 때면 공식적인 구글 출처를 각주로 추가할 것이다. 그러나 공식적인 구글 문서를 언급할 때도 해당 문서에 대한 해석은 (실수가 있더라도) 내 고유의 해석이다. 공식적인 입장이 무엇인지 확인하기 위해서는 링크된 데이터를 참고해야 할 것이다.

로 표시하는 것으로는 충분치 않다(결과를 해석하는 통계적인 프레임워크를 이해하고 간단한 그래프를 넘어 원래 문제에 대한 답을 얻어내는 통찰력을 이끌어내야 한다). 따라서 두 가지 영역에 대해 언급하고 있다. (a) 계산중인 특정 집계가 의미가 있도록 만드는 통계적인 설정과 (b) 목표로 하고 있는 비즈니스 결과를 이끌어낼 수 있는 분석 방법에 대한 이해다. 특정한 비즈니스 문제를 해결하기 위해 통계적으로 유효한 데이터 분석을 수행하는 능력은 매우 중요하다(쿼리, 보고서, 그래프는 최종 목표가 아니다. 검증 가능한 정확한 결정이 최종 목표다).

물론 일회성 데이터 분석으로는 충분치 않다. 데이터 분석은 확장이 필요하다. 다시 말해 정확한 의사 결정 프로세스는 반복적이어야 하고, 당신 혼자가 아니라 여러 사람에 의해 수행이 될 수 있어야 한다. 일회성 데이터 분석을 확장하는 방법은 자동화하는 것이다. 데이터 엔지니어가 알고리즘을 고안한 후 그 알고리즘을 체계적이고 반복적으로 사용할 수 있어야 한다. 시스템의 안정성을 담당하는 사람들이 코드를 직접 변경할 수 있는 것과 같이 통계와 머신 러닝을 이해하는 사람들이 모델을 직접 코딩할 수 있으면 훨씬 작업이 쉬워질 것이다. 구글이 인정하는 데이터 엔지니어는 통계 및 머신 러닝 모델을 구축하고 이를 자동화할 수 있는 엔지니어다. 안정성, 신뢰성, 내결함성, 확장성 및 효율성을 갖춘 데이터 처리 시스템을 설계하고 구축하고, 문제에 대한 대처 능력을 가질 경우에만 데이터 엔지니어의 작업을 할 수 있다.

데이터 과학을 알고 있는 엔지니어와 코딩을 할 수 있는 데이터 과학자를 확보하고자 하는 곳은 구글만이 아니다(업계 전반에 걸쳐 있다). 스티치의 설립자인 제이크 스타인은 직업 관련 광고 중에 데이터 엔지니어가 빅데이터 분야에서 가장 수요가 많은 직업이라고 결론을 내렸다(http://bit.ly/2B7cmkL). 샌프란시스코에서 실제 직업 데이터에 대해 스타인과 유사한 분석을 수행하고 여러 역할을 나열한 직업 목록에 대해 계산을 한 결과 그림 1-1과 같이 데이터 엔지니어의 수가 데이터 분석가와 데이터 과학자들보다 더 많음을 발견할 수 있었다.

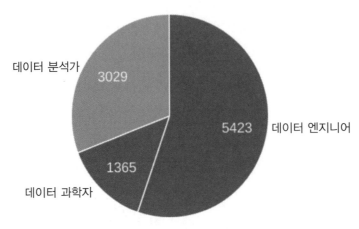

직업 목록: 샌프란시스코 베이 지역(2016년 11월 6일)

데이터 분석가 3029

5423 데이터 엔지니어

1365

데이터 과학자

그림 1-1. 샌프란시스코의 실제 직업 데이터의 분석을 통해 데이터 엔지니어가 빅데이터 분야에서 가장 수요가 많은 직업임을 알 수 있다.

샌프란시스코에 거주하지 않고 첨단 기술 분야에 종사하지 않더라도 이것은 다른 도시의 모든 데이터 중심의 산업이 지향하고 있는 방향이다. 데이터를 기반으로 반복 가능하고 확장 가능한 의사 결정을 내리길 원하는 요구가 증가하는 것을 보면 이 추세는 좀 더 명확해진다. 회사가 데이터 엔지니어를 찾을 때 그들이 찾는 사람은 이 세 가지 역할을 모두 결합할 수 있는 사람이다.

기업들이 각기 다른 분야를 모두 섭렵할 수 있는 르네상스 시대의 거장과 같은 인력 채용을 기대하는 것이 현실적인가? 이런 데이터 엔지니어를 고용하기를 기대하는 것이 합리적일까? 데이터베이스 스키마를 설계할 수 있고 SQL 쿼리를 작성할 수 있으며, 머신 러닝 모델을 훈련시킬 수 있고, 데이터 처리 파이프라인을 코딩할 수 있고 어떻게 확장할 수 있는지 그림을 그릴 수 있는 누군가를 찾을 가능성이 얼마나 될까? 놀랍게도 이것은 매우 합리적인 기대라는 점이다. 이러한 일을 하기 위해 필요한 지식의 양이 몇 년 전보다 훨씬 적어졌기 때문이다.

클라우드는 데이터 엔지니어를 능력자로 만든다

클라우드로의 지속적인 이동 때문에 데이터 엔지니어는 네 가지 다른 분야의 기술을 가진 네 명의 직원이 수행했던 작업을 수행할 수 있다. 자동 확장, 서버리스, 관리가 용이한 관리형 인프라의 출현으로 확장 가능한 시스템을 구축할 수 있는 사람들이 점점 더 늘고 있다. 그러므로 이제는 가장 어려운 문제에 대해 포괄적인 데이터 기반 솔루션을 구축할 수 있는 데이터 엔지니어를 고용할 수 있을 것으로 기대하는 것은 합리적이 됐다. 더 이상 데이터 엔지니어가 되기 위해 모든 지식을 섭렵할 필요가 없다(단순히 클라우드상에서 데이터 과학을 수행하는 방법을 배우기만 하면 된다).

클라우드가 데이터 엔지니어를 능력자로 만들 수 있다고 주장하는 것은 매우 과장된 주장처럼 보일 것이다. 이것은 '클라우드'에 의해 하는 일에 달려 있다(단순히 온프레미스 인프라에 돌고 있는 워크로드를 퍼블릭 클라우드 공급업체가 제공하는 인프라로 이전하는 것만을 의미하는 것이 아니다). 대신 수많은 인프라 프로비저닝, 모니터링 및 관리를 자동화하는 진정한 자동 확장 및 관리 서비스를 의미하는 것이다(구글 클라우드 플랫폼상의 구글 빅쿼리BigQuery, 클라우드 데이터플로우 및 클라우드 머신 러닝 엔진과 같은 서비스들). 수많은 데이터 분석 및 처리 워크로드에 대한 확장 및 내결함성을 적절한 도구를 이용해 효과적으로 자동화할 수 있다면 클라우드로 이전함으로써 데이터 과학자가 요구하는 IT 지원의 양이 현저히 줄어들 것이다.

동시에 데이터 과학 도구들은 사용하기가 점점 더 간단해질 것이다. 스파크Spark, 사이킷-런scikit-learn, 판다스Pandas의 광범위한 가용성으로 일반 개발자는 데이터 과학 및 데이터 과학 도구에 매우 쉽게 접근할 수 있게 됐다(더 이상 통계 모델을 생성하거나 랜덤 포레스트random forest를 훈련시키기 위해 데이터 과학의 전문가가 될 필요가 없다). 이것은 좀 더 전통적인 IT 역할을 하는 사람들에게 데이터 과학 영역을 개방시켰다.

요즘의 데이터 분석가와 데이터베이스 관리자는 완전히 다른 백그라운드와 스킬셋skillset을 가진다. 데이터 분석은 보통 심도 있는 SQL 처리 능력을 포함하는 반면에 일반적으로 데이터베이스 관리는 데이터베이스 색인과 튜닝에 대한 깊은 지식을 포함하기 때문이다. 빅쿼리^{BigQuery}와 같은 도구의 도입으로 테이블이 비정규화되고 관리 오버 헤드는 최소화돼 데이터베이스 관리자의 역할은 상당 부분 감소됐다. 기업 내에 있는 모든 데이터 저장소와 연결되는 타블루^{Tableau}와 같은 턴키 시각화 도구의 가용성이 증가함으로써 더 넓은 범위의 사람들이 기업 데이터 웨어하우스와 직접적으로 상호작용을 할 수 있고, 강력한 보고서와 통찰력을 함께 끌어낼 수 있게 됐다.

이런 모든 데이터에 관련된 역할이 병합되는 이유는 인프라에 대한 문제가 덜 복잡해지고, 데이터 분석 및 모델링 분야에 대한 접근이 모두에게 가능해졌기 때문이다.

당신이 오늘날의 데이터 과학자 또는 데이터 분석가 또는 데이터베이스 관리자 또는 시스템 프로그래머라고 생각한다면 이것은 완전히 신나거나 완전히 비현실적인 것 중 하나일 것이다. 이런 일들이 생각한 것보다 진입 장벽이 낮아서 능력 밖이라고 여겼던 다른 모든 일을 하기 위해 더 이상 기다리지 않아도 된다면 이건 정말 흥분되는 일이다. 데이터의 신세계에서 알아야 할 것들을 배우는 것에 대해 흥미롭게 여기고 열정을 갖고 있다면 열렬히 환영한다! 이 책은 당신을 위한 책이다.

역할을 섞는, 이 비전이 예상 밖의 디스토피아를 생각나게 한다면 내 말을 끝까지 듣길 바란다. 당신이 악명 높을 정도로 느리게 움직이는 기업 환경에서 일하고 있다면 인프라 관리 요구 사항이 거의 없는 자동 확장 서비스의 비전은 이때까지 경험해온 것과 완전히 이질적일 수 있다(당신은 은퇴할 때까지 데이터에 대한 역할이 극적으로 변할 것이라고는 생각하지 않을 것이다).

물론 나는 당신이 일하는 곳을 알지 못하고 당신이 조직을 변화시키는지는 알지 못한다. 그러나 내가 믿는 것은 점점 더 많은 조직과 점점 더 많은 산업이 샌프란시스코의 기술 산업과 같아지고 있다는 점이다. 데이터 분석가와 데이터 과학자에 대한 일자리보다 데이터 엔지니어에 대한 일자리가 더욱 더 늘어날 것이다. 그리고 데이터 엔지니어는 오늘날의 데이터 과학자만큼 수요가 많아질 것이다. 이는 데이터 엔지니어는 데이터 과학을 수행할 수 있고, 퍼블릭 클라우드에 데이터 과학 워크로드를 실행할 수 있을 정도로 인프라를 잘 아는 사람들이기 때문이다. 데이터 과학 용어를 익히고 데이터 과학 프레임워크를 배우는 것은 가치가 있는 일이고, 이는 앞으로 올 10년 동안 자신을 더욱 가치 있게 만들 것이다.

기술 세계에서 자동화와 사용 편의성은 폭넓은 사용을 이끄는 지름길이다. 옛날에는 수송을 하려면 말이 끄는 마차가 필요했다. 마차를 운전하는 일과 말을 길들이는 일이 매우 어려운 일이었기 때문에 마차를 운전하고 말을 길들일 수 있는 사람이 필요했다. 그러나 자동차가 등장하면서 탱크에 연료를 채우는 일만 할 정도로 할 일이 간단해졌다. 안정된 손을 가진 소년들이 더 이상 말을 보살필 필요가 없어진 것 같이 마부 역할도 더 이상 필요 없게 됐다. 안정된 손을 갖지 않은 사람도 전용 운전사를 고용하지 않을 것이다. 따라서 자동차의 사용이 대중화되면서 간단하게 조작하는 것으로도 자가 운전이 가능할 수 있도록 간단한 작동이 요구됐다. 이것을 보고 모든 운전기사 직업의 상실을 슬퍼할지도 모른다. 이를 바라보는 더 바람직한 시각은 더 많은 자동차가 등장한다는 점이다. 자동차를 소유하기 위해 운전기사를 둘 필요가 없기 때문이고, 운전기사가 되려고 하는 모든 사람이 이제는 자신의 차를 운전할 수 있다. 심지어 예외가 이 규칙을 증명한다(자동차 소유의 대중화는 운전이 쉽고 시간 낭비가 없는 경우에만 해당한다). 교통량이 많고 인건비가 저렴한 개발도상국에서는 중산층도 운전기사를 둘 것이다. 선진국에서는 운전에 관련된 시간 낭비와 비싼 인건비로 인해 자율 주행차에 대한 많은 연구를 촉진했다.

마부가 운전하는 마차에서 자율 주행차까지의 경향은 본질적으로 데이터 과학이 보는 경향과 같다(인프라가 점점 더 쉬워짐에 따라 수작업은 점점 더 줄어들고, 데이터 과학 워크로드는 점점 더 실행이 용이해지고 있다). 이를 위한 선행 작업이 훨씬 적기 때문이다. 이는 더 많은 사람이 이제 데이터 과학을 수행할 수 있음을 의미한다. 예를 들어 구글에서는 거의 80%의 직원이 드레멜Dremel(드레멜은 구글 클라우드의 빅쿼리에 대응하는 구글 내부 도구다)을 사용한다.[4] 일부는 다른 사람들보다 좀 더 복잡한 방식으로 데이터를 사용한다. 그러나 모든 사람이 정기적으로 데이터에 접근해 의사 결정 사항을 보고한다. 누군가에게 질문을 하면 실제 답변이 아닌 빅쿼리 뷰 또는 쿼리에 대한 링크를 제공받을 가능성이 높다. "가장 최근의 답변이 알고 싶을 때마다 이 쿼리를 실행하세요." 빅쿼리는 관리형 데이터베이스에서 셀프 서비스 데이터 분석 솔루션으로 탈바꿈했다.

작업 공간에서의 변화의 또 다른 예로 통신이 어떻게 만들어졌는가를 생각해보자. 회사에는 저임금 노동자들의 줄지어 있었고, 그들의 직업은 받아 적은 것을 타이핑하는 것이었다. 회사가 타자수들을 고용했던 이유는 문서 타이핑 작업이 상당한 시간을 소비하는 일이면서도 가치가 낮은 일이었기 때문이다(타자수의 역할이 회사의 핵심 임무에 미치는 직접적인 영향이 낮음을 의미한다). 통신문을 타이핑하는 책임을 저임금 노동자에게 넘기는 것이 더 쉬워져서 고임금 노동자들은 영업을 위해 전화하고, 제품을 발명하고, 점심에는 마티니를 마실 수 있는 시간을 가질 수 있었다. 그러나 이것은 고임금 노동자가 의사소통하는 데 있어서는 비효율적인 방법이었다. 전산화가 이뤄졌고, 워드프로세서를 통해 통신문을 만들기가 쉬워지므로 문서를 타이핑하는 일을 스스로 하게 됐다. 오늘날 회사의 최고 경영자를 제외한 모든 임원은 자신의 통신문을 직접 타이핑한다. 동시에 통신문의 양이 폭발적으로 증가했다. 이것은 본질적으로 데이터 과학의 워크로드에서 볼 수 있는 경향이다. 따라서 이와 관련된 IT 직업 중 많은 분야가 데이터 과학 워크로드를 작성하는 직업으로 전환될 것이다. 데이터 과학 워크로드를 작성하는 것 또한 단순해지고 있기 때문이다. 그리고 결과적으로 데이터 과학과 데이터로 작업하는 능력은 적은 수의 역할에 국한되지 않고 전사적으로 확산될 것이다.

이 책의 대상 독자는 자료를 갖고 컴퓨터로 작업하는 사람들이다. 당신이 현재 데이

---

4. 조단 티가니(Jordan Tigani), GCP Next 2016, http://bit.ly/2j0lEbd를 참고하라.

터 분석가, 데이터베이스 관리자, 데이터 엔지니어 또는 시스템 프로그래머라면 이 책은 당신을 위한 책이다. 당신은 이제 곧 데이터 과학 모델을 생성하고, 신뢰성과 보안이 고려된 상용 시스템으로 이를 확장성 있게 구현하는 역할을 요구받을 것이다.

현재의 데이터 분석가, 데이터베이스 관리자, 데이터 과학자 및 시스템 프로그래머 간의 역할 분담은 가까운 미래에 각자의 역할을 위해 아주 많은 전문적인 지식이 필요한 시대가 올 것이라는 생각에서 출발한 것이다. 데이터 엔지니어 실습생들은 더 이상 누군가에서 작업을 위임할 필요가 없어졌다. 모델을 작성하는 사람들과 이 모델을 상용화하는 사람들 사이의 책임 분리의 주된 이유는 복잡도였다. 자동 확장, 완벽한 관리형 서비스 및 점점 더 단순해지는 데이터 과학 패키지의 도래로 복잡도 가 감소함에 따라 엔지니어가 데이터 과학 워크로드를 작성하고, 이를 클라우드에 등록하고, 자동 확장 방식으로 워크로드를 실행하는 것은 매우 쉬워졌다. 이것은 방정식의 한 끝이다(데이터 과학자로서 당신에게는 코드를 상용에 올리기 위한 IT 전문가 부대가 더 이상 필요하지 않다).

반면 데이터 과학 자체는 덜 복잡해지고 덜 난해해지고 있다. 잘 설계된 패키지와 사용하기 쉬운 API를 사용함으로써 모든 데이터 과학 알고리즘을 직접 구현할 필요 가 없다(당신이 알아야 할 것은 각 알고리즘이 하는 일을 아는 것과 현실적인 문제를 해결하 기 위해 해당 알고리즘을 연결시키는 일뿐이다). 데이터 과학의 워크로드를 설계하는 일이 쉬워졌고, 대중화됐기 때문이다. 따라서 당신이 지금까지 업무 절차를 관리하 는 역할만 담당하고 있지만, 어느 정도 프로그래밍(특별히 파이썬)을 할 줄 알고 당신 의 사업 영역을 잘 아는 IT 담당자라면 분명히 데이터 처리 파이프라인을 설계하고 프로그래밍 기술로 사업 관련 문제를 해결하는 일을 시작할 수 있을 것이다.

따라서 이 책에서는 데이터 기반 서비스의 모든 측면을 다룰 것이다. 데이터 엔지니 어는 이런 서비스를 설계하고, 통계 및 머신 러닝 모델을 개발하며, 실시간으로 해당 서비스의 확장 가능한 생산에 참여해야 하기 때문이다.

클라우드는 데이터 과학을 급속도로 변화시킨다

나는 구글에 합류하기 전에 기상 진단과 예측에 대한 머신 러닝 알고리즘을 연구하는 과학자였다. 머신 러닝 모델에는 여러 개의 기상 센서가 포함됐지만, 기상 레이더 자료에 크게 의존했다. 몇 년 전에 최신 알고리즘을 사용해 과거의 기상 레이더 자료를 재분석하는 프로젝트를 맡았었는데, 이를 수행하는 데 4년이 걸렸다. 그러나 최근 내 팀은 동일 데이터셋을 통해 강우 추정치를 작성했는데, 데이터셋을 탐색하는 데 약 2주가 걸렸다. 4년이 걸리던 것을 2주 만에 끝낼 수 있다는 사실을 통해 혁신의 속도를 상상할 수 있을 것이다(4년을 2주로).

4년이나 걸린 이유는 최근 5년 전부터의 자료를 이동시키는 작업이 많았기 때문이다. 테이프 드라이브에서 데이터를 추출해 디스크에 저장하고, 처리하고, 다음 데이터셋을 만들기 위해 자료를 이동시켰다. 어떤 작업이 실패했는지 찾는 일에 시간이 많이 걸렸으며, 실패한 작업을 다시 시도하는 작업에는 사람이 개입하는 단계를 포함해 여러 단계가 포함돼 있었다. 크기가 고정된 클러스터 시스템에서 이를 실행했다. 이들 모두의 조합은 과거 기록을 처리하는 데 엄청난 시간이 걸린다는 것을 의미했다. 이 모든 일을 퍼블릭 클라우드에서 시작한 후 클라우드 저장소에 레이더 데이터 전체를 저장할 수 있음을 알 수 있었고, 동일한 리전^{region}에 있는 가상머신^{VM}에서 이 데이터에 접근하는 한 데이터 전송 속도가 충분히 빠르다는 것도 알 수 있었다. 여전히 데이터를 디스크에 탑재하고 연산을 수행하고 VM을 종료시켜야 했지만 관리는 훨씬 용이했다. 데이터 마이그레이션 양을 줄이고, 더 많은 시스템에서 해당 프로세스를 실행함으로써 처리 속도가 훨씬 빨라졌다.

온프레미스 환경에서 처리하던 것보다 10배 많은 시스템에서 작업을 수행하는 비용이 훨씬 더 많이 들었을까? 전혀 아니다. 처리 능력을 구매하는 것보다 처리 시간을 임대하는 것이 더 경제적이기 때문이다. 10대의 장비를 투입해 10시간 처리하는 것이나 100대의 장비를 투입해 1시간 처리하는 것이나 비용은 동일하다. 그러나 정답을 얻는 것은 10시간에서 1시간 안에 가능하고 이는 당연한 결과다.

그러나 여전히 클라우드가 제공하는 것을 최대한 이용하지 못했음을 발견했다. 여전히 VM을 구동시키고 소프트웨어를 설치하고 실패한 작업을 찾아냈다(해야 할 일은 클라우드 데이터플로우와 같은 자동 확장형 데이터 처리 파이프라인을 사용하는 것이다). 그렇게 했다면 수천 대의 시스템에 해당 작업을 실행했을 것이고, 처리 시간이 2주에서 몇 시간 안에 할 수 있었을 것이다. 테라바이트 수준의 데이터를 조회하는 데 어떠한 인프라도 관리하지 않는다면 이는 커다란 이점이다. 자동으로 확장되는 수천 대의 시스템에 데이터를 처리하고 분석하고 머신 러닝을 하는 것은 확실한 이점이다.

클라우드에서 데이터 엔지니어링을 수행할 때 얻는 주요 이점은 시간을 절약할 수 있다는 점이다. 더 이상 며칠이나 몇 년을 기다릴 필요가 없다(대신에 많은 작업을 병렬로 진행할 수 있기 때문에 수천 대의 시스템에서 처리할 수 있게 하면 몇 분에서 몇 시간 만에 결과를 얻을 수 있다). 수많은 장비를 영구적으로 소유할 여유가 없겠지만, 한 번에 몇 분씩 임대하는 것은 당연히 가능할 것이다. 이렇게 시간을 절약할 수 있다면 데이터 처리를 수행하는 데 퍼블릭 클라우드의 자동 확장 서비스를 선택하는 것이 타당할 것이다.

한 번에 수천 대의 시스템에서 몇 분 동안 데이터 작업을 실행하려면 완전하게 관리가 되는 서비스가 필요하다. 컴퓨터 노드 또는 하둡 분산 파일 시스템HDFS과 같은 영구 디스크에 자료를 로컬에 저장시키면 어떤 작업이 언제 어디에서 실행이 되는지 정확히 알지 못한다면 확장시킬 수 없다. 실패한 작업에 대해 자동 재시도가 없다면 시스템 클러스터의 축소는 불가능하다. 클러스터의 노드 간 작업의 동적인 이동이 가능하지 않다면 시스템의 가동 시간은 과부하 작업이 소비한 시간에 영향을 받는다. 이 모든 것은 작업을 수행하는 데 동적으로 클러스터 크기를 조정하고, 컴퓨터 노드 간에 작업을 이동시키고, 노드 간의 데이터를 이동시키기 위해 고효율 네트워크를 이용하는 자동 확장 서비스에 대한 필요성을 보여준다.

구글 플랫폼에는 핵심적인 자동 확장 및 완벽히 관리되는 '서버리스' 서비스로, 빅쿼리(SQL 분석), 클라우드 데이터플로우(데이터 처리 파이프라인), 구글 클라우드 pub/sub(메시지 기반 시스템), 구글 클라우드 빅테이블(대량 입수), 구글 앱 엔진(웹 애플리케이션) 및 클라우드 머신 러닝 엔진(머신 러닝)이 있다. 이와 같이 자동 확장 서비스를 사용하면 데이터 엔지니어는 베어 메탈, 가상머신 또는 컨테이너에 소프트웨어를 설치하고, 서버를 관리하는 것에서 자유로워질 수 있으므로, 좀 더 복잡한 비즈니스 문제를 취급하기 시작할 수 있다. 컨테이너, 서버 또는 클러스터를 먼저 구성할 것을 요구하는 제품과 이런 고려 사항에서 자유를 제공할 수 있는 제품에서 선택을 해야 한다면 서버리스 제품을 선택하라. 비즈니스의 실제적으로 중요한 문제를 해결하는 데 좀 더 많은 시간을 할애할 수 있기 때문이다.

사례 연구로 확고한 사실을 얻을 수 있다

이 책 전체는 확장된 사례 연구로 구성돼 있다. 왜 데이터 과학에 대한 책을 참고 도서로 작성하지 않고 사례 연구로 작성하는가? 사례 연구가 의학 및 법률과 같은 분야에서 인기가 있는 이유가 있다(사례 연구는 토론을 계속할 수 있게 도와준다). 폴 로렌스Paul Lawrence의 말에 의하면 "사례 연구는 실제 상황에 직면해야 하는 확고한 사실에 근거하고 있다."[5] 로렌스는 계속해서 말했다. "사례 연구는 태도에 대한 표현이나 생각하는 방법을 위해 해당 상황을 통째로 교실로 그대로 가져오는 복잡한 상황에 대한 기록이다."

현실 세계의 실제적인 문제를 해결하면 빅데이터, 머신 러닝, 클라우드 컴퓨팅 등을 둘러싼 과장된 해석을 줄일 수 있다. 사례 연구를 떼어내 여러 가지 방법으로 결합하

---

5. 폴 로렌스(Paul Lawrence), 1953. "연구 자료의 준비." 『인간 관계와 관리를 가르치는 사례 연구 방법』. 케네스 R 엔드류(Kenneth R. Andrews), 하버드 대학 출판

면 사용 가능한 다양한 빅데이터 및 머신 러닝 도구의 기능 및 단점을 확인할 수 있다. 사례 연구를 통해 사업에 적용할 수 있는 데이터 기반 의사 결정 종류를 식별하고, 수집하고, 선별할 데이터와 사용할 수 있는 머신 러닝 모델과 통계 모델의 종류를 밝혀 낼 수 있다.

불행하게도 데이터 분석 및 머신 러닝 분야의 사례 연구는 매우 희귀하다(책들과 교과서는 현실성이 떨어지는 문제에 대한 잘 정돈된 가벼운 솔루션들로만 가득 차 있다). 위튼[Witten]과 프랭크[Frank]는 데이터 마이닝에 대한 그들의 (훌륭한) 책의 서문에서 학문적인 경멸감을 포착할 수 있다.[6] 그들의 저서는 "머신 러닝에 대해 현행의 교과서들에서 발견할 수 있는 좀 더 이론적이고 원칙 중심의 설명들과 데이터 마이닝에 대한 사례 연구들을 제공하는 일반 책들에서 얻을 수 있는 극히 현실적인 접근 사이의 격차를 좁히는 데 목표를 두고 있다."[7] 이 책에서는 다음을 바꿀 것이다. 실용적이고 이론적인 부분을 모두 다룰 것이다. 그러나 나는 이론에 너무 많은 관심을 갖지는 않는다. 대신 나의 목표는 특정한 접근법의 기초가 되는 직관에 대해 전반적으로 한 번 다룬 후에 이 접근법을 이용해 사례 연구 문제 해결을 다루는 것이다.

현실 세계의 문제를 통해 데이터 과학의 있는 그대로의 모습을 보게 될 것이다. 이 책에서 현실을 반영하는 방법 중 하나는 현실적인 문제 해결을 위해 현실 세계의 데이터셋을 사용하는 것이고, 거기에서 발생하는 문제를 다루는 것이다. 따라서 데이터 기반으로 결정을 내리는 통찰력을 얻을 수 있도록 여러 가지 통계 및 머신 러닝 방법을 적용해야 하는 의사 결정 문제에서 시작할 것이다. 이를 통해 다른 문제를 탐색할 수 있는 능력과 첫 번째 원칙에서 그 문제들을 해결할 수 있는 자신감을 얻게 된다. 대부분의 경우와 마찬가지로 간단한 솔루션으로 시작해 더 복잡한 솔루

---

6. 데이터에서 통찰력을 유도하기 위해 컴퓨터 사용을 광범위하게 연구하는 분야는 KGB 간첩보다 더 많은 이름 변경을 겪었다. 기억나는 것은 통계 추론, 패턴 인식, 인공지능, 데이터 마이닝, 데이터 분석/시각화, 예측 분석, 지식 발견, 머신 러닝 및 학습 이론 등이다. 나는 유행처럼 부르는 것을 잊어버리고 놀랍게도 30년이 지나도 변하지 않는 핵심 원리와 기술에 집중하기를 추천한다.

7. 랜 위튼(Ian Witten)과 에이베 프랭크(Eibe Frank), 2005, 『데이터 마이닝: 실용적인 머신 러닝 도구와 기술, 2판』, 엘세비어(Elsevier).

션으로 나아간다. 복잡한 솔루션에서 시작하면 더 간단한 방법으로 해결할 때 더 잘 이해할 수 있을 문제의 세부 내용이 모호해질 수 있다. 물론 더 간단한 솔루션은 단점을 갖고 있어서 좀 더 복잡함을 추구하고자하는 동기를 부여하는 데 도움을 줄 것이다.

그러나 내가 하지 않을 한 가지는 뒤로 다시 돌아가서 좀 더 정교한 접근법으로 수행한 절차에서 얻은 지식을 기반으로 이전 솔루션을 변경하는 일이다. 그러나 실제 상황에서는 당신이 문제에 대한 초기 시도에 관련된 소프트웨어를 유지하고, 뒤로 다시 돌아가서 진행 과정에서 배운 내용으로 초기 시도를 지속적으로 강화하기를 강력하게 추천한다. 평행 실험은 게임의 이름이다. 이 책의 선형적인 특성 때문에 나는 하지 않았지만, 적극적으로 여러 가지 모델 관리를 지속하기를 진심으로 추천한다. 유사한 정확도 측정값을 갖는 두 모델에 대한 선택지가 주어지면 더 단순한 모델을 선택할 수 있을 것이다(더 단순한 접근 방법으로 약간의 변경을 통해 작업할 수 있으므로 더 복잡한 모델을 사용하는 것은 비상식적이다). 나는 실제 프로젝트에서는 뒤로 되돌아가서 이전 방식을 변경시킬 수 있도록 현 상황을 기록해둘 것이며, 이는 내가 실제 프로젝트에서 추진하는 방식과 이 책에서 설명하는 방식의 중요한 차이점이다.

확률론적 결정

비행기에 탑승해 활주로를 벗어나기 직전이고(휴대폰을 끄도록 요청을 받았다), 문자 메시지 하나를 보낼 기회가 있다고 상상해보자. 출발 예정 시간이 지났으므로 약간 걱정을 하고 있다. 그림 1-2는 이 시나리오를 보여주는 다이어그램이다.

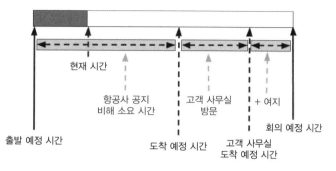

현재 시간

항공사 공지
비해 소요 시간

고객 사무실
방문

+ 여지

출발 예정 시간

도착 예정 시간

고객 사무실
도착 예정 시간

회의 예정 시간

그림 1-2. 사례 연구에 대한 다이어그램: 비행기가 늦게 출발하면 출장자가 회의를 취소해야 할까?

불안한 이유는 도착지 사무실에서 고객과 중요한 회의가 예정돼 있기 때문이다. 합리적인 데이터 과학자이므로[8] 모든 일을 꽤나 정확히 계획했다. 항공편 도착시간, 택시를 잡는 데 걸리는 시간을 고려해 항공사를 선택하고 온라인 지도를 이용해 고객 사무실까지의 소요 시간을 예측했다. 그런 다음 약간의 여지(30분)를 추가하고 회의할 시간을 고객에게 통보했다. 그런데 이제 비행기가 늦게 출발한다는 사실을 알게 됐다. 그러면 비행기가 지연될 예정이라 회의를 할 수 없다고 고객에게 알리기 위한 메시지를 보내야 할 것인가?

이 결정은 직관이나 경험을 포함해 여러 가지 방식으로 할 수 있다. 대단히 논리적인 사람들인 우리는 데이터를 이용해 결정을 내릴 것이다. 또한 우리 회사의 여러 출장자들이 밤낮으로 이러한 결정을 하는 것을 볼 수 있을 것이다. 이러한 결정을 체계적으로 할 수 있고 여행자의 일정을 조회해 지각할 수도 있는 일정이 있는 경우 회사의 서버에서 여행자에게 예상 지연에 대해 경고 메시지를 발송할 수 있다면 이는 아주 좋을 것이다. 이를 처리할 수 있는 데이터 프레임워크를 구축해보자.

---

8. 아마도 나는 본인의 행동을 정당화하려고 하고 있다. 다섯 번의 비행 중 적어도 한 번 꼴로 내가 출발 게이트에 15분 미만의 여유를 갖고 도착하지 못할 경우 공항에 아주 빨리 도착해야 하고, 그에 따라 일정을 조정해야만 한다. 15분이면 위험 회피율이 20% 정도다. 당신은 다를 것이다. 그러나 두 시간이라고 위험 회피율이 1%가 되지는 않는다. 공항에서 낭비하는 시간은 여행을 가서 무슨 일을 하든지 훨씬 더 생산적으로 활용될 수 있다. 나의 위험 회피율 임곗값이 단순히 15분이 아니고 어떤 연관된 확률적 임곗값을 포함하고 있는지 궁금할 것이다. 이 책을 계속 읽기 바란다.

의사 결정을 데이터 기반으로 할지라도 취할 수 있는 여러 가지 접근 방법이 있다. 회의에 지각할 가능성이 30%보다 크면 회의를 취소할까? 또는 예상 매출 손실을 최소화하기 위해 지연된 회의에 대해 비용을 할당할까?(우리의 근사한 제품을 시연할 기회를 갖기 전에 우리의 고객이 우리의 경쟁업체와 같이 일할 수 있으므로) 또는 회의 계획 자체를 만들지 말까?(고객은 우리의 전화를 다시는 받지 않을 수도 있다) 확률론적 접근법으로 이 위험 요소를 해석할 수 있다. 따라서 많은 실질적인 결정을 위험 요소 여부에 따라 내릴 수 있다. 게다가 회의를 놓친 것에 따른 확률과 금전적인 손실을 알면 모든 결정에 대한 기대치를 계산할 수 있기 때문에 확률론적 접근이 더 일반적이 될 수 있다. 예를 들어 회의를 놓칠 가능성이 20%라면 회의를 취소하지 않도록 결정할 것이다(20%는 30% 임곗값보다 낮기 때문이다). 그러나 고객과 회의를 해도 고객이 빅딜(백만 달러의 가치)에 사인할 가능성이 단지 25%라고 가정해보자. 회의를 할 가능성이 80%이기 때문에 회의를 취소하지 않을 경우 예상 최댓값은 0.8 × 0.25 × 1,000,000, 즉 \$200,000다. 최솟값은 회의를 놓치는 것이다. 회의를 놓쳤을 때 90%의 가능성으로 고객이 우리를 날려 버릴 것이라고 가정하면 최솟값은 0.2 × 0.9 × 0.25 × 1,000,000 또는 \$45,000이다. 회의를 취소하지 않을 경우 기대 이윤율이 \$155,000다. 적정한 확률 결정 임곗값을 찾기 위해 이 수치를 조정할 수 있다.

확률론적 접근의 다른 이점은 인간의 심리를 직접 고려할 수 있다는 점이다. 회의가 시작되기 2분 전에 도착을 한다면 기진맥진할 것이고, 회의에 최선을 다하지 못할 수도 있다. 매우 중요한 회의에서 2분 일찍 도착하는 것은 정시에 도착한 것 같이 느낄 수도 있다. 이는 사람마다 다르지만, 이 시간을 15분이라고 해보자. 15분 전에 도착할 수 없는 회의라면 취소하고 싶을 것이다. 이 시간을 개인 위험 회피 임곗값, 즉 마지막 여유 시간으로 취급할 수도 있다. 따라서 회의 시작 15분 전에 고객 사무실에 도착하기를 원할 것이고, 그렇게 될 가능성이 70% 미만이라면 회의를 취소하고 싶을 것이다. 따라서 이것이 결정을 위한 기준이다. 나는 15분은 설명했지만, 70%는 설명하지 않았다.

15분 일찍 도착할 가능성이 70% 미만이라면 고객과의 회의를 취소한다.

물론 앞에서 언급한 (공항에서 고객 사무실까지의 여행을 모델링한) 모델 다이어그램을 이용해 실제 출발 지연을 집어넣어 고객의 사무실에 도착할 시간을 계산할 수도 있다. 그 시간이 회의가 시작하기 전 15분보다 작다면 반드시 회의를 취소해야 한다. 70%는 어디에서 나온 값인가?

모델 다이어그램의 시간이 정확하지 않다는 것을 아는 것은 중요하다. 확률론적 결정 프레임워크의 원칙적인 방법은 이것을 처리할 수 있게 해준다. 예를 들어 항공사에서 예상 비행시간이 127분이고 도착시간을 공지한다고 해서 모든 비행시간이 정확히 127분이 아니다. 비행기가 바람을 받으며 이륙하고, 순풍의 도움을 받고, 바람을 받으며 착륙한다면 비행시간은 90분 정도가 걸릴 것이다. 모든 바람이 정확하게 비행을 방해하는 방향으로 분다면 최대 127분이 걸릴 것이다(항공사는 경로에 대해 최악의 시나리오일 경우의 소요 시간을 공지할 것이다). 구글 맵은 과거 데이터(http://bit.ly/2AXZrBp)를 기반으로 예상 여행 시간을 공지하고 있고, 택시를 이용한 실제 여행 소요 시간을 중심에 둘 것이다. 공항 게이트에서 택시 정류장까지 걸리는 시간은 어떤 게이트에 도착하느냐에 따라 예측할 수 있으며, 실제 걸리는 시간은 다양할 것이다. 따라서 모델이 항공사 출발에서 고객 사이트까지 걸리는 시간을 서술할 수는 있지만, 이는 정확한 숫자가 아니다. 출발과 도착의 정확한 시간은 그림 1-3과 같은 분포를 가질 수 있다.

직관적으로 이 그래프를 읽는 방법으로 x축은 시간이고, y축은 소요 시간에 대한 확률 분포 값이라고 생각할 수 있다. 충분히 큰 데이터셋을 제공한다면(즉, 이 항공사에서 고객 사이트에 가는 여행 기록을 제공받았다면) 소요 시간이 227분인 항공편의 비율을 계산해 특정 소요 시간에 대한 확률 값을 추정할 수 있다(예를 들어 227분). 그러나 시간은 연속적인 변수이기 때문에 정확한 시간의 확률은 정확히 0이다. 모든 여행의 소요 시간이 (나노초까지도) 정확히 227분이 걸렸다면 확률은 0이다. 무수히 많은 가능 시간이 있으므로, 어떠한 특정 시간의 확률은 정확히 0이다.

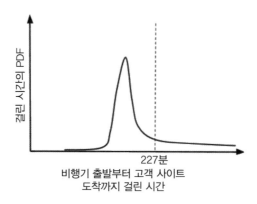

비행기 출발부터 고객 사이트
도착까지 걸린 시간

그림 1-3. 비행기 출발부터 고객 사이트 도착까지의 소요 시간은 다양하게 분포할 수 있으며, 이런 차이에 대한 분포를 확률 분포 함수(PDF)라고 부른다.

계산해야 할 것은 227 − ε 와 227 + ε 사이에 있는 시간의 확률이다. 여기서 엡실론 은 적당히 작은 값이다. 그림 1-4는 이를 그래프로 표시한다.

실제 데이터셋에는 연속적인 변수가 있을 수 없다. 부동소수점 값은 6자리에서 반올 림된다. 따라서 데이터셋 중에 227분에 해당하는 데이터셋이 일부 있더라도 정확히 227분의 확률은 0이 될 수 없다. 그럼에도 불구하고, 227.000000분의 시차에 대한 확률은 무의미하다는 일반적인 원칙을 아는 것은 중요하다.

대신에 (왼편은 226.9를 포함하고 오른편은 227.1을 제외한 226.9와 227.1과 같은) 두 값 사이에 있는 값의 확률을 계산해야 한다. 데이터셋에 있는 226.9, 226.91, 226.92 등이 나타나는 횟수를 합산해 계산할 수 있다. 발생 횟수를 합산해 원하는 확률을 계산할 수 있다. 분리된(이산) 발생 수를 추가하는 것은 연속적인 값을 통합하는 것과 같다. 덧붙여 말하면 이것은 어떤 확률 값을 추정하기 위해 히스토그램을 사용할 때 하는 일이다. 히스토그램은 x축 값을 특정 개수의 빈^bin(히스토그램의 한 구간 - 옮긴이)으로 이산화시켰음을 의미한다.

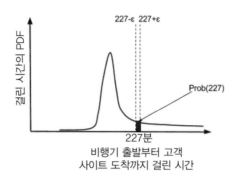

그림 1-4. (227분 같이) 정확한 시차의 확률은 0이다. 따라서 일반적으로 227분의 +30초 및 −30초 이내의 시차에 대한 확률을 생각한다(컬러 이미지 p. 559).

확률을 구하기 위해 곡선을 통합할 필요가 있다는 사실은 y축이 실제 확률 값이 아니라는 것을 의미한다. 오히려 이 값은 확률의 밀도이고, 이를 **확률 밀도 함수**[PDF, Probability Density Function]라고 한다. 이것은 밀도다. x축 값을 곱하면 파란색 박스 영역을 얻을 수 있고, 이 영역이 확률이기 때문이다. 다시 말해 y축은 확률을 x축의 값으로 나눈 값이다. PDF는 1보다 클 수 있다(종종 1보다 크다).

확률을 얻기 위해 확률 밀도 함수를 통합할 필요가 종종 있지만 PDF는 충분히 직관 적이지 않아서 (확률 밀도 함수를 설명하기 위해 네 단락을 할애했으며, 심지어 나는 이를 설명하기 위해 손을 흔들기까지 했다) 대안을 찾아보는 것이 도움이 될 것이다. 값 x의 누적 확률 분포 함수는 관찰 값 X가 임곗값 x보다 작을 확률이다. 예를 들어 그림 1-5에서 볼 수 있듯이 소요 시간이 227분 미만인 항공편의 분수를 찾아 227분에 대한 누적 분포 함수[CDF, Cumulative Distribution Function]를 얻을 수 있다.

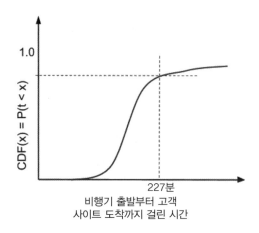

그림 1-5. CDF는 PDF보다 이해하기 쉽고 추적하기도 쉽다. 특히 값이 0에서 1 사이로 제한되는 반면 PDF는 1보다 클 수 있다.

그림 1-5의 그래프를 해석해보자. CDF(227분) = 0.8은 무슨 의미인가? 이것은 80%의 항공편이 227분 이내에 고객 사이트에 도착할 수 있음을 의미한다(이는 100분이 걸리는 상황과 226분이 걸리는 상황을 모두 포함한다). CDF는 PDF와 달리 0에서 1 사이로 한정된다. y축 값은 정확한 값이 아닌 확률 값이다. 대신에 그 값보다 작은 관찰 가능한 모든 값이다.

도착 공항에서 고객 사무실까지 걸리는 시간은 항공편의 출발 지연에 영향을 받지 않으므로,[9] 이 시간은 모델링에서 무시할 수 있다. 유사하게 공항까지 걸어가는 시간, 택시를 잡는 시간, 회의를 준비하는 시간을 무시할 수 있다. 따라서 도착 지연이 15분 이상이 될 가능성만 찾으면 된다. 가능성이 0.3 이상이면 회의를 취소해야 할 것이다. 이는 그림 1-6에서와 같이 CDF의 관점에서 15분 미만으로 도착 지연이 될 확률은 적어도 0.7이어야 한다는 것을 의미한다.

따라서 다음과 같이 결정 기준을 해석할 수 있다.

---

9. 이것은 엄격히 말해 사실이 아니다. 도착 공항의 악천후 때문에 비행기가 지연이 되면 활주로 진출 대기 줄이 길어지고 지상 교통도 혼란에 빠질 수 있다. 그러나 여러 세트의 확률 분석으로 혼란에 빠지는 것을 원치 않기 때문에 이 책의 목적에 따라 조건이 독립된 단순한 가정을 사용할 것이다.

15분 도착 지연 CDF가 70% 미만이면 고객과의 회의를 취소한다.

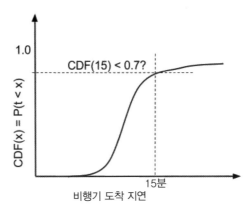

그림 1-6. 15분 도착 지연 CDF가 70% 미만이면 회의를 취소하는 것이 결정 기준이다. 대략적으로 말해 도착하는 항공기가 적어도 15분 이내로 지연이 돼야 70% 확실하다.

이 책의 나머지 부분에서는 통계 및 머신 러닝 모델을 이용해 도착 지연의 CDF^{누적}_{분포 함수}를 계산할 수 있는 데이터 파이프라인을 구축하는 방법을 설명한다. 계산된 도착 지연 CDF에서 15분 도착 지연 CDF를 살펴볼 수 있고, 70% 미만인지 여부를 확인할 수 있다.

데이터와 도구

특정 비행의 지연 가능성을 예측하기 위해 어떤 데이터가 필요한가? 어떤 도구를 사용해야 할까? 하둡^{Hadoop}을 이용해야 할까? 빅쿼리? 노트북에서 실행해야 할까? 또는 퍼블릭 클라우드에서 실행해야 할까? 데이터에 대한 질문에 쉽게 답할 수 있다(우리는 미 교통 통계국에서 발간한 과거 비행 도착 데이터를 이용해 분석하고 의사 결정 사항을 공지하는데 사용할 것이다). 종종 데이터 과학자는 그의 경험에 근거해 최상의 도구를 선택하고 그 도구를 사용해 의사 결정을 내릴 것이다. 그러나 여기서는 여러 다른 분석 수행 방법을 살펴볼 것이다. 이는 또한 분석하기에 충분한 최적의 도구를 선택하는 감각을 얻기 위한 모범 사례가 될 것이다.

자료를 대략 조사해보면 2015년에만 580만 건의 항공편이 있었음을 알 수 있다. 더 쉽게 가정할 수 있도록 이전으로 돌아가서 해당 연도들의 자료들을 이용해 데이터셋을 좀 더 강력하게 만들 것이다. 내 노트북은 사용하기에는 좋지만 처리하는 데는 한계가 있다. 따라서 퍼블릭 클라우드에서 데이터를 분석할 것이다. 여기서는 구글 클라우드 플랫폼^{GCP, Google Cloud Platform}을 사용한다. 이 책에서 사용하는 도구(MySQL, 하둡, 스파크 등)의 일부는 다른 클라우드 플랫폼에서도 사용 가능하지만, 다른 도구(빅쿼리, 클라우드 데이터플로우 등)은 GCP에만 있는 도구다. MySQL, 하둡 및 스파크의 경우조차 GCP를 사용하면 가상머신 및 서버 구성과 같은 작업을 피할 수 있고 온전히 데이터 분석에만 집중할 수 있다. 또한 내가 구글에 근무하고 있으므로 가장 많이 아는 플랫폼이 GCP다.

이 책은 데이터 과학을 철저히 살펴보지는 않는다(이를 위해서는 (종종 대학 교재로 사용되는) 다른 책들이 있다). 대신 이 책에 포함된 정보를 통해 다양한 방법과 도구를 이용해 특정 데이터 과학 문제를 해결하는 것을 나의 어깨 너머로 살펴볼 수 있을 것이다. 내가 생각하는 것과 그 일을 하는 이유에 대해 아주 상세히 설명할 것을 약속한다. 완벽하게 구축된 솔루션과 코드를 제시하는 대신, 솔루션을 구축하는 중간 단계들을 보여줄 것이다.

학습 자료는 다음과 같은 두 가지 형태로 제공한다.

- 현재 읽고 있는 이 책

- 이 책에서 참조하는 코드는 깃허브(https://github.com/GoogleCloudPlatform/data-science-on-gcp/)에 있다.

이 책을 읽기만 하지 말고 코드를 활용해 나를 따라가길 강력히 추천한다. 각 장을 읽은 후에 명확하지 않다면 코드를 참고해 내가 했던 작업을 반복하길 바란다.

코드로 시작

코드 작업을 시작하려면 프로젝트를 생성하고 https://cloud.google.com/에서 단일 리전[10] 버킷을 생성하자. 필요하다면 클라우드셸 윈도우^{CloudShell window}(https://cloud. google.com/shell/docs/quickstart)를 열자. 깃 리포지터리를 복제하고 이 책의 나머지 부분을 따라가길 바란다. 세부 단계는 다음과 같다.

1. 구글 계정이 아직 없다면 https://cloud.google.com/으로 가서 계정을 생성한다.

2. 콘솔로 가기 버튼을 클릭한다. 그러면 기존 GCP 프로젝트로 이동할 것이다.

3. 데이터와 중간 출력을 저장할 지역 버킷을 생성한다. 구글 클라우드 플랫폼 콘솔에서 구글 클라우드 스토리지를 탐색해 버킷을 생성한다. 버킷 이름은 전 세계적으로 고유해야 한다. 기억하기 쉽고 잠재적으로 고유한 문자열을 생성하는 한 가지 방법은 프로젝트 ID(프로젝트 ID 또한 전 세계적으로 고유하다. 클라우드 플랫폼 콘솔에서 홈으로 가서 찾을 수 있다)를 사용하는 것이다.

4. GCP의 터미널 액세스인 클라우드셸을 연다. 클라우드 플랫폼 콘솔은 아주 훌륭하지만, 나는 일반적으로 그래픽 사용자 인터페이스^{GUI}를 사용하는 대신 스크립트 작업을 선호한다. 내게 웹 GUI는 가끔 및 처음 사용할 때는 유용하지만 반복적인 작업에는 터미널의 사용성을 능가하지 못한다. 클라우드셸을 열려면 다음과 같이 메뉴 바에서 활성화된 클라우드셸 아이콘을 클릭하면 된다.

---

10. 단일 리전은 2장에 설명돼 있다. 그 이유는 글로벌 액세스가 필요하지 않기 때문이다.

이렇게 하면 실제로 마이크로 VM을 시작하고 이 VM은 브라우저 윈도우가 떠있는 동안만 살아 있으며, 이 마이크로 VM을 통해 터미널에 접근할 수 있다. 브라우저 윈도우를 닫는다. 그러면 마이크로 VM도 종료된다. 클라우드셸 VM은 무료며, 구글 클라우드 플랫폼의 개발자가 필요로 하는 여러 도구가 설치돼 있다. 예를 들어 파이썬, 깃, 구글 클라우드 SDK 및 오리온(웹 기반 코드 에디터)가 설치돼 있다.

5. 클라우드셸 윈도우에서 다음과 같이 나의 리포지터리를 깃으로 복제한다.

```
git clone \
    https://github.com/GoogleCloudPlatform/data-science-on-gcp
cd data-science-on-gcp
```

클라우드셸 VM은 임시로 사용이 가능하지만, 사용자 계정에 연결돼 있는 영구 디스크에 접속돼 있다. 파일 시스템에 저장한 파일들은 다른 클라우드 셸 세션들에 걸쳐 사용할 수 있다. 그러므로 VM에 있는 깃 리포지터리와 코드는 사용자가 띄우는 모든 클라우드셸 VM에 존재할 것이다.

(클라우드셸보다) 로컬 머신에서 개발하는 것을 선호한다면 클라우드 SDK를 설치하고 로컬에 깃 리포지터리를 복제한다.

1. https://cloud.google.com/sdk/downloads에 있는 안내에 따라 로컬 머신에 gcloud를 설치하라(클라우드셸과 다른 구글 컴퓨트 엔진 VM에 gcloud는 이미 설치돼 있다. 따라서 이 단계와 다음 단계들은 로컬 머신에서 개발하고자 할 때만 필요하다).

2. 필요하다면 https://git-scm.com/book/en/v2/Getting-Started-Installing-Git 의 안내에 따라 로컬 머신에[11] 깃을 설치하라. 그런 다음 터미널을 열고 다음을 입력해 나의 리포지터리를 깃으로 복제한다.

```
git clone \
    https://github.com/GoogleCloudPlatform/data-science-on-gcp
cd data-science-on-gcp
```

이게 전부다. 이제 나를 따라갈 준비가 됐다. 마찬가지로 나의 프로젝트 ID(cloud-training-demos)를 다른 프로젝트 ID(클라우드 플랫폼 콘솔 대시보드에서 찾을 수 있다)로 바꾸고 버킷 이름(gs://cloud-training-demos-ml/)도 클라우드 스토리지(2장에서 생성한다)에 있는 다른 버킷 이름으로 바꿔야 함을 기억하라. 필요한 데이터를 클라우드로 입수시키는 것은 2장에서 살펴본다.

요약

데이터 분석의 핵심 목표는 체계적으로 정확한 의사 결정을 내리기 위해 데이터 중심의 지침을 제공하는 것이다. 이상적으로 이 지침은 서비스로 제공할 수 있고, 서비스로 제공하면 (지침의 정확성과 구현의 신뢰성, 응답성 및 구현의 보안 양쪽 측면에서) 서비스 품질에 대한 질문이 제기될 것이다.

데이터 엔지니어는 데이터 기반 서비스를 설계하고 통계 및 머신 러닝 모델을 설계하는 것에서부터 신뢰성 있는 고품질 서비스를 구현할 수 있어야 한다. 이는 자동 확장, 서버리스, 관리형 인프라를 제공하는 클라우드 서비스의 도래로 용이해졌다.

---

11. 이 책에 명시된 소프트웨어는 제안 사항일 뿐이다. 여러분은 특정 소프트웨어를 사용하고 라이선스 조항에 동의하는지 여부를 평가할 책임이 있다.

또한 데이터 과학 도구의 광범위한 가용성으로 인해 통계나 머신 러닝 모델을 작성하기 위해 더 이상 데이터 과학 전문가가 될 필요가 없어졌다. 결과적으로 데이터를 가지고 작업하는 능력은 (더 이상 제한된 기술이 아니며) 기업 전반으로 확산될 것이다.

사례 연구에는 항공편이 지연 도착하는지 여부에 따라 회의를 취소할지 여부를 결정해야 하는 여행자를 포함하고 있다. 결정 기준은 도착 지연의 CDF^{누적 분포 함수}가 70% 미만인 경우 회의를 취소해야 한다는 것이다. 도착 지연 가능성을 예측하기 위해 미 교통 통계국의 과거 데이터를 이용할 것이다.

다음 내용을 위해 구글 클라우드 플랫폼에 프로젝트를 만들고 이 책에 나열된 소스 코드에 대한 깃허브 리포지터리를 가져와야 한다. 깃허브에서 각 장의 폴더에는 각 장에서 내가 작업한 것을 따라 할 수 있는 단계를 나열한 README.md 파일을 포함하고 있다. 따라서 문제가 발생하면 README 파일들을 참조하면 된다.

## 2장

클라우드에 데이터 입수

1장에서는 확률론적인 기준으로 회의 취소 여부에 대해 데이터 기반의 의사 결정을 하는 아이디어를 살펴봤다. 비행 도착시간이 예정된 도착시간보다 15분 이내일 가능성이 70% 미만인 경우 고객과의 미팅을 취소한다고 결정했다. 항공편의 다양한 특성에 따른 도착 지연을 모델링하려면 많은 수의 항공편에 대한 과거 데이터가 필요하다. 이 정보를 포함한 1987년도부터의 과거 데이터는 미 교통 통계국[BTS]에서 얻을 수 있다. 미 정부에서 이 데이터를 수집하는 이유 중 하나는 정시에 운항하는 항공편(지연시간이 15분 미만인 항공편으로 정의됨)의 비율을 감시해서 항공사들이 책무에 충실하게 하기 위해서다.[1] 주요 사례는 정시 도착을 계산하는 것이기 때문에 비행 지연을 위해 수집한 데이터셋을 항공사 정시 도착 데이터라고 부른다. 이 데이터가 이 책에서 사용할 데이터셋이다.

---

1. https://www.congress.gov/congressional-report/107th-congress/senate-report/13/1을 참고하라. 예를 들어 보고서에 언급된 법안은 법으로 제정이 되지 않았지만, 교통부에서 수집한 통계를 기반으로 한 의회의 감시 기능을 확인할 수 있다.

항공사 정시 도착 데이터

지난 30년간 미국의 모든 주요 항공사[2]들은 BTS에 국내선 통계를 제출해야 했다. 제출해야 하는 데이터에는 예정 출도착시간과 실제 출도착시간을 포함하고 있다. 예정 도착시간과 실제 도착시간에서 각 항공편의 도착 지연을 계산할 수 있다. 따라서 데이터셋에서 도착 지연을 예측하기 위한 모델을 작성할 참 값, 즉 '레이블'을 제공 받을 수 있다.

실제 출도착시간은 비행기의 주차 브레이크를 해제한 시점과 도착지에서 주차 브레이크를 다시 채운 시점을 기준으로 아주 정확히 정의한다. 심지어 조종사가 주차 브레이크를 채우는 것을 잊은 경우에도 규칙을 정의하고 있다(이런 경우는 탑승구 문이 닫히거나 열린 시점을 대신 사용한다). '도킹 유도 시스템'이 있는 항공기의 경우 출발 시간은 항공기가 1미터 이상 움직인 최초 15초 전의 15초로 정의한다. 규칙의 정확한 특성과 의무적으로 시행한다는 사실 때문에 모든 항공사의 출도착시간을 동일하게 처리할 수 있다. 그렇지 않았다면 각 항공사가 '출발'과 '도착'을 어떻게 정의하느냐에 따른 데이터의 차이를 깊이 분석해야 하고, 적절히 해석해야 했을 것이다.[3] 우수한 데이터 과학은 이런 표준화되고, 반복적이고, 신뢰할 만한 데이터 수집 규칙에서 시작한다. BTS의 아주 잘 정의된 데이터 수집 규칙은 수집하는 데이터가 로그 파일이든, 웹 접속 기록이든, 센서 데이터든, 데이터 수집 표준을 작성할 때 모델로 사용할 수 있다. 항공사는 이 특별한 데이터를 매월 보고하고, BTS는 모든 항공사 자료를 합쳐 웹에 무료로 게시한다.

예정된 출도착시간뿐 아니라 이 데이터에는 출도착지 공항, 항공편 번호 및 두 공항

---

2. 여기에서 '주요 항공사'의 정의는 미국 내 항공 운송에서 전체 매출이 1% 이상인 모든 항공사를 의미한다.

3. 예를 들어 2000년 이전의 기상 레이더 자료는 레이더 엔지니어가 직접 측정 시간을 기록했다. 기본적으로 엔지니어가 본인의 손목시계를 보고 레이더 자료 생성기에 시간을 입력했다. 자연스럽게 모든 종류의 휴먼 에러를 겪어야 했다(기록한 시간에 오차가 생길 수 있었다). 이런 근본적인 문제는 네트워크 시계를 도입해 미국 기상 레이더 네트워크의 모든 레이더에 동일한 시각을 제공함으로써 해결했다. 따라서 과거의 날씨 데이터를 활용할 때 시간 보정은 매우 중요한 전처리 단계다.

간의 직선거리 등을 포함하고 있다. 자료에서의 거리는 실 운행 거리인지 단순히 계산된 거리인지가 명확하지 않다(악천후로 우회 비행이 필요한 경우 데이터셋의 거리가 비행기에 의한 실 운항 거리인가? 아니면 공항 간의 최단 경로[4]인가? 이것은 조사가 필요한 부분이다). 한 쌍의 공항 간 거리가 동일한지, 바뀌는지 여부를 확인하는 것이 쉬워야 파악할 수 있을 것이다. 게다가 비행시간은 세 부분(유도로 진입 시간, 체공 시간, 유도로 진출 시간)으로 나눠졌다(그림 2-1). 이 모든 시간에 대한 시각을 보고하고 있다.

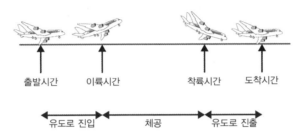

그림 2-1. 비행시간은 세부분으로 나눠진다. 유도로 진입 시간, 체공 시간, 유도로 진출 시간

알 수 있어야 함

데이터 입수를 시작하기 전에 무엇을 모델에 입수해야 할지 정해야 한다. 두 가지의 잠재적인 함정이 있다(인과 관계와 훈련-제공 간 왜곡으로, 이들에 대해서는 곧 설명한다). 나중에 고생을 덜하려면 입수 단계에 이런 문제를 회피할 수 있도록 주의를 기울여야 한다.

과거 데이터셋의 이런 속성 중 일부는 이런 변수의 함수로 도착 지연을 예측하는 데 도움을 주기 위한 모델의 입력값을 형성할 수 있다. 전체가 아닌 일부만이다. 왜 그럴까? 유도로 이동시간 또는 실제 비행 거리를 사용할 수 없다는 점은 명확하다. 비행기가 이륙하는 시간과 회의를 취소할지, 말지 결정하려는 시간을 알 수 없기

---

4. 지구에서 두 지점 간의 최단 경로

때문이다. 두 공항 간의 기내 체류 시간은 조종사가 비행 속도를 올리거나 내릴 수 있으므로 경험하기 전까지는 알 수 없다. 따라서 과거 데이터셋에 이런 필드가 있을지라도 예측 모델에서는 이들을 사용해서는 안 된다. 이것을 인과 관계 제약이라고 한다.

인과 관계 제약은 좀 더 일반적인 원칙 중 하나의 사례다. 입력값으로 각 필드를 사용하기 전에는 결정을 내리는 시점에 그 데이터가 알 수 있는 데이터인지를 고려해야 한다. 이는 유도로 이동시간과 같은 논리 문제는 아니다. 때때로 보안 사항(의사 결정하는 사람들이 이 데이터를 알게 할 것인가?), 데이터가 수집되는 시간에서 모델에 사용할 수 있는 시간까지의 소요 시간, 정보를 획득하는 데 걸리는 시간 같은 실질적인 고려 사항 또한 일부 데이터를 사용할 수 없게 만든다. 동시에 인과성 때문에 사용할 수 없는 필드에 대한 근사치 제공은 가능할 수 있다(예를 들어 실제 비행 거리는 사용할 수 없지만, 모델에서 두 공항 간의 최단 경로는 사용할 수 있다).

유사하게 인과 관계 제약으로 사전에 제거한 필드에 대한 근사치를 작성하려고 데이터 자체를 사용할 수도 있다. 실제 유도로 이동시간을 사용할 수는 없지만, 평균 유도로 이동시간의 근사치를 얻는 데 전날 이 공항에서의 이 비행기 평균 유도로 이동시간을 이용하거나 지난 시간 동안에 이 공항의 모든 항공편의 평균 유도로 이동시간을 이용할 수 있다. 이 값은 과거 데이터를 이용해 공항과 시간 데이터를 그룹화한 후 간단한 일괄처리^{batch}로 얻을 수 있다. 실시간으로 예측을 하려면 스트리밍 streaming 데이터에서의 이동 평균 값이 필요하다. 따라서 알 수 없는 데이터에 대한 근사치는 우리의 모델에서 중요한 부분이다.

훈련-제공 간 왜곡

훈련-제공 간 왜곡은 훈련 데이터셋에서 상용 모델과 달리 계산된 변수를 사용하는 조건이다. 예를 들어 도시 간의 거리를 마일 단위로 모델을 훈련시킨다고 가정해보

자. 입력값으로 받은 거리는 실제 킬로미터 단위다. 이는 명백하게 부적절한 자료고, 모델에서 부적절한 결과가 도출될 것이다. 모델은 실제 값에 1.6을 곱한 거리 기반의 예측 값을 제공할 것이기 때문이다. 단위 불일치와 같은 명확한 케이스의 경우는 확실하지만 (훈련시킨 데이터셋이 예측 시간에 입력된 값을 반영해야 하는) 동일 원리가 좀 더 민감한 시나리오에도 적용된다.

예를 들어 데이터에 실제 유도로 이동시간이 있더라도 모델링에서는 이 시간을 사용할 수 없음을 아는 게 중요하다. 대신 시간을 집계해 유도로 이동시간의 근사치를 구하고, 훈련시키기 위해 집계할 때 이 시간을 사용해야 한다. 그렇지 않으면 훈련-제공 간 왜곡을 발생시킨다. 모델에서는 유도로 이동시간을 입력값으로 사용하고, 실시간 예측에 사용한 입력값을 이전 시간의 유도로 이동시간 평균을 계산하는 데 사용한다면 훈련시키는 동안에도 동일한 방식으로 평균을 계산할 수 있다. 과거 데이터셋에 있는 유도로 이동시간은 기록된 그대로 사용할 수 없다. 그대로 사용한다면 모델은 (과거 데이터에 극단적인 평균값이 있을 수도 있는) 실제 유도로 이동시간 값을 (극단적인 값을 평균화시킬 수도 있는) 평균 시간으로 처리한다. 훈련시키는 데 있어 이런 극단적인 유도로 이동시간 값이 중요하다고 모델이 훈련되면 훈련-제공 간 왜곡 때문에 유도로 이동시간을 다른 방식으로 계산해 마일을 킬로미터로 훈련시키는 것과 같은 결과를 초래한다.

모델이 (블랙박스처럼 점점 더) 많이 정교해짐에 따라 훈련-제공 간 왜곡이 발생하는 경우 오류를 찾는 게 아주 어려워지고 있다. 훈련을 위해 입력값을 계산하기 위한 코드 기반과 예측을 위한 코드 기반이 다르고 시간이 지남에 따라 분산되기 시작하면 특히 더 그렇다. 항상 훈련-제공 간 왜곡의 가능성을 최소화할 수 있는 방식으로 시스템을 설계하려고 한다. 특히 예측과 마찬가지로 (모델을 작성하기 위해) 훈련시키는 데 동일한 코드를 사용할 수 있는 솔루션에 중점을 둘 것이다.

데이터셋에는 비행기가 출발하는 출발지와 착륙하는 도착지의 (ATL은 애틀랜타와 같은) 공항 코드를 포함하고 있다. 비행기는 기내 비상 상황이나 기상 악천후가 발생한 경우 예정 도착 공항이 아닌 다른 공항에 착륙할 수 있다. 또한 항공편이 취소될 수도 있다. 이런 환경적인 요소가 데이터셋에 어떻게 반영돼 있는지 확인하는 것은 중요하다(그런 상황이 비교적 드물게 발생하지만, 이를 합리적으로 처리하지 않으면 분석 결과에 부정적인 영향을 줄 수 있다). 이러한 비정상적인 상황을 처리하는 방법 또한 훈련과 예측 간에 일관성이 있어야 한다.

데이터셋에는 (AA는 아메리칸 항공과 같은) 항공사 코드도 포함돼 있다. 그러나 항공사 코드는 시간이 지나면 바뀔 수 있다(예를 들어 유나이티드 항공과 컨티넨탈 항공은 합병됐고, 합병된 회사는 2012년 유나이티드 항공으로 보고하기 시작했다). 예측에 항공사 코드를 사용한다면 이 또한 일관된 방식으로 변경 사항에 대처할 필요가 있다.

다운로드 절차

2016년 11월 기준, 기록을 시작한 이래로 1987년부터 거의 1억 7,100만 건의 정시 도착 데이터셋이 기록돼 있다. 2016년 9월 데이터가 가장 최근 데이터며, 이는 데이터셋을 업데이트하는 데 한 달 이상의 지연이 있음을 알려준다.

이 책에서 모델은 주로 이 데이터의 속성들을 사용한다. 그러나 적당하고 필요한 곳에서는 공항 위치 및 날씨와 같은 다른 데이터셋을 포함시킬 것이다. 정시 도착 자료는 BTS 웹 사이트에서 쉼표로 구분된 값CSV, Comma-Separated Value 파일 형태로 다운로드할 수 있다. 그림 2-2에서 볼 수 있듯이 데이터셋에서 다운로드할 필드를 웹에서 선택해야 하고, 특정 지역 및 시간 간격을 지정해야 한다.

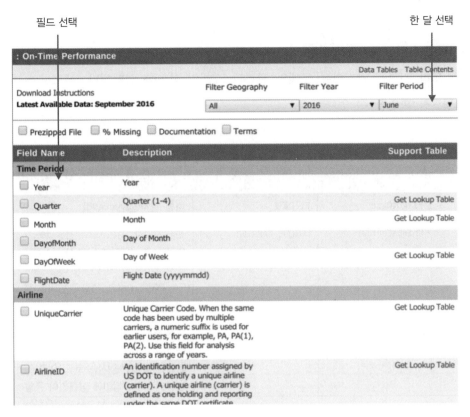

그림 2-2. 항공기 정시 도착 데이터셋을 다운로드 받는 웹 인터페이스

이런 방법이 다운로드할 데이터를 제공받는 가장 유용한 방법은 아니다. 첫 번째 이유는 한 번에 한 달치 데이터만 다운로드할 수 있다는 점이다. 두 번째 이유는 다운로드할 필드를 선택해야 한다는 점이다. 2015년의 모든 데이터를 다운로드하고 싶다고 가정해보자. 2015년 1월에서 받고 싶은 필드를 고심해서 선택한 후 양식을 제출해야 하고, 이를 2015년 2월의 데이터를 받을 때도 동일한 절차를 반복해야 한다. 2월에 필드 하나를 빼먹었다면 해당 필드가 누락되고, 데이터를 분석하기 전까지 알지 못할 수 있다. 덜 피곤하면서도 일관성을 보장받으려면 확실히 다운로드 스크립트를 작성할 필요가 있다.

데이터셋 속성

데이터셋에 있는 100개가 넘는 필드에 대한 설명을 대략 확인한 후 훈련, 예측 또는 비행 도착 지연을 평가하는 문제와 관련된 27개의 필드를 선택했다. 표 2-1에서 이 필드를 확인할 수 있다.

표 2-1. BTS에서 다운로드한 항공사 정시 도착 데이터셋에서 선택한 필드(월별로 테이블이 분리돼 있다)

칼럼	필드	필드명	설명(BTS에 웹 사이트에서 복사함)
1	FlightDate	FL_DATE	비행 일자(yyyymmdd)
2	UniqueCarrier	UNIQUE_CARRIER	운송 사업자 고유 코드로, 동일 코드가 여러 운송 사업자에 의해 사용된 경우 숫자 접미사가 사용된다. 예를 들어 PA, PA(1), PA(2). 연도의 범위를 정해 분석을 위한 필드로 사용한다.
3	AirlineID	AIRLINE_ID	항공(운송)사를 식별하기 위해 US 교통부(DOT)에서 지정한 식별 번호다. 고유한 항공(운송)사는 코드, 이름 또는 지주 회사/법인에 상관없이 동일한 DOT 인증하에 보고하고 보유하는 항공(운송)사로 정의된다.
4	Carrier Code	CARRIER	국제 항공 운송 협회(IATA)가 지정하며, 일반적으로 운송 업체를 식별하는 데 사용된다. 시간이 지남에 따라 동일 코드가 다른 운송업체에 지정될 수 있어 이 코드는 항상 고유하지는 않다. 분석을 위해서는 Unique Carrier Code를 이용한다.
5	FlightNum	FL_NUM	비행기 번호

(이어짐)

칼럼	필드	필드명	설명(BTS에 웹 사이트에서 복사함)
6	OriginAirportID	ORIGIN_AIRPORT_ID	출발 공항 ID로, 공항을 식별하기 위해 DOT에서 지정한 식별 번호다. 공항 코드가 바뀌거나 공항 코드가 재사용될 수 있기 때문에 연도의 범위를 정해 공항 분석을 위한 필드로 사용한다.
7	OriginAirportSeqID	ORIGIN_AIRPORT_SEQ_ID	출발 공항 일련번호 ID로, 특정 시점의 공항을 식별하기 위해 US DOT가 지정한 식별 번호다. 공항 이름이나 좌표와 같은 속성은 시간이 지나면 바뀔 수 있다.
8	OriginCityMarketID	ORIGIN_CITY_MARKET_ID	출발 공항 도시 시장 ID로, 도시 시장 ID는 도시 시장을 식별하기 위해 DOT에서 지정한 식별 번호다. 이 필드를 이용해 동일 도시 시장에 갈 수 있는 공항을 묶을 때 사용한다.
9	Origin	ORIGIN	출발 공항
10	DestAirportID	DEST_AIRPORT_ID	도착 공항 ID로, 공항을 식별하기 위해 DOT에서 지정한 식별 번호다. 공항 코드가 바뀌거나 공항 코드가 재사용될 수 있기 때문에 연도의 범위를 정해 공항 분석을 위한 필드로 사용한다.
11	DestAirportSeqID	DEST_AIRPORT_SEQ_ID	도착 공항 일련번호 ID로, 특정 시점의 공항을 식별하기 위해 US DOT가 지정한 식별 번호다. 공항 이름이나 좌표와 같은 속성은 시간이 지나면 바뀔 수 있다.

(이어짐)

칼럼	필드	필드명	설명(BTS에 웹 사이트에서 복사함)
12	DestCityMarketID	DEST_CITY_MARKET_ID	도착 공항 도시 시장 ID로, 도시 시장 ID는 도시 시장을 식별하기 위해 DOT 지정한 식별 번호다. 이 필드를 이용해 동일 도시 시장에 갈 수 있는 공항을 묶을 때 사용한다.
13	Dest	DEST	도착 공항
14	CRSDepTime	CRS_DEP_TIME	컴퓨터 예약 시스템(CRS) 출발시간 (지역시간: hhmm)
15	DepTime	DEP_TIME	실제 출발시간(지역시간: hhmm)
16	DepDelay	DEP_DELAY	예정 출발시간과 실제 출발시간 간의 차이(분 단위)다. 미리 도착한 경우 마이너스 값이다.
17	TaxiOut	TAXI_OUT	유도로 진입 시간(분 단위)
18	WheelsOff	WHEELS_OFF	바퀴 올라간 시간(지역시간: hhmm)
19	WheelsOn	WHEELS_ON	바퀴 내려온 시간(지역시간: hhmm)
20	TaxiIn	TAXI_IN	유도로 진출 시간(분 단위)
21	CRSArrTime	CRS_ARR_TIME	컴퓨터 예약 시스템(CRS) 도착시간 (지역시간: hhmm)
22	ArrTime	ARR_TIME	실제 도착시간(지역시간: hhmm)
23	ArrDelay	ARR_DELAY	예정 도착시간과 실제 도착시간 간의 차이(분 단위)다. 미리 도착한 경우 마이너스 값이다.
24	Cancelled	CANCELLED	비행 취소 지시자(1 = Yes)
25	CancellationCode	CANCELLATION_CODE	취소 이유를 지정
26	Diverted	DIVERTED	변경된 비행 지시자(1 = Yes)
27	Distance	DISTANCE	공항 간의 거리(마일)

이 책의 나머지 부분에서 이 데이터들은 '원시' 데이터셋의 필드다. 일 년치 데이터셋을 다운로드하고(이 책을 쓸 당시에는 2015년도가 다운로드할 수 있는 마지막 해였다) 탐색을 시작하자.

데이터를 한곳에 저장하지 않는 이유

다운로드 스크립트 작성을 시작하기 전에 조금 뒤로 물러나서 왜 최초에 데이터를 다운로드하는지 생각해보자. 여기서의 논의는 대용량 데이터셋으로 작업할 때 어떤 것을 선택할지 명확히 하는 데 도움이 된다. 데이터를 처리하는 방법은 사용할 수 있는 인프라의 유형에 따라 달라지며, 이 절을 통해 (네트워크 및 디스크 속도, 데이터센터로 밝혀지겠지만) 적절한 절충점을 찾는 데 도움을 얻을 것이다. 구글 클라우드 플랫폼은 여러분이 체험했을 수도 있는 인프라와는 다르다. 따라서 여기에서 논의된 개념을 이해하면 구글 클라우드 플랫폼 서비스를 최대한 활용하는 방식으로 데이터 처리 시스템을 설계하는 데 도움이 된다.

데이터 분석과 개발을 위해 노트북에 데이터를 다운로드하는 것이 익숙할지라도 이 방법은 차선책이라는 점을 깨달아야 한다. 어떤 면에서는 BTS에 저장돼 있는 데이터를 충분히 작은 (월간) 청크로 사용할 수 있으므로, 다운로드하는 절차를 생략하고 데이터 분석 프로그램에 직접 입수할 수 있다면 훨씬 좋은 방법일 수 있다. 단일한 원본 데이터를 가졌다면 (접근을 허용하거나 차단하는) 보안에서 (다른 사본 데이터의 부실을 걱정할 필요 없는) 오류 보정에 이르기까지 많은 이점이 있다. 데이터를 적합한 장소에 저장하고 필요할 때 제공하는 게 가장 좋다. 그렇다면 데이터를 한곳에 보관하는 것이 어떨까?

데이터를 한곳에 보관하는 것이 더 좋지만, 뭔가 생소한 일을 하려고 한다. 데이터를 다운로드하려고 하지만 방법을 바꿔 퍼블릭 클라우드(구글 클라우드 스토리지)에 업로드할 것이다. 이 데이터는 네트워크 컴퓨터에 계속 존재하지만 BTS에 연관된 곳이 아닌 구글 클라우드 플랫폼에 존재한다. 이렇게 하는 목적이 무엇일까?

BTS 서버에 데이터를 두고 필요할 때마다 접근하는 대신 로컬 디스크에 데이터를 다운로드하는 이유를 이해하려면 두 가지 요소(비용과 성능)를 고려하는 것이 좋다. 데이터를 BTS 서버에 남겨두면 로컬에 영구 저장 장치를 둘 필요가 없다(따라서 비용이 공짜다). 그러나 접속 속도에 있어서는 공용 인터넷의 자비가 필요하다. 미국의 인터넷 속도는 시골 다방의 8Mbps(8비트가 1바이트이므로 1MBps)에서 공용 인터넷망이 발달한 도시[5]의 1,000Mbps(기가 이더넷은 125MBps)까지다. 아카마이의 2017년 Q3 공용 인터넷 현황 보고서에 의하면 대한민국은 인터넷 속도가 평균 27Mbps (3MBps를 약간 상회)로 전 세계에서 가장 빠른 인터넷망을 보유하고 있다. 이 범위의 속도를 근거로 공용 인터넷 속도는 일반적으로 3에서 10MBps다. 노트북에서 데이터 분석을 수행하기 위해 필요할 때마다 인터넷으로 데이터에 접속한다면 심각한 병목현상을 유발한다.

데이터를 로컬 디스크에 다운로드한다면 스토리지 비용이 발생하지만, 데이터 액세스 속도는 훨씬 더 빨라진다. 하드디스크 드라이브[HDD](회전 구동하는 드라이브)의 비용은 기가바이트당 약 4¢다.[6] 그리고 일반적인 파일 액세스 속도는 약 100MBp다. SSD 가격은 약 5배 비싸고 파일 액세스 속도는 4배 빠르다. 어떤 유형의 드라이브도 인터넷으로 데이터에 접근하는 것보다 훨씬 빠르다. 데이터 분석을 수행하기 위해 로컬 디스크에 데이터를 다운로드하는 것이 일반적이다.

---

5. 예를 들어 캔자스시티, 미주리(https://fiber.google.com/cities/kansascity/plans/)와 체터누가, 테네시(http://money.cnn.com/2014/05/20/technology/innovation/chattanooga-internet/).]

6. 모든 가격은 미국 달러로 계산되며, 이 책을 쓰는 시점의 가격이다.

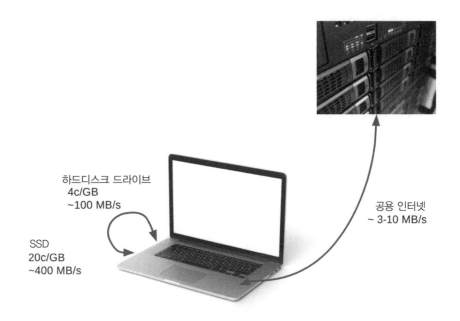

하드디스크 드라이브
4c/GB
~100 MB/s

SSD
20c/GB
~400 MB/s

공용 인터넷
~ 3-10 MB/s

그림 2-3. 인터넷을 통해 데이터에 액세스하는 경우와 디스크 드라이브에서 데이터를 액세스하는 경우의 데이터 액세스 속도
비교

적은 데이터셋에 대한 짧고 빠른 계산을 위해 노트북에 데이터를 다운로드해서 작업
하는 것이 좋다. 그러나 이런 방법은 확장할 수 없다. 데이터 분석이 매우 복잡하거
나 데이터 크기가 노트북에 담기에 너무 크다면 어떨까? 수직 확장이나 수평 확장의
두 가지 옵션이 있다.

수직 확장

더 큰 데이터셋이나 더 복잡한 계산 작업을 처리하기 위한 한 가지 옵션은 많은
CPU, 다량의 RAM, 수 테라바이트의 디스크를 가진 더 크고 더 강력한 머신을 이용
하는 것이다. 이를 수직 확장이라고 한다. 그리고 이 방법은 완벽하게 확실한 솔루션
이다. 그러나 이런 머신은 매우 비쌀 것이다. 이런 머신을 24시간 내내 사용하지
않을 것이기 때문에 퍼블릭 클라우드 공급자에게서 적절하게 큰 머신을 임대하는

방법을 선택할 수 있다. 그러나 그렇더라도 데이터를 임대한 컴퓨터 인스턴스에 마운트한 드라이브에 저장하는 것은 좋은 선택이 아니다(컴퓨터 인스턴스를 반환하면 모든 데이터가 사라질 것이다). 대신 BTS에서 받은 데이터를 컴퓨터 인스턴스에 부착돼 있는 영구 디스크로 한 번만 다운로드할 수 있다.

구글 클라우드 플랫폼에 있는 영구 드라이브는 HDD나 SSD일 수 있으므로 데스크탑과 유사한 비용 및 속도로 절충할 수 있다. 클라우드의 인스턴스에 물리적으로 부착돼 있는 SSD는 더 빠른 속도와 더 작은 응답 시간을 제공한다. 그러나 많은 데이터 분석 작업은 모든 데이터셋을 스캔할 수 있는 지속적인 성능을 요구하므로 로컬 SSD와 SSD 영구 드라이버 간의 성능 차이는 10배가 아니고 약 2배다.[7] 구글 클라우드 플랫폼의 컴퓨트 엔진은 사용하지 않을 때 비용이 발생하지 않는 비용 효율성 외에 영구 드라이브는 내구성이 뛰어난 스토리지도 제공한다(구글 클라우드 플랫폼의 영구 드라이브에 저장된 데이터는 데이터 유실을 방지하기 위해 복제된다). 또한 영구 드라이브에 저장된 데이터는 (읽기 전용 모드로) 여러 인스턴스 간에 공유할 수 있다. 즉, 클라우드에 있는 하나의 커다란 머신에서 분석을 수행하되 데이터를 영구적으로 보관하기 위한 좋은 솔루션은 그림 2-4 같이 영구 드라이브를 강력하고 대량 메모리를 가진 컴퓨트 엔진 인스턴스에 연결하고, 외부 데이터센터(여기서는 BTS의 서버)에서 데이터를 영구 드라이브로 다운로드한 후 온디맨드 컴퓨트 인스턴스를 시작하는 것이다(그림 2-4에서 클라우드 사용료는 월정액으로 계산된다. 실제 비용은 계산한 것보다 더 높거나 낮을 수 있다).

분석이 끝나면 컴퓨트 엔진 인스턴스를 제거할 수 있다.[8] 데이터를 충분히 유지할 정도의 영구 드라이브를 준비하라(분석하는 동안 임시 스토리지(또는 캐시)는 부착된

---

7. 지속적인 성능 차이를 확인하려면 https://cloud.google.com/compute/docs/disks/performance를 확인하라.

8. 구글 클라우드 플랫폼 컴퓨트 엔진을 (제거하지 않고) 중지시킬 수도 있다. 인스턴스를 중지시키면 컴퓨트 머신에 관련된 과금도 중지시킬 수 있다. 그러나 스토리지에 대한 비용은 계속 발생한다. 특히 컴퓨트 엔진 인스턴스에 관련된 SSD의 비용이 계속 발생한다. 인스턴스를 중지시키는 것의 가장 큰 장점은 중지시켰던 시점으로 정확하게 복구할 수 있다는 점이지만, 띄울 때마다 항상 깨끗한 (알려진) 상태에서 시작해야 한다면 중요하지 않을 수 있다.

SSD가 사용되며, 인스턴스와 함께 삭제된다). 그리고 영구 디스크의 경우 초기 크기가 너무 작으면 언제든지 크기를 늘릴 수 있다. 이렇게 함으로써 저렴한 가격으로 로컬에서 분석하는 장점과 훨씬 더 강력한 머신을 사용할 수 있는 장점을 얻을 수 있다. 이러한 추천에는 몇 가지 사항을 가정하고 있음을 주목하기 바란다. 분당으로 과금되는 강력한 머신을 임대하고, 크기 조절이 가능한 영구 디스크를 컴퓨트 인스턴스에 부착하고, SSD 영구 드라이브를 이용해 충분한 성능을 낼 수 있는 능력이다. 이는 구글 클라우드에도 해당하지만, 다른 플랫폼을 사용한다면 거기서도 이러한 가정이 적용되는지 확인해야 한다.

그림 2-4. 비용 효율적이고도 빠른 데이터 분석을 위한 한 가지 솔루션은 고용량 메모리를 가진 컴퓨트 엔진 인스턴스에 영구 디스크를 부착해 데이터를 저장하는 것이다.

수평 확장

영구 드라이브와 캐시를 부착한 고용량 메모리 컴퓨트 엔진을 사용하는 솔루션은 단일 머신에서 할 수 있는 작업에 적합하다. 그러나 이보다 큰 작업에서는 동작하지 않는다. 여러 머신에서 분석 처리를 수행할 수 있도록 작업을 더 작은 부분으로 나눠 구성하는 것을 수평 확장이라고 한다. 데이터 처리 작업을 수평 확장하는 한 가지 방법은 데이터를 샤딩[9]하고 여러 인스턴스에 부착된 영구 드라이브나 여러 컴퓨트

---

9. 대용량 데이터베이스를 샤딩하는 것은 데이터를 더 작고 좀 더 쉽게 관리할 수 있는 부분으로 분할하는 것이다. 데이터베이스 테이블을 정규화하는 것은 데이터베이스 칼럼들을 다른 테이블에 옮기는 것이지만, 샤딩은 데이터베이스 열을 분할하고 각 부분을 처리하기 위해 다른 데이터베이스 인스턴스를 사용하는 것이다. 좀 더 자세히 알려면 https://en.wikipedia.org/wiki/Shard_(database_architecture)를 방문하라.

인스턴스에 부착된 드라이브에 분할된 조각을 저장하는 것이다. 그러면 각 컴퓨트 인스턴스는 빠른 속도로 작은 조각의 데이터를 분석할 수 있다(이러한 작업을 맵^{map} 작업이라고 한다). 작은 조각에서 분석된 결과는 여러 다른 컴퓨트 노드에서 작업된 조각들과의 적절한 대조 작업 후에 조합된다(이 조합 작업을 리듀스^{reduce} 작업이라고 한다). 이 두 가지 작업을 합친 작업 모델을 맵리듀스^{MapReduce}라고 한다. 이 방법도 처음에는 외부 데이터센터에서 클라우드로 데이터를 다운로드해야 한다. 또한 데이터를 사전에 할당된 드라이브나 노드로 분할시켜 저장해야 한다.

분석을 수행할 필요가 있을 때마다 전체 노드 클러스터를 가동시키고 영구 드라이브를 다시 부착시켜 계산을 수행해야 한다. 다행히도 샤딩이나 클러스터 생성을 직접 하기 위해 인프라를 구축할 필요가 없다. 데이터를 하둡 파일 시스템^{HDFS}에 저장할 수 있다. 그러면 HDFS에 샤딩을 하고, (하둡, 피그, 스파크 등을 탑재하고 있는 컴퓨트 엔진 VM 클러스터인) 클라우드 데이터 프록 클러스터를 가동시키고, 클러스터에서 분석 작업을 실행시킬 수 있다.

그림 2-5에서 이런 방법에 대한 개요를 보여준다.

하둡 에코 시스템 같은 맵리듀스 프레임워크를 사용하려면 데이터가 미리 샤딩돼 있어야 한다. 미리 샤딩된 데이터는 컴퓨트 인스턴스에 부착된 드라이브에 저장돼 있기 때문에 모든 데이터가 항상 사용되지 않는다면 이 구조는 매우 비효율적일 수 있다. 원칙적으로 작업을 수행해야 할 때마다 데이터를 저장한 노드에 분석 코드를 탑재한다. 해야 할 일은 여유가 있는 머신을 찾는 것이다. 계산 작업 부하의 고려 없이 스토리지 노드에 실행할 분석 코드를 탑재하는 것은 효율성을 떨어뜨린다. 머신은 긴 시간동안 아무 작업도 하지 못할 수 있고, 리소스 간 충돌이 발생할 수도 있기 때문이다.

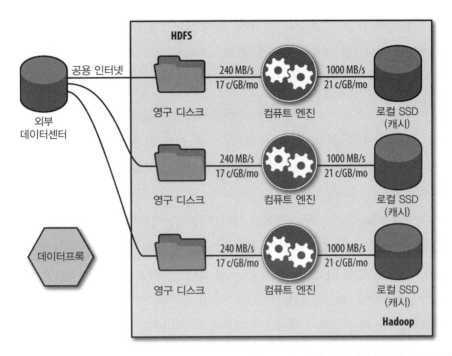

그림 2-5. 대용량 데이터셋을 위한 잠재적인 솔루션 중 하나는 데이터를 HDFS에 저장하고 임시 데이터프록 클러스터를 이용해 분석을 수행하는 것이다.

요약하면 대용량 데이터셋으로 작업하기 위한 두 가지 옵션이 있는데, 데이터를 그대로 유지하고 대용량 컴퓨터로 수직 확장해 처리하는 방법과 데이터를 샤딩해 노드에 각각 복사하고 코드를 노드에 탑재해 처리하는 수평 확장 방법이 있다. 이 두가지 옵션 모두 단점이 있다. 수직 확장은 가용한 가장 강력한 머신까지가 처리 한계고, 수평 확장은 리소스 할당의 비효율성이 발생할 수 있다. 데이터를 한곳에 두고 수평 확장을 하는 방법이 있을까?

콜로수스 및 주피터와 함께하는 데이터

계산할 수 있는 노드에 데이터를 다운로드하는 경우에 대한 경제성은, 많은 부분이 드라이브 속도보다 느린 인터넷 접속 속도에 달려있다는 사실을 상기해보자(이는 인터넷이 3~10MBps이기 때문이다). 반면에 드라이브는 2배 더 빠른 접속 속도를 제공하기 때문에 데이터를 대용량 컴퓨트 엔진(수직 확장)으로 옮기거나 컴퓨트 엔진 인스턴스에 부착된 영구 디스크에 샤딩(수평 확장)했다.

그러나 네트워크 속도가 더 빨라 모든 컴퓨트 인스턴스가 빠른 속도로 파일에 접근할 수 있는 환경에서 작업을 한다면 어떨까? 예를 들어 100,000대의 서버를 사용하고 각 서버들이 1GBps로 서로 통신할 수 있는 환경에서 작업을 한다면 어떨까? 이는 매우 빠른 속도다(SSD보다 2배 빠르고, 로컬 하드디스크 드라이브보다 10배 빠르고, 인터넷보다 100배는 빠른 속도다). 추가적으로 메타데이터가 데이터센터마다 샤딩돼 있고, 데이터 영속성을 위해 쓰기가 복제되는 (노드별로 부착되는 형태가 아닌[10]) 클러스터 수준의 파일 시스템을 가졌다면 어떨까? 구글 데이터센터에 있는 주피터^{Jupiter} 네트워크의 양방향 대역폭 총합은 125,000GBps[11]이고, 구글의 차세대 콜로수스^{Colossus} 파일 시스템은 클러스터 수준에서 동작하기 때문에 이 시나리오는 데이터가 구글 클라우드 스토리지의 버킷에 있고, 버킷과 동일한 리전에 있는 컴퓨트 엔진 인스턴스에서 분석을 실행하는 경우 작동하는 시나리오다. 이런 점에서 전체 데이터센터를 단일 컴퓨터로 취급하는 것이 좋다. 네트워크 속도와 스토리지 설계는 컴퓨팅과 데이터 모두를 대체할 수 있는 자원으로 만들어 데이터센터의 어느 부분에든 아주 자유롭게 할당할 수 있게 한다. 하나의 커다란 영역에 여러 작업을 스케줄링하면 더 작은 여러 영역에 동일 작업을 스케줄링하는 것보다 훨씬 더 높은 활용도를 제공할 수 있다. 이 자원 할당은 자동이다. 데이터를 미리 샤딩할 필요가 없고 (빅쿼리, 클라우드 데이터플로우 또는 클라우드 ML 엔진과 같은) 적절한 컴퓨트 프레임워크를 사용하면 컴퓨트 엔진 인스턴스를 직접 초기화하는 것조차 필요가 없어진다. 그림 2-6은 이 프레임워크를 보여준다.

---

10. 다시 말해 단일 머신의 로컬에 부착된 파일 시스템이 아닌 데이터센터를 구성하는 전체 머신 클러스터에서 공통적으로 사용할 수 있는 것을 말한다.

11. 구글 네트워크 인프라에 대한 블로그를 읽어 보라(https://research.googleblog.com/2015/08/pulling-back-curtain-on-googles-network.html). 1페타바이트는 백만 기가바이트이므로 이 기사에서 인용된 1Pbps는 125,000GBps로 산정된다.

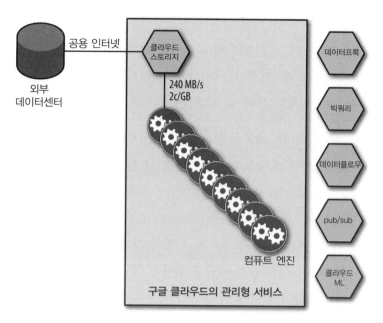

그림 2-6. 구글 클라우드 플랫폼에서 데이터센터 내의 빠른 네트워크 속도는 저렴하고 지속적으로 클라우드 스토리지에 저장할 수 있게 해주고, 다양한 임의의 관리형 서비스들이 필요시 스토리지를 액세스할 수 있게 해준다.

대부분의 데이터센터는 전체 양방향 대역폭에 대해 최적화되지는 않다는 점을 지적하고 싶다. 백엔드의 노드들(네트워크 용어로 '동서 간 통신') 사이의 네트워크 대역폭을 최대화하도록 최적화하는 대신 웹 요청('남북 간 통신')과 같은 외부 클라이언트로 보내는 네트워크 시간을 최소화하는 데 최적화돼 있다. 사용자의 요청에 응답하기 위해 백엔드에서 처리하는 네트워크 처리량이 요청 자체 트래픽의 몇 배가 되는 경우에만 동서 간 네트워크를 위해 데이터센터를 설계한다.

구글 자체 작업이 대부분을 차지한다(예를 들어 검색 쿼리는 마이크로 서비스에 수백 가지 '팬아웃(단일 입력 다중 출력 – 옮긴이)' 요청을 발생시킬 수 있다). 이 때문에 구글 플랫폼에서 데이터와 서버 위치를 조기에 결정할 필요가 없다는 점은 중요했다. 데이터센터의 한쪽은 CPU가 남고 다른 한쪽은 메모리가 남는 자원 불균형 문제는 동적인 자원 할당으로 최소화시킬 수 있다. 네트워크가 수만 대의 서버에 균일한 대역폭을 제공하기 때문에 수만 개의 컴퓨트 인스턴스로 개별적 애플리케이션을 아주 쉽게 확장할 수 있다. 더 큰 문제에 대해 협업할 수 있도록 연합 서비스를 구축하는 것도 가능하다. 끝으로 데이터센터의 어떠한 인스턴스든 문제를 해결하는 데 투입할 수 있기 때문에 이 설계를 통해 더 나은 장애 복구가 가능하다.

구글 파일 시스템(또는 GFS, 하둡 분산 파일 시스템인 HDFS가 기반이다)은 일괄처리를 위해 구축됐다. 반면에 콜로수스는 실시간 업데이트를 위해 설계됐다. GFS/HDFS가 수일 이상이 걸리는 일괄처리 작업에 적합하다면 콜로수스는 실시간으로 구글 검색 인덱스를 업데이트하는 데 필요하다(구글 플랫폼이 실시간 이벤트를 반영할 수 있는 이유다). 데이터를 미리 샤딩할 필요가 없는 이 데이터 처리 아키텍처를 구현하려면 여러 가지 혁신이 필요하다. 예를 들어 대규모 팬아웃 작업을 수행할 때는 대기 시간과 그 주변의 설계에 내성이 있어야 한다. 여기에는 다른 전략들 중에 헤드오브라인 블록킹head-of-line blocking[12]을 줄일 수 있도록 요청을 잘게 분리하고, 파티션을 다른 곳으로 쉽게 이동시킬 수 있도록 머신당 파티션을 수백 개 생성하고, 많이 사용하는 데이터 조각은 복제하고, 백업 요청을 사용하고, 하나가 완성되면 다른 요청들은 즉시 취소시키는 것 등이 포함된다. 데이터센터 내의 모든 컴퓨트 인스턴스에서 높은 처리 속도를 갖는 클러스터 규모의 파일 시스템을 구축하려면 데이터센터 내의 네트워크 홉hop 수를 최소화하는 것이 중요하다. 따라서 소프트웨어 정의 네트워킹SDN, Software-Defined Networking이 아주 중요하다. 구글 클라우드 플랫폼에서 동일한 영역에 있는 두 머신은 단 하나의 네트워크 홉 수를 가진다.

구글의 네트워크, 컴퓨트 및 스토리지에 대한 혁신은 여기서 끝나지 않는다. 주피터 네트워크가 125,000GBps의 양방향 대역폭을 제공하지만 엔지니어들은 오늘날에는 600,000GBps가 필요하다고 예측한다. 게다가 작업이 충분히 미세하게 세분화되지 않는다(I/O 디바이스의 응답 시간이 마이크로초 단위이기 때문에 현재의 밀리초보다 훨씬

---

12. 네트워크 패킷이 순서대로 전송되는 경우 느린 패킷이 뒤에 따라오는 패킷들의 전송을 지연시키는 현상

더 세밀하게 작업으로 스케줄링해야 하기 때문이다). 차세대 플래시 스토리지는 여전히 데이터센터 내에 광범위하게 이용되지 않고 있다. 콜로수스는 클러스터 수준의 파일 시스템을 구축할 때의 문제를 다룬다. 그러나 단일 리전 클러스트 내의 일관성이 아닌 전체 리전의 일관성을 요구하는 애플리케이션이 있다. 클라우드 스패너는 전 세계적으로 분산된 데이터베이스의 구축에 대한 도전을 다룬다. IT 인프라의 지속적인 혁신은 시간이 갈수록 흥미진진해지고 있다.

다른 인프라에서 이 모든 것에 대한 데이터 처리를 수행한다면 비용이 달라질 것이라는 점을 (다시 한 번) 유념하기 바란다(이 책의 제목에 "구글 클라우드 플랫폼에서"라는 단어가 포함돼 있는 이유이기도 하다). 데이터 파이프라인을 온프레미스 또는 다른 클라우드 공급자를 통해 구현을 하는 경우 일반적으로 하드웨어 최적화는 다른 것들을 대상으로 할 것이다.[13] 따라서 수직 확장을 할지, 데이터 샤딩을 통한 수평 확장을 할지, 또는 사용하는 인프라 의존적인 스토리지에 데이터를 두고 수평 확장할지 정해야 한다(표 2-2 참조). API는 동일하다. 따라서 많은 경우 내가 구동하는 것과 같은 동일한 소프트웨어를 구동할 수 있다. 그러나 성능상의 특성은 다를 수 있다. 구글 텐서플로, 아파치 빔 및 다른 소프트웨어들은 오픈소스로, 온프레미스 인프라 및 다른 클라우드 제공자들에 설치할 수 있다. 그러나 클라우드 ML 엔진 및 클라우드 데이터플로우를 강력하게 만드는 실행 프레임워크는 구글 클라우드와 동일한 방식으로 구축하지 않는 한 다른 인프라로는 옮기기 힘들 것이다.

---

13. https://www.microsoft.com/en-us/research/publication/vl2-a-scalable-and-flexible-data-center-network/에 기술돼 있는 마이크로소프트의 프로토타입은 중앙화된 호스트 계층을 포함하고 있는 것 같다. 이런 인프라에서는 소프트웨어를 다르게 설계해야 한다.

표 2-2. 수직 확장, 데이터 샤딩을 통한 수평 확장 또는 한곳에 데이터가 있는 수평 확장 중에 선택

옵션	성능 및 비용	필요한 사항	구글 클라우드 플랫폼에서 구축하는 방법
수직 확장	비싼 컴퓨트와 스토리지, 빠르지만 성능 확장은 가장 빠른 머신 성능으로 제한됨	가장 빠른 머신, 머신을 빨리 임대할 수 있는 능력, 마운트 가능한 영구 SSD	영구 SSD를 가진 컴퓨트엔진
수평 확장	비싼 스토리지, 저렴한 컴퓨팅, 원하는 성능을 내기 위해 머신 추가, 그러나 원하는 크기의 클러스터상의 미리 샤딩할 능력은 제한됨	컴퓨트 노드에 저장된 데이터, 마운트 가능한 영구 SSD	(스파크를 가진) 클라우드 데이터프록 및 HDFS
한곳에 있는 데이터	저렴한 스토리지와 컴퓨트, 원하는 성능을 내기 위해 머신 추가	극단적으로 빠른 네트워크, 클러스터 전역 파일 시스템	클라우드 데이타프록 + 클라우드 스토리지상의 스파크, 빅쿼리, 클라우드 데이터플로우, 클라우드 ML 엔진 등

데이터 입수

정시 도착 데이터셋으로 데이터 분석을 수행하려면 BTS 웹 사이트에서 월간 데이터를 다운로드해서 클라우드 스토리지에 업로드해야 한다. 이 작업을 수동으로 하는 것은 지루하고 오류가 발생하기 쉬운 일이므로 이를 처리하는 스크립트를 작성하자.

웹 양식을 채우는 스크립트의 작성은 어떻게 할까?[14] 먼저 양식을 만드는 웹 호출 방법을 익히고, 이 웹 호출 스크립트를 반복시킨다. 크롬 브라우저를 이용해 이 요청을 수동으로 해보자. BTS 다운로드 웹 사이트에 방문해 일부 필드를 채운 후 다운로

---

14. 진행하기 전에 웹 사이트의 이용 약관을 확인해 자동화된 다운로드를 금지하는지 확인하자.

드 버튼을 클릭한다. 그림 2-7과 같이 zip 파일 다운로드를 시작한다.

312822343_T_ONTIME.zip
downloaded

1,452 KB from tsdata.bts.gov

그림 2-7. 크롬 브라우저에 다운로드된 zip 파일

다운로드한 파일명에 있는 숫자는 의미가 불명확하다. 요청 번호인 것 같다. 2015년 1월의 자료를 선택했으므로 파일명을 201501.zip으로 바꾼다.

웹 양식 리버스 엔지니어링

이 작업 순서를 스크립트로 만들려면 양식이 생성하는 HTTP 요청을 찾아야 한다. BTS 웹 양식은 동적인 동작이 없는 간단한 HTML 양식이다. 이런 형태의 양식은 사용자가 선택한 내용들을 모두 모아 단일 POST로 요청한다. 스크립트에 동일한 POST 요청을 하도록 작성할 수 있다면 웹 양식에 입력하지 않고도 데이터를 얻을 수 있을 것이다.

BTS 웹 사이트에서 다운로드할 항목들을 선택한 후 브라우저에서 보내는 정확한 HTTP 명령이 무엇인지 찾아야 한다. 이를 위해 그림 2-8과 같이 BTS 웹 사이트에 가서 크롬 웹 브라우저[15]의 오른쪽 상단 메뉴를 열고 More tools^{도구 더보기} ❯ Developer tools^{개발자 도구} 메뉴를 실행한다.

---

15. 또는 웹 트래픽 보기를 지원하는 기타 웹 개발 도구나 브라우저를 사용해도 된다.

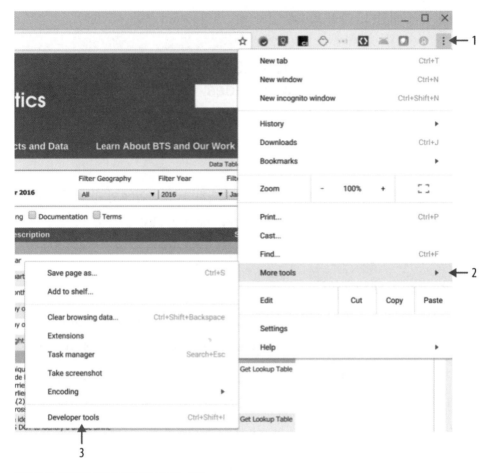

그림 2-8. 크롬에서 개발자 도구 메뉴를 찾는 방법

개발자 도구의 Network^{네트워크} 탭에서 모든 네트워크 호출을 알 수 있도록 Preserve
log^{로그 보존하기}를 클릭한다(그림 2-9).

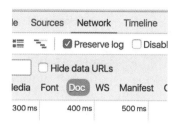

그림 2-9. 개발자 도구 메뉴에서 로그 보존하기 선택

이제 앞에서 확인했던 것처럼 27개의 필드를 주의해 선택하고, 전체 보기 모드로 전환한 후 다운로드를 반복한다. 그림 2-10과 같이 BTS 서버로 보내지는 HTTP 요청을 볼 수 있다.

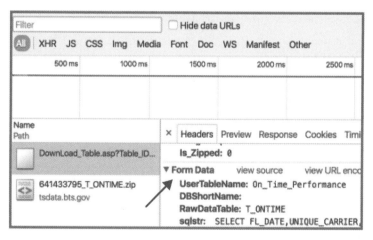

그림 2-10. BTS 서버로 보내지는 HTTP 요청

Download_Table.asp 페이지는 일부 데이터를 POST로 보내고 반환값으로 zip 파일을 리다이렉트한다. 양식 데이터를 아래로 스크롤해 제출된 데이터를 확인한다.

그림 2-11과 같이 양식 데이터 탭에서, '소스 보기'로 전환해 전체 요청을 확인한다.

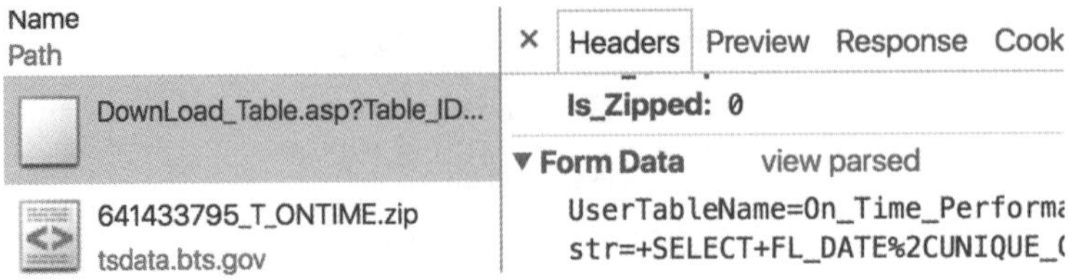

그림 2-11. 양식 데이터 탭에서 전체 요청을 확인할 수 있다.

리눅스에서는 curl 명령을 이용해 그림 2-11에 있는 요청을 커맨드라인에 복사 후 붙이는 방식으로 매개변수를 전달해 웹 요청을 만들 수 있다. 웹 브라우저도 필요 없고 클릭도 필요 없다.

```
curl -X POST --data "copy-paste-stuff-from-window"
http://www.transtats.bts.gov/DownLoad_Table.asp?Table_ID=236&Has_Group=3&Is_
Zipped=0
```

불행히도 응답 결과는 zip 파일로 리다이렉트하는 내용이고 zip 파일 자체가 아니다. 따라서 실제 데이터를 얻기 위해 curl을 다시 실행하거나 curl이 리다이렉트를 따르게 해야 한다.

데이터셋 다운로드

데이터 탐색 단계에서 나는 리눅스 커맨드라인 도구를 사용해 대화식으로 대부분의 처리 작업을 진행한다. 로컬 컴퓨터가 리눅스, 맥 또는 (윈도우의) 시그윈^{cygwin}이고 로컬 머신에 클라우드 SDK를 설치했다면 나를 따르면 된다. 나는 여행할 때 크롬북을 사용하기 때문에 클라우드셸을 사용했다. 이 시점부터는 다른 시스템에 대한 많은 양의 세부 사항을 다루는 것 때문에 이 책이 두꺼워지지 않도록 나와 동일한 환경에서 작업할 것이라고 가정한다. 다른 환경에서 작업을 한다면 필요에 따라 명령을 맞게 변경하라(예를 들어 sudo apt-get install을 실행한다면 리눅스와 같은 환경에서는 적절한 설치 명령을 사용하면 된다). 처리할 절차를 정할 때 이것을 좀 더 자동화하는 방법을 살펴보겠다.

이제부터 BTS 웹 사이트에서 12개월분의 데이터를 다운로드하는 스크립트명을 download.sh[16]로 하며, 주요 행의 내용은 다음과 같다.

```
YEAR=2015
for MONTH=`seq -w 1 12`; do
PARAMS="UserTableName...
RESPONSE=$(curl -X POST --data "$PARAMS" \

http://www.transtats.bts.gov/DownLoad_Table.asp?Table_ID=236&Has_Group=3&Is_
Zipped=0)
echo "Received $RESPONSE`
ZIPFILE=$(echo $RESPONSE | tr '\"' '\n' | grep zip)
echo $ZIPFILE
curl -o $YEAR$MONTH.zip $ZIPFILE
done
```

PARAMS=로 표시된 줄은 크롬의 양식 데이터 탭에 있는 전체 텍스트 블록으로 구성된다(즉, 브라우저가 BTS 웹 사이트에 제출하는 양식 데이터다). 나는 월과 년도를 찾아서 ${MONTH}와 ${YEAR}의 쿼리로 각자 대체했다. 쿼리의 응답이 리다이렉트라서 나는 처음에 curl 경로에 -L을 추가했다(이것은 리다이렉트를 따라가지만 BTS 웹 서버가 필요로 하는 콘텐츠 길이를 보내지는 않는 것 같다). 따라서 나는 리다이렉트 응답에서 zip 파일 URL을 얻고 그 URL로 zip 파일을 다운로드한 후 적절한 이름을 붙였다.

전체 다운로드 스크립트는 깃허브의 https://github.com/GoogleCloudPlatform/data-science-on-gcp/tree/master/02_ingest에 있다(나를 따라 하려면 다음 절차를 수행한다).

---

16. 이 책에 있는 모든 코드 조각은 깃허브 리포지터리, https://github.com/GoogleCloudPlatform/data-science-on-gcp/에서 발췌할 수 있으며, 아파치 라이선스 2.0 적용을 받는다. 전체 라이선스 내용은 https://github.com/GoogleCloudPlatform/data-science-on-gcp/blob/master/LICENSE에서 확인할 수 있다.

1. https://console.cloud.google.com/으로 간다.

2. 그림 2-12와 같이 상단 바에서 버튼을 이용해 클라우드셸을 띄운다.

≡ Google Cloud Platform   Q   Example Project ▾   ▣ ❶ ❓ ▲

그림 2-12. 구글 클라우드 플랫폼 콘솔의 클라우드셸 버튼

3. 클라우드셸에서 다음을 입력한다.

```
git clone \
https://github.com/GoogleCloudPlatform/data-science-on-gcp/
```

이를 통해 클라우드셸 홈 폴더에 깃허브 코드를 다운로드한다.

4. 항공편 폴더로 이동한다.

```
cd data-science-on-gcp
```

5. 데이터를 저장할 폴더를 만들고, 해당 폴더에 방문한다.

```
mkdir data
cd data
```

6. BTS 웹 사이트에서 파일을 다운로드하는 코드를 실행한다.

```
bash ../02_ingest/download.sh
```

7. 스크립트 실행이 끝나면 그림 2-13과 같이 다운로드한 zip 파일들을 확인한다.

```
ls -lrt
```

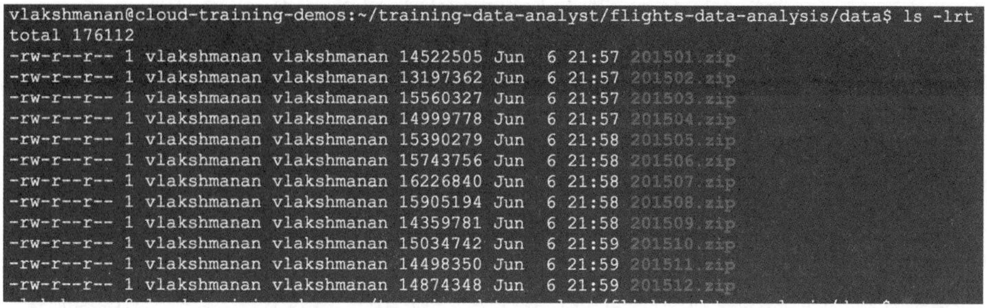

vlakshmanan@cloud-training-demos:~/training-data-analyst/flights-data-analysis/data$ ls -lrt
total 176112
-rw-r--r-- 1 vlakshmanan vlakshmanan 14522505 Jun 6 21:57 201501.zip
-rw-r--r-- 1 vlakshmanan vlakshmanan 13197362 Jun 6 21:57 201502.zip
-rw-r--r-- 1 vlakshmanan vlakshmanan 15560327 Jun 6 21:57 201503.zip
-rw-r--r-- 1 vlakshmanan vlakshmanan 14999778 Jun 6 21:57 201504.zip
-rw-r--r-- 1 vlakshmanan vlakshmanan 15390279 Jun 6 21:58 201505.zip
-rw-r--r-- 1 vlakshmanan vlakshmanan 15743756 Jun 6 21:58 201506.zip
-rw-r--r-- 1 vlakshmanan vlakshmanan 16226840 Jun 6 21:58 201507.zip
-rw-r--r-- 1 vlakshmanan vlakshmanan 15905194 Jun 6 21:58 201508.zip
-rw-r--r-- 1 vlakshmanan vlakshmanan 14359781 Jun 6 21:58 201509.zip
-rw-r--r-- 1 vlakshmanan vlakshmanan 15034742 Jun 6 21:59 201510.zip
-rw-r--r-- 1 vlakshmanan vlakshmanan 14498350 Jun 6 21:59 201511.zip
-rw-r--r-- 1 vlakshmanan vlakshmanan 14874348 Jun 6 21:59 201512.zip

그림 2-13. 클라우드셸에서 다운로드한 파일 세부 정보

이는 꽤나 합리적으로 보인다(모든 파일 크기가 다르고, 오류 메시지가 아니라고 가정할 만큼 적당한 크기의 파일들이다).

탐색 및 정리

bash 스크립트를 사용해 모든 파일을 unzip하고 파일명을 적절히 지정한다.

```
for month in `seq -w 1 12`; do
   unzip 2015$month.zip
   mv *ONTIME.csv 2015$month.csv
   rm 2015$month.zip
done
```

터미널에서 이 명령을 직접 실행할 수도 있지만, 스크립트를 02_ingest/zip_to_csv.sh라고 저장하고 실행하는 것이 좋다.

지금 12개의 csv 파일이 저장돼 있다. 처음 몇 줄을 확인해 데이터가 원하는 내용과 일치하는지 확인해보자.

```
head 201503.csv
```

각 csv 파일에는 헤더가 있고 데이터의 두 번째 행은 다음과 같다.

```
2015-03-01,"EV",20366,"EV","4457",12945,1294503,32945,"LEX",12266,1226603,31453,
"IAH","1720","1715",-5.00,10.00,"1725","1851",17.00,"1902","1908",6.00,0.00,"",
0.00,828.00,
```

문자열은 (아마도 문자열 자체에 쉼표가 있기 때문에) 모두 따옴표로 묶여 있고, 맨 끝에는 여분의 쉼표가 붙어 있다.

27개의 필드가 있어야 한다. 27개 있는지 확인해본다.

```
head -2 201503.csv | tail -1 | sed 's/,/ /g' | wc -w
```

과연 단어 수는 27개다. 위 명령을 설명하면 다음과 같다. `head -2` 명령은 데이터 파일에서 첫 번째 두 줄을 가져온다. 그리고 201503.csv의 두 번째 줄에서 보는 것과 같이 `tail -1` 명령어로 마지막 줄을 가져온다. 그런 다음 모든 쉼표를 공백 문자로 교체하고 `wc -w`로 단어 수를 계산한다.

데이터 크기는 얼마나 될까? (단어 수를 세는 `wc`와 줄 개수를 보여주는 -l(소문자 L)을 이용한) 빠른 셸 명령을 통해 매월 43,000~52,000회의 항공편이 있었음을 알 수 있다.

```
$ wc -l *.csv
  469969 201501.csv
  429192 201502.csv
  504313 201503.csv
  485152 201504.csv
```

```
    496994 201505.csv
    503898 201506.csv
    520719 201507.csv
    510537 201508.csv
    464947 201509.csv
    486166 201510.csv
    467973 201511.csv
    479231 201512.csv
  5819091 total
```

2015년에만 거의 6백만 편의 항공편이 있었다!

따옴표와 쉼표가 다음 분석에 문제를 일으킨다면 앞으로 돌아가서 데이터 파일을
정제해야 한다. 많은 다른 도구들을 통해 처리할 수 있기 때문이고, 이런 일이 생길
가능성은 매우 높다. 반대로 (공항 ID와 같이) 선택한 필드들에는 쉼표가 없고, 문자열
끝에 붙어 있는 여분의 쉼표도 없다는 것을 알 수 있다. 따라서 이 책의 목적을 위해
데이터셋으로 분석을 수행하기 전에 따옴표와 여분의 쉼표를 제거함으로써 잠재적
인 문제를 피한다. 그러나 일반적으로는 입수된 자료를 가능한 한 원래 양식대로
유지하는 것이 좋다. 이 단계의 실수는 종종 돌이킬 수 없기 때문이다. 특히 따옴표
를 제거하면 쉼표가 포함된 필드를 나중에 합치는 경우 다음 처리 절차가 잠재적으
로 중단될 수 있다.

다음과 같은 bash 스크립트로 따옴표와 쉼표를 제거할 수 있다.

```
for month in `seq -w 1 12`; do
    sed 's/,$//g' 2015$month.csv | sed 's/"//g' > tmp
    mv tmp 2015$month.csv
done
```

첫 번째 sed 명령은 행의 마지막에 있는 쉼표(/,$/)를 빈 공간(//)으로 바꾸고, 두

번째 sed는 모든 따옴표를 빈 공간으로 바꾼다. 논리적 OR을 이용해 두 번의 문자열 치환을 한 번에 할 수도 있지만, 이렇게 하는 것이 좀 더 명확하다. 그러나 어떤 경우에도 이 스크립트들은 더 이상 사용하지는 않을 것이다. 이제 곧 단일 스크립트 형태의 입수 프로그램을 공식화할 것이기 때문이다. 필요하다면 그때 코드를 개선할 수 있다.

앞의 bash 명령을 실행한 후에 데이터 파일의 최초 몇 줄을 다음 명령을 이용해 검사한다.

```
head 201503.csv
```

각 csv 파일에 있는 헤더 정보가 깨끗해진 것을 확인할 수 있고, 첫 번째 줄의 데이터 는 다음과 같다.

```
2015-03-01,UA,19977,UA,1025,14771,1477101,32457,SFO,11618,1161802,31703,EWR,
0637,0644,7.00,15.00,0659,1428,12.00,1450,1440,-10.00,0.00,,0.00,2565.00
```

확인한 바와 같이 짧은 유닉스 스크립트를 알면 데이터 분석의 초기 단계에 매우 편리할 수 있다.

구글 클라우드 스토리지에 데이터 업로드

이 원시 데이터셋의 보존을 위해 구글 클라우드 스토리지에 업로드해보자. 그렇게 하려면 기본적으로 클라우드 스토리지에 저장된 바이너리 대용량 객체blobs의 네임스 페이스인 버킷bucket을 먼저 생성해야 한다. 버킷에 관해서는 권한 관점에서 로컬 디스크와 유사하게 취급하기를 원한다. 버킷은 구글 클라우드 플랫폼 콘솔에서 생성할 수 있다. 이유는 곧 다루겠지만 단일 리전 버킷으로 버킷을 만들자.

버킷 이름은 전역적으로 고유해야 한다(즉, 프로젝트나 조직 내에서 뿐 아니라 구글 플랫폼 전체에서 고유해야 한다). 이는 버킷의 내용에 접근할 수 없더라도 버킷 이름은 전역적으로 알 수 있음을 의미한다. 따라서 문제의 소지가 있다. 예를 들어 버킷 이름을 `acme_gizmo`라고 만들었다면 경쟁자가 나중에 동일한 이름인 `acme_gizmo`라는 버킷을 생성하려고 할 때 이름이 이미 존재하므로 실패한다. 이 실패는 Acme 회사에서 새로운 기즈모를 개발할 가능성을 경쟁자에게 알려주는 것이 될 수 있다. 이와 같은 결론에 도달하려면 셜록 홈즈와 같은 추론 능력을 가져야 할 수도 있겠지만, 버킷 이름으로 민감한 정보가 노출되지 않도록 하는 것이 상책이다. 고유한 버킷 이름을 생성하는 일반적인 패턴은 프로젝트 ID에 접미사를 다는 것이다. 프로젝트 ID는 전역적으로 고유하고[17], `<프로젝트 ID>-ds32`와 같은 버킷 이름 또한 고유하다. 내 경우에 프로젝트 ID는 `cloud-training-demos`이고, 버킷 이름은 `cloud-training-demos-ml`이다.

또한 클라우드 스토리지는 많은 GCP 도구의 기반 환경으로 제공되고, 동료들과 데이터를 공유함으로 협업을 할 수 있게 해준다. 나의 경우 클라우드 스토리지에 파일을 업로드할 때 다음과 같이 입력했다.

```
gsutil -m cp *.csv gs://cloud-training-demos-ml/flights/raw/
```

이렇게 하면 클라우드 스토리지의 `cloud-training-demos-ml` 버킷에 멀티스레딩 방식으로(-m) 파일을 업로드하고 나를 소유자로 만든다. 로컬에서 작업하고 있다면 파일을 업로드하는 다른 방법은 클라우드 플랫폼 콘솔을 사용하는 것이다.

하나의 커다란 파일로 합치는 대신 분리된 파일을 그대로 유지하는 것이 좋은데,

---

17. 클라우드 플랫폼 콘솔 대시보드에서 고유한 프로젝트 ID를 얻을 수 있다. 프로젝트에 할당하는 일반 이름과는 다를 수 있다. 기본적으로 구글 클라우드 플랫폼은 프로젝트명과 프로젝트 ID를 동일하게 제공하려 한다. 그러나 해당 이름이 이미 사용된 경우 자동으로 생성된 고유 프로젝트 ID를 제공한다. 이 기본값 때문에 프로젝트에 민감한 이름을 부여하지 않도록 주의를 기울여야 한다.

클라우드 스토리지가 일반적인 파일 시스템이 아닌 블럽^{blob} 스토리지이기 때문이다. 특히 클라우드 스토리지에서는 파일을 이어 붙이는 것은 불가능하고 교체만 가능하다. 따라서 12개의 파일을 일년 전체를 포함하는 하나의 파일로 합쳐 데이터셋을 일괄처리할 수는 있지만, 나중에 신규 데이터를 사용하기 위해 한 달에 한 번씩 데이터셋을 추가해야 한다면 동작하지 않을 것이다. 두 번째로 클라우드 스토리지가 블럽 스토리지이므로 파일을 분리해 저장하면 데이터 처리 파이프라인을 분할해 구축하지 않고도 전체 아카이브 중 일부(예를 들어 여름 데이터)만 쉽게 처리할 수 있다. 세 번째로 입수 대상 데이터를 가능한 한 원본 그대로 유지하는 것이 좋다.

단일 리전 버킷에 데이터를 업로드하는 것이 바람직하다. 대부분의 경우 컴퓨트 엔진 인스턴스를 동일한 리전에 생성하고 동일 리전에서만 액세스한다. 어떤 의미에서 전역적인 가용성이 필요 없기 때문에 다중 리전 버킷 사용은 과하다. 또한 단일 리전 버킷이 다중 리전 버킷에 비해 덜 비싸다. 그러나 비용의 차이는 작업에 영향을 줄만큼 중요하지는 않다. 그럼 이 경우에 한해 다중 리전 버킷을 사용하면 어떨까? 이 책을 집필할 때 구글 클라우드 플랫폼의 단일 리전 버킷은 강력한 일관성을 제공했지만 다중 리전 버킷을 그렇지 못했다. 이 차이는 매우 중요하므로 데이터 분석과 머신 러닝을 위해 데이터를 단일 리전에 두고 사용하기를 권한다.

강력한 일관성 대 궁극적 일관성이 정확히 무엇이고, 왜 중요한가? 분산 애플리케이션의 작업자가 데이터 일부를 업데이트하고 이어서 다른 작업자가 해당 데이터를 즉시 조회한다고 가정하자. 두 번째 작업자는 항상 변경된 값을 조회할 수 있을까? 그렇다면 이는 강력한 일관성이다. 반면에 업데이트와 조회 사이에 잠재적인 지연이 있을 수 있다면(즉, 다른 조회자들은 동일 순간에 잠재적으로 다른 데이터 값들을 볼 수 있다) 이는 궁극적 일관성이다. 결국 모든 조회자는 최종 변경된 값을 볼 수 있지만 지연시간은 조회자마다 서로 다를 것이다. 강력한 일관성은 많은 프로그래밍적 패러다임이 내재된 암묵적 가정이다. 그러나 강력한 일관성을 달성하려면 확장성과 성능에 타협을 해야만 한다(이것을 브루어의 정리^{Brewer's theorem}라고 한다). 예를 들어 모든 사용자가 항상 일관되고 정확한 값을 볼 수 있게 하려면 업데이트가 발생하는 동안 데이터에 잠금을 걸어야 헌다.

 브루어의 정리는 CAP 정리라고도 하는데, 어떠한 컴퓨터 시스템도 일관성, 가용성 및 분할 내성을 모두 가질 수 없다고 기술한 정리다. 일관성은 모든 독자가 가장 최근에 기록된 정보를 읽을 수 있음을 보장한다. 가용성은 (가장 최근 정보인지 아닌지에 관계없이) 모든 요청에 대해 응답을 보내는 것을 보장한다. 분할 내성은 독자, 작성자 및 스토리지를 연결하는 네트워크가 임의의 수의 메시지를 버릴지라도 시스템이 계속 동작함을 보장하는 것이다. 분산 시스템에서 네트워크 장애는 실제로 발생하는 일이기 때문에 CAP 정리에서는 본질적으로 일관성과 가용성 사이에서 선택해야 한다고 말한다. 이 책을 집필하는 동안 베타 버전을 출시했던 클라우드 스패너도 이것을 바꾸지는 못한다. 파티셔닝이 발생하는 순간부터 필수적으로 둘 중에 하나를 선택해야 한다. 클라우드 스패너는 넓은 지역에서 동작하더라도 항상 일관성을 가고 (완벽하지는 않지만) 다섯 개 9의 가용성(99.999 - 옮긴이)을 제공한다. 더 자세한 내용은 http://bit.ly/2Abs7D8를 참고하라.

대신 확장성과 성능상의 이유로 궁극적 일관성을 설계하는 것이 유리할 수 있다. 예를 들어 인터넷 도메인 네임 시스템DNS, Domain Name System 서버는 값을 캐시하고 전 세계 인터넷상의 많은 DNS 서버를 걸쳐 그 값들을 복제한다. DNS 값을 변경하면 변경된 값을 모든 DNS 서버에 복제하는 데 일정 시간이 소요된다. 결과적으로는 모두 업데이트가 된다. DNS 값이 바뀔 때마다 잠금을 걸어야 하는 중앙 집중형 DNS 서버가 있다면 이 시스템은 극단적으로 취약한 시스템이 될 것이다. 대신 DNS 시스템은 궁극적 일관성 기반으로 돼 있기 때문에 가용성 및 확장성이 뛰어나고, 수백만 개의 인터넷 장치에서 DNS를 조회할 수 있다. 구글 클라우드 스토리지의 다중 리전 객체는 리전을 걸쳐 복제되고, 확장성과 성능을 유지하기 위해 다중 리전 버킷은 오늘날 궁극적 일관성만 제공한다(이는 설계/구현에 대한 결정이지 다중 리전에 걸쳐 있는 버킷이 가진 문제점에 관한 것은 아니다. 따라서 미래에는 변경될 수 있다).[18] 기록한 데이터를 즉시 읽지 못하는 문제를 피하기 위해 여기서는 단일 리전 버킷을 사용한다.

---

18. 과연 이 책이 출판됐을 때 이것은 변경됐다. 오늘날의 클라우드 스토리지의 다중 리전 버킷은 강력한 일관성을 제공한다.

이 데이터는 공개됐으므로 나를 기다릴 필요 없이 이 데이터를 사용할 수 있다.

```
gsutil acl ch -R -g google.com:R \
       gs://cloud-training-demos-ml/flights/raw/
```

이 명령은 제공된 클라우드 스토리지 URL로 시작하는 모든 것에 google.com 그룹 읽기 권한(:R)을 적용할 수 있도록 액세스 제어 목록(acl)을 재귀적(-R)으로 변경시킨다. 물론 데이터셋에 민감한 정보를 가졌다면 좀 더 주의를 기울여야 한다. 빅쿼리에 데이터를 집어넣는 것을 다룰 때 조직의 다른 역할들마다 서로 다른 칼럼을 가진 뷰를 제공하는 방법을 통해 세분화된 보안을 알아본다. 또한 우리가 대신하는 예측에서 사람들이 타는 항공편에 대한 정보가 언제 유출되는지에 대해 알아보고, 머신러닝 예측을 애기할 때 이를 지키는 방법도 일아본다.

월주기로 다운로드 스케줄링

클라우드 스토리지 버킷에는 과거 비행 데이터가 있으므로, 버킷을 현행화하는 방법이 궁금한 것은 당연하다. 항공사가 2015년에 비행을 중단시킨 것이 아니므로 BTS는 월주기로 웹 사이트 갱신을 지속한다. BTS와 동기화를 통해 월별 다운로드를 스케줄링할 수 있다면 좋다.

두 가지 시나리오를 고려할 수 있다. 하나는 BTS에서 데이터가 언제 새로 올라오는지 알려주고 그때 데이터 입수를 진행하는 방법이다. 나머지는 BTS 웹 사이트를 주기적으로 모니터링하다가 신규 데이터가 준비되면 그때 입수하는 방법이다. BTS는 데이터 업데이트를 알려주는 동작 방식을 제공하지 않는다. 따라서 폴링에 의존해야 한다. 물론 폴링을 하는 방법에는 똑똑해질 필요가 있다. 예를 들어 BTS가 매월 5일 경에 웹 사이트를 업데이트하는 경향이 있다면 그 시점에 폴링하면 된다.

이 입수 프로그램은 어디에서 실행을 시켜야 할까? 이 프로그램은 (입수가 실패하면 재시도할 수 있게 해야겠지만) 한 달에 한 번만 호출이 되는 것을 알고, 오래 실행되는 작업이 아닌 것도 알 것이다. 그러나 대신 주기적으로 실행되도록 스케줄링해야 한다. 이것을 하는 전통적인 방법은 유닉스/리눅스에 크론[cron19] 작업을 거는 것이다. 크론 작업을 거는 방법은 crontab[20] 파일에 한 줄을 추가하는 것이다. 그러면 추가한 줄은 스케줄링을 관리하는 유닉스 데몬에 의해 등록된다. 예를 들면 crontab에 다음 과 같이 추가한다.

```
1 2 10 * * /etc/bin/ingest_flights.py
```

그러면 매달 10일 02:01에 시스템이 (이전 절에서 커맨드라인에서 실행했던 비행 데이터 입수 와 동일한 절차를 실행하는) /etc/bin/ingest_flights.py 파이썬 프로그램을 구동시킨다.

크론 작업은 간단한 해결책이지만, 복원력과 신뢰성을 달성하는 데 다음과 같은 여 러 가지 문제가 있다.

- 크론 작업은 특정 서버에서만 동작한다. 해당 서버가 4월 10일 AM 2시 경에 리부팅이 된다면 그 달의 입수 작업은 진행되지 않는다.

- 크론이 실행되는 환경은 매우 제한적이다. 입수 작업을 위해서는 BTS에서 데이터 다운로드하기, 압축 풀기, 정제하기 및 클라우드에 업로드하기가 필 요하다. 이는 메모리, 공간 및 권한에 관한 다양한 요구 사항이 수반된다. 따라서 크론을 적절히 구성하는 것은 어려울 수 있다. 실제로 시스템 관리자 는 크론 작업을 특정 머신에만 구성해서 동일한 시스템 경로를 갖지 않는 다른 시스템에서는 포팅하기 어렵게 만들어놓는다.

---

19. 그리스어로 시간인 크로노스(chronos)의 단축형. 크론은 특정 시간에 예약된 작업을 실행하는 유닉스 데몬 이름이다.

20. 크론 테이블의 단축형

- 입수 작업이 실패하면(예를 들어 네트워크가 다운되면) 재시도할 방법이 없다. 재시도 및 다른 실패 복구 노력을 파이썬 프로그램에 명시적으로 코딩해야 한다.

- 원격 모니터링과 임의로 한 번 실행하는 일은 크론 인터페이스의 일부가 아니다. 모바일 디바이스에서 모니터링, 장애 복구 및 입수 재시작을 해야 한다면 행운을 빈다.

단점에 대한 장황한 설명은 크론에만 해당하지 않는다. 특정 서버와 엮이는 모든 솔루션에 내재된 단점이다. 그렇다면 클라우드에서는 어떻게 해야 할까? 하지 말아야 할 일은 컴퓨트 엔진 VM을 만들고 그 위에 크론 작업을 띄우는 것이다(같은 문제가 발생할 것이다!).

복원력과 신뢰성을 위해 입수 작업을 예약하기 위한 서버리스 방식이 필요하다. 명확히 입수 작업은 어딘가에 있는 머신에서 실행돼야 한다. 그러나 더 이상 그 머신을 관리할 필요가 없어야 한다. 이 작업은 한 달에 2분의 컴퓨팅 자원이 필요한 작업이다. 입수 코드를 작성하고, 클라우드 인프라가 리소스를 준비하고, 재시작을 만들고, 원격 모니터링를 제공하고, 임의의 실행을 관리하는 방법을 살펴보겠다.

구글 클라우드 플랫폼에서 구글 앱 엔진은 서버리스 방식으로 주기적인 작업을 예약하는 크론이라는 서비스를 제공한다. 그림 2-14는 매월 입수 작업에 대한 아키텍처다.

먼저 특정 연/월의 데이터를 다운로드해서 클라우드 스토리지에 업로드할 수 있는 단독 실행 애플리케이션인 ingest_flights.py를 작성한다. 데이터를 다운로드하려면 파일 시스템의 접근이 필요하기 때문에 컴퓨트 엔진상의 도커[21] 컨테이너에서 코드

---

21. 도커 컨테이너는 소프트웨어의 일부(여기서는 플라스크 애플리케이션인 ingestapp.py)를 감싸는 경량화된 래퍼로, 소프트웨어를 실행하기 위한 모든 것(코드(예 ingest_flights.py), 런타임(플라스크, 파이썬 종속 모듈 등), 설정 파일(예 app.yaml) 및 시스템 라이브 러리(여기서는 특정 리눅스 배포판))을 포함한다. 가상머신과 달리 동일 머신에서 동작하는 다른 컨테이너들은 운영체제에 종속된 레이어를 공유한다.

를 실행하는 'Flex' 버전의 앱 엔진을 사용할 필요가 있다. 이는 표준 버전보다는 약간 느리다. 그리고 샌드박스에서 실행되고 훨씬 빠르게 자동 확장할 수 있다. 그러나 배포 및 자동 확장 속도는 월에 한 번하는 입수 작업에 대해서는 주요한 관심사가 아니다(자주 재배포하지 않고 한 명의 사용자(크론 서비스)에게만 서비스를 제공한다).

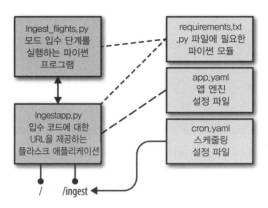

그림 2-14. 앱 엔진의 월주기 입수 작업에 대한 아키텍처

앱 엔진에서 스케줄링이 작동하는 방식은 호출할 URL을 지정하는 것이다. 이전 리눅스 크론 예에서는 크론 데몬을 실행하는 서버에 스크립트를 지정했지만, 구글 클라우드 플랫폼에서는 크론 서비스의 엔드포인트는 URL이다. 앱 엔진은 지정한 스케줄에 대한 URL을 호출한다(이 URL은 아무 URL이나 될 수 있다. 작성하는 서비스일 필요는 없다). 입수 코드가 단독 실행 파이썬 프로그램이므로, 입수 코드를 Flask 웹 애플리케이션(ingestapp.py)으로 래핑해서 URL을 이용해 호출할 수 있게 한다.

앱 엔진의 Flex 버전에서는 적절한 Dockerfile을 만들 수 있도록 종속성을 지정해야 한다. requirements.txt에서 이를 지정한다. 앱 엔진 설정(URL 매핑, 보안 등)은 app.yaml에 있다. 스케줄 자체는 cron.yaml에 있다. 전체 패키지는 앱 엔진에 배포되고, 앱 엔진은 애플리케이션을 온라인으로 게시한 후 모든 것을 관리한다.

파이썬으로 입수

데이터를 조회하면서 bash 커맨드라인에서 입수 작업을 수행했다. 그리고 이어서
명령들을 bash 스크립트 형태로 저장했다. 중간 단계를 호출하는 bash 스크립트를
다음과 같이 간단히 작성하는 것으로 입수 프로그램을 완성할 수 있었다.

```bash
#!/bin/bash
bash download.sh
bash zip_to_csv.sh
bash quotes_comma.sh
bash upload.sh
```

이 스크립트는 관리하기 힘들고, 이걸 고수하겠다는 것은 해석하기 어려운 스파게티
와 같은 코드를 끌고 가겠다는 일종의 결심과 같다. 이 bash 스크립트에는 무엇을
다운로드할지, 임시 스토리지는 어디에 있는지, 업로드는 어디에 해야 할지 많은 가
정을 하게 한다. 따라서 이들 중 하나를 변경하면 여러 스크립트를 변경해야 한다.
bash를 이용해 데이터를 신속하게 다루는 것은 좋은 생각이다. 스크립트를 저장해
탐색을 지속하는 것도 좋은 생각이다. 그러나 입수를 좀 더 체계적이고 규칙적으로
만들려면 셸스크립트 언어를 사용하지 않는 것이 좋다. 좀 더 공식적인 프로그래밍
언어가 더 낫다.

이 책에서는 할 수 있는 한 어디에서든 파이썬을 사용한다. 통계용 시스템 프로그래
밍에서 머신 러닝까지 계산 작업에서 넓은 범위를 커버하는 파이썬의 기능 때문이
다. 대부분 작업을 수행하기 위해 단일 언어를 선택할 필요가 있다면 현재로서는
파이썬이 최선의 선택이다. 자바는 타입 세이프하고 효율적이다. 객체지향 및 패키
징 아키텍처로 대규모의 다중 개발자 프로그램에 적합하다. 그러나 코드가 너무 길
어진다. 게다가 REPL^{Read-Evaluate-Process-Loop} 인터프리터가 없기 때문에 자바는 빠른
실험을 수행하는 데 다루기 힘든 언어다. C++는 수치적으로 매우 효율적이지만 비

수치적 계산을 위한 표준 라이브러리는 별로 존재하지 않는다. 파이썬, 스칼라, R 및 자바에서 사용할 수 있는 데이터 패키지를 선택한다면 대다수가 R과 자바보다는 파이썬과 스칼라를 선택한다.[22] 스칼라에는 파이썬의 장점(쉬운 스크립트 작성, 간결함)과 자바(타입 안정성, 속도)의 장점이 결합돼 있다. 그러나 이 책을 쓰는 시점에는 스칼라의 (통계 및 가시화와 같은) 도구가 파이썬만큼 널리 보급돼 있지 않은 상태다. 이 책에서 사용할 여러 도구는 스칼라 API를 공식적으로 지원하지 않는다.[23] 따라서 오늘날 프로그래밍 언어에서 최상의 선택은 파이썬이다. 속도가 중요한 어떤 사례의 경우 파이썬은 충분히 효율적이지 않기 때문에 자바를 사용해야 할 수도 있다.

파이썬의 입수 프로그램은 커맨드라인에서 수동으로 했던 것과 동일한 네 단계를 거친다.

1. BTS 웹 사이트에서 로컬로 데이터를 다운로드한다.

2. 다운로드한 zip 파일의 압축을 풀어 포함된 csv 파일을 추출한다.

3. csv 파일에서 따옴표와 줄 끝의 쉼표를 제거한다.

4. csv 파일을 구글 클라우드 스토리지에 업로드한다.

다운로드 bash 스크립트가 하드코딩된 연도(2015)에서 12개월의 데이터를 가져오는 작업을 했다면 파이썬의 다운로드 서브루틴은 연도와 월을 입력값으로 받는다.

---

22. 2018년, 데이터브릭(Databricks)은 설문 조사 응답자의 65%가 스칼라상의 스파크를 선택했고, 62%가 파이썬, 44%가 SQL, 29%가 자바, 20%가 R을 선택한다는 사실을 확인했다. https://databricks.com/blog/2016/09/27/spark-survey-2016-released.html에 서 인포그래픽 및 설문조사 결과를 확인할 수 있다.

23. 예를 들어 앱 엔진 Flex는 자바, 파이썬, Node.js, Go, 루비를 지원한다. 다른 예로 클라우드 데이터플로우는 자바와 파이썬만 지원한 다. 스칼라는 자바 가상머신에서 동작하기 때문에 스칼라에서 자바 라이브러리를 호출하는 것이 가능하고, 반대로도 가능하다. 따라 서 스칼라 코드가 앱 엔진과 클라우드 데이터플로우에서 동작할 수 있도록 포팅하는 오픈소스가 있다. 그러나 이런 도구들의 비공식 적인 특성에 비용을 지불해야 한다. 이 책을 쓰는 시점에 스포티파이(Spotify)의 데이터플로우 API는 구글 클라우드 플랫폼에서 사용 할 수 있는 공식적인 자바 서비스에서 스칼라를 활용하는 주요 버전을 대상으로 삼는다.

```
def download(YEAR, MONTH, destdir):
    '''
    실시간 운항 데이터를 다운로드하고 로컬 파일명을 반환한다
    YEAR 예.'2015'
    MONTH 예. '01'은 1월임
    '''
    PARAMS="...".format(YEAR, MONTH)
    url='http://www.transtats.bts.gov/DownLoad_Table.asp?...'
    filename = os.path.join(destdir, "{}{}.zip".format(YEAR, MONTH))
    with open(filename, "wb") as fp:
        response = urlopen(url, PARAMS)
        fp.write(response.read())
    return filename
```

또 다른 차이점은 bash 스크립트가 zip 파일을 BTS에서 사용자의 현재 작업 폴더로 단순히 다운로드한다는 점이다. 그러나 파이썬 스크립트는 크론 서비스에 의해 필요에 따라 실행되기 때문에 스크립트를 실행할 폴더를 지정할 수 없다. 특히 폴더에 쓰기가 가능한지, 충분한 공간을 가졌는지 알지 못한다. 따라서 함수의 호출자에 대상 폴더를 추가해서 지정한 폴더가 다운로드한 zip 파일을 저장하는 데 적합한 대상 폴더인지 질의해봐야 한다. 파이썬에서 **urlopen**은 curl과 달리 리다이렉트를 따라간다. 따라서 HTTP 요청을 두 번 할 필요 없이 간단히 응답을 저장할 수 있다. 불행히도 **urlopen**은 파이썬 2.7에서 파이썬 3으로 가면서 하는 작업이 달라지는 파이썬 명령 중 하나다. 파이썬 2.7에서 이 명령은 **urllib2** 모듈의 일부고, **urlopen**의 두 번째 매개변수는 문자열이다. 파이썬 3에서 이 명령은 **urllib** 모듈의 일부고, 두 번째 매개변수는 바이트 배열이 됐다. 따라서 앞의 코드를 작성할 때는 파이썬 2.7을 사용하는 것을 가정한다(나는 파이썬 2.7을 선택했다. 현행 앱 엔진 Flex의 기본이다).

다음 코드는 파일을 압축 해제하고 csv 파일을 추출하는 코드다.

```
def zip_to_csv(filename, destdir):
    zip_ref = zipfile.ZipFile(filename, 'r')
    cwd = os.getcwd()
    os.chdir(destdir)
    zip_ref.extractall()
    os.chdir(cwd)
    csvfile = os.path.join(destdir, zip_ref.namelist()[0])
    zip_ref.close()
    return csvfile
```

아쉽게도 파이썬의 **zipfile** 모듈은 파일 내용을 특정 폴더에 추출하는 방법을 제공하지 않는다(현재 폴더에 압축을 풀어야 한다). 따라서 압축을 풀기 전에 대상 폴더를 바꿔야 한다. 그런 다음 원래 폴더로 돌아온다.

다음 코드는 따옴표와 줄 끝의 쉼표를 제거하는 코드다.

```
def remove_quotes_comma(csvfile, year, month):
    try:
        outfile = os.path.join(os.path.dirname(csvfile),
                               '{}{}.csv'.format(year, month))
        with open(csvfile, 'r') as infp:
            with open(outfile, 'w') as outfp:
            for line in infp:
                outline = line.rstrip().rstrip(',').translate(None, '"')
                outfp.write(outline)
                outfp.write('\n')
    finally:
        print ("... removing {}".format(csvfile))
            os.remove(csvfile)
```

한 줄의 코드로 따옴표와 줄 끝의 쉼표를 제거할 수 있다.

```
outline = line.rstrip().rstrip(',').translate(None, '"')
```

나머지는 열린 파일을 제대로 닫히게 하는 코드를 간단히 작성하는 것이다.

그러나 클라우드 스토리지에 데이터를 업로드하기 전에 내결함성 코드와 방어 프로그래밍 코드를 일부 추가한다. 데이터를 다운로드하기 위해 BTS 웹 애플리케이션을 호출했는데, (아마도 미래년도에 대한 데이터인 관계로) 데이터가 없다면 헤더만 있는 csv 파일을 압축한 zip 파일이 반환된다. 방어적 프로그램의 관점에서 입수하면서 발생할 수 있는 가장 일반적인 에러 중 하나는 데이터 제공자가 칼럼을 추가하거나 입력 스키마를 변경하는 경우다(시스템에 대한 모든 것을 더욱 더 자동화할수록 잠재적인 변화가 커다란 실패를 유발할 수 있음을 유념해야 한다). 따라서 다운로드한 데이터에서 두 가지를 체크하는 코드를 추가한다. (1) 한 줄 이상인지, (2) csv 파일이 정확한 헤더를 가졌는지를 체크한다.

```python
class DataUnavailable(Exception):
    def __init__(self, message):
        self.message = message

class UnexpectedFormat(Exception):
    def __init__(self, message):
        self.message = message

def verify_ingest(outfile):
    expected_header = \
        'FL_DATE,UNIQUE_CARRIER,AIRLINE_ID,CARRIER,FL_NUM,ORIGIN_AIRPORT_ID,'+ \
        'ORIGIN_AIRPORT_SEQ_ID,ORIGIN_CITY_MARKET_ID,ORIGIN,DEST_AIRPORT_ID,'+ \
        'DEST_AIRPORT_SEQ_ID,DEST_CITY_MARKET_ID,DEST,CRS_DEP_TIME,DEP_TIME,'+ \
        'DEP_DELAY,TAXI_OUT,WHEELS_OFF,WHEELS_ON,TAXI_IN,CRS_ARR_TIME,ARR_TIME,'+ \
        'ARR_DELAY,CANCELLED,CANCELLATION_CODE,DIVERTED,DISTANCE'

    with open(outfile, 'r') as outfp:
        firstline = outfp.readline().strip()
        if (firstline != expected_header):
            os.remove(outfile)
            msg = 'Got header={}, but expected={}'.format(
```

```
                    firstline, expected_header)
            logging.error(msg)
            raise UnexpectedFormat(msg)

    if next(outfp, None) == None:
        os.remove(outfile)
        msg = ('Received file from BTS with only header and no content')
        raise DataUnavailable(msg)
```

오류 코드를 반환하는 대신 예외를 발생시키면 함수를 호출하는 코드가 아주 단순해
진다. 가장 바깥에 있는 코드에 예외 처리를 둘 수 있다. 여기서는 (단독 실행 시)
커맨드라인 **main()** 또는 (크론 서비스의 경우) 플라스크 애플리케이션이 해당된다.
그러나 상위 호출자가 뭔가 지능적인 동작을 하길 기대하기 때문에 두 가지 경우에
따라 다른 예외를 발생시키게 할 필요가 있다.

다음 코드는 주어진 월의 csv 파일을 클라우드 스토리지에 업로드한다.

```
def upload(csvfile, bucketname, blobname):
    client = storage.Client()
    bucket = client.get_bucket(bucketname)
    blob = Blob(blobname, bucket)
    blob.upload_from_filename(csvfile)
    gcslocation = 'gs://{}/{}'.format(bucketname, blobname)
    print ('Uploaded {} ...'.format(gcslocation))
    return gcslocation
```

코드는 버킷 이름(앞에서 생성한 단일 리전 버킷)과 버킷의 객체명(예, flights/201501.csv)
을 매개변수로 받고 클라우드 스토리지 파이썬 라이브러리를 이용해 업로드를 수행
한다. **gsutil**을 실행하도록 호출하기 위해 파이썬에 있는 서브프로세스를 간단히
사용하고 싶은 유혹이 생기겠지만, 그렇게 하는 것은 좋지 않다. 서브프로세스 루틴
을 사용할 경우 (gsutil이 함께 있는) 클라우드 SDK는 실행할 모든 머신에 설치돼

있어야 한다. 앱 엔진 Flex에서는, 기반으로 사용하기 위해 어떤 도커 이미지를 선택했는지에 따라 다르다. 가능하면 순수 파이썬 모듈을 사용하는 것이 좋고, 그런 모듈들을 requirements.txt에 다음과 같이 추가하는 것이 좋다.

```
Flask==0.11.1
gunicorn==19.6.0
google-cloud-storage==0.21.0
```

requirements.txt에 명시한 대로 기본적으로 설치할 모듈은 플라스크 웹 애플리케이션 모듈과 get_bucket() 및 upload_from_filename() 작업을 호출하는 구글 클라우드 스토리지 모듈이다.

이제 추가적으로 검증도 포함한 네 가지 주요 단계를 호출하는 입수 함수를 순서대로 작성한다.

```
def ingest(year, month, bucket):
    '''
    BTS 웹 사이트에서 구글 클라우드 스토리지로 항공편 데이터를 입수하고 성공 시
    cloud-storage-blob-name을 반환한다.
    이 데이터가 BTS 웹 사이트에 존재하지 않는다면 DataUnavailable을 발생시킨다.
    '''
    tempdir = tempfile.mkdtemp(prefix='ingest_flights')
    try:
        zipfile = download(year, month, tempdir)
        bts_csv = zip_to_csv(zipfile, tempdir)
        csvfile = remove_quotes_comma(bts_csv, year, month)
        verify_ingest(csvfile) # 예외를 던짐
        gcsloc = 'flights/raw/{}'.format(os.path.basename(csvfile))
        return upload(csvfile, bucket, gcsloc)
    finally:
        print ('Cleaning up by removing {}'.format(tempdir))
        shutil.rmtree(tempdir)
```

클라우드 스토리지에 업로드하기 전에 다운로드한 데이터를 임시로 저장하기 위해 사용하는 대상 폴더는 파이썬의 **tempfile** 패키지를 사용해 얻는다. 이렇게 하면 어떤 이유에서든 동시에 프로그램을 실행하는 인스턴스가 두 개인 경우에도 경합이 발생하지 않는다.

커맨드라인에서 프로그램[24]을 실행할 수 있게 **main()**을 작성해 코드가 실행되는지 테스트할 수 있다.

```python
if __name__ == '__main__':
    import argparse
    parser = argparse.ArgumentParser(
            description='ingest flights data from BTS website to GCS')
    parser.add_argument('--bucket', help='GCS bucket to upload data to',
                        required=True)
    parser.add_argument('--year', help='Example: 2015.', required=True)
    parser.add_argument('--month', help='01 for Jan.', required=True)
    try:
        args = parser.parse_args()
        gcsfile = ingest(args.year, args.month, args.bucket)
        print ('Success ... ingested to {}'.format(gcsfile))
    except DataUnavailable as e:
        print ('Try again later: {}'.format(e.message))
```

아직 준비가 안 된 월을 다운로드하려고 하면 에러 메시지가 반환된다.

```
$ ./ingest_flights.py --bucket cloud-training-demos-ml \
        --year 2020 --month 01
...
Try again later: Received a file from BTS with only header and no content
```

---

24. 전체 프로그램은 깃허브의 http://bit.ly/2BPhya4에 있는 ingest_flights.py다. 테스트해보라.

반면에 유효한 월을 지정하면 신규(또는 교체된) 파일이 클라우드 스토리지에 업로드
된다.

```
$ ./ingest_flights.py --bucket cloud-training-demos-ml \
        --year 2015 --month 01
...
Success ... ingested to gs://cloud-training-demos-ml/flights/201501.csv
```

그러나 존재하지 않는 버킷을 지정하면 예기치 못한 오류가 결과로 발생한다.

```
$ ./ingest_flights.py --bucket cant-write-to-bucket \
        --year 2015 --month 01
...
Traceback (most recent call last):
    File "./ingest_flights.py", line 144, in <module>
        gcsfile = ingest(year, month, args.bucket)
    ...
google.cloud.exceptions.NotFound: 404 Not Found (GET
https://www.googleapis.com/storage/v1/b/cant-write-to-bucket?projection=noAcl)
```

크론 서비스에서 호출 실패가 발생하고 최대 재시도 횟수에 따라 재시도할 것이다.
BTS 웹 서버에 연결하지 못해도 재시도가 발생한다.

이제 실험적으로 작성한 bash 스크립트와 동일 기능을 갖췄지만 부가적인 복원성,
반복성 및 내장된 내결함성을 갖게 됐다. 이 파이썬 프로그램에는 연, 월 및 버킷
이름을 제공해야 한다. 그러나 매월 입수 작업을 한다면 이미 입수할 연과 월을 알고
있다. 그러나 당월은 아니다(항공사가 BTS에 보고하는 데이터와 실제 비행시간 간의 시차
가 있음을 상기해보자). 대신에 클라우드 스토리지의 기존 파일에서 마지막 월을 간단
히 찾을 수 있다! 따라서 이것도 자동화할 수 있다.

```
def next_month(bucketname):
    '''
        GCS상의 월을 찾고, 다운로드할 다음 년도 및 월을 반환한다.
    '''
    client = storage.Client()
    bucket = client.get_bucket(bucketname)
    blobs = list(bucket.list_blobs(prefix='flights/raw/'))
    files = [blob.name for blob in blobs if 'csv' in blob.name] # csv 파일만 허용
    lastfile = os.path.basename(files[-1]) # 예. 201503.csv
    year = lastfile[:4]
    month = lastfile[4:6]
    dt = datetime.datetime(int(year), int(month), 15) # 월의 15번째 일
    dt = dt + datetime.timedelta(30) # 다음 달로 항상 이동
    return '{}'.format(dt.year), '{:02d}'.format(dt.month)
```

클라우드 스토리지에 있는 파일명이 201503.csv인 경우 다음 월을 찾으려면 3월 15
일에 30일을 더하면 된다(이는 한 달이 28일에서 31일 사이 어디에든 있을 수 있다는 사실
을 바탕으로 한다). 그리고 시간의 델타 값은 날짜를 추가하기 위해 정확한 일수가
필요하다.

연도와 월을 선택형 매개변수로 바꿔서 다음 월을 찾아 클라우드 스토리지에 입수하
는 입수 프로그램 기능을 테스트할 수 있다. 다음과 같이 간단히 추가한다.

```
if args.year is None or args.month is None:
    year, month = next_month(args.bucket)
else:
    year = args.year
    month = args.month
gcsfile = ingest(year, month, args.bucket)
```

클라우드 스토리지 버킷을 한 달에 한 번 업데이트하는 기능을 가진 입수 프로그램
을 완성했으므로, 이제 서버리스 방식으로 동작할 수 있는 기반을 구현해보자.

플라스크 웹 애플리케이션

플라스크는 파이썬으로 웹 애플리케이션을 작성하는 마이크로 프레임워크다. 파이썬으로 크론 호출형 웹 애플리케이션을 작성하려면 아주 가볍고 직관적인 프레임워크가 필요하고, 플라스크가 완벽하게 어울린다. 웹 애플리케이션에는 두 개의 URL이 있다. 첫 번째 URL은 두 번째 URL에 대한 링크를 제공하는 페이지를 반환하는 환영 페이지 URL이다.

```python
@app.route('/')
def welcome():
    return '<html><a href="ingest">' +
            'ingest next month</a> flight data</html>'
```

환영 페이지를 플라스크 외부에서 정적인 페이지로 바꿀 수도 있다. 나도 페이지를 좀 더 예쁘게 만들고 싶긴 하지만, 실제로 집중해야 할 것은 입수 자체다.

```python
@app.route('/ingest')
def ingest_next_month():
    try:
        # 다음 달
        bucket = CLOUD_STORAGE_BUCKET
        year, month = ingest_flights.next_month(bucket)
        logging.info('Ingesting year={} month={}'.format(year, month))
        # 입수
        gcsfile = ingest_flights.ingest(year, month, bucket)
        # 페이지와 로그 반환
    status = 'Successfully ingested {}'.format(gcsfile)
    except ingest_flights.DataUnavailable:
        status = 'File for {}-{} not available yet ...'.format(
                year, month)
    logging.info(status)
    return status
```

입수 코드는 필요한 기능인 단독 실행 입수 프로그램(ingest_flights 모듈)을 간단히 호출한다. 그리고 웹 사이트에 표시할 일반 문자열을 반환한다.

앱 앤진 실행

앱 엔진을 실행하려면 누군가가 http://flights.cloud-training-demos.appspot.com/ (cloud-training-demos는 나의 프로젝트 ID다. https://console.cloud.google.com/의 대시보드에서 당신의 프로젝트 ID를 찾을 수 있다)에 접근할 때마다 호출하는 플라스크 애플리케이션을 앱 엔진에 알려주는 app.yaml이란 설정 파일을 작성해야 한다.

```
runtime: python
env: flex
entrypoint: gunicorn -b :$PORT ingestapp:app
service: flights

#[START env]
env_variables:
    CLOUD_STORAGE_BUCKET: cloud-training-demos-ml
#[END env]

handlers:
- url: /.*
    script: ingestapp.app
```

이 코드를 실행할 때 버킷 이름을 반영시킬 수 있도록 환경 변수를 변경시켜야 한다. 그런 다음 (클라우드셸의) 커맨드라인에 다음과 같이 입력해 앱 엔진을 배포한다.

```
gcloud app deploy
```

이 명령은 앱 엔진에 애플리케이션을 배포하고 사용할 수 있는 URL을 생성한다.

웹 브라우저에서 flights-dot-<당신의 프로젝트 ID>.appspot.com를 방문하고 다음
달 데이터를 입수하는 링크를 클릭한다. 이것이 웹 링크를 통해 파이썬 프로그램을
실행 가능하게 만드는 모든 것이다. 필요시 파이썬 프로그램이 자동으로 확장되므로
관리할 인프라가 없다는 것을 알 수 있다. console.cloud.google.com의 대시보드에
서 앱 엔진 서비스의 자원 사용량과 요청 개수를 확인할 수 있다.

URL 보호

그러나 한 가지 작은 문제가 있다. 구성 정보가 안전하지 않다는 점이다(이 웹 사이트
를 방문하는 누구나 버킷을 업데이트할 수 있다). 버킷을 업데이트하는 것이 해롭지 않더
라도 링크를 반복적으로 호출하면 네트워크 및 컴퓨팅 사용에 대한 비용을 증가시키
는 결과를 초래할 것이다. 따라서 인증이나 인가를 통한 보안 계층을 추가해야 한다.
그러나 다행히도 입수 링크를 수동으로 호출할 계획은 없다(앱 엔진 크론 서비스에서만
호출한다). 그리고 입수 작업에 대한 접근을 크론 서비스로만 제한하는 것은 아주
간단하다.

크론 서비스는 HTTP 요청에 사용자 정의 헤더를 추가한다. 앱 엔진은 외부에서 요
청을 수신한 경우 이러한 헤더는 없다. 따라서 /ingest 핸들러에 체크하는 로직을
추가한다.

```
try:
    # cron 작업 요청인지 검증한다.
    is_cron = flask.request.headers['X-Appengine-Cron']
    logging.info('Received cron request {}'.format(is_cron))
    # as before
except KeyError as e:
    logging.info('Rejected non-Cron request')
```

파이썬은 요청 헤더에 **X-Appengine-Cron**이 없다면 **KeyError** 예외를 던진다. 예외가 던져지면 요청을 거부하자.

추가적인 고려 사항은 하나 이상의 애플리케이션이 필요 없다는 점이다. 유일한 클라이언트는 크론 서비스이기 때문이다. 이를 app.yaml에 지정한다.

```
manual_scaling:
    instances: 1
```

크론 작업 스케줄링

크론이 호출할 때마다 월별 입수 작업을 시작하는 URL을 생성했으므로, 해당 페이지를 정기적으로 호출하는 크론 서비스를 등록한다. 이를 위해 cron.yaml이란 파일을 만들고 주기를 지정한다.

```
cron:
- description : ingest monthly flight data
    url : /ingest
    schedule: 8 of month 10:00
    timezone: US/Eastern
    target: flights
```

이 코드는 미 동부 표준시 매월 8일 10:00에 /ingest URL로 비행 서비스를 호출하도록 지정한다. 따라서 크론 서비스는 flights-dot-<당신의 프로젝트 ID>.appspot.com을 매월 방문한다. 현재와 같이 캘린더 기반의 반복 외에 주기를 지정할 수 있다(매 5분마다[25] 또는 매일 10:00마다). 기본 시간대는 UTC다. 스케줄할 작업이 여러 개라면 크론 정의에 여러 영역이 있어서 각 영역에 자체 설명(**description**), **url**, 일정(**schedule**)

---

25. 이번 달 8일에 읽지 않는다고 가정할 때 cron.yaml 파일에 '매 5분'을 지정하면 의도한 대로 작동하는지 검증할 수 있다.

및 대상(target)을 지정하면 된다.

기본적으로 앱 엔진은 요청이 성공할 때까지 계속 시도하지만, 재시도 시간 간격은 약 한 시간으로 재시도를 점차 줄여간다. 내결함성을 위해 반복 기준을 명시적으로 지정할 수 있다.

```
retry_parameters:
  min_backoff_seconds: 600
  max_backoff_seconds: 3600
  max_doublings: 20
```

앞 매개변수를 사용하면 첫 번째 재시도는 10분 후, 두 번째 재시도는 20분 후, 세 번째 재시도는 40분 후에 한다. 네 번째 이후의 재시도는 한 시간 간격으로 계속 발생한다. max_doublings를 사용하면 지수만큼 늘어나는 재시작 간격을 제한할 수 있다. 예를 들어 이 값을 0으로 지정하면 재시작 간격은 선형적으로 증가한다(10, 20, 30 등). 이 값을 2로 지정하면 재시작 간격은 두 배가 되며, 이후 간격도 2배씩 증가한다(10, 20, 40, 80, 120, …). 정의된 기간 내에 일정한 횟수를 실패하는 경우 작업을 영구적으로 실패시킬 수도 있다.

```
retry_parameters:
  task_retry_limit: 7
  task_age_limit: 1d
```

작업을 실패시키려면 두 제한 값 모두를 매개변수로 전달해야 한다.

gcloud를 이용해 새로운 cron.yaml을 업로드하거나 기존 파일을 교체한다(서비스 중단 없이 이를 수행할 수 있다).

```
gcloud app deploy cron.yaml
```

app.yaml과 cron.yaml 파일이 포함된 애플리케이션을 좀 더 자주 업데이트한다.

```
gcloud app deploy --quiet app.yaml cron.yaml
```

--quiet 옵션을 사용하면 배포할 때 확인 질문을 gcloud에게 하지 않는다. gcloud app 명령으로 애플리케이션에 대한 로그를 확인할 수도 있다.

```
gcloud app logs read -s flights
```

이 예에서 서비스명은 flights다. 기존 크론 작업은 앱 엔진 클라우드 플랫폼 콘솔의 '크론 작업' 영역에 표시된다. 해당 영역에서 마지막으로 실행한 시간 및 상태를 볼 수 있고, 임의로 작업을 실행할 수도 있다.

지난달의 데이터가 클라우드 스토리지에 있다면 월간 업데이트 기능이 동작한다. 2015년 데이터만으로 시작한다면 월별로 업데이트한다는 것은 필연적으로 많은 달이 뒤에 있음을 의미한다. 따라서 데이터가 최신이 될 때까지 임의로 실행해야만 크론 서비스가 그 이후의 시간을 처리할 수 있다. 대안으로 신규 데이터가 없다면 입수 작업은 더 이상 진행이 되지 않아서 비용을 절약할 수 있다. 신규 데이터가 없다면 작업은 실패하지 않으므로(예외가 발생하지 않는다), 이런 요청을 재시도하지 않는다. 따라서 매월 실행하는 대신 매일 실행하도록 스케줄링을 바꿀 수 있다. 더 좋은 솔루션은 새로운 달의 데이터 입수가 성공한다면 즉시 다음 달의 데이터 입수를 시도하도록 입수 작업을 변경하는 것이다. 이렇게 하면 프로그램은 다운로드 가능한 최근 달까지 월 단위로 크롤링해서 늘 최신 상태를 유지한다.

이제 우리가 작성한 코드를 조금은 반영할 가치가 있을 것이다. 다음 단계를 작업해 데이터를 입수하고 최신 상태로 유지한다.

1. 일부 파이썬 코드를 작성한다.

2. 파이썬 코드를 구글 클라우드 플랫폼에 배포한다.

이를 실행하려면 어떠한 인프라도 관리할 필요가 없다. 어떠한 운영체제도 설치할 필요가 없고, 해당 머신의 계정을 관리할 필요도 없고, 보안 패치를 최신으로 유지할 필요도 없고, 장애 복구 시스템을 관리할 필요 및 기타 등등을 할 필요가 없다(간단히 클라우드에 코드를 배포함으로써 존재하는 서버리스 솔루션은 엄청나게 자유롭다). 입수 작업을 편리하게 할 수 있게 할 뿐 아니라 아주 저렴하기까지 하다. 이 책을 쓰는 시점에는 네트워크를 통해 구글 클라우드로 입수하는 작업은 무료였다. Flex 환경의 컴퓨트 비용은 시간당 6¢이고 월간 10분 이상은 사용하지 않을 것이므로 전체 비용은 1¢보다 적을 것이다. 단일 리전 버킷 스토리지 비용은 월간 1GB당 1¢고 시간이 지남에 따라 누적된다. 이 데이터셋을 위해 스토리지를 약 5GB를 사용한다면 전체 비용은 월간 6¢ 정도다(물론 실제 비용은 다양할 수 있고, 더 많이 또는 더 적게 들 수 있다).

요약

미 BTS는 비행 정보 데이터셋을 수집하고 공개한다. 이 정보에는 100여 개의 필드가 있고, 모든 주요 항공 운항사의 국내선 항공편 번호, 예정 및 실 출도착시간, 출도착 공항 등을 포함한다. 특정 항공편의 도착 지연이 15분 이상일 가능성을 예측하고 이 예측 결과를 이용해 회의 취소 여부를 결정하기 위해 이 데이터셋을 사용한다.

예측 문제에서 사용할 데이터셋의 변수들을 선택하기 위해 어떤 변수가 이 문제에 직접 연관돼 있는지와 인과 관계 제약 및 훈련-제공 간 왜곡이 있는지 여부를 고려해야 한다. 이 고려에 근거해 다운로드할 27개의 필드를 선택했다.

대규모 데이터셋을 처리하기 위한 클라우드 기반 데이터 처리 아키텍처는 세 가지가 가능하다. 수직 확장, 수평 확장 및 데이터를 한곳에 모아 처리하기다. 수직 확장은 아주 효율적이지만 보유할 수 있는 가장 큰 머신의 크기로 처리 능력이 제한된다. 수평 확장이 가장 인기가 있지만 컴퓨팅 노드들에 데이터를 분할해 미리 샤딩을 해야 하므로 높은 사용률을 유지하지 못하면 비싼 클러스터 유지비용이 발생할 수 있다. 데이터를 한곳에 저장하는 방법은 데이터센터가 초당 페타비트의 양방향 대역폭을 제공해 데이터센터 내에서 어떤 파일이든 즉시 컴퓨팅 노드 어디든 이동시킬 수 있을 경우에 한해서만 가능하다. 구글 클라우드 플랫폼은 이런 역량을 보유하고 있으므로, 데이터를 블럽 스토리지인 구글 클라우드 스토리지에 사전 샤딩 없이 업로드했다.

파일 입수를 자동화하기 위해 BTS 웹을 리버스 엔지니어링해서 호출하는 데 필요한 POST 요청 양식을 얻어냈다. 그 요청을 가지고 12개월 데이터를 가져와 zip 파일의 압축을 해제하고 소소한 정제 작업을 수행하는 bash 스크립트를 작성했다.

강력한 일관성과 궁극적 일관성의 차이와 브루어의 CAP 정리에 의해 적절한 타협을 하는 방법을 알아봤다. 여기서는 강력한 일관성이 필요하고 전역적인 가용성은 필요 없다. 따라서 단일 리전 버킷을 사용하기로 했다. 그런 다음 다운로드한 후 압축을 해제하고 말끔하게 정제한 csv 파일을 구글 클라우드 스토리지에 업로드했다.

BTS 데이터를 매월 다운로드하도록 일정을 정의하기 위해 다운로드하고 정제하는 파이썬 프로그램을 작성했고, 플라스크를 이용해 웹 서비스에서 호출할 수 있게 만들었다. 플라스크 웹 애플리케이션을 앱 엔진 플렉스에 래핑해 완벽한 서비스를 구축했다. 끝으로 BTS 데이터셋을 다운로드하고 압축을 해제하고 정제한 후 클라우드 스토리에 업로드하는 플라스크 웹 애플리케이션을 주기적으로 호출하는 크론 서비스를 등록했다.

코드 휴게소

여기는 이 책을 옆에 두고 내가 언급한 모든 것을 반복적으로 시도하는 부분이다. 아직 시작하지 못했다면 1장 끝에 있는 지침을 따라 프로젝트를 생성하고, 버킷을 구성하고, 이 책의 코드 리포지터리를 깃으로 복제하라. 그런 다음 2장에서 설명한 명령을 단계적으로 수행하라. 깃허브 리포지터리에 이 책의 모든 코드 조각에 대한 연관 코드가 있다.

니는 코드가 왜 이런 식으로 구성이 돼 있는지 이해하고 유사한 코드를 직접 작성할 수 있는 능력을 갖는 것을 목표 삼아 02_ingest에 있는 코드를 가지고 놀기를 강력히 권한다. 그러나 최소한의 할 일은 다음을 따라 하는 것이다.

1. 리포지터리의 02_ingest폴더로 이동한다.

2. upload.sh에서 BUCKET 변수를 변경한다.

3. ./ingest_2015.sh를 실행한다.

4. 버킷 이름, 2016년 및 1월을 지정해 monthlyupdate/ingest_flights.py를 실행한다. 사용법에 대한 도움말을 얻으려면 monthlyupdate/ingest_flights.py -help를 실행한다.

이에 따라 2015년부터 2016년 1월에 해당하는 입력 파일로 버킷을 초기화할 것이다. 이 책의 뒷부분에 나올 단계를 수행하려면 이 파일들이 필요하다.

크론 서비스를 시도해보려면(이것은 선택이다) 다음을 수행한다.

1. 리포지터리에 있는 02_ingest/monthlyupdate 폴더로 간다.

2. ./init_appengine.sh를 실행해 프로젝트에서 기본 앱 엔진 애플리케이션으로 초기화한다.

3. app.yaml 파일을 열고, CLOUD_STORAGE_BUCKET을 실제 버킷 이름으로 바꾼다.

4. 크론 서비스 앱을 배포하기 위해 ./deploy.sh를 실행한다. 이 작업은 5~10분이 걸린다.

5. 구글 클라우드 플랫폼 웹 콘솔에 방문해 앱 엔진 영역으로 이동한다. 두 개의 서비스를 볼 수 있을 것이다. 하나는 default 서비스(Hello World 애플리케이션)고, 나머지 하나는 flights 서비스다.

6. flights 서비스를 클릭하고, 데이터를 입수하는 링크을 열어본다. 그러면 접근이 금지돼 있음을 알게 될 것이다(입수 기능은 크론 서비스에서만 가능하다. 또는 구글 클라우드 플랫폼 웹 콘솔에서, 앱 엔진의 크론 작업 영역으로 가서 실행 버튼을 클릭하는 것도 가능하다). 실행 버튼을 클릭했다면 몇 분 후에 다음 달 데이터가 버킷에 나오는 것을 볼 것이다.

7. flight 애플리케이션을 중지시킨다(더 이상 필요 없다).

8. 소프트웨어가 변경되기 때문에 이전 단계의 최신 목록은 02_ingest/README.md에 있는 코드 리포지터리에서 사용할 수 있다. 이것은 이후 모든 장에도 해당한다.

## 3장

혁신적인 대시보드 생성

2장에서는 항공사 항공편이 제공하는 여러 속성에서 도착 지연을 모델링하기 위해 미 교통국 통계 정보^{BTS}의 정시 도착 데이터를 입수했다(분석의 목적은 예정된 도착시간의 15분 이내에 실제 비행기가 도착할 확률이 70% 미만이면 회의를 취소하는 것이다).

통계 및 머신 러닝 모델의 구축을 상세화하기 전에 데이터셋을 탐색해 직관적인 이해를 얻는 것은 중요하다(이것을 탐색적 데이터 분석$^{EDA, Exploratory Data Analysis}$이라고 하며, 5장에서 좀 더 자세히 다룬다). 의사 결정의 기반으로 사용할 모든 데이터셋에 대해 항상 탐색적 데이터 분석을 수행하는 것이 좋다. 그러나 3장에서는 데이터를 기술하는 다른 측면을 다룬다(최종 사용자 및 의사 결정권자가 당신이 생성한 추천 정보를 이해할 수 있도록 데이터를 기술하는 측면을 알아본다). 3장에서 다룰 시각적 표현, 즉 대시보드의 대상은 다른 데이터 과학자가 아니고 최종 사용자다. 3장을 다루면서 대상을 염두에 둬야 한다. 특히 데이터 과학의 배경 지식이 있다면 더더욱 명심해야 한다(대시보드의 목적은 기존 모델을 설명하는 것이지 모델을 발전시키는 것이 아니다). 대시보드는 최종 사용자 보고서이므로 대화형이어야 하고, 최종 사용자 맞춤형이어야 하고, 신규 데이터로 지속적으로 업데이트해야 한다. 표 3-1을 보라.

표 3-1. 대시보드와 탐색적 데이터 분석의 차이

구분	대시보드	탐색적 데이터 분석
대상	최종 사용자, 의사 결정권자	데이터 과학자
표시 종류	현황, 파이 다이어그램, 추세선	오류 막대, 커널 밀도 추정치에 맞춰진 모델
제공 내용	모델 추천 정보 및 신뢰도	입력값, 기능 중요성, 모델 성능 등
표시되는 데이터	사용자 맞춤형 데이터셋 일부	과거 데이터 집합
일반적 도구	데이터 스튜디오, 타블루, 큐릭, 루커 등	클라우드 데이터랩, 쥬피터, 매트플롯 리브, 씨본, R, S-플러스, 매트랩 등
상호작용 모드	화면(GUI) 기반	코드 기반
업데이트	실시간	비실시간
이 책에서 다루는 장	3장, 4장	5장
예		

a 연료 게이지 보고서, AAA에서 제공
b 안전 및 교육 기초, AAA에서 제공

아주 흔히 최종 사용자를 위한 시각적 표현을 작성하는 이 단계를, 데이터를 시각화하므로 '시각화'라는 편한 이름으로 부른다. 그러나 나는 이 이름을 사용하지 않기로 의도적으로 선택했다. 이는 몇 개의 막대그래프와 다이어그램으로 모든 것을 표현하는 것 이상이기 때문이다. 대시보드는 데이터를 표현하고 모델을 설명하기 위해 설계된, 높은 수준의 시각적인 대화형 보고서다.

대시보드로 모델 설명

모델을 처리를 하는 이 단계의 목적은 데이터만 표시하는 것이 아니고, 모델이 이런 방식으로 표출되는 이유에 대해 사용자의 이해를 증진시키는 것이다. 데이터셋에 대한 화면을 디자인할 때마다 세 가지 측면에서 디자인을 평가해야 한다.

- 정확하고 정직하게 데이터를 보여주는가? 원시 데이터 자체가 의사 결정의 근거가 될 경우 이는 중요하다.

- 원시 데이터 뿐만 아니라 데이터로 구체화시킨 정보 콘텐츠가 미래를 예측하는 데 얼마나 도움이 되는가? 이것은 데이터를 수집하는 환경에서 통찰력을 확보하는데, 인간에 대한 패턴 인식 및 상호작용 정보를 의지하고 있다면 특히 필수적이다.

- 권고안을 제공하기 위해 사용한 모델을 설명할 방법이 구축돼 있는가?

해야 할 일은 항상 정확하고 정직한 화면을 구축하는 것이다. 동시에 대화형으로 사용자가 통찰력을 얻을 수 있게 하는 것이다. 사용자가 얻을 수 있는 통찰력은 통찰력으로 데이터를 설명할 수 있게 해주는 정보 화면의 일부이어야 한다.

마지막 요소인 탐색적 능력은 아주 중요하다. 이 아이디어는 회사 전반에 걸쳐 데이터에 대한 이해력을 전파하는 것이다. 사용자를 위해 구축한 통계 및 머신 러닝 모델은 블랙박스로 간주된다. 따라서 제대로 작동하는 시점과 그렇지 않은 시점에 대한 피드백을 얻을 수는 있지만, 모델을 실질적으로 향상시킬 방법에 대한 현업에서의 조언은 거의 얻지 못할 것이다. 많은 경우에 사용자는 당신의 모델을 당신이 사용하던 것보다 훨씬 더 세분화된 수준으로 사용할 것이다. 모델의 훈련과 평가에 관계없이 간단한 결론을 내기 위해 이 모델을 사용할 것이기 때문이다. 그러므로 모델의 성능을 전체적으로 살펴봐야 한다.

전체적인 개요가 통계적인 정확성에 유용하지만, 개별적인 경우도 자세히 볼 수 있게 해야 한다. 사용자는 한 번에 하나씩만 결정하기 때문에 한 번에 하나의 데이터에 대한 시나리오를 분석한다. 사용자에게 권고 사항만 제공하는 것이 아니고 권고를 하는 이유에 대한 설명까지 제공한다면 그들은 모델에 대한 통찰력을 갖기 시작할 것이다. 그러나 그들이 모델 안으로 들어가서 데이터를 관찰할 방법이 주어져야만 문제와 권고 사항에 대한 통찰력을 발전시킬 수 있다. 데이터를 관찰하고 데이터와 상호작용할 수 있는 충분한 방법을 사용자에게 제공하면 끝없는 혁신의 장이 열릴 것이다.

사용자들은 주의를 요구하는 또 다른 활동을 할 것이다. 그들이 왜 원시 데이터를 보면서 시간을 소비하는 걸까? 그들을 이끄는 방법 중 하나는 정보의 표현에 관심을 끌게 만드는 것이다.

내 경험상[1] 가장 관심을 끄는 화면은 상황에 맞는 실시간 정보를 보여주는 것이다. 사람들에게 2012년 1월 12일, JFK 공항에서 평균 항공기 지연시간을 보여줄 수 있다. 그렇지만 아무도 관심이 없을 것이다. 그러나 시카고에 있는 여행자에게 ORD 공항의 평균 비행 지연시간을 실시간으로 보여준다면 그들은 관심을 가질 것이다(차이점은 해당 데이터가 상황에 맞는 데이터(오헤어 공항, ORD)이고, 실시간이라는 점이다).

---

1. 내가 날씨 예측에 대한 머신 러닝 알고리즘을 개발했을 때 거의 모든 사람이 제안하고 요구했던 기능 목록은 실시간 레이더 자료를 관찰했던 궁금증을 가진 사람들에게서 나왔다. 내 동료는 레이더에 접근하는 폭풍을 관찰하면서 폭풍의 경로가 불규칙적인 것을 인지했고, 폭풍의 양상이 추적하기 힘들다는 것을 나에게 알려줬다. 또는 누군가 일어나서 레이더 이미지를 보고 새들이 둥지를 떠나 먹이가 있는 곳으로 가는 것을 적란운으로 잘못 식별했다는 것을 발견할 수 있었다. 이것은 모두 실시간 데이터에 관한 것이다. 아무리 여러 번 질문을 해도 과거 데이터에서 알고리즘이 어떻게 수행되는지 살펴보는 사람을 본 적이 없다. 이것은 종종 (내 사무실이 있었던) 오클라호마의 기상에 대한 것이다. 이것이 내 동료들이 집중했던 것이기 때문이다. 그 지역 주변의 기상 예보관들은 오클라호마 슈퍼셀에 고도로 튜닝된 알고리즘을 조급하게 참고했었다.

따라서 3장에서는 관심을 끄는 패키지로 상호작용성과 설명력을 곁들인 정확한 묘사가 조합된 대시보드를 만드는 방법을 살펴본다. 누군가는 대시보드를 만드는 방법을 다루는 생소한 시간이라고 여길 수 있다(최선의 가능한 예측 모델을 구축할 때까지 대시보드를 만들지 말고 기다려야 하는가?).

대시보드를 먼저 만들어야 하는 이유

머신 러닝 모델을 구축할 때 대시보드를 만드는 것은 머신 러닝 모델의 구축을 돕기 위한 설문 도구나 양식을 작성하는 것과 유사하다. 강력한 머신 러닝 모델을 구축하려면 데이터셋을 이해하고 예측을 돕는 기능을 고안할 필요가 있다. 대시보드를 생성하면 예측 모델로 최종 사용자를 이끌어와 데이터를 자세히 살펴보게 할 수 있다. 데이터를 보는 그들의 세분화된 시각(모든 사람은 그들의 상황에 맞는 데이터를 보고 있는 점을 기억하라)은 좀 더 포괄적으로 데이터를 보도록 보완될 것이다. 데이터를 살펴보고 팀에 데이터에 대한 통찰력과 제안을 계속 보내면 실제로 구축하고자 하는 머신 러닝 모델에 통합할 수 있을 것이다.

또한 데이터셋으로 표현할 때 데이터가 상상할 수 있는 방식인지 여부를 주의해야 한다. 이를 확인하기 위해 데이터를 탐색할 수 있는 대안은 없다. 즉각적으로 얻을 수 있는 마일스톤으로(데이터셋에서 대시보드를 생성하는 것으로) 이러한 탐색적 데이터 분석을 하는 것은 데이터를 이용해 실제로 뭔가를 하고 데이터의 세밀한 점을 파악하기 위한 좋은 방법이다. 누군가에게 데이터를 설명할 때 개념을 잘 이해하게 되는 것처럼, 데이터를 설명할 수 있는 화면을 구성하는 것은 데이터셋에 대한 이해를 증진시키는 좋은 방법 중 하나다. 이상 감지와 같은 기본 전처리를 수행하려면 데이터를 시각화해야 한다는 사실은 시각적 표현 작성 작업이 어떻게 하든 수행해야 할 작업이라는 것을 명확히 해준다. 시각적 표현 작성 작업은 상용 환경에서 최종 사용의 관점으로 아주 잘 만들어야 한다.

상용에서의 최종 사용은 대시보드를 뒤에 고려하는 대상으로 남겨 두지 말고 먼저 개발해야 하는 세 번째 이유다. 머신 러닝 모델을 개발할 때 설명할 수 있는 능력을 쌓아야 한다는 점을 끊임없이 명심해야 한다. 사용자에게 머신 러닝 모델만 제공하면 종종 시원찮게 작동하다 말 것이다(사용자들은 시스템이 무엇을 추천하든 그에 대한 아무런 통찰력도 없다). 권고 사항에 설명을 추가하면 초반에 사용자들의 내키지 않는 마음을 완화시키는 데 도움이 된다. 예를 들어 설명적인 방식으로 제시된 가장 중요한 기능 중 다섯 가지를 모델 예측에 함께 사용한다면 시스템이 할당하는 최종 점수를 더욱 신뢰할 수 있는 것으로 만드는 데 도움이 된다.

심지어 시스템 성능이 좋지 않은 경우에도 "예측이 잘못됐습니다. 그러나 이것은 기능 3번이 이상하기 때문입니다. 아마도 인자 Y를 확인해보셔야 할 것 같습니다." 즉, 머신 러닝 모델의 동작에 대한 설명 기능을 탑재하면 고객은 만족하고, 비평적인 사람들이 건설적으로 바뀔 것이다. 머신 러닝 모델이 준비되는 즉시 탑재하는 것에 끌릴 수 있지만, 이미 사용할 수 있는 대시보드가 있다면(여러분이 병렬적으로 작업했기 때문에) 제품 디자이너들이 머신 러닝 모델과 설명적인 대시보드를 완전한 제품으로 고려하라고 조언하는 것이 더 쉽다.

이런 대시보드는 어디에 구현해야 할까? 전문가와 최종 사용자를 최대한 확보할 수 있는 환경을 파악하고 그 환경을 대상으로 대시보드를 구축하라.

사용자들이 이미 익숙한 시각화 인터페이스를 가졌을 수도 있다. 특히 실시간 데이터와 관련해 사용자들은 우량 고객을 대상으로 하는 시각화 프로그램을 사용해 그들의 전체 업무 시간을 보낼 수 있다(이는 일기 예보관, 항공 교통 관제사 및 옵션 거래자에 해당한다). 그렇다면 그 인터페이스에 시각화를 포함시킬 수 있는 방법을 찾아보라. 다른 경우 사용자는 웹 브라우저를 사용하는 시각화를 선호할 수 있다. 이런 경우에는 (단순한 고정형 웹 페이지가 아닌) 대화형으로 주석을 달 수 있는 문서 형태의 보고서를 공유하는 시각화 도구를 찾아라. 많은 경우 여러 종류의 사용자를 위해 여러 가지 대시보드를 작성해야 할 수도 있다(같은 대시보드에 모든 것을 밀어 넣지 말기 바란다).

정확성, 정직성 및 좋은 설계

좋은 대시보드의 설명력이 시각화를 구축하는 이유이기 때문에 설명이 오해를 일으키지 않도록 하는 것이 중요하다. 이와 관련해 너무 놀라운 일은 하지 않는 편이 가장 바람직하다. 현대의 시각화 프로그램이 그래프와 팔레트 유형으로 가득 차 있지만, 적합한 문구를 가진 그래프가 가장 좋다. 예를 들어 어떤 유형의 그래프는 다른 것들보다 관계형 데이터에 더 적합하고, 어떤 그래프는 수치형 데이터보다 범주형 데이터가 더 적합하다.

크게 네 가지 기본 유형의 그래프가 있다. (변수들 사이의 관계를 표시하는) 관계형, (시간이 지남에 따라 변수의 변화를 표시하는) 시계열형, (지역에 의한 변수의 변화를 표시하는) 지리적 맵형, (주제에 대한 요약을 지원하는) 이야기형이 있다. 이야기형 그래프는 주요 디자인상을 수상하는, 잡지를 채우는 그래프다. 나머지 세 개는 작업자용 그래프다.

정확성, 정직성 또는 미학적인 원칙[2]을 위반할 때 그래프가 뭔지 잘못됐다고 직관적으로 깨달을 수 있는 충분한 그래프 표현들을 이미 체험했을 수도 있다. 그러나 여기에서는 일부 표준적인 몇 가지 사항을 나열할 것이다. 예를 들어 관계형 그래프의 경우 선 그래프나 산포도를 선택하는 것이 적합하고, 축의 자동 확장이 데이터에 대한 오해의 소지를 일으키지 않도록 확실히 하는 것이 좋다. 좋은 설계 원칙 중에는 시계열의 그래프가 수직적이기보다는 수평적이어야 한다는 점과, 그래프에 주로 나타나는 것이 데이터 선이어야 하지 (그리드선, 레이블 등) 그래프의 보조적인 정보들이 돼서는 안 된다는 점 등이 있다. 공간 크기 및 색상으로 데이터의 비율을 강조하는 것은 지리적 데이터일 때 유용한 원칙이다(영역이 관심 있는 리전으로 분할되는지 확인하고, 명칭 및 다른 레이블을 부착해 쉽게 확인할 수 있도록 해야 한다).

좋은 작가의 글을 읽음으로써 글을 잘 쓰는 방법을 배울 수 있는 것처럼 정확하고

---

2. 설계 원칙에 익숙하지 않다면 에드워드 터프트(Edward Tufte)의 "양적인 정보의 시각적 표시"를 읽어 보기를 추천한다.

관심을 끌만한 그래프에 대한 통찰력을 발전시키는 방법은 좋은 예제를 많이 감상하는 것이다. 이코노미스트 신문[3]은 따라 할 가치가 있는 그래픽화된 상세 블로그를 제공한다(매주 다이어그램, 지도 또는 인포 그래픽 자료를 발행하고, 이것들이 전체적으로 기본적인 그래프 유형을 차지한다). 그림 3-1은 이 책을 집필하던 시점에 이코노미스트 블로그에서 가져온 최신 그래프의 예를 보여준다.[4]

이 그래프는 지난 20년간 과학 논문의 공동 저자 수가 증가한 것을 보여준다. 이 그래프는 좋은 디자인의 여러 가지 원칙을 보여준다. 시계열 그래프로 이런 유형의 그래프에서 기대할 수 있는 것처럼 x축이 시간이고 y축이 시간에 따른 다양한 수치(기사당 저자 수 또는 저자당 기사 수)다. y축 값은 0에서 시작하므로 그래프의 높이는 정확한 개수를 나타낸다. 다이어그램 부속 요소가 얼마나 작은지 주목하기 바란다(축의 레이블과 그리드가 매우 작아서 이 자체로는 주의를 끌지 못한다). 반면에 데이터라인은 눈에 확 띈다. 반복에 대한 효과적인 사용도 주목하라(서로 다른 분야(경제학, 공학 등)를 모두 동일한 그래프에 표시하는 대신 각 분야가 각각의 패널에 표시돼 있다). 이렇게 하면 혼란을 줄일 수 있고, 그래프를 해석하기 쉽게 할 수 있다. 각 패널에는 두 가지 그래프가 있다. 하나는 기사당 저자 수이고, 다른 하나는 저자당 기사 수다. 색상은 비교하기 쉽게 패널에 걸쳐 일관성을 유지하고, 패널 배치 또한 이런 비교를 쉽게 할 수 있도록 돕는다. 예를 들면 물리학 및 천문학을 제외하면 모든 분야에서 기사당 저자 수와 저자당 기사 수가 함께 증가하지 않는다는 것을 알 수 있다. 물리학자와 천문학자가 시스템을 조작하고 있는 것이 아닐까?

---

3. 이코노미스트는 가운데가 스테이플링된 80페이지 분량의 소책자를 주 단위로 발행한다. 그리고 각 페이지의 크기는 레터 용지 크기와 비슷하다. 그러나 역사적인 이유로 이 회사는 이 소책자를 잡지라고 하지 않고 신문이라 부른다.

4. http://www.economist.com/blogs/graphicdetail/2016/11/daily-chart-18, 2016년 11월 25일 발행

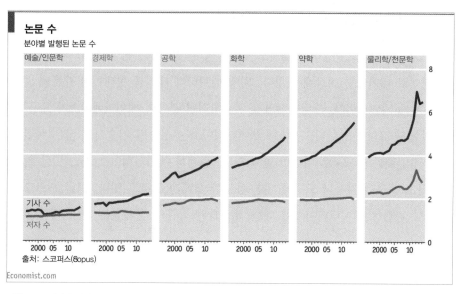

그림 3-1. 시간의 경과에 따라 다양한 학문적인 분야에 대한 논문 저자 수의 증가를 보여주는 이코노미스트의 그래프

그러나 이 그래프는 성급한 독자에게 미묘한 오해를 일으킬 수 있다. 잠시 시간을 내서 이 그래프를 평가해보자(독자가 오해할 수 있는 부분을 찾아보자). 이는 패널 배치와 관련이 있다. 그래프 작성자는 패널 간의 상승 추세를 제공하기 위해 패널을 배열했다. 그러나 상승 추세가 오해를 일으킬 수 있는데, 2016년 이코노믹스의 기사당 저자 수와 1996년 공학의 동일 수량 간에는 아무 연관성이 없기 때문이다. 오해를 불러일으킬 수 있는 점은, 이 그래프는 저자 수 증가의 서술을 뒷받침하는 것이기 때문이다. 그러나 실제 증가 수는 20년간 1명에서 6명으로 늘어났다. 실질적인 증가는 훨씬 덜 극적이다(예를 들어 약학은 4명에서 6명으로 늘었다). 그러나 데이터를 훑어보는 독자는 저자 수의 증가가 전체 그래프에 묘사돼 있어서 저자 수가 실제보다 훨씬 많이 늘었다고 잘못 믿을 수도 있다.

구글 클라우드 SQL에 데이터 탑재

대화형으로 데이터를 분석하는 대시보드를 작성하려면 빠른 랜덤 액세스와 수집이 가능한 형태로 데이터를 저장해야 한다. 비행 데이터가 테이블 형태이기 때문에 SQL을 선택하는 게 자연스럽다. 그런데 SQL을 사용하려면 관계형 데이터베이스가 요구 사항에 적합한지 고려해야 한다. 관계형 데이터베이스는 성숙된 기술이고 많은 사업적인 문제에서 선택받는 도구로 여전히 남아 있다. 관계형 데이터베이스 기술은 잘 알려져 있고, 상호 운용이 가능한 도구에 대한 풍부한 생태계를 갖고 있다. 고급 프로그래밍 언어에서 관계형 데이터베이스에 대한 표준화된 접근의 문제점은 거의 해결됐다.

관계형 데이터베이스는 임의의 쿼리를 수행하는 적은 양의 데이터셋에 특히 더 적합하다. 대용량 데이터에서조차 관심 있는 칼럼에 대한 인덱싱을 통해 관계형 데이터베이스의 성능을 튜닝할 수 있다. 게다가 관계형 데이터베이스는 기본적으로 트랜잭션과 강력한 일관성을 보장하기 때문에 자주 업데이트하는 데이터의 경우에는 탁월한 선택이 된다. 기본적으로 읽기 전용 데이터일 때 데이터셋의 크기가 테라바이트 범위에 있거나 데이터 유입 속도가 매우 빠른 경우에 관계형 데이터베이스를 선택하는 것은 바람직하지 않다(이런 경우에는 좀 더 적합한 솔루션을 선택하는 것이 좋다). 나머지 장에서 이런 특성을 고려하는 데 좀 더 많은 시간을 들이겠지만, 데이터에 빠르고 분산된 랜덤 액세스를 하는 가장 일반적인 목적의 솔루션이 관계형 데이터베이스라는 사실을 잊지 말기 바란다.

MySQL은 광범위하게 사용되는 오픈소스 관계형 데이터베이스로, 적은 코드를 가진 삽입형 애플리케이션에서 고속, 저수준 락킹 및 데이터 정합성을 요구하는 전방위 트랜잭션 처리 및 고성능을 요구하는 대규모 웹 사이트에 이르기까지 전반적인 사용 사례가 있다. MySQL은 고성능일 뿐 아니라 프로그래밍하기도 쉽다(ANSI-SQL, 여러 가지 언어에 대한 라이브러리와 ODBC^{Open Database Connectivity} 및 JDBC^{Java Database Connectivity}와 같은 표준화된 연결 기술을 제공한다). 이런 요소들로 인해 MySQL은 널리 사용하는 관계형 데이터베이스다.

구글 클라우드 SQL 인스턴스 생성

구글 클라우드 SQL은 관리형 MySQL 서비스를 제공한다. 클라우드 SQL는 백업, 패치, 업데이트 및 복제까지도 관리하며, 글로벌 가용성, 자동 장애 복구 및 고가용성을 제공한다. 최상의 성능을 위해 메모리에 대용량 테이블을 탑재할 수 있을 정도의 RAM 크기를 가진 머신을 선택하라(이 책을 집필하는 시점의 가용한 머신 유형의 범위는 4GB 미만 메모리를 가진 단일 CPU부터 100GB 이상의 메모리를 가진 16 CPU까지 다양하다). 물론 속도에 대한 요구 사항과 머신의 월간 비용에 대한 균형을 맞춰야 한다.

클라우드 SQL 인스턴스를 구성하고, 데이터베이스 테이블을 생성하고, 클라우드 스토리지에서 입수한 데이터를 테이블에 탑재해보자. 이 모든 것을 커맨드라인에서 gcloud를 이용해 할 수 있다 그러나 https://console.cloud.google.com/의 클라우드 플랫폼 콘솔에서 이를 시작해보자. 화면의 왼편에서 SQL 버튼을 클릭하고 오른쪽 화면에서 그림 3-2와 같이 Create Instance^{인스턴스 생성}을 클릭한다.

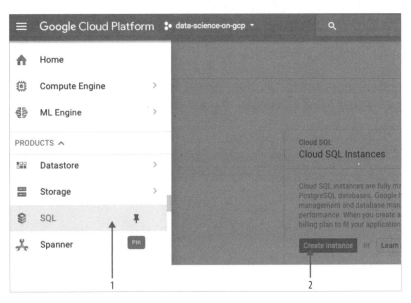

그림 3-2. 클라우드 플랫폼 웹 콘솔에서 클라우드 SQL 인스턴스 생성하기

화면이 표시되면 2세대 인스턴스를 선택한다. 인스턴스를 생성하는 데 필요한 매개 변수를 묻는 대화상자가 나올 것이다. 인스턴스 ID로는 **flights**를 입력하고, 필요하다면 리전을 변경하고, 나머지는 기본을 선택한 후 Create^{생성} 버튼을 클릭한다.

구글 클라우드 플랫폼과의 상호작용

대화상자에 값을 채우는 대신 클라우드셸의 **gcloud** 커맨드라인 도구(또는 gcloud가 설치된 어떠한 머신)를 사용할 수도 있다. 생성하는 방법은 다음과 같다.

```
gcloud sql instances create flights \
    --tier=db-n1-standard-1 --activation-policy=ALWAYS
```

이 책의 나머지 부분에서 **gcloud** 명령을 바로 확인할 것이다. 그러나 암기할 필요는 없다. 각 옵션 목록을 알려면 **gcloud**에서 언제든지 **--help**를 사용하면 된다.

```
gcloud sql instances create --help
```

이 명령은 클라우드 SQL 인스턴스를 생성하는 데 사용 가능한 모든 옵션을 보여준다 (머신의 티어, 리전, 가용 영역 등).

```
gcloud sql instances --help
```

이 명령은 클라우드 SQL 인스턴스(create^{생성}, delete^{삭제}, restart^{재시작}, export^{내보내기} 등)로 할 수 있는 작업을 모두 보여준다.

일반적으로 커맨드라인에서 할 수 있는 모든 작업은 클라우드 플랫폼 콘솔을 이용해 수행할 수 있고, 반대도 가능하다. 사실 클라우드 플랫폼 콘솔과 **gcloud** 명령 모두

REST API 작업을 호출한다. 여러분의 프로그램에서도 동일한 REST API를 호출할
수 있다(API 정보는 구글 클라우드 플랫폼 웹 사이트에 문서화돼 있다). 다음은 bash에서
인스턴스를 생성하는 REST API 호출의 예다.

```
ACCESS_TOKEN="$(gcloud auth application-default print-access-token)"
curl --header "Authorization: Bearer ${ACCESS_TOKEN}" \
    --header 'Content-Type: application/json' \
    --data '{"name":"flights", "settings": {"tier":"db-n1-standard-1", "activa \
    tionPolicy":"ALWAYS"}}' \
  https://www.googleapis.com/sql/v1beta4/projects/[PROJECT-ID]/instances \
   -X POST
```

또는 REST API를 호출하기 위해 (여러 언어를 지원하는) gcloud 클라이언트 라이브러
리를 사용할 수 있다. 이에 대해서는 2장에서 클라우드 스토리지와 상호작용을 하기
위해 google.cloud.storage 파이썬 패키지 사용하면서 확인했다.

요약하면 구글 클라우드 플랫폼과 상호작용하는 네 가지 방법이 있다.

- 클라우드 플랫폼 콘솔

- 클라우드셸 커맨드라인에서 gcloud 명령 또는 gcloud SDK가 설치된 머신

- REST API 직접 호출

- 구글 클라우드 클라이언트 라이브러리(Go, 자바, Node.js, 파이썬, 루비, PHP,
  및 C#)

이 책에서는 두 번째 방법(셸 이용)을 우선적으로 사용하고, 네 번째 방법(파이썬 프로
그램)도 사용한다.

MySQL에 대한 접근 제어

MySQL에 기본 암호를 그냥 남겨 두기를 원치 않을 것이므로, 먼저 할 일은 인스턴스 생성 후 루트 암호를 설정하는 것이다. 개인적으로만 머신을 사용하면서 커맨드라인으로 암호를 설정하려면 다음과 같이 gcloud 명령을 사용한다.

```
gcloud sql instances set-root-password⁵ flights --password <PASSWD>
```

다중 사용자가 이용하는 머신이라면 위에서와 같이 커맨드라인에 평문으로 암호를 지정하면 안전하지 않다. 명령 실행 기록을 보거나 작업을 실행할 수 있는 사람은 누구나 암호를 볼 수 있다. 따라서 암호 파일을 생성해 gcloud 명령에 전달할 수도 있다(유닉스 보안을 이용해 다른 사람이 암호 파일을 읽을 수 없게 할 수 있다). 그러나 더 간단한 방법은 클라우드 플랫폼 콘솔에서 암호를 지정하는 방법이다. 웹 사이트에서 클라우드 SQL 인스턴스를 찾는다. 그런 다음 'Instance details^{인스턴스 세부 정보}, 페이지로 간 후 Access Control^{접근 제어} 탭을 클릭한다. 그 후 User^{사용자} 탭을 클릭한다. 그림 3-3처럼 루트 암호를 변경할 수 있다.

---

5. set-root-password 매개변수는 현재 제공되고 있지 않다. – 옮긴이

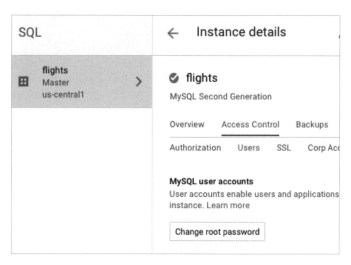

그림 3-3. 클라우드 SQL 설정 페이지의 접근 제어 영역

MySQL은 데이터베이스에 연결할 필요가 있을 때마다 연결하려는 시스템을 인증해야 한다(MySQL은 인증된 호스트가 아닌 다른 호스트에서 접속을 시도하는 mysql, JDBC 및 다른 연결을 거부한다). 따라서 인증된 네트워크 목록을 제공해 클라우드셸을 인증하자.

```
gcloud sql instances patch flights \
    --authorized-networks $(wget -qO - http://ipecho.net/plain)
```

wget은 인터넷 웹 사이트(ipecho.net)에 요청을 보내 요청자의 IP 주소를 반환받는다.[6] 이 주소는 MySQL을 연결할 때 사용하는 IP 주소이기도 하다. 클라우드셸은 임시로 생성되는 VM이므로, 클라우드셸이 재시작되는 경우 이 단계를 반복해야 할수도 있다.

---

6. 공인 IP 주소는 이마에 그림을 붙이고 돌아다니는 사람들의 일행과 같다. 그들은 자신의 이마에 어떤 사진이 붙어있는지 알지 못한다. 누군가에게 그 그림이 무엇인지 물어봐야 한다. 클라우드셸의 IP 주소를 찾으려면 지금 언급하고 있는 웹 사이트에 요청을 보내 IP 주소를 찾아야 한다.

테이블 생성

테이블을 생성하기 위해 테이블 칼럼 스키마를 포함하는 .sql 파일[7]을 작성한다.

```
create database if not exists bts;
use bts;
drop table if exists flights;
create table flights (
    FL_DATE date,
    UNIQUE_CARRIER varchar(16),
    AIRLINE_ID varchar(16),
    CARRIER varchar(16),
    FL_NUM integer,
    ORIGIN_AIRPORT_ID varchar(16),
    ORIGIN_SEQ_ID varchar(16),
    ORIGIN_CITY_MARKET_ID varchar(16),
    ORIGIN varchar(16),
    DEST_AIRPORT_ID varchar(16),
    DEST_AIRPORT_SEQ_ID varchar(16),
    DEST_CITY_MARKET_ID varchar(16),
    DEST varchar(16),
    CRS_DEP_TIME integer,
    DEP_TIME integer,
    DEP_DELAY float,
    TAXI_OUT float,
    WHEELS_OFF integer,
    WHEELS_ON integer,
    TAXI_IN float,
    CRS_ARR_TIME integer,
    ARR_TIME integer,
    ARR_DELAY float,
    CANCELLED float,
```

---

7. 이 코드는 이 책의 깃허브 리포지터리에 있는 03_sqlstudio/create_table.sql에 있다. 3장에 나오는 모든 코드는 03_sqlstudio 폴더에 있다.

```
CANCELLATION_CODE varchar(16),
DIVERTED float,
DISTANCE float,
INDEX (FL_DATE), INDEX (ORIGIN_AIRPORT_ID),
INDEX(ARR_DELAY), INDEX(DEP_TIME), INDEX(DEP_DELAY)
);
```

CREATE TABLE 명령의 마지막 몇 줄에 자주 검색할 칼럼들에 대해 네 개의 인덱스를 생성했음을 주목하라. 인덱스는 쓰는 시간과 스토리지를 증가시키지만, 이들 칼럼에 대한 SELECT 쿼리 속도를 크게 높일 수 있다.

MySQL에서 함께 제공하는 커맨드라인 도구인 mysql을 이용해 MySQL 데이터베이스에서 .sql 파일을 임포트할 수 있다. 이 커맨드라인 도구는 이미 클라우드셸에 존재한다. 그러나 다른 곳에서 작업한다면 다운로드해 설치해야 한다. 물론 클라우드 플랫폼 콘솔에 있는 임포트 버튼을 클릭해 파일을 선택하는 방법도 있다(클라우드 스토리지에 이 파일을 먼저 업로드해야 한다).

특정 MySQL 머신을 연결하려면 해당 MySQL 인스턴스의 IP 주소를 mysql 명령에 해당 주소를 전달해야 한다. 이름(flights)은 알고 있지만 IP 주소는 모른다. 다음과 같이 gcloud를 이용해 찾을 수 있다.

```
gcloud sql instances describe \
    flights --format="value(ipAddresses.ipAddress)"
```

describe 명령은 클라우드 SQL 인스턴스에 대한 많은 정보를 제공한다. --format 옵션을 사용하면 관심이 있는 특정 값만 출력할 수 있다. 모든 JSON 출력을 확인하려면 --format 옵션을 제거하고 해당 결과에서 확인하고 싶은 다른 정보를 분리할 수 있는지 확인하라(꽤 직관적이다).

MySQL 호스트의 IP 주소를 알아내면서 클라우드셸[8]에서 **mysql**을 실행해 테이블 정의를 임포트한다.

```
MYSQLIP=$(gcloud sql instances describe \
        flights --format="value(ipAddresses.ipAddress)")
mysql --host=$MYSQLIP --user=root \
        --password --verbose < create_table.sql
```

mysql 커맨드라인 클라이언트를 사용해 임포트가 성공했는지 확인할 수 있다.

```
mysql --host=$MYSQLIP --user=root --password
```

프롬프트에서 암호를 입력한다. 대화형 프롬프트에서 다음을 입력한다.

```
mysql> use bts;
mysql> describe flights;
```

테이블의 여러 칼럼에 대한 설명이 표시된다. 테이블은 비어있고 다음을 입력해 확인할 수 있다.

```
mysql> select DISTINCT(FL_DATE) from flights;
```

다음으로 테이블을 채우기 위해 클라우드 스토리지에서 데이터를 임포트한다.

---

8. 클라우드셸 VM이 인증되지 않았다면 (또는 이미 인증을 받았으나 클라우드셸 VM이 재시작됐다면) 다음 명령을 통해 인증 받아야 한다.

```
gcloud sql instances patch flights --authorized-networks $(wget -qO - http://ipecho.net/plain)
```

테이블 채우기

MySQL에 테이블을 채우려면 MySQL 데이터베이스에서 제공하는 **mysqlimport** 커맨드라인 도구를 사용할 수 있다(이 도구는 클라우드셸 VM에 기본적으로 설치돼 있다). **mysqlimport**는 클라우드 스토리지를 직접 읽을 수 없으므로 파일을 로컬 폴더에 복사해야 한다. 그리고 **mysqlimport**은 csv^{콤마로 분리된 값} 파일명을 입력할 테이블명으로 사용하기 때문에 복사한 파일명이 **flights**를 갖도록 파일명을 변경해야 한다.

```
counter=0
for FILE in 201501.csv 201507.csv; do
   gsutil cp gs://cloud-training-demos-ml/flights/raw/$FILE \
           flights.csv-${counter}
   counter=$((counter+1))
done
```

나는 두 개의 파일만 복사할 것이다. 하나는 2015년 1월 파일이고 나머지 하나는 2015년 7월 파일이다. 모든 파일을 임포트할 수 있지만,테스트를 위해 상대적으로 적은 크기의 머신을 선택했기 때문에 백만 라인 정도로 제한을 두는 편이 좋다.

그런 다음 **mysqlimport**를 실행해 로컬 디스크(--local)에서 csv 파일을 읽어 들이고, MySQL 호스트에 root 계정(--user=root)으로 연결하고, **mysqlimport**를 실행해 암호를 입력받는다.

```
mysqlimport --local --host=$MYSQLIP --user=root --password \
      -ignore-lines=1 --fields-terminated-by=',' \
      bts flights.csv-*
```

csv 파일에는 한 줄짜리 헤더가 있어 이를 무시해야 하고(--ignore-lines=1), 각 필드를 쉼표로 분리한다. 임포트할 데이터베이스명을 bts라고 하고, 임포트할 파일은 와일드카드로 지정한다. 파일의 기본 이름(여기서는 flights)은 임포트할 테이블명을 지정하는 데 사용한다.

임포트 후에 앞 절의 쿼리를 반복할 수 있다.

```
mysql --host=$MYSQLIP --user=root --password
```

프롬프트에서 암호를 입력한다. 그리고 대화형 프롬프트에서 다음을 입력한다.

```
mysql> use bts;
mysql> describe flights;
```

테이블에 있는 여러 칼럼의 설명을 볼 수 있다. 다음을 입력해 테이블이 빈 테이블이 아닌지 확인해보자.

```
mysql> select DISTINCT(FL_DATE) from flights;
```

(인덱스된 칼럼들이므로) 어느 정도는 순간적으로 2개월분의 데이터에서 날짜들을 가져올 것이다. 그러나 데이터셋이 적어서 인덱스되지 않은 칼럼에서 정보를 추출하는 것도 빠른 편이다.

```
mysql> select DISTINCT(CARRIER) from flights;
```

테이블에 데이터를 저장했고 빠르게 쿼리를 할 수 있으므로, 이제 첫 번째 모델을 작성해보자.

첫 번째 모델 작성

직관적으로 비행기가 15분 지연된다면 도착도 15분 지연되는 경향이 있을 것이라고 느낄 것이다. 따라서 우리 모델은 출발 지연이 15분 이상이면 회의를 취소하는 모델이다. 물론 여기에는 확률에 대해서는 아무것도 없다(15분 도착 지연 확률이 30% 이상이면 회의를 취소하겠다는 목표를 기억해보라). 그래도 이는 빠른 시작이 될 것이고, 이제 출시하고 반복할 수 있는 무엇인가를 제공하게 됐다.

분할표

의사 결정 규칙이 다음과 같은 경우 올바른 결정을 얼마나 자주하는지 알 필요가 있다고 가정해보자.

DEP_DELAY ≥ 15면 회의를 취소한다. 그렇지 않으면 회의를 진행한다.

네 가지 가능성을 분할표^{contingency table} 또는 분류 결과표^{confusion matrix}라고 부르고, 표 3-2에서 확인할 수 있다.

표 3-2. 회의 취소 결정을 위한 분류 결과표

	도착 지연 〈 15분	도착 지연 ≥ 15분
회의를 취소하지 않는다.	올바른 결정(TN)	FN
회의를 취소한다.	FP	올바른 결정(TP)

회의를 취소하지 않았는데 비행 도착 지연이 15분 이상 된다면 잘못된 결정을 한 것이 분명하다. 이것을 FN^{False Negative}(회의 취소 결정을 긍정적인 사건으로 처리)로 간주할지, FP^{False Positive}(회의 취소 결정을 부정적인 사건으로 처리)로 간주할지는 임의적이다. 일반적인 접근법은 찾고 있는 사건이나 드문 사건을 긍정적으로 규정하는 것이

다. 여기서는 항공편 지연이 (희망적으로) 더 드물며, 이를 통해 회의를 취소할지 결정하고 있다. 따라서 '취소'를 긍정적인 결정으로 규정하고, '취소 안 함'을 부정적인 결정으로 규정한다.

출발 지연 임곗값을 15분으로 하는 결정 규칙이 맞는 것인지 가늠하는 빈도를 어떻게 알아낼 수 있을까? 클라우드 SQL에 저장돼 있는 데이터셋에서 결정 규칙의 효용성을 평가할 수 있다. 기본적으로 다음과 같은 네 개의 쿼리를 수행해야 한다.

```
select count(dest) from flights where arr_delay < 15 and dep_delay < 15;
select count(dest) from flights where arr_delay >= 15 and dep_delay < 15;
select count(dest) from flights where arr_delay < 15 and dep_delay >= 15;
select count(dest) from flights where arr_delay >= 15 and dep_delay >= 15;
```

데이터베이스 테이블에 있는 2개월분의 데이터에 대한 쿼리 결과를 기반으로 표를 채우면 표 3-3을 얻을 수 있다.

표 3-3. 2개월치의 데이터에 대한 분류 결과표

	도착 지연 < 15분	도착 지연 ≥ 15분
회의를 취소하지 않는다(dep_delay < 15).	747,099(바른 결정: TN)	42,725(FN)
회의를 취소한다(dep_delay >= 15).	40,009(FP)	160,853(바른 결정: TP)

우리의 목표(1장을 확인하라)가 15분 일찍 도착할 확률이 70% 미만이면 고객 회의를 취소하는 것임을 상기하라. 얼마나 이 목표에 가까이 와 있는가?

임곗값 최적화

고객 회의를 취소하지 않으면(표 3-3, 윗줄), (747,099 + 42,725)번 중에서 747,099번 일찍 도착하고, 이는 약 95%다. 한편 고객 회의를 취소한다면(아랫줄) 전체 (160,853

+ 40,009)번 중에서 160,853번 늦게 도착하고, 이는 약 80%다. 전체적으로 올바른 결정을 할 확률은 (747,099 + 160,853) / (747,099 + 42,725 + 40,009 + 160,853) 또는 91.6%다. 이 숫자와 목표치인 70% 사이에는 많은 간격이 있는 것처럼 보인다. 우리의 결정은 확실히 덜 최적화돼 있는 것으로 보인다. 그러나 어떤 방향에서 덜 최적화가 돼 있을까? 너무 많은 미팅을 취소하는 것일까? 아니면 너무 적게 하는 것일까? 조금만 생각해보자. 출발 지연의 임곗값을 10분에서 20분으로 변경해 추론이 일치하는지 확인하자.

먼저 출발 지연에 대한 결정 기준을 10분으로 낮추고 분석을 다시 해보자. 모든 쿼리를 다시 입력하기를 원치 않으므로 스크립트를 통해 쿼리를 다음과 같이 바꾼다.

```
select count(dest) from flights where
arr_delay < ARR_DELAY_THRESH and dep_delay < DEP_DELAY_THRESH;
```

그리고 이를 파일에 집어넣고 **mysql**을 호출하기 전에 값을 변경한다(표 3-4는 결과를 보여준다).

```
cat contingency.sql | sed 's/DEP_DELAY_THRESH/10/g' |
sed 's/ARR_DELAY_THRESH/15/g' |
mysql --host=$MYSQLIP --user=root --password --verbose
```

표 3-4. 10분 출발 지연의 결정 임곗값에 대한 분류 결과표

	도착 지연 < 15분	도착 지연 ≥ 15분
회의를 취소하지 않는다(dep_delay < 10).	713545(바른 결정: TN)	33823(FN)
회의를 취소한다(dep_delay >= 10).	73563(FP)	169755(바른 결정: TP)

이번에는 회의를 취소하지 않는 것이 올바른 결정일 확률이 95%고, 회의를 취소하는 것이 올바른 결정일 확률이 70%다. 전체적으로 올바른 결정일 확률은 89.2%다.

출발 지연 임곗값을 20분으로 변경해 표 3-5를 얻을 수 있다.

표 3-5. 20분 출발 지연의 결정 임곗값에 대한 분류 결과표

	도착 지연 〈 15분	도착 지연 ≥ 15분
회의를 취소하지 않는다(dep_delay 〈 20).	767041(바른 결정: TN)	53973(FN)
회의를 취소한다(dep_delay >= 20).	20067(FP)	149605(바른 결정: TP)

이제 취소하지 않을 때 바른 의사 결정 확률은 93%다. 취소할 때 바른 의사 결정 확률은 88%다. 전체적으로 바른 결정일 확률은 92.5%다. 따라서 20분이 15분보다 더 나은 임곗값으로 보인다. 출발 지연에 대한 모든 가능한 값을 시도하고, 최대 전체 정확도를 제공하는 것을 선택할 수 있다.

그러면 우리가 원하는 최대 전체 정확도는 무엇인가? 바른 의사 결정을 하기 위해 70%의 확률로 회의를 취소하는 것이라는 논의로 시작했던 것을 상기하자. 이 경우 가장 많은 수의 회의를 취소하는 의미임에도 10분, 15분, 20분 중에서 10분을 임곗값으로 선택했다. 목표에 가장 근접한 정확도(TP/(FP+TP))를 제공하기 때문이다.

머신 러닝

여기서 한 일(다른 임곗값을 시도하는 것)은 머신 러닝의 핵심이다. 우리 모델은 단일 매개변수(출발 지연 임곗값)를 갖는 단순한 규칙이고, 목표 값(여기서는 원하는 정밀도)을 극대화시키기 위해 이 매개변수를 조정할 수 있다. 이제 좀 더 복잡한 모델을 사용해보자. 그리고 의심할 여지없이 매개변수 차이를 통해 검색 결과를 훨씬 더 체계적으로 만들어보자. 그러나 모델을 고안하고 조정하는 절차는 머신 러닝의 핵심이다. 아직 모델을 평가하지 않았다(두 달간의 데이터로 70%을 얻을 수 없었으므로 모델의 성과라고 주장할 수 없다. 이를 수행하려면 독립적인 데이터셋이 필요하다). 그리고 이것이 머신 러닝에 있어서 핵심 단계다. 그러나 과거 비행 데이터를 바탕으로 회의를

취소할지에 대한 가이드를 제공하는 간단한 머신 러닝 모델을 작성했다고 그럴듯하게 주장할 수는 있을 것이다.

대시보드 작성

이런 간단한 모델조차도 최종 사용자에게 피드백을 받기에 충분하다. 앞 절의 시작 부분에서 출발 지연에 15분의 임곗값을 사용해야 한다는 것이 나의 직감적인 본능이었다는 점을 상기하라. 그러나 분할표의 분석이 사용할 수 있는 정확한 임곗값이 10분이라는 것을 보여줬다. 나는 첫 번째 단계로 이 모델에 만족하지만, 최종 사용자도 만족할까? 최종 사용자에게 모델의 권고 사항을 설명하는 대시보드를 작성해보자. 이렇게 하면 최종 사용자에게 모델을 설명할 때 내가 의미하는 것을 명확히 하는 데에도 도움이 될 것이다.

사용할 수 있는 많은 종류의 비즈니스 인텔리전스와 시각화 도구가 있다. 그리고 대다수의 도구들이 구글 클라우드 플랫폼의 빅쿼리와 클라우드 SQL 같은 데이터 원본에 연결된다. 3장에서는 구글 클라우드 플랫폼의 일부인 데이터 스튜디오를 이용해 대시보드를 작성한다. 그러나 타블루^{Tableau}, 큐릭뷰^{QlikView}, 루커^{Looker} 등과 같은 유사한 도구를 사용할 수도 있다.

데이터 과학의 배경 지식을 가진 사람들을 위해 여기에 기대치를 설정하고 싶다(대시보드는 최종 사용자가 시스템의 현재 상태를 빠르게 파악하는 방안이지 완벽하게 사용자 정의가 가능한 완성된 통계 시각화 패키지는 아니다). 자동차의 대시보드를 렌더링하는 것과 풍동 터널에 있는 자동차 공기 역학에 대한 공학적 시각화를 렌더링하는 것의 차이점에 대해 생각해보자(이는 데이터 스튜디오에서 우리가 할 일과 나머지 장에서 다룰 클라우드 데이터랩을 사용하는 것의 차이점이다). 여기에서의 강조점은 최종 사용자에게 효과적으로 정보를 제공하는 것이다(따라서 주요 측면은 상호작용 및 공동 작업이다).

데이터 스튜디오로 GSuite 문서와 유사한 보고서를 공유할 수 있다. 즉, 다른 동료에게 조회 및 편집 권한을 부여할 수 있고, 시각화를 공유한 동료는 새로 고침을 클릭해 다이어그램의 가장 최근 데이터를 볼 수 있다.

데이터 스튜디오로 시작

데이터 스튜디오Data Studio로 작업하려면 http://datastudio.google.com/을 방문하라. 데이터 스튜디오에는 두 가지 주요 개념(보고서와 데이터 원본)이 있다. 보고서는 여러분이 작성해 다른 사람에게 공유하는 다이어그램 및 설명 집합이다. 보고서에 있는 다이어그램은 원본에서 추출한 데이터로 만들어진다. 따라서 첫 번째 단계는 원본을 설정하는 것이다. 데이터가 클라우드 SQL 데이터베이스에 있으므로, 설정해야 할 데이터 원본은 데이터 스튜디오를 클라우드 SQL에 연결하는 것이다.

그림 3-4[9]에서 보는 바와 같이 데이터 스튜디오 홈페이지의 왼쪽 메뉴에서 DATA SOURCE데이터 원본 메뉴 항목을 클릭하고, 오른쪽 하단에서 더하기(+) 아이콘을 클릭하자.

---

9. 그래픽 사용자 인터페이스는 종종 소프트웨어에서 가장 빠르게 변하는 부분이다. 이 책이 여러분의 손에 도달했을 시점의 스크린샷에서 사용자 인터페이스가 변경됐다면 조금만 UI를 둘러보기 바란다. 신규 데이터 원본을 추가하는 몇 가지 방법이 있을 것이다.

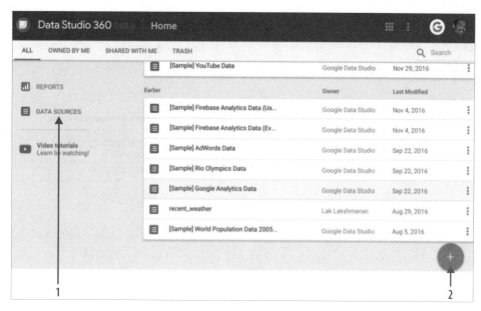

그림 3-4. 데이터 스튜디오의 데이터 원본 메뉴

그림 3-5처럼 지원하는 데이터 원본 목록이 나올 것이다. 클라우드 SQL에 데이터가 있으므로 cloud SQL를 선택한다.

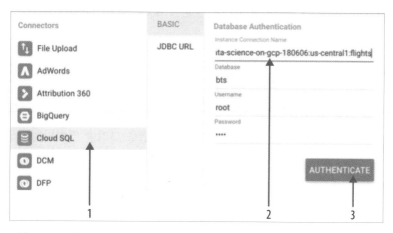

그림 3-5. 보고서 생성을 위해 데이터 원본으로 클라우드 SQL 선택

클라우드 SQL 인스턴스의 인스턴스 연결명은 **project-id:region:flights** 형식이다. 그림 3-6처럼 구글 클라우드 플랫폼 웹 콘솔에 있는 클라우드 SQL 영역에서 연결 문자열을 복사해 붙일 수 있다.

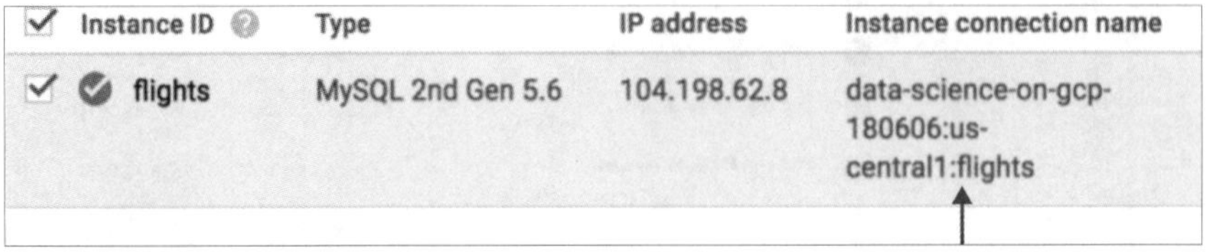

	Instance ID ❓	Type	IP address	Instance connection name
☑	✅ flights	MySQL 2nd Gen 5.6	104.198.62.8	data-science-on-gcp-180606:us-central1:flights

그림 3-6. 클라우드 SQL 연결 문자열 설정

설정한 데이터베이스명은 'bts'다. 사용자명을 **root**로 지정하고, 생성한 암호를 제공하고, 인증을 클릭한다.

데이터베이스에 있는 테이블 목록을 볼 수 있다. 여기에는 'flights'라는 단 하나의 테이블만 있다. 테이블을 선택하고 Connect^{연결} 버튼을 클릭한다. 테이블에 있는 필드 목록이 표시되며, 데이터 스튜디오는 테이블에 있는 데이터의 표본화를 기반으로 필드에 대해 몇 가지를 추론한다. 그중에 일부를 정정할 예정이다. 그러나 지금은 Create Report^{리포트 생성}을 클릭하고 모든 질문에 accepting^{수락}을 클릭한다.

다이어그램 생성

상단 리본에서 분산 다이어그램 아이콘을 선택하고(그림 3-7 참조) 주요 화면 어딘가에 사각형을 그린다. 데이터 스튜디오가 다이어그램을 그려줄 것이다. 렌더링된 데이터는 임의의 칼럼 일부에서 가져온다.

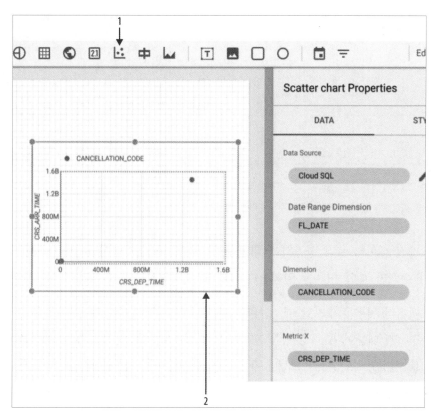

그림 3-7. 데이터 스튜디오로 렌더링한 최초 다이어그램 모습

여기서는 기간 지정에 대한 측정 기준은 무시하고, 세 개의 칼럼을 사용한다. 측정 기준은 도면에 그려지는 수량이다. 측정 항목 X는 x축을 따르고, 측정 항목 Y는 y축을 따른다. 측정 항목 X를 DEP_DELAY로 바꾸고, 측정 항목 Y를 ARR_DELAY로 바꾸고, 측정 기준을 UNIQUE_CARRIER로 바꾼다. 표면상으로 이는 서로 다른 항공사의 평균 출발 지연과 도착 지연을 제공한다. Style^{스타일} 탭을 클릭하고 선형 추세선을 추가한 후 데이터 레이블 표시를 선택한다. 그러면 그림 3-8과 같은 결과 다이어그램을 보여준다.

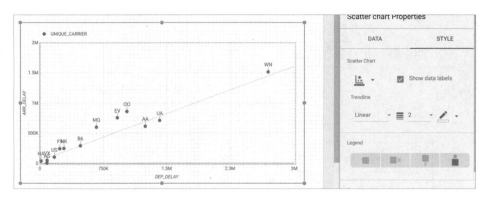

그림 3-8. 측정 항목과 측정 기준을 변경한 후의 다이어그램 모습

지금 가진 데이터는 각 항공사에 대한 **총** 도착 및 출발 지연시간이다. 이는 x축과 y축이 수백만 분인 이유를 알려준다. 왜 모든 지연시간의 합계가 표시됐을까?

이는 데이터 원본을 추가할 때 데이터 스튜디오가 필드에 대한 칼럼 유형을 자동으로 추정하기 때문이다. 측정 항목 X를 다시 클릭하되 새로운 측정 항목 생성을 선택해 이를 수정할 수 있다.[10] 그림 3-9에서 볼 수 있듯이 두 지연 필드의 집계에 대한 기본값이 합계라는 점을 주목하라.

11	DEP_DELAY	123	Number		Sum	
12	ARR_DELAY	123	Number		Sum	

그림 3-9. 두 지연 필드는 기본값이 합계다.

이 둘을 평균으로 바꾼다. 그런 다음 (다이어그램이 재계산을 하도록) 메트릭 중 하나를 제거하고 다시 추가한다. 그림 3-10과 같은 그래프로 마무리했다.

---

10. 이 책이 출간됐을 때 데이터 원본 옆에 있는 연필을 클릭해 필드에 접근하거나 속성 패널에서 직접 고칠 수 있었다.

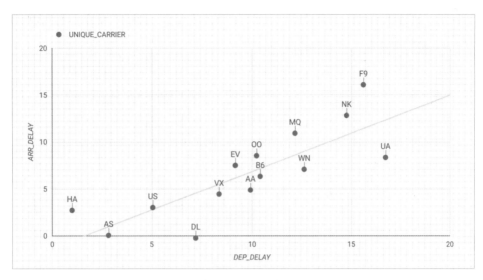

그림 3-10. 지연 필드를 합계에서 평균으로 변경 후의 다이어그램 모습

최종 사용자 제어 기능 추가

지금까지 생성한 다이어그램은 정적이다(최종 사용자가 대화형으로 할 수 있는 것이 없다). 미려한 그림을 보게 되겠지만, 그래프에 관해 어떤 것도 변경하지 못한다. 그래프에 대해 최종 사용자가 일부를 변경할 수 있도록 허용하려면 그래프에 컨트롤을 추가해야 한다.

최종 사용자가 기간을 지정할 수 있는 기능을 제공해보자. 그림 3-11과 같이 상단 아이콘 리본에서 Date range⁽기간⁾ 버튼을 클릭한다.

그림 3-11. 상단 아이콘 리본의 기간 버튼

다이어그램에서 컨트롤을 배치하고 싶은 곳에 사각형을 그린다. 그림 3-12처럼 사각형을 볼 수 있다.

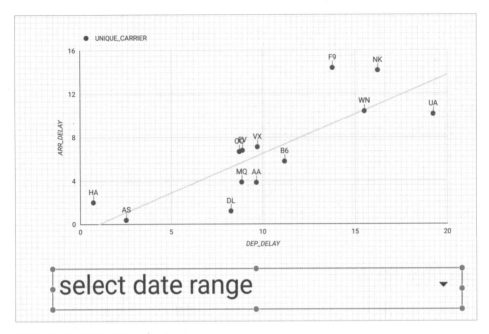

그림 3-12. 데이터 범위 제어

오른쪽 상단 모서리에서 토글 버튼을 클릭해 보기 모드를 전환해본다(그림 3-13). 이 모드는 사용자가 보고서와 상호작용하는 모드다.

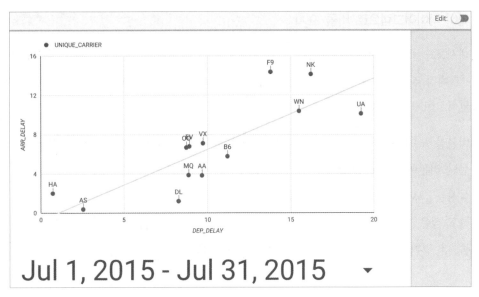

그림 3-13. 데이터 범위를 정한 다이어그램 모습

컨트롤에서 기간을 선택할 수 있도록 해서 업데이트된 그래프를 볼 수 있다(여기서는 데이터베이스에 두 달분의 데이터만 탑재했다. – 2015년 1월과 7월).

여기서 잠시 멈추고 그림 3-13의 다이어그램이 어떤 종류의 모델을 설명하는지 자문해보자. 추세선이 있으므로 선형 모델임을 강하게 암시한다. 이 다이어그램을 기반으로 회의 취소를 제안한다면 출발 지연이 20분을 초과할 때 도착 지연도 15분을 초과하게 된다는 출발 지연과 도착 지연의 선형 추세를 기반으로 제안할 수 있다. 물론 이는 우리의 모델은 아니었다(우리는 선형 회귀 분석을 하지 않았고, 항공사 대 항공사로도 하지 않았다. 대신 전체 데이터셋에 대한 분류표를 기반으로 출발 임곗값을 선택했다. 따라서 대시보드에 위에서 만든 그래프를 사용하지는 않을 것이다). 이는 실제 모델을 기술하는 데 오해를 일으킬 소지가 있기 때문이다.

파이 다이어그램으로 비율 표시

대시보드를 통해 최종 사용자에게 임곗값 기반의 분할표를 어떻게 설명할 수 있을까? 예정 시간보다 15분이 초과한 항공편의 비율에 따라 결정된다는 사실을 기억해보자. 이것이 대시보드를 통해 보여주고 싶은 것이다.

비율을 보여주는 가장 좋은 방법 중 하나가 파이 다이어그램을 사용하는 것이다.[11] 상단 리본에서 'pie chart파이 다이어그램'를 클릭하고 보고서에서 보여주고자 하는 위치에 상자를 그린다(앞에서 그린 분포도를 지우는 것이 좋을 듯하다). 앞에서 한 것처럼 표시하고 싶은 대로 측정 기준과 측정 항목을 수정해야 한다. 최종 형상이 어떤지 안다면 좀 더 명확해질 것이다. 그림 3-14를 통해 이를 엿볼 수 있다.

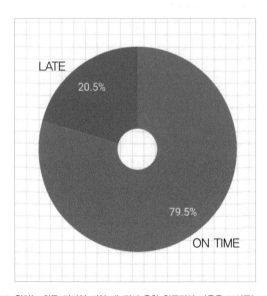

그림 3-14. 원하는 최종 결과인 지연 대 정시 운항 항공편의 비율을 보여주는 다이어그램

---

11. 비율을 표시하는 다른 방법, 특히 시간에 따라 변하는 전체 비율 보여주는 방법은 누적 막대 다이어그램을 사용하는 것이다. https://developers.google.com/chart/interactive/docs/gallery/columnchart#stacked-column-charts를 참고하라.

이 다이어그램에서는 정시에 도착한 항공편 대 지연 도착한 항공편의 비율을 표시한다. 레이블을 붙인 필드 ON TIME 대 LATE가 측정 기준이다. 항공편 수는 레이블 사이에서 배분될 측정 항목이다. 그렇다면 클라우드 SQL 테이블에서 이 값을 어떻게 가져올까?

총 항공편 수를 나타내는 칼럼이 데이터베이스에 없는 것은 확실하다. 대신 총 항공편 수는 모든 행의 합계고 null 값이 아닌 데이터셋의 각 필드 합계로 얻을 수 있다. 따라서 집계 방법을 합계에서 집계로 변경한 후 FL_NUM 필드를 측정 항목으로 사용할 수 있다(그림 3-15).

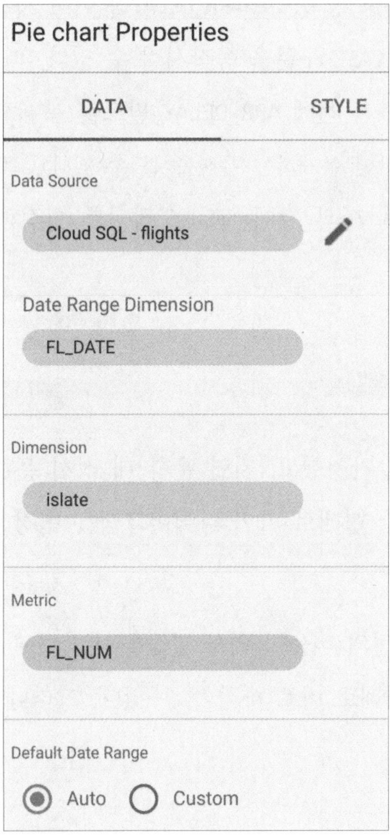

그림 3-15. 파이 다이어그램 속성

그러나 'islate' 값은 공식을 통해 계산해야 한다. 개념적으로 다음과 같이 새롭게 계산된 필드를 데이터에 추가해야 한다.

```
CASE WHEN
(ARR_DELAY < 15)
THEN
"ON TIME"
ELSE
"LATE"
END
```

그러나 불행히도 평균 측정 항목으로 **ARR_DELAY**를 이미 사용 중이다. 따라서 개별적인 값을 가져올 수 없어 **CASE** 구문을 동작시킬 수 없다. 따라서 'islate' 필드를 새로운 측정 기준으로 생성하기 전에 **ARR_DELAY** 필드를 복제해야 한다(테이블 정의에서 해당 필드를 오른쪽 클릭하면 복제하는 옵션을 볼 수 있다). 복제 필드의 집계 형식을 없음으로 바꾸고 그림 3-16과 같이 'islate' 정의를 설정하자.[12]

islate		ID calc_SNO852	Formula ⑦ CASE WHEN (ARR_DELAY_copy) < 15) THEN "ON TIME" ELSE "LATE" END

그림 3-16. Islate 정의를 설정하는 방법

이제 파이 다이어그램을 완성했고, 지연 운항 대 정시 운항에 대한 항공편 비율을 반영하였다. 나와 동일한 형태로 파이 다이어그램을 변경하길 원한다면 Style 탭을 클릭한다.

결과적으로 지연된 항공편의 비율이 의사 결정을 내리는 횟수이기 때문에 파이 다이어그램은 우리의 사용 사례로 바로 해석할 수 있다. 그러나 일반적인 지연이 무엇을

---

12. 이를 처리하려면 데이터소스 편집에서 필드 추가(+)를 클릭하고 수식을 복사해 넣은 후 제목을 'islate'로 지정한 후 저장하면 된다.
— 옮긴이

말하는 것인지 사용자에게 알려 주지는 않는다. 이를 위해 그림 3-17에서 보는 것과
같은 막대 다이어그램을 작성해보자(막대 다이어그램 옆에 있는 모든 항공편은 단순한
텍스트 레이블이다).

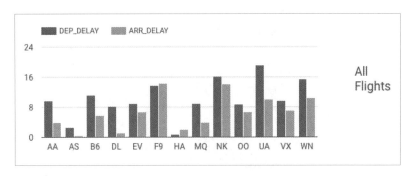

그림 3-17. 각 항공사의 일반적인 지연

여기서 레이블에 지정된 개수(또는 측정 기준)는 항공사다. 두 가지 측정 항목을 표시
하는데, DEP_DELAY와 ARR_DELAY고 데이터셋에서 평균으로 집계한다. 그림 3-18은
구성 정보를 보여준다.

맨 아래에 있는 정렬 칼럼에 주목하라(대시보드에서 신뢰할 만한 정렬 순서를 갖게 해서
사용자가 원하는 위치에서 해당 정보를 쉽게 찾을 수 있도록 하는 것은 중요하다).

그림 3-18. 원하는 다이어그램을 생성하기 위해 막대 다이어그램 속성을 설정하는 방법

끝으로 데이터 스튜디오에서 막대 다이어그램의 기본 개수는 10개다. 그림 3-14의 Style 탭에서 이를 변경해 최대 20개의 고유한 항공사가 나오게 한다.

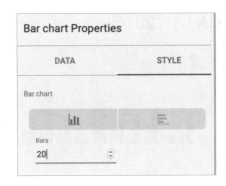

그림 3-19. 항공사의 기본 개수를 10에서 20으로 변경

물론 그림 3-20처럼 날짜 컨트롤을 추가할 수 있다.

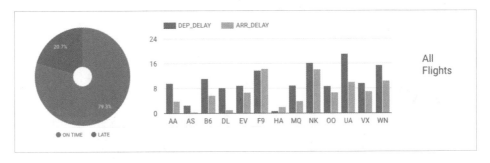

그림 3-20. 파이 다이어그램과 막대 다이어그램으로 구성한 대시보드 생성 결과

평균적으로 약 80%의 항공편이 정시에 운항하고, 일반적인 출발 지연은 항공사별로 다양하지만, 0~15분 범위에 있다.

분할표 설명

방금 작성한 대시보드가 의사 결정의 기준(항공편이 지연될 확률)과 그 결정의 특성(일반적인 도착 지연)을 사용자에게 보여주지만, 실질적으로 우리의 모델을 보여주는 것은 아니다. 우리의 모델에는 출발 지연의 임곗값을 포함하고 있음을 상기하라. 이것을 보여줘야 한다. 그림 3-21은 원하는 대시보드가 어떤 형상인지를 보여준다.

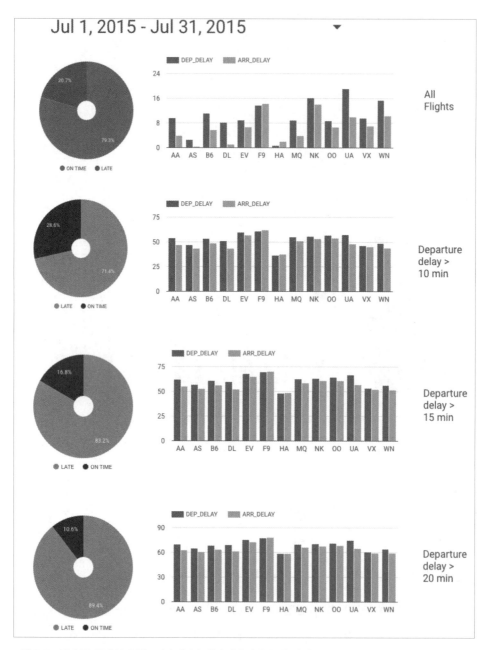

그림 3-21. 날짜 콘트롤이 붙어 있는 파이 다이어그램과 막대 다이어그램 세 쌍으로 구성된 대시보드

즉, 동일한 두 다이어그램을 보여주지만, 결정에 대한 다른 임곗값(10분, 15분, 20분 또는 그 이상의 출발 지연)을 고려하는 것이다.

이렇게 하려면 데이터 원본을 변경해야 한다. 더 이상 전체 테이블에서 다이어그램을 채울 수 없다. 대신 출발 지연이 관련 임곗값보다 큰 항공편만 가져오는 쿼리를 이용해 대시보드를 채워야 한다. 클라우드 SQL에서는 필요한 뷰[13]를 생성할 수 있다. 그리고 이들 뷰를 데이터 원본으로 사용할 수 있다. 방법은 다음과 같다.

```
CREATE VIEW delayed_10 AS SELECT * FROM flights WHERE dep_delay > 10;
CREATE VIEW delayed_15 AS SELECT * FROM flights WHERE dep_delay > 15;
 CREATE VIEW delayed_20 AS SELECT * FROM flights WHERE dep_delay > 20;
```

10분 임곗값에 대한 결과 파이 다이어그램을 보면(그림 3-22) 우리의 목표인 30% 정시 도착 목표에 아주 근접했다는 것을 알 수 있다. 10분 지연에 대한 막대 다이어그램은 임곗값이 왜 중요한지 설명한다. 힌트: 단순한 약 10분이 아니고 10분 지연이 의미하는 것이다. 무슨 일이 있었는지 해독할 수 있는가?

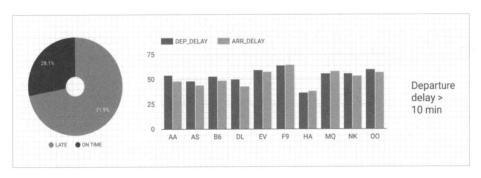

그림 3-22. 출발 지연 10분 임곗값 대시보드

---

13. 이 책을 집필하는 시점에 데이터 스튜디오는 빅쿼리 쿼리를 데이터 원본으로 제공하고 있었다. 그러나 클라우드 SQL은 테이블(또는 뷰)만 데이터 원본으로 제공한다. 쿼리에서 읽는 연결을 지원할지라도 뷰가 좀 더 재사용이 가능하기 때문에 뷰에서 읽는 것이 좋다.

일반적인 출발 지연은 약 5분이지만(앞에서 작성한 모든 항공편에 연관된 다이어그램을 확인하라), 10분 이상 지연된 항공편은 별도의 통계 체제로 잡힌다. 10분 이상 늦게 출발하는 항공기의 일반적인 출발 지연은 약 50분에 이른다! 10분 이상 지연된 항공편에는 일반적으로 신속히 해결이 되지 않는 심각한 문제가 있다고 설명할 수 있다. 비행기에 착석한 후 출발 지연이 10분 이상이라면 회의를 취소해야 할 수도 있다(잠시 동안 출발 게이트에 앉아 있을 것이다[14]).

이 시점에 매우 단순한 모델을 작성했고 최종 사용자에게 모델을 설명하기 위한 대시보드를 작성했다. 최종 사용자는 모델이 얼마나 자주 맞고 얼마나 자주 틀린지 알 수 있는 시각적이고 직관적인 방안을 갖게 됐다. 모델은 아주 단순하지만, 모델의 동작 이유에 따른 설명은 만족스러운 것이다.

그런데 작은 부분 하나가 누락돼 있다. 상황에 따른 정보Context다. 지금까지 작성한 대시보드는 모두 과거에 대한 것이지만, 실제 대시보드는 적시성이 필요하다. 우리가 만든 대시보드는 전 세계 항공편의 집계를 보여주지만, 사용자가 관심을 갖는 것은 어느 공항에서 출발해서 어느 공항에 도착하는지 여부다. 아주 유익한 대시보드가 있더라도 시간과 장소의 상황에 따른 정보가 없다면 관심을 가질 사용자는 거의 없다. 4장에서 실시간, 장소 인지형 대시보드를 만드는 방법을 살펴본다(그러나 불행히도 데이터셋에 문제가 있어서 즉시 처리하지는 못할 것이다).

요약

3장에서는 최종 사용자의 통찰력을 가능한 한 빨리 데이터 모델에 반영하려는 노력이 중요하다는 점을 논의했다. 통찰력을 가져오는 것은 처음부터 상황에 맞는 주제로 모델을 설명할 수 있을 때만 가능하다.

---

14. 출장을 자주 하는 사람들은 잘 안다. 10분 안에 다른 항공편을 찾기 위해 휴대폰을 급히 조작한다.

구글 클라우드 플랫폼에서 관리하고 클라우드에서 구동돼 관리를 단순화시킬 수 있는 트랜잭션을 가진 관계형 데이터베이스인 클라우드SQL로 대시보드를 채웠다.

우리가 만든 모델은 비행기의 출발 지연이 10분을 초과하면 출장자들이 예정된 회의를 즉시 취소하도록 제안했다. 이 모델은 15분의 여유가 있을 때 70%의 회의를 취소하도록 했다.

그런 후 분할표 모델을 설명하기 위해 데이터 스튜디오로 대시보드를 만들었다. 임곗값에 대한 선택은 주어진 특정 임곗값보다 늦게 도착한 비행기의 비율에 기인하기 때문에 두 가지 다른 임곗값을 보여주는 파이 다이어그램으로 비율을 표시했다. 또한 일부 출발 지연을 가정해 평균 도착 지연을 표시했다(이를 통해 사용자들은 10분의 임곗값을 권고하는 이유에 대한 직관적으로 이해할 수 있게 됐다).

## 4장

스트리밍 데이터: 송신 및 입수

3장에서는 회의 취소 여부를 제안하는 분할표 기반의 모델을 설명하는 대시보드를 개발했다. 그러나 개발한 대시보드는 사용자의 현재 상황과 연결돼 있지 않기 때문에 즉시성이 부족했다. 사용자는 대시보드를 통해 그 시점에 관련된 정보를 확인할 수 있기를 원하므로 위치 표시를 가진 실시간 대시보드를 개발해야 한다.

대시보드에 현황을 어떻게 추가할까? 지도에 실시간으로 지연 정보를 보여줘야 한다. 이를 위해서는 공항의 위치 정보가 필요하고 실시간 데이터가 필요하다. 공항 위치는 미 교통 통계국BTS(과거 비행 데이터를 얻었던 미 정부 기관과 동일한 기관)에서 얻을 수 있다. 그러나 실시간 비행 데이터는 상용이다. 비행 도착에 대한 예측을 위한 업무를 개발하려면 해당 데이터 피드를 구매해야 한다. 이 책의 목적을 위해 시뮬레이션해본다.

과거 데이터에서 실시간 피드의 생성을 시뮬레이션하면 스트리밍 파이프라인의 양 끝단을 볼 수 있는 이점이 있다(데이터 생성 및 데이터 소비). 다음 절에서 실시간 으로 데이터를 수신하고, 이 입력 데이터를 데이터베이스로 스트리밍하는 방법을 살펴본다.

이벤트 피드 설계

비행 정보에 대한 실시간 스트림을 생성하기 위해 BTS에서 다운로드한 데이터를 적합하게 변환시킨 과거 데이터를 이용해 시작한다. 어떤 종류의 변환이 필요할까?

과거 데이터는 다음과 같은 구조를 가진다.

```
FL_DATE,UNIQUE_CARRIER,AIRLINE_ID,CARRIER,FL_NUM,ORIGIN_AIRPORT_ID,
ORIGIN_AIRPORT_SEQ_ID,ORIGIN_CITY_MARKET_ID,ORIGIN,DEST_AIRPORT_ID,
DEST_AIRPORT_SEQ_ID,DEST_CITY_MARKET_ID,DEST,CRS_DEP_TIME,DEP_TIME,
DEP_DELAY,TAXI_OUT,WHEELS_OFF,WHEELS_ON,TAXI_IN,CRS_ARR_TIME,
ARR_TIME,ARR_DELAY,CANCELLED,CANCELLATION_CODE,DIVERTED,DISTANCE
```

쉼표로 구분된 값^{csv} 파일의 과거 데이터 예제 행은 다음과 같다.

```
p2015-01-01,AA,19805,AA,1,12478,1247802,31703,JFK,12892,1289203,32575,LAX,0900,
0855,-5.00,17.00,0912,1230,7.00,1230,1237,7.00,0.00,,0.00,2475.00
```

실시간 동작을 시뮬레이션하려면 과거 데이터에서 타임스탬프 정보를 제외해야 한다. BTS 비행 데이터셋의 출발시간은 두 개의 칼럼 **FL_DATE** 및 **DEP_TIME**(예제에 굵게 표시)으로 표시돼 있다. FL_DATE는 2015년 7월 3일을 **2015-07-03** 형식으로 표시하고, DEP_DATE는 2:06 PM, 현지 시간을 **1406** 형식으로 표시한다. 이는 아쉬운 점이다. 날짜와 시간이 두 개의 칼럼으로 나눠진 것을 아쉬워하는 것은 아니다(이는 해결이 가능하다). 아쉬운 점은 출발시간과 관련된 시간대가 없다는 점이다. 따라서 데이터셋에서 다른 열에 있는 1406이라는 출발시간은 출발 공항의 시간대에 따라 다른 시간이 될 수 있다.

시간대 오프셋(하나는 출발 공항이고 다른 하나는 도착 공항)은 데이터에 존재하지 않는다. 오프셋은 공항 위치에 따라 다르기 때문에 각 공항의 시간대 오프셋을 포함한 데이터셋을 찾아야 하고 이 데이터를 원 데이터셋에 병합해야 한다.[1] 그런 다음 나머지 분석을 단순하게 하려고 데이터에 있는 모든 시간대 정보를 기준 시간대로 넣는다(UTC협정 표준시는 데이터셋에 대한 기준 시간대의 표준적인 선택이다). 그러나 현지 시간을 제외할 수는 없다(오전 비행과 저녁 비행 사이의 일반적인 지연시간 분석과 같은 부분을 처리하려면 현지 시간이 필요하다). 따라서 현지 시간을 UTC로 변환할지라도 필요시 현지 시간을 추출할 수 있도록 시간대 오프셋(예를 들어 −3,600분)도 추가한다.

따라서 원본 데이터셋에서 두 가지의 변환을 처리한다. 먼저 원시 데이터셋에 있는 모든 시간 필드를 UTC로 변환한다. 두 번째로 원시 데이터셋에 있는 필드에 출발 공항에 대한 세 개의 필드를 추가하고, 도착 공항에도 동일하게 세 개의 필드를 추가한다. 이들은 위도, 경도 및 시간대 오프셋이다. 이 필드명은 다음과 같다.

```
DEP_AIRPORT_LAT, DEP_AIRPORT_LON, DEP_AIRPORT_TZOFFSET
ARR_AIRPORT_LAT, ARR_AIRPORT_LON, ARR_AIRPORT_TZOFFSET
```

실시간 피드를 시뮬레이션할 때 고려해야 할 또 다른 측면은 항공기가 도착해 모든 행의 데이터를 포함하는 하나의 완성된 이벤트를 보낼 때까지 기다리는 것은 너무 늦다는 점이다. 항공기가 출발할 때 이 작업을 한다면 모델은 인과 관계의 제약을 위반하게 될 것이다. 대신 항공기의 각 상태에 해당하는 이벤트를 보내야 한다. 각 항공편이 5개의 이벤트(항공편을 최초로 스케줄할 때, 항공기가 게이트를 떠날 때, 항공기가 이륙할 때, 항공기가 착륙할 때, 항공기가 도착했을 때)를 송신하도록 지정한다. 이 다섯 개의 이벤트는 비행하는 동안에는 각 항목이 변경되기 때문에 계속 동일한 데이터를 가질 수 없다. 예를 들어 출발시간에 이벤트를 전송할 때 도착시간은 알 수 없다. 동일한 구조체로 통지할 수 있지만, 단순화하기 위해 알 수 없는 데이터는

---

1. 이는 일반적인 현상이다. 데이터셋을 탐색하기 시작할 때 보조 데이터셋이 필요하다는 점을 이제 막 알게 됐다. 미리 알았다면 두 데이터셋을 모두 입수했을 것이다. 그러나 여러분은 나의 작업 순서를 따르고 있고, 현재 시점에서 나도 시간대 데이터셋이 필요한지를 모르고 있었다.

실제 데이터가 아닌 null로 표시해야 한다.

수행해야 할 세 번째 변환은 과거 데이터셋에 있는 모든 열에 대해 다섯 개의 이벤트를 송신하는 것이다. 표 4-1은 각 이벤트를 보낼 수 있는 시간과 각 이벤트에 포함된 항목을 나열한다.

표 4-1. 전송될 다섯 개의 이벤트에 각각 포함될 필드

이벤트	송신(UTC)	이벤트 메시지에 포함된 항목
Scheduled	CRS_DEP_TIME minus 7 days	FL_DATE,UNIQUE_CARRIER,AIRLINE_ID,CARRIER,FL_NUM, ORIGIN_AIRPORT_ID,ORIGIN_AIRPORT_SEQ_ID, ORIGIN_CITY_MARKET_ID,ORIGIN,DEST_AIRPORT_ID, DEST_AIRPORT_SEQ_ID,DEST_CITY_MARKET_ID,DEST, CRS_DEP_TIME,[nulls],CRS_ARR_TIME,[nulls], DISTANCE,[nulls]
Departed	DEP_TIME	scheduled 메시지에 있는 모든 필드에 아래 필드 추가: DEP_TIME,DEP_DELAY CANCELLED,CANCELLATION_CODE EP_AIRPORT_LAT,DEP_AIRPORT_LON,DEP_AIRPORT_TZOFFSET
Wheelsoff	WHEELS_OFF	departed 메시지에 있는 모든 필드에 아래 필드 추가: TAXI_OUT,WHEELS_OFF
Wheelson	WHEELS_ON	wheeloff 메시지에 있는 모든 필드에 아래 필드 추가: WHEELS_ON DIVERTED ARR_AIRPORT_LAT,ARR_AIRPORT_LON,ARR_AIRPORT_TZOFFSET
Arrived	ARR_TIME	wheelson 메시지에 있는 모든 필드에 아래 필드 추가: ARR_TIME,ARR_DELAY

필요한 변환을 수행한 후 변환된 데이터를 데이터베이스에 저장해서 이벤트 시뮬레이션 코드를 사용할 수 있도록 준비한다. 그림 4-1은 ETL^Extract-Transform-Load 파이프라인을 수행하는 각 단계를 보여준다.

166

그림 4-1. ETL 파이프라인 단계

시간 보정

현지 시간으로 보고된 시간을 UTC로 보정하는 것은 간단한 작업이 아니다. 몇 가지 절차가 필요하다.

1. 현지 시간은 위치에 따라 다르다. 우리가 가진 비행 운항 데이터에는 공항 이름만 저장돼 있다(ALB는 알바니). 따라서 주어진 공항 코드에서 위도 및 경도 정보를 얻어야 한다. BTS는 이 정보를 포함한 데이터셋을 제공하므로, 해당 정보를 얻기 위해 활용할 수 있다.

2. 주어진 위도/경도로 전 세계 시간대 지도에서 시간대를 찾아야 한다. 예를 들어 알바니에 있는 공항의 위도 및 경도로 미국/뉴욕을 다시 찾아야 한다. 이를 할 수 있는 여러 가지 웹 서비스가 있다. 그러나 파이썬 패키지인 **timezonefinder**는 오프라인에서 완벽히 동작하기 때문에 이 패키지를 사용하는 것이 더 효율적인 선택이다. 이 패키지의 단점은 해양 지역과 일부 과거의 시간대 변화는 처리하지 못한다는 점이다.[2] 그러나 이 패키지를 사용하는

---

2. 예를 들어 세바스토폴(Sevastopol)의 시간대는 러시아 연방에 의해 크림반도가 합병된 후 2014년에 동유럽 시간대(UTC+2)에서 모스코바 시간대(UTC+4)로 바뀌었다.

것이 여기서 할 수 있는 절충안이다.

3. 일광 절약 시간 보정 때문에 위치에 대한 시간대 오프셋은 일 년 동안 변한다. 예를 들어 뉴욕에서는 여름에 6시차가 발생하고, 겨울에 5시차가 발생한다. 따라서 시간대(미국/뉴욕)가 주어지면 연관된 시간대 오프셋을 찾기 위해 현지 출발 날짜와 시간(2015년 1월 13일 오후 2:08) 또한 필요하다. 파이썬 패키지 pytz는 운영체제를 이용해 이 기능을 제공한다.

모호한 시간의 문제는 여전히 존재한다(현지 시간 01:00와 02:00 사이의 모든 이벤트는 일광 절약 시간(서머 타임)에서 표준 시간(윈터 타임)까지 시간이 전환되는 날, 두 번씩 발생한다). 따라서 데이터셋에 01:30에 도착하는 항공편이 있다면 어떤 시간대를 표시할지 선택해야 한다. 실제 상황에서는 항공편의 일반적인 시간을 보고 좀 더 가능성이 높은 시간을 선택한다. 이 책의 목적에 따라 위치의 표준 시간대가 모호한 경우 항상 겨울 시간대로 가정한다(즉, is_dst는 False).

시간을 저장할 때 이 절차가 복잡하므로 이 모범 사례를 따르기 바란다. 데이터에 두 가지를 항상 저장해야 한다. (1) 필요시 전 세계 데이터를 병합하기 위한 UTC 타임스탬프와 (2) 현지 시간이 필요한 분석을 수행하기 위한 현재의 시간대 오프셋 정보다.[3]

아파치 빔/클라우드 데이터플로우

구글 클라우드 플랫폼에서 데이터 파이프라인을 구축하는 표준적인 방법은 클라우드 데이터플로우를 이용하는 것이다. 클라우드 데이터플로우는 구글이 플룸Flume 및 밀휠Millwheel이라 불리는 기술을 외부에 제공하는 것으로, 구글 내에서 수년간 널리

---

3. 예를 들어 현지 시간으로 오후 5시와 6시 사이에 교통량에 관련된 스파이크가 있는지?

사용했다. 데이터에 대한 일괄처리 및 스트리밍을 동일한 방식으로 처리하는 프로그래밍 모델을 사용하므로, 일괄처리 및 연속적인 스트리밍 처리에 동일한 코드 베이스를 사용할 수 있다. 코드 자체는 아파치 빔Apache Beam에서 자바 또는 파이썬[4]으로 작성돼 있고, 아파치 플링크Apache Flink[5] 및 아파치 스파크Apache Spark 등의 다양한 실행 환경에서 구동할 수 있다는 점에서 이식성이 뛰어나다. 구글 클라우드 플랫폼에서 클라우드 데이터플로우는 빔 파이프라인을 실행할 수 있는 완벽히 관리되는(서버리스) 서비스다. 자원은 필요시 할당되며, 최소 응답 시간과 높은 리소스 활용도를 달성하기 위해 자동으로 확장된다.

빔 프로그래밍은 러너에 제출하는 파이프라인(일련의 데이터 변환) 작성을 포함하고 있다. 러너는 그래프를 작성한 후 그래프를 통해 데이터를 스트리밍한다. 각 입력 데이터셋은 원본에서 가져오고, 각 출력 데이터셋은 싱크로 보내진다. 그림 4-2는 작성할 빔 파이프라인을 보여준다.

이 절의 처음에 있는 그림 4-1의 ETL 파이프라인 블록 다이어그램과 그림 4-2의 단계와 비교해보자. 데이터 파이프라인을 하나씩 작성해보자.

---

4. 이 책이 출시됐을 때 스트리밍에 대한 파이썬 API는 베타 버전이었다.

5. http://data-artisans.com/why-apache-beam/andhttps://github.com/apache/incubator-beam/tree/master/runners/flink 참조

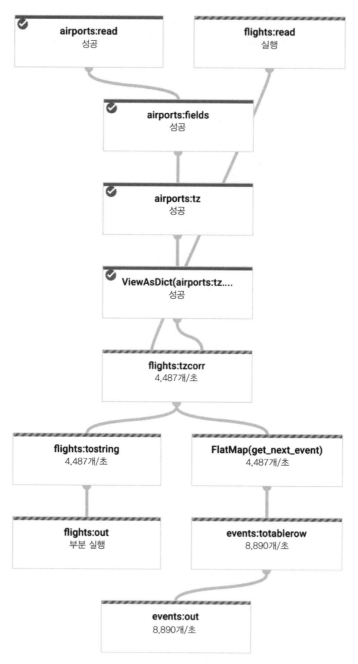

그림 4-2. 작성하려는 데이터플로우 파이프라인

공항 데이터 파싱

공항 위치에 대한 정보는 BTS 웹 사이트에서 다운로드할 수 있다. 나는 모든 필드를 선택하고 로컬 하드디스크에 다운로드하고, csv 파일을 추출한 후 gzip으로 압축했다. gzip으로 압축된 공항 파일은 이 책의 깃허브 리포지터리에서 다운로드할 수 있다.

다음 코드와 같은 빔 파이프라인의 읽기 변환은 공항 파일을 한 줄 단위로 읽는다.[6]

```
pipeline = beam.Pipeline('DirectPipelineRunner')
airports = (pipeline
    | beam.Read(beam.io.TextFileSource('airports.csv.gz'))
    | beam.Map(lambda line: next(csv.reader([line])))
    | beam.Map(lambda fields: (fields[0], (fields[21], fields[26])))
)
```

예를 들어 텍스트 파일 원본에서 입력한 행 중 하나가 다음과 같다고 가정하라.

```
1000401,10004,"04A","Lik Mining Camp","Lik, AK",101,1,"United
States","US","Alaska","AK","02",3000401,30004,"Lik,
AK",101,1,68,"N",5,0,68.08333333,163,"W",10,0,-163.16666667,"",2007-07-01,,0,1,
```

빔의 첫 번째 Map은 이 줄을 가져와 csv.reader로 전달하고 (쉼표가 포함된 "Lik, AK"와 같은 필드를 고려해) 필드를 문자열 배열로 가져온다. 그런 다음 이들 필드를 다음 변환으로 보낸다. 빔의 두 번째 Map은 이 필드 배열에서 형식에 맞는 튜플tuple을 출력한다(추출된 필드는 앞 예에서 굵게 표시돼 있다).

```
(1000401, (68.08333333,-163.16666667))
```

---

6. 이 코드는 이 책의 깃허브 리포지터리에서 04_streaming/simulate/df01.py에 있다.

첫 번째 숫자는 공항의 고유 코드다(시간이 지나면 공항 위치가 바뀔 수 있기 때문에 공항을 표시하는 세 자리 코드보다 이것을 사용한다). 그리고 다음의 두 숫자는 공항 위치에 대한 위도/경도다. 이 세 가지 변환 결과인 공항에 대한 변수 값 튜플은 간단히 메모리에 저장할 수 있는 것이 아니다. 대신 메모리에서 얻어 PCollection이라는 비휘발성 컬렉션에 배포한다.

PCollection 내용을 텍스트 파일로 저장해 파이프라인이 올바르게 동작하는지 확인할 수 있다.

```
airports | beam.Map(lambda (airport, data):
                    '{},{}'.format(airport, ','.join(data)) )
         | beam.io.textio.WriteToText('extracted_airports')
```

다음을 실행해보자. 04_streaming/simulate/df01.py에 있는 코드는 커맨드라인에서 실행할 수 있는 파이썬 프로그램이다. 클라우드 데이터플로우 패키지(클라우드 데이터플로우는 아파치 빔을 위한 실행 환경이다)를 먼저 설치하고, 그런 다음 이 책의 깃허브 리포지터리에 포함돼 있는 폴더에서 df01.py 프로그램을 실행한다.

```
cd 04_streaming/simulate
./install_packages.sh
python ./df01.py
```

이는 클라우드 데이터플로우 서비스를 사용하는 구글 클라우드 플랫폼에서 df01.py 코드를 실행한다. 다시 말해 파이썬 프로그램을 단순히 실행하는 것으로, 클라우드의 다중 워커상에 데이터 파이프라인을 띄울 수 있다. 대다수의 분산형 시스템과 마찬가지로 클라우드 데이터플로우의 출력은 잠재적으로 하나 또는 그 이상의 파일로 샤딩된다. 실행 후 'extracted_airports'로 시작하는 파일을 얻을 수 있다(내 파일은 extracted_airports-00000-of-00014다). 최초의 몇 줄은 다음과 같다.

```
1000101,58.10944444,-152.90666667
1000301,65.54805556,-161.07166667
```

칼럼명은 **AIRPORT_SEQ_ID**, **LATITUDE**, **LONGITUDE**이다(행의 순서는 병렬 작업자 중 먼저 끝난 순서에 따라 정해지므로, 행의 순서는 달라질 수 있다).

시간대 정보 추가

이제 위도/경도에 따라 시간대를 정할 수 있도록 코드를 변경해보자. 파이프라인에서 단순히 위도/경도를 내보내는 것이 아니라 세 항목(위도, 경도 및 시간대)을 내보낸다.

```
airports = (pipeline
    | beam.Read(beam.io.TextFileSource('airports.csv.gz'))
    | beam.Map(lambda line: next(csv.reader([line])))
    | beam.Map(lambda fields: (fields[0], addtimezone(fields[21], fields[26])))
)
```

파이썬에서 람다 키워드는 익명의 함수를 정의하는 키워드다. 위 코드에 있는 람다를 처음으로 사용하는 경우 설명을 해보면 해당 함수는 하나의 매개변수(line)가 있고 콜론 다음의 내용을 반환한다. timezonefinder 패키지를 이용해 시간대를 결정한다.[7]

```
def addtimezone(lat, lon):
    try:
        import timezonefinder
        tf = timezonefinder.TimezoneFinder()
```

---

7. 이 코드는 이 책의 깃허브 리포지터리에서 04_streaming/simulate/df02.py에 있다.

```
        tz = tf.timezone_at(lng=float(lon), lat=float(lat)) # throws ValueError
        if tz is None:
            tz = 'UTC'
        return (lat, lon, tz)
    except ValueError:
        return (lat, lon, 'TIMEZONE') # header
```

위 예에서 임포트 구문의 위치가 이상하게 보일 수 있을 것이다(대부분의 파이썬 임포트는 파일의 맨 위에 있다). 그러나 이는 클라우드 데이터플로우[8]에서 권장하는 방식으로, 메인 모듈을 클라우드에 제출할 때 임포트 패키지까지도 클라우드에 함께 올라가지 않게 하기 위함이다.

그러나 여기서는 이 소스(df02.py)를 로컬에서 실행한다. 시간이 좀 걸릴 것이다[9]. 시간대 계산에는 많은 수의 다각형 교차 체크가 포함돼 있기 때문이다.

```
1000101,58.10944444,-152.90666667,America/Anchorage
1000301,65.54805556,-161.07166667,America/Anchorage
1000401,68.08333333,-163.16666667,America/Nome
```

이제 마지막 칼럼에는 시간대가 표시되고, 이 정보는 각 공항의 위도 및 경도에서 구한 정보다.

시간을 UTC로 변환

이제 각 공항에 대한 시간대가 준비됐으므로, 항공편 데이터의 시간을 UTC로 바꾸는 처리를 할 준비가 됐다. 프로그램을 개발하는 동안은 클라우드 스토리지에 있는

---

8. https://cloud.google.com/dataflow/faq에 있는 "NameErrors를 어떻게 다룰 것인가?"라는 질문에 대한 답을 참고하라.

9. 클라우드셸에서 실행한다면 상단 오른편에 있는 가상머신을 '증폭 모드'로 바꿔주는 버튼을 찾아 클릭한다. install_packages.sh 스크립트를 이용해 패키지를 다시 설치해야 한다.

모든 데이터에 대해 처리하지 않는 편이 좋다. 대신 다음 코드를 실행해 항공편 데이터에 대한 소규모의 표본만 추출한다.

```
gsutil cat gs://cloud-training-demos-ml/flights/raw/201501.csv \
                | head -1000 > 201501_part.csv
```

201501_part.csv는 1,000줄을 포함하고, 이는 로컬에서 파이프라인을 테스트하기에 충분하다.

항공편 데이터를 읽는 것은 공항 데이터를 읽는 것과 유사하게 시작한다.[10]

```
flights = (pipeline
    | 'flights:read' >> beam.Read(beam.io.TextFileSource('201501_part.csv'))
```

이 코드는 변환 단계에 (flights:read)라는 이름을 제공한 것을 제외하면 airports.csv.gz 파일에서 읽을 때와 동일한 코드다.

그러나 두 개의 PCollection을 포함하고 있기 때문에 다음 단계는 다르다. 각 항공편에 해당하는 시간대를 찾기 위해 항공편 데이터와 공항 데이터를 조인해야 한다. 이렇게 하려면 공항 PCollection을 '측면 입력Side Input'으로 만들어야 한다. 빔에서 측면 입력은 원본 PCollection에 대한 뷰와 같고, 목록 객체 또는 딕셔너리 객체다. 이 경우에는 공항 ID에 공항 관련 정보를 매핑하는 딕셔너리 객체를 생성한다.

```
flights = (pipeline
    |'flights:read' >> beam.Read(beam.io.TextFileSource('201501_part.csv'))
    |'flights:tzcorr' >> beam.FlatMap(tz_correct, beam.pvalue.AsDict(airports))
    )
```

---

10. 이 코드는 이 책의 깃허브 리포지터리에서 04_streaming/simulate/df03.py에 있다.

FlatMap() 함수는 tz_correct() 함수를 호출하며, 이 함수는 (하나의 항공편 정보를 포함하는) 201501_part.csv와 (모든 공항의 시간대 정보를 가진) 파이썬 딕셔너리 객체에서 한 줄을 가져온다.

```python
def tz_correct(line, airport_timezones):
    fields = line.split(',')
    if fields[0] != 'FL_DATE' and len(fields) == 27:
        # convert all times to UTC
        dep_airport_id = fields[6]
        arr_airport_id = fields[10]
        dep_timezone = airport_timezones[dep_airport_id][2]
        arr_timezone = airport_timezones[arr_airport_id][2]

        for f in [13, 14, 17]: #crsdeptime, deptime, wheelsoff
            fields[f] = as_utc(fields[0], fields[f], dep_timezone)
        for f in [18, 20, 21]: #wheelson, crsarrtime, arrtime
            fields[f] = as_utc(fields[0], fields[f], arr_timezone)

        yield ','.join(fields)
```

tz_correct()를 호출하는 데 Map 대신 FlatMap()을 사용하는 이유가 뭘까? Map은 입력과 출력 간의 일대일 관계다. 반면 FlatMap()은 입력에 대해 0-N의 출력을 반환할 수 있다. 이를 처리하는 데 파이썬의 생성 함수를 사용한다(즉, yield 키워드로, 더 이상 반환할 데이터가 없을 때까지 한 번에 하나의 아이템을 반환하는 것으로 yield를 처리한다).

tz_correct() 코드는 항공편 데이터에서 출발 공항 ID를 얻어 공항 데이터에서 공항 ID에 대한 시간대를 찾는다. 시간대를 얻은 후 as_utc() 함수를 호출해 각 공항의 시간대로 보고된 날짜 및 시간을 UTC로 변환한다.

```
def as_utc(date, hhmm, tzone):
    try:
        if len(hhmm) > 0 and tzone is not None:
            import datetime, pytz
            loc_tz = pytz.timezone(tzone)
            loc_dt = loc_tz.localize(datetime.datetime.strptime(date,'%Y-%m-%d'),
                                     is_dst=False)
            loc_dt += datetime.timedelta(hours=int(hhmm[:2]),
                                         minutes=int(hhmm[2:]))
            utc_dt = loc_dt.astimezone(pytz.utc)
            return utc_dt.strftime('%Y-%m-%d %H:%M:%S')
        else:
            return '' # empty string corresponds to canceled flights
    except ValueError as e:
        print '{} {} {}'.format(date, hhmm, tzone)
        raise e
```

이전처럼 로컬에서 실행시킬 수 있다. 이를 위해 df03.py를 실행한다. (원시 데이터에 있는) 원본 데이터는 다음과 같다.

```
2015-01-01,AA,19805,AA,8,12173,1217302,32134,HNL,11298,1129803,30194,DFW,1745,
1933,108.00,15.00,1948,0648,11.00,0510,0659,109.00,0.00,,0.00,3784.00
```

이제 다음과 같이 변환된다.

```
2015-01-01,AA,19805,AA,8,12173,1217302,32134,HNL,11298,1129803,30194,DFW,2015-01
-02 03:45:00,2015-01-02 05:33:00,108.00,15.00,2015-01-02 05:48:00,
2015-01-01 12:48:00,11.00,2015-01-01 11:10:00,2015-01-01
12:59:00,109.00,0.00,,0.00,3784.00
```

모든 시간이 UTC로 변환됐다. 예를 들어 댈러스에서의 도착시간 0648은 UTC로 변환돼 12:48:00이 됐다.

시간 보정

호놀룰루(HNL)에서 댈러스 포트워스(DFW)까지의 항공편이 포함된 이전 행을 주의 깊게 살펴보라. 이상한 점이 있다는 것을 눈치챘는가?

호놀룰루의 시작 시간과 댈러스의 도착시간을 자세히 살펴보라.

```
2015-01-01,AA,19805,AA,8,12173,1217302,32134,HNL,11298,1129803,30194,DFW,
2015-01-02 03:45:00,2015-01-02 05:33:00,108.00,15.00,
2015-01-02 05:48:00,2015-01-01 12:48:00,11.00,2015-01-01 11:10:00,
2015-01-01 12:59:00,109.00,0.00,,0.00,3784.00
```

비행기가 출발하기 전에 도착하고 있다. 비행 일자(2015-01-01)가 현지 시간의 출발 일자이기 때문이다. 공항 간의 시차를 더하면 도착 일자가 아닐 가능성이 높아진다. 이런 상황을 찾아 필요하다면 24시간을 더한다. 물론 이런 처리는 상당한 노력이 필요하다(따라서 시간을 UTC로 저장해야 한다고 이미 언급했었다!).

```python
def add_24h_if_before(arrtime, deptime):
    import datetime
    if len(arrtime) > 0 and len(deptime) > 0 and arrtime < deptime:
        adt = datetime.datetime.strptime(arrtime, '%Y-%m-%d %H:%M:%S')
        adt += datetime.timedelta(hours=24)
        return adt.strftime('%Y-%m-%d %H:%M:%S')
    else:
        return arrtime
```

24시간에 대한 코딩은 **tz_correct**의 **yield** 호출 직전에 호출된다.[11] 공항의 신규 데이터를 가졌으므로, 현행 데이터셋에 추가하는 것이 좋다. 또한 앞에서 언급했듯이 UTC에서 시간대를 추적한다. 일부 형태의 분석에는 현지 시간에 대한 지식이

---

11. 이 코드는 이 책의 깃허브 리포지터리에서 04_streaming/simulate/df04.py에 있다.

필요하기 때문이다. 따라서 새로운 **tz_correct** 코드를 다음과 같이 변경했다.

```python
def tz_correct(line, airport_timezones):
    fields = line.split(',')
    if fields[0] != 'FL_DATE' and len(fields) == 27:
        # convert all times to UTC
        dep_airport_id = fields[6]
        arr_airport_id = fields[10]
        dep_timezone = airport_timezones[dep_airport_id][2]
        arr_timezone = airport_timezones[arr_airport_id][2]

        for f in [13, 14, 17]: #crsdeptime, deptime, wheelsoff
            fields[f], deptz = as_utc(fields[0], fields[f], dep_timezone)
        for f in [18, 20, 21]: #wheelson, crsarrtime, arrtime
            fields[f], arrtz = as_utc(fields[0], fields[f], arr_timezone)

        for f in [17, 18, 20, 21]:
            fields[f] = add_24h_if_before(fields[f], fields[14])

        fields.extend(airport_timezones[dep_airport_id])
        fields[-1] = str(deptz)
        fields.extend(airport_timezones[arr_airport_id])
        fields[-1] = str(arrtz)

        yield ','.join(fields)
```

이벤트 생성

보정된 시간 데이터를 생성했으므로, 이제 이벤트 생성으로 이동하자. 여기서는 이벤트를 출발 및 도착 메시지로만 제한한다(모델링 작업에 다른 이벤트를 사용하기 시작한다면 추가적인 이벤트를 생성하기 위해 파이프라인을 다시 시작해야 할 수도 있다).

```
def get_next_event(fields):
    if len(fields[14]) > 0:
        event = list(fields) # copy
        event.extend(['departed', fields[14]])
        for f in [16,17,18,19,21,22,25]:
            event[f] = ''  # 출발시간에 알 수 없음
        yield event
    if len(fields[21]) > 0:
        event = list(fields)
        event.extend(['arrived', fields[21]]
        yield event
```

기본적으로 출발시간을 선택하고 출발시간이 언제인지 모르는 필드를 null로 만든
후에 출발 이벤트를 생성한다. 유사하게 도착 이벤트를 생성하기 위해 도착시간을
사용한다. 파이프라인에서는 현지 시간을 UTC로 변환한 후 항공편 PCollection에
서 호출한다.

```
flights = (pipeline
    |'flights:read' >> beam.Read(beam.io.TextFileSource('201501_part.csv'))
    |'flights:tzcorr' >> beam.FlatMap(tz_correct, beam.pvalue.AsDict(airports))
)
events = flights | beam.FlatMap(get_next_event)
```

이제 파이프라인을 실행하면[12] 각 항공편에 대한 두 개의 이벤트를 확인할 수 있다.

```
2015-01-01,AA,19805,AA,1,12478,1247802,31703,JFK,12892,1289203,32575,LAX,2015-01-
01T14:00:00,2015-01-01T13:55:00,-5.00,,,,,2015-01-01T20:30:00,,,0.00,,,
2475.00,40.63972222,-73.77888889,-18000.0,33.94250000,-118.40805556,
-28800.0,departed,2015-01-01T13:55:00
```

---

12. 이 코드는 이 책의 깃허브 리포지터리에서 04_streaming/simulate/df05.py에 있다.

```
2015-01-01,AA,19805,AA,1,12478,1247802,31703,JFK,12892,1289203,32575,LAX,2015-01-
01T14:00:00,2015-01-01T13:55:00,-5.00,17.00,2015-01-01T14:12:00,2015-01-01
T20:30:00,7.00,2015-01-01T20:30:00,2015-01-01T20:37:00,7.00,0.00,,0.00,
2475.00,40.63972222,-73.77888889,-18000.0,33.94250000,-118.40805556,
-28800.0,arrived,2015-01-01T20:37:00
```

첫 번째 이벤트는 departed 이벤트로 출발시간에 송신된 이벤트다. 반면 두 번째 이벤트는 arrived 이벤트로 도착시간에 송신된 이벤트다. departed 이벤트에는 당시에는 알 수 없는 데이터에 해당하는 여러 개의 빈 필드가 있다.

클라우드에서 파이프라인 실행

마지막 실행은 로컬 가상머신에서 실행하는 데 몇 분이 걸렸고, 1,000줄만 처리했다. 작업을 배분해야 하고, 따라서 (로컬에서 실행되는) 러너를 DirectPipelineRunner에서 (클라우드에 작업을 맡기고 확장시킬 수 있는) DataflowPipelineRunner로 바꾸고[13], 입력 데이터가 클라우드 스토리지에 들어가도록 변경한다(2장에서 설명한 대로 데이터를 미리 샤딩할 필요는 없다).

```
argv = [
        '--project={0}'.format(project),
        '--job_name=ch03timecorr',
        '--save_main_session',
        '--staging_location=gs://{0}/flights/staging/'.format(bucket),
        '--temp_location=gs://{0}/flights/temp/'.format(bucket),
        '--setup_file=./setup.py',
        '--max_num_workers=10',
        '--autoscaling_algorithm=THROUGHPUT_BASED',
        '--runner=DataflowPipelineRunner'
```

---

13. 이 절의 코드는 이 책의 깃허브 리포지터리에서 04_streaming/simulate/df06.py에 있다.

```
    ]
    airports_filename =
            'gs://{}/flights/airports/airports.csv.gz'.format(bucket)
    flights_raw_files = 'gs://{}/flights/raw/*.csv'.format(bucket)
    flights_output = 'gs://{}/flights/tzcorr/all_flights'.format(bucket)
    events_output = '{}:flights.simevents'.format(project)

    pipeline = beam.Pipeline(argv=argv)
```

setup.py 파일에는 실행 시 (timezone finder 및 pytz 같은) 설치가 필요한 파이썬 패키지를 나열해야 한다(클라우드 데이터플로우는 백그라운드에서 실행될 컴퓨트 엔진 인스턴스에 이들 패키지를 설치해야 한다).

```
REQUIRED_PACKAGES = [
    'timezonefinder',
    'pytz'
]
```

마지막으로 시간이 보정된 csv 파일 형태의 항공편 데이터를 클라우드 스토리지에 저장한다. 그러나 이벤트는 빅쿼리에 저장된다. 빅쿼리는 SQL 쿼리를 지원하는 구글 클라우드 플랫폼의 데이터웨어하우스다. 그리고 빅쿼리는 시뮬레이션을 위해 이벤트 하위 집합을 추출하는 경우 쉽게 사용할 수 있다.

 빅쿼리는 5장에서 자세히 살펴본다.

다음과 같이 코드를 작성한다.

```
schema = 'FL_DATE:date,UNIQUE_CARRIER:string,...'
```

182

```
(events
    | 'events:totablerow' >> beam.Map(lambda fields: create_row(fields))
    | 'events:out' >> beam.io.Write(beam.io.BigQuerySink(
                        events_output, schema=schema,
    write_disposition=beam.io.BigQueryDisposition.WRITE_TRUNCATE,
    create_disposition=beam.io.BigQueryDisposition.CREATE_IF_NEEDED))
)
```

create_row() 함수는 작성이 필요한 필드의 딕셔너리 객체를 간단하게 생성한다.

```
def create_row(fields):
    header = 'FL_DATE,UNIQUE_CARRIER,...'.split(',')
    featdict = {}
    for name, value in zip(header, fields):
        featdict[name] = value
    return featdict
```

이 프로그램을 실행하기 전에 BigQuery에 **flights**라는 데이터셋을 생성해야 한다.
필요시 파이프라인이 데이터셋이 아닌 **simevents**라는 테이블을 생성하기 때문이
다.[14] 이를 위해 다음을 입력한다.

```
bq mk flights
```

또한 클라우드 스토리지 버킷에 airports.csv.gz 파일을 업로드해야 한다.

```
gsutil cp airports.csv.gz \
    gs://<BUCKET-NAME>/flights/airports/airports.csv.gz
```

---

14. 예를 들어 날짜로 파티셔닝을 하길 원한다면 파이프라인 외부에서 테이블을 생성하는 것이 좋다.

이 코드[15]로 파이썬 프로그래밍을 실행시키면 이 작업을 클라우드로 제출한다. 클라우드 데이터플로우는 대역폭을 바탕으로 파이프라인의 각 단계를 자동 확장하고, 이벤트 데이터를 빅쿼리로 스트리밍한다. 클라우드 플랫폼 콘솔의 클라우드 데이터플로우 영역에서 실행 중인 작업을 모니터링할 수 있다.

이벤트 데이터의 기록을 완료한 후 콘솔에서 빅쿼리로 이동해서 다음을 입력해 쿼리를 실행한다(프로젝트명은 적절히 수정하라).

```
SELECT
    ORIGIN,
    DEP_TIME,
    DEP_DELAY,
    DEST,
    ARR_TIME,
    ARR_DELAY,
    NOTIFY_TIME
FROM
    flights.simevents
WHERE
    (DEP_DELAY > 15 and ORIGIN = 'SEA') or
    (ARR_DELAY > 15 and DEST = 'SEA')
ORDER BY NOTIFY_TIME ASC
LIMIT
    10
```

그림 4-3은 쿼리를 실행한 결과다.

---

15. 이 코드는 이 책의 깃허브 리포지터리에서 04_streaming/simulate/df06.py에 있다.

Row	ORIGIN	DEP_TIME	DEP_DELAY	DEST	ARR_TIME	ARR_DELAY	NOTIFY_TIME
1	SEA	2015-01-01 08:21:00 UTC	43.0	IAD	null	null	2015-01-01 08:21:00 UTC
2	SEA	2015-01-01 08:21:00 UTC	43.0	IAD	2015-01-01 12:48:00 UTC	22.0	2015-01-01 12:48:00 UTC
3	KOA	2015-01-01 10:11:00 UTC	66.0	SEA	2015-01-01 15:45:00 UTC	40.0	2015-01-01 15:45:00 UTC
4	SEA	2015-01-01 16:43:00 UTC	38.0	PSP	null	null	2015-01-01 16:43:00 UTC
5	SEA	2015-01-01 16:57:00 UTC	17.0	FLL	null	null	2015-01-01 16:57:00 UTC
6	SEA	2015-01-01 17:01:00 UTC	16.0	HNL	null	null	2015-01-01 17:01:00 UTC
7	SEA	2015-01-01 17:33:00 UTC	48.0	PHL	null	null	2015-01-01 17:33:00 UTC

그림 4-3. 기록된 이벤트 데이터에 대한 쿼리 결과

예상대로 SEA-IAD 항공편에 대한 두 가지의 이벤트를 볼 수 있다. 하나는 출발이고 나머지는 도착이다.

빅쿼리는 칼럼 기반 데이터베이스이므로, 모든 필드를 선택하도록 쿼리를 실행하는 것은 비효율적이다.

```
SELECT
    *
FROM
    `flights.simevents`
ORDER BY NOTIFY_TIME ASC
```

그러나 이벤트 알림을 송신하려면 모든 이벤트 데이터가 반드시 필요하다. 따라서 빅쿼리 테이블에 EVENT_DATA라는 별도의 칼럼을 추가해 저장 용량을 조정하고, 다음과 같이 파이프라인에 채운다(빅쿼리 스키마도 적절히 변경해야 한다).

```
def create_row(fields):
    header = 'FL_DATE,UNIQUE_CARRIER,...,NOTIFY_TIME'.split(',')

    featdict = {}
    for name, value in zip(header, fields):
        featdict[name] = value
    featdict['EVENT_DATA'] = ','.join(fields)
```

```
    return featdict
```

따라서 이벤트를 가져오는 쿼리를 다음과 같이 단순화시킬 수 있다.

```
SELECT
    EVENT,
    NOTIFY_TIME,
    EVENT_DATA
FROM
    `flights.simevents`
WHERE
    NOTIFY_TIME >= TIMESTAMP('2015-05-01 00:00:00 UTC')
    AND NOTIFY_TIME < TIMESTAMP('2015-05-03 00:00:00 UTC')
ORDER BY
    NOTIFY_TIME ASC
LIMIT
    10
```

Row	EVENT	NOTIFY_TIME	
1	departed	2015-05-01 00:00:00 UTC	2015-04-30,AA,19805,AA,141
2	departed	2015-05-01 00:00:00 UTC	2015-04-30,DL,19790,DL,233
3	arrived	2015-05-01 00:00:00 UTC	2015-04-30,AA,19805,AA,136
4	arrived	2015-05-01 00:00:00 UTC	2015-04-30,EV,20366,EV,434
5	departed	2015-05-01 00:00:00 UTC	2015-04-30,WN,19393,WN,33
6	arrived	2015-05-01 00:00:00 UTC	2015-04-30,UA,19977,UA,754

그림 4-4. 추가 EVENT_DATA 필드를 가진 쿼리 결과

이벤트의 원천 데이터로 이 테이블을 제공한다. 이 데이터를 통해 항공편 데이터를 시뮬레이션한다.

이벤트 스트림을 클라우드 pub/sub에 전송

원시 항공 데이터에서 원본 이벤트를 저장했으므로 스트리밍을 시뮬레이션할 준비가 됐다. 구글 클라우드 플랫폼에서 스트리밍 데이터는 서버리스 실시간 메시지 서비스인 클라우드 pub/sub으로 전송한다. 클라우드 pub/sub은 신뢰할 만한 전달을 제공하고, 초당 백만 개 이상의 메시지까지 확장할 수 있다. 여러 영역에 메시지 복사본을 저장해 구독자에서 '적어도 한 번'의 보장된 전달을 제공하고, 동시 구독자를 가질 수 있다.

우리의 시뮬레이터는 그림 4-5에서와 같이 (이전 절에서 채운) 빅쿼리의 이벤트 테이블에서 데이터를 읽어 클라우드 pub/sub으로 이벤트 통보 시간(이벤트에 기반을 둔 출발 또는 도착시간)과 현재 시스템 시간 사이의 매핑에 기반을 둔 메시지를 송신한다.

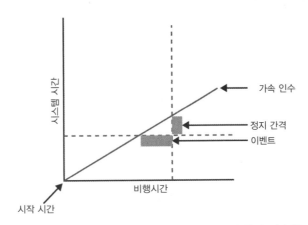

그림 4-5. 시뮬레이터는 이벤트 시간과 시스템 시간 간의 매핑에 기반을 둔 메시지를 전송한다.

기본적으로 비행 이벤트 기록을 살펴보고, 각각으로부터 통보 시간을 얻을 것이다.

실제 시간 속도로 비행 이벤트를 항상 시뮬레이션하는 것은 비효율적이다. 대신 (이벤트를 처리하는 코드가 늘어나는 데이터 양을 처리할 수 있다면) 하루분의 비행 데이터를 한 시간 안에 실행하고 싶을 것이다. 다른 경우는 처리 속도를 늦춰 시뮬레이션의 속도를 늦출 수 있는 디버깅 환경에서 이벤트 처리 코드를 실행할 수도 있다. 실제

시간 속도와 시뮬레이션 속도 사이의 비율을 가속 인수speed-up factor라고 한다(시뮬레이션 속도가 실제 시간보다 빠르면 가속 인수는 1보다 크고, 느리면 1보다 작을 것이다).

가속 인수를 기반으로 이벤트 시간을 시스템 시간으로 선형적인 변환을 해야 한다. 가속 인수가 1일 경우 이벤트 시간의 시뮬레이션 시작에서 최근 타임스탬프 기록까지 60분 차이가 있다면 시뮬레이션은 60분이 걸릴 것이다. 가속 인수가 60이면 이벤트 시간에서 60분 차이는 시스템 시간 1분으로 변환돼 이벤트 기록은 1분 동안 전송된다. 이벤트 시간의 시계가 시스템 시계보다 앞선다면 시뮬레이션이 따라 잡을 수 있도록 필요한 만큼 정지 상태가 돼야 한다.

시뮬레이션은 네 단계로 구성이 돼 있다(그림 4-6 참조).[16]

1. 전송할 항공 이벤트 기록 집합을 가져오기 위해 쿼리를 실행

2. 쿼리를 통한 분할

3. 일괄처리로 전송할 이벤트 누적

4. 누적 이벤트 전송 및 필요시 정지

이는 ETL 파이프라인이지만 엄격한 순차적인 순서로 기록을 처리해야 하고 중간에 정지도 해야 하므로, ETL 파이프라인으로 클라우드 데이터플로우를 쓰는 것은 적합하지 않다. 대신 순수 파이썬 프로그램으로 구현한다. 여기서의 한 가지 문제점은 시뮬레이션 코드에 내결함성이 없다는 점이다(시뮬레이션이 실패하면 자동으로 재시작하지 않을 것이고, 결코 마지막으로 성공한 이벤트부터 다시 시작하지 않을 것이다).

---

16. 이 코드는 이 책의 깃허브 리포지터리에서 04_streaming/simulate/simulate.py에 있다.

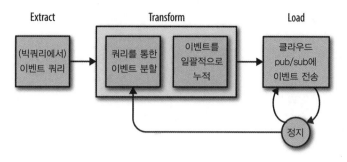

그림 4-6. 시뮬레이션의 네 단계

작성 중인 시뮬레이션 코드는 데이터 스트리밍에 대한 빠른 실험을 하기 위한 코드일 뿐이다. 따라서 내결함성을 가질 수 있도록 추가적인 노력을 기울이지는 않을 것이다. 그렇게 해야 한다면 클라우드 pub/sub에 최종으로 전달된 기록에서 자동으로 유도한 시간을 갖고 해당 시간 범위 내에서 빅쿼리에 쿼리를 하도록 해야만 시뮬레이션이 내결함성을 가질 수 있다. 클라우드 pub/sub 구독 메시지는 소급해서 전송받을 수 없기 때문에 요청할 때마다 최종으로 전달된 기록을 간단히 반환할 수 있도록 (앱 엔진상에) 구독을 유지해야 한다. 그리고 시뮬레이션 코드가 실패하면 시뮬레이션이 자동으로 재시작할 수 있도록 (쿠버네티스를 구동하는) 구글 컨테이너 엔진을 사용해 도커 컨테이너에서 시뮬레이션 스크립트를 띄울 수 있게 해야 한다. 그러나 이 모든 것은 나로 하여금 이미 잘 되는 것을 더 잘 되게 하라고 강요하는 일이다(빠른 실험을 위해 코드가 내결함성을 가져야 할 필요는 없어 보인다). 따라서 작성된 시뮬레이션 코드는 자동으로 재시작하지 않고 수동으로 재시작을 할지라도 중단된 위치에서 다시 시작하지 않는다는 사실에 유의하라.[17] 이 시뮬레이터를 엔터프라이즈급으로 작성해야 한다면 이에 대해는 다시 검토할 수 있다.

---

17. 또한 처리할 기록이 부족할 때 시간 초과 오류가 근본적으로 발생할 수밖에 없다. 이런 일이 발생하면 스크립트를 재시작하라.

전송할 기록 얻기

빅쿼리의 쿼리는 매개변수로 시뮬레이션의 시작 시간과 종료 시간을 가진다. 그리고 파이썬용 구글 클라우드 API를 통해 호출할 수 있다.

```
bqclient = bq.Client()
dataset = bqclient.dataset('flights')
if not dataset.exists():
    logging.error('Did not find a dataset named <flights> in your project')
    exit(-1)

# 시뮬레이트 이벤트를 가져오기 위해 쿼리 실행
querystr = """\
SELECT
  EVENT,
  NOTIFY_TIME,
  EVENT_DATA
FROM
  `flights.simevents`
WHERE
  NOTIFY_TIME >= TIMESTAMP('{}')
  AND NOTIFY_TIME < TIMESTAMP('{}')
ORDER BY
  NOTIFY_TIME ASC
"""
query = bqclient.run_sync_query(querystr.format(args.startTime,
                                                args.endTime))
query.use_legacy_sql = False # standard SQL
query.timeout_ms = 2000
query.max_results = 1000  # 한 번에
query.run()
```

빅쿼리 결과에 관련해 세 가지의 가능성이 있다. (1) 쿼리 완료, (2) 쿼리 시간 초과, 또는 (3) 쿼리 결과 1,000개 이상이다. 이 세 가지 경우를 다음 코드로 처리할 수 있다.

```python
# 계산을 위해 쿼리를 기다리고 데이터 첫 번째 부분을 가져옴
if query.complete:
    rows = query.rows
    token = query.page_token
else:
    logging.error('Query timed out ... retrying ...')
    job = query.job
    job.reload()
    retry_count = 0
    while retry_count < 5 and job.state != u'DONE':
        time.sleep(1.5**retry_count)
        retry_count += 1
        logging.error('... retrying {}'.format(retry_count))
        job.reload()
    if job.state != u'DONE':
        logging.error('Job failed')
        logging.error(query.errors)
        exit(-1)
        rows, total_count, token = query.fetch_data()
```

기록에 대한 분할

쿼리 결과를 분할하려면 클라우드 pub/sub으로 전송해야 한다. 이벤트 유형별로 별도의 토픽이 필요하므로(예를 들어 출발 토픽 및 도착 토픽), 토픽 두 개를 만든다.

```python
psclient = pubsub.Client()
topics = {}
for event_type in ['departed', 'arrived']:
    topics[event_type] = psclient.topic(event_type)
    if not topics[event_type].exists():
        topics[event_type].create()
```

토픽을 생성한 후에 토큰이 더 이상 존재하지 않을 때까지 query.fetch_data()를 반복적으로 호출해 쿼리 결과를 분할할 수 있다. 추출된 기록의 각 일괄처리에 notify() 함수를 호출한다.

```
# 데이터셋에서 각 열에 대해 통지
programStartTime = datetime.datetime.utcnow()
simStartTime = ... FORMAT) \
        .replace(tzinfo=pytz.UTC)
while True:
    notify(topics, rows, simStartTime, programStartTime, args.speedFactor)
    if token is None:
        break
    rows, total_count, token = query.fetch_data(page_token=token)
```

이벤트 일괄처리 구축

notify() 함수는 테이블의 각 열을 누적시키는 작업과 서비스가 정지된 동안 이를 전송하는 작업으로 구성된다.

```
def notify(topics, rows, simStartTime, programStart, speedFactor):
    # 정지 시간 계산
    def compute_sleep_secs(notify_time):
        time_elapsed = (datetime.datetime.utcnow() - programStart).seconds
        sim_time_elapsed = (notify_time - simStartTime).seconds / speedFactor
        to_sleep_secs = sim_time_elapsed - time_elapsed
        return to_sleep_secs

    tonotify = {}
    for key in topics:
        tonotify[key] = list()

    for row in rows:
```

```
event, notify_time, event_data = row

# 몇 초간 정지할지 정의
if compute_sleep_secs(notify_time) > 1:
    # 누적된 tonotify 통지
    publish(topics, tonotify)
    for key in topics:
        tonotify[key] = list()

    # 통지가 오래 걸리므로 정지 시간 재계산
    to_sleep_secs = compute_sleep_secs(notify_time)
    if to_sleep_secs > 0:
        logging.info('Sleeping {} seconds'.format(to_sleep_secs))
        time.sleep(to_sleep_secs)

tonotify[event].append(event_data)
# 남은 기록; 다시 통지
publish(topics, tonotify)
```

이 코드에는 몇 가지 요소가 있다. 첫째는 시차 계산을 의미 있게 하려고 완벽하게
UTC로 작업했다는 점이고, 둘째는 클라우드 pub/sub에 일괄적으로 통지했다는 점
이다. 이는 중요한데, 클라우드 pub/sub에 통지하는 처리에는 네트워크 호출이 포
함돼 있어 응답 시간에 영향을 주기 때문이다(가능한 한 최소화시켜야 한다). 그렇지
않으면 제공 가능한 가속 인수 값이 제한될 것이다. 셋째로 시뮬레이션 시작에서
시차를 보면서 정지 여부를 항상 계산한다는 점이다. 단순히 앞으로만 계속 전진시
킨다면 시간에 대한 오류가 누적될 것이다. 마지막으로 기록을 누적할 시간을 부여
하기 위해 초반에 정지 시간이 1초 이상인지 체크한다는 점이다. 프로그램을 실행할
때 정지를 확인하지 않으면 가속 인수가 시뮬레이션 코드를 실행하는 머신의 능력과
머신과 구글 클라우드 플랫폼 간의 네트워크에 비해 너무 크면 문제가 발생한다.
시뮬레이션 속도를 늦추고 좀 더 큰 머신을 사용하던지, (컴퓨트 엔진 인스턴스와 같은)
구글 방화벽 뒤에서 실행하라(네트워크 지연을 줄이기 위해 - 옮긴이).

이벤트 일괄처리 전송

앞의 코드 예제에서 확인했던 notify() 함수는 정지 호출 사이에 이벤트를 누적한다. 각 토픽에 대한 분리된 일괄처리 작업이 있으므로, publish() 함수는 각 일괄처리 작업을 간단히 얻어 이를 클라우드 pub/sub에 전송한다.

```
def publish(topics, allevents):
    for key in topics:  # 'departed', 'arrived', etc.
        topic = topics[key]
        events = allevents[key]
        with topic.batch() as batch:
            logging.info('Publishing {} {} events'.format(len(events), key))
            for event_data in events:
                batch.publish(event_data)
```

(네트워크 호출의 영향을 줄이는 것 외에) 일괄적으로 통지하는 또 다른 이유는 클라우드 pub/sub은 메시지가 전달되는 순서를 보장하지 않는다는 점 때문이다. 구독자가 거대한 백로그를 구성하는 경우 특히 더 그렇다. 일괄적으로 통지하면 순서가 잘못된 메시지의 가능성을 줄일 수 있다. 그러나 순서가 잘못된 메시지는 발생할 것이고 현업의 구독자는 이를 처리해야 한다. 두 번째로, 클라우드 pub/sub은 '적어도 한 번'을 보장하므로 구독자가 메시지를 시간 내에 받았다고 응답하지 않는다면 메시지를 재전송할 것이다. 나는 클라우드 pub/sub에서 입수하는 데 클라우드 데이터플로우를 사용한다. 클라우드 데이터플로우는 이런 문제 모두(순서 오류 및 중복)를 투명하게 처리한다.

다음을 입력해 시뮬레이션을 실행할 수 있다.

```
python simulate.py --startTime '2015-05-01 00:00:00 UTC' \
    --endTime '2015-05-04 00:00:00 UTC' --speedFactor=60
```

이 코드는 3일간의 항공 운항 데이터(종료 시간은 배타적이다)를 실제 시간의 60배 속도로 시뮬레이션하고, 이벤트를 클라우드 pub/sub에 있는 두 토픽으로 스트리밍한다. 시뮬레이션은 빅쿼리의 쿼리에서 시작하기 때문에 특정 위도/경도 안에 있는 공항이나 단일 공항에서만 이벤트를 시뮬레이션하도록 아주 간단히 제한할 수 있다.

이 절에서는 이벤트 스트림을 생성하는 방법과 실시간으로 이들 이벤트를 전송하는 방법을 살펴봤다. 이 책 전반에 걸쳐 스트리밍 데이터를 사용하고 실시간 분석을 수행하는 방법을 실험하기 위해 이 시뮬레이터와 이 토픽들을 사용할 수 있다.

실시간 스트리밍 처리

이제 위치 정보를 포함한 스트리밍 데이터 원본이 갖춰졌으므로 실시간 대시보드를 작성하는 방법을 알아보자. 그림 4-7은 구글 클라우드 플랫폼에서 많은 솔루션의 참조 아키텍처를 보여준다.[18]

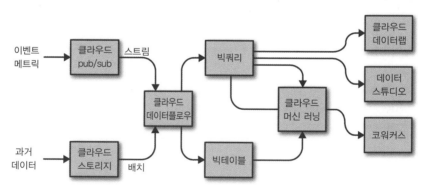

그림 4-7. 구글 클라우드 플랫폼상의 데이터 처리에 대한 참조 아키텍처

---

18. 예를 들어 https://cloud.google.com/solutions/mobile/mobile-gaming-analysis-telemetry를 참고하라.

앞 절에서 이벤트에 대한 실시간 스트림을 클라우드 pub/sub에 구성했으므로 이제 클라우드 데이터플로우에서 집계하고 빅쿼리를 작성할 수 있다. 데이터 스튜디오는 빅쿼리에 접속할 수 있고 실시간의 대화형 대시보드를 제공할 수 있다. 이제 시작해 보자.

자바 데이터플로우 기반 스트리밍

3장에서는 일괄처리만 필요했기 때문에 파이썬 기반 빔/데이터플로우를 사용했다. 원시 항공편 데이터로 시간 보정을 수행할 때 파일을 클라우드 스토리지에 일괄처리 batch 방식으로 저장했고, 클라우드 데이터플로우에서 이들을 처리했고, 빅쿼리에 이벤트를 기록했다. 그러나 이제는 클라우드 pub/sub에서 실시간으로 들어오는 이벤트를 처리해야 한다. 이 책을 집필하는 때에는 아파치 빔의 파이썬 API가 스트리밍을 지원하지 않으므로 자바를 통해서 해야만 한다.[19]

몇 줄의 코드만을 이용해 클라우드 pub/sub에서 이벤트를 수신해 빅쿼리로 직접 스트리밍하기만 하면 된다.

```
String topic = "projects/" + options.getProject() + "/topics/arrived";
pipeline //
    .apply(PubsubIO.<String>read().topic(topic)) //
    .apply(ParDo.of(new DoFn<String, TableRow>() {
        @Override
        public void processElement(ProcessContext c) throws Exception {
            String[] fields = c.element().split(",");
            TableRow row = new TableRow();
            row.set("timestamp", fields[0]);
            ...
```

19. 이 절에서 빔 자바 문법에 대한 설명은 매우 대략적이다. 스트리밍 데이터 개념에 주로 집중하기 때문이다. 8장에서 빔 자바가 다시 등장할 때 구문의 세부 사항에 좀 더 많은 시간을 할애한다. 8장을 읽은 후 이 절로 돌아와 다시 읽기를 바란다.

```
        c.output(row);
    }} ) //
    .apply(BigQueryIO.Write.to(outputTable).withSchema(schema));
```

이 코드는 클라우드 pub/sub에 있는 토픽을 구독하고, 그 토픽에서 읽기를 시작하는 코드다. 각 메시지가 들어옴에 따라 메시지를 빅쿼리의 레코드 하나로 변환한 후 기록한다.

파이프라인 시간 간격 처리

데이터 전송만을 바로 할 수 있지만, 더 많은 것을 하기 원한다. 비행 지연에 대한 실시간 대시보드를 채울 때 적당한 간격으로 정보를 집계하길 원한다(예를 들어 모든 공항에서 지난 60분간의 전체 항공편 수와 비행 지연의 이동 평균을 원한다). 따라서 단순히 클라우드 pub/sub에서 받은 입력값을 얻어 빅쿼리로 스트리밍하기보다는 수신한 데이터에서 시간 간격 분석을 수행하고, 해당 분석 결과[20]를 빅쿼리에 저장하길 원한다. 클라우드 데이터플로우를 통해 이를 처리할 수 있다.

이 코드는 자바이고 자바 코드는 장황한 경향이 있기 때문에 주요 부분만 보여주고 개념적으로 연관된 코드 부분만 보여주겠다. 전체 코드는 이 책의 깃허브 저장소를 확인하라.[21] 포함돼 있는 run_oncloud.sh 스크립트를 사용해 실행할 수 있다(자바 빌드 도구인 메이븐과 자바 8에 종속적이므로, 이들 모두가 설치돼 있어야 한다).

자바로 자바 데이터플로우를 작성하는 것은 파이썬으로 하는 것과 개념적으로 유사하다. 커맨드라인에서 프로젝트명, 러너, 스테이징 폴더 등을 평소와 같이 지정하고 프로그램에 이들을 커맨드라인 인수로 가져온다. 한 가지 차이점은 더 이상 일괄처

---

20. 전송받은 원시 데이터를 빅쿼리에 기록하길 원한다면 물론 그냥 하면 된다(이는 이전의 코드 부분에서 보여준 내용이다). 이 절에서는 지난 1시간 동안 집계된 통계만 필요하다고 가정한다.

21. http://github.com/GoogleCloudPlatform/data-science-on-gcp의 자바 코드 04_streaming/realtime/chapter4/src를 참고하라.

리 데이터로 작업하지 않을 것이므로, 스트리밍 모드를 켠다는 것이다.

```
MyOptions options = PipelineOptionsFactory.fromArgs(args).//
                    withValidation().as(MyOptions.class);
options.setStreaming(true);
Pipeline p = Pipeline.create(options);
```

MyOptions 클래스는 추가적으로 두 개의 커맨드라인 매개변수를 정의하는데, 평균 간격(이 절에서 다이어그램에 사용할 값은 60분이다)과 가속 인수다. 실시간을 시뮬레이션하고 있기 때문에 60분 데이터의 집계를 60배로 시뮬레이션한다면 입력 스트리밍 1분의 실제 집계로 변환된다. 프로그램은 원하는 평균 간격과 가속 인수를 이용해 계산한다.

```
Duration averagingInterval = Duration.millis(Math.round(
      1000 * 60 * (options.getAveragingInterval() /
                  options.getSpeedupFactor())));
```

60분 평균을 낼 수 있지만, 얼마나 자주 60분 평균을 계산해야 할까? 예를 들면 슬라이딩 윈도우를 사용해 매 60분 평균을 계산하는 것이 유리할 수도 있다. 나의 경우 이동 평균을 두 번 계산할 수 있도록 평균 간격 내에서 (즉, 30분마다 한 번씩) 평균 빈도를 사용한다.[22]

```
Duration averagingFrequency = averagingInterval.dividedBy(2);
```

---

22. 물론 이동 평균을 계산하면 정보 유실이 발생할 수 있다. 그러나 이동 평균의 계산이 주어졌을 때 하나의 시간 간격 내에서 이동 평균을 적어도 두 번 계산한다면 해당 시간 간격에 의해 포착될 수 있는 변화를 보존하는 데 도움이 된다. 1948년 끌로드 셰넌이 증명한 이 결과는 학문으로서 정보학 이론을 시작하는 기반이 됐다.

스트리밍 집계

일괄처리 집계와 스트리밍 집계의 차이점은 시작하는 데이터의 원본이다. 클라우드 스토리지에서 메시지를 읽는 대신 이제 클라우드 pub/sub 토픽에서 메시지를 읽자. 그렇다면 데이터가 제한되지 않을 때의 '최대'가 의미하는 것은 무엇일까?

스트리밍 데이터를 집계할 때의 핵심 개념은 모든 집계의 범위가 되는 시간 간격(윈 도우)이다. 여기서는 파이프라인에서 시간 기반의 슬라이딩 윈도우를 즉시 적용한 다. 이제부터 모든 그룹화, 집계 등은 해당 시간 윈도우 범위 내에 있게 된다.

```
PCollection<Flight> flights = p //
    .apply(event + ":read", PubsubIO.<String>read().topic(topic))
    .apply(event + ":window", Window.into(SlidingWindows
        .of(averagingInterval).every(averagingFrequency)))
```

그런 다음 Flight 객체에서 읽은 모든 메시지를 변환한다.

```
.apply(event + ":parse", ParDo.of(new DoFn<String, Flight>() {
  @Override
  public void processElement(ProcessContext c) throws Exception {
    try {
      String line = c.element();
      Flight f = new Flight(line.split(","), eventType);
      c.output(f);
    } catch (NumberFormatException e) {
      // ignore errors about empty delay fields ...
    }
  }
}));
```

flights 변수는 파이프라인의 새로운 부분으로 전달될 수 있는 PCollection(분산된 메모리 부족 컬렉션)이다. 아직까지 어떠한 집단으로 나누지group-by 않았기 때문에

flights는 아직 시간 윈도우가 적용되지 않는다.

Flight 객체는 이벤트 데이터로 구성돼 있다. 예를 들어 eventType이 arrived면 공항 정보는 도착 공항이고, eventType이 departed면 공항 정보는 출발 공항이다.[23]

```java
public class Flight implements Serializable {
    Airport airport;
    double delay;
    String timestamp;
}
```

공항 정보는 공항 명칭과 지리 좌표로 구성돼 있다.

```java
public class Airport implements Serializable {
    String name;
    double latitude;
    double longitude;
}
```

계산하려는 첫 번째 통계는 지난 한 시간 동안 모든 공항의 평균 지연이다. 이는 아주 쉽게 처리할 수 있다.

```java
stats.delay = flights
    .apply(event + ":airportdelay", ParDo.of(new DoFn<Flight, KV<Airport, Double>>() {
    @Override
    public void processElement(ProcessContext c) throws Exception {
        Flight stats = c.element();
        c.output(KV.of(stats.airport, stats.delay));
```

---

23. Flight 객체는 Serializable이기 때문에 자바 직렬화를 이용해 객체를 이동시킨다. 더 나은 성능을 위해 프로토콜 버퍼 사용을 고려해야 한다. 이런 파이프라인은 일상적으로는 사용되지 않을 것이며, 4장에서는 자바 직렬화를 이용하는 더 간단한 방법을 취한 것이다. 5장에서 실시간 직렬화를 다룰 때 이 부분을 다시 검토한다.

```
    }
  }))//
  .apply(event + ":avgdelay", Mean.perKey());
```

익명 클래스와 타입 안정성을 끼워 넣는 자바 구분들을 무시하면 이 코드는 각 공항의 지연 값을 도출하고 공항당 평균 지연을 계산하는 코드로 축약된다. 클라우드 데이터플로우는 과거 60분에 대해 30분마다 평균을 계산하도록 시간을 제한한다. 결과 stat.delay도 모든 공항에 대한 값으로 구성된 PCollection이다. 앞에서 살펴본 movingAverage() 함수를 호출하면 파이프라인에서 movingAverage()를 두 번 계산해야 한다. 한 번은 시작 이벤트고, 다른 한 번은 도착 이벤트다.

```
  final WindowStats arr = movingAverageOf(options, p, "arrived");
  final WindowStats dep = movingAverageOf(options, p, "departed");
```

그러나 평균 지연 이외의 것도 계산하려고 한다. 문제 있는 공항에서 얼마나 많은 항공편을 처리했는지(아마도 해당 공항의 항공 횟수로 지연의 예측이 가능할 것이다), 시간 간격상 마지막 항공편의 마지막 타임스탬프 값이 무엇인지 계산한다. 이 두 통계는 다음과 같이 계산한다(중복된 코드는 생략했다).

최신 타임스탬프에 대해서는 다음과 같다.

```
  stats.timestamp = flights //
    .apply(event + ":timestamps", ...
      c.output(KV.of(stats.airport, stats.timestamp));
    )//
    .apply(event + ":lastTimeStamp", Max.perKey());
```

전체 항공 횟수에 대해서는 다음과 같다.

```
stats.num_flights = flights //
    .apply(event + ":numflights", ...
        c.output(KV.of(stats.airport, 1));
            )//
        .apply(event + ":total", Sum.integersPerKey());
```

키로 공동 조인

이제 각 공항에 대한 여섯 가지 통계(평균 출발 지연, 평균 도착 지연, 최신 출발 타임스탬프, 최신 도착 타임스탬프, 총 출발 수 및 총 도착 수)를 갖췄다. 그러나 이들은 모두 별개의 PCollection에 있다. 이들 PCollection 모두가 공통 키(공항)를 가졌기 때문에 이들을 '공동 조인'해 모든 통계를 한곳으로 모을 수 있다.[24]

```
KeyedPCollectionTuple //
.of(tag0, arr_delay) // PCollection
.and(tag1, dep_delay) //
.and(tag2, arr_timestamp) //
// etc.
.apply("airport:cogroup", CoGroupByKey.<Airport> create()) //
.apply("airport:stats", ParDo.of(...
    public void processElement(ProcessContext c) throws Exception {
        KV<Airport, CoGbkResult> e = c.element();
        Airport airport = e.getKey();
        Double arrDelay = e.getValue().getOnly(tag0,
                                    new Double(-999));
        // etc.
        c.output(new AirportStats(airport, arrDelay, depDelay,
                            timestamp, num_flights));
}})))//
```

---

24. 여기의 코드는 매우 간략화돼 있다. 전체 코드를 보려면 깃허브 리포지터리를 참고하라.

AirportStats 클래스는 수집하려는 모든 통계를 포함한다.

```
public class AirportStats implements Serializable {
    Airport airport;
    double arr_delay, dep_delay;
    String timestamp;
    int num_flights;
}
```

실시간 피드 시뮬레이션 부분의 설명대로 이들은 빅쿼리 스키마로 작성할 수 있다.

스트리밍 처리 실행

시뮬레이션을 시작하려면 앞 절에서 개발한 파이썬 시뮬레이터를 시작한다.

```
python simulate.py --startTime '2015-05-01 00:00:00 UTC'
--endTime '2015-05-04 00:00:00 UTC' --speedFactor 30
```

시뮬레이터는 2015년 5월 1일부터 2015년 5월 3일까지 실시간 속도의 30배로 이벤트를 전송해서 한 시간 데이터를 클라우드 pub/sub에 2분 안에 전송한다. 이를 클라우드셸이나 로컬 PC에서 실행할 수 있다(필요하다면 install_packages.sh를 실행해서 필요한 파이썬 패키지와 쿼리를 실행할 수 있도록 애플리케이션에 필요한 자격증명을 제공하는 gcloud 인증 애플리케이션을 설치하라).

그런 다음 두 개의 클라우드 pub/sub 토픽에서 읽어 들여 빅쿼리로 집계된 통계를 스트리밍하도록 클라우드 데이터플로우를 시작한다. 클라우드 데이터플로우 작업은 아파치 메이븐으로 시작할 수 있다.

```
mvn compile exec:java \
```

```
-Dexec.mainClass=com.google.cloud.training.flights.AverageDelayPipeline
    -Dexec.args="--project=$PROJECT \
    --stagingLocation=gs://$BUCKET/staging/ \
    --averagingInterval=60 \
    --speedupFactor=30 \
    --runner=DataflowRunner"
```

클라우드 플랫폼 콘솔에서 브라우징해 클라우드 데이터플로우 영역으로 이동하면 새로운 스트리밍 작업이 시작된 것을 볼 수 있으며, 이 파이프라인은 그림 4-8과 같다.

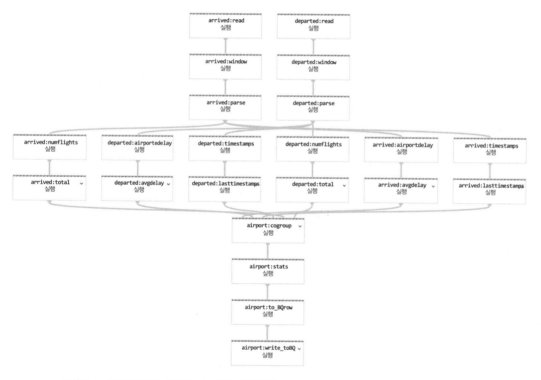

그림 4-8. 세 가지 통계를 계산하는 스트리밍 파이프라인

각 토픽에서 세 가지 종류의 통계가 계산돼 단일 AirportStats 객체로 그룹화돼 빅쿼리로 스트리밍된다.

빅쿼리로 스트리밍 데이터 분석

프로그램을 띄우고 3분 후[25] 첫 번째 데이터가 빅쿼리로 이동한다. 특정 공항에 대한 통계를 얻으려면 빅쿼리^{BigQuery} 콘솔에서 쿼리할 수 있다.

```
#standardsql
SELECT
  *
FROM
  `flights.streaming_delays`
WHERE
  airport = 'DEN'
ORDER BY
  timestamp DESC
```

그림 4-9에서 쿼리 결과를 볼 수 있다.

그림 4-9. 덴버 공항에서 볼 수 있는 스트리밍 파이프라인 결과

---

25. 30분마다 60분에 대한 평균을 계산한 것을 상기하라. 클라우드 데이터플로우는 첫 번째 '전체' 윈도우를 90분 동안 일어나는 이벤트로 시뮬레이션 처리한다. 30배의 속도로 시뮬레이션하기 때문에 이는 시계로 3분이 걸린다.

타임스탬프가 약 30분 간격으로 전개되는 방식에 주목하라. 평균 지연은 한 시간 동안의 평균이다. 따라서 덴버 공항에는 04:10 UTC에서 05:10 UTC까지 45개의 항공편이 있었고, 평균 지연시간은 17분이다.

스트리밍 중에도 쿼리를 할 수 있다는 점이 좋은 점이다. 모든 공항에 대한 최신 정보를 어떻게 얻을 수 있을까? 최대 타임스탬프를 찾는 데 내부[Inner] 쿼리를 사용하고, 과거 30분 이내의 비행을 선택하는 데 **WHERE**절에서 내부 쿼리를 이용한다.

```
#standardsql
SELECT
    airport,
    arr_delay,
    dep_delay,
    timestamp,
    latitude,
    longitude,
    num_flights
FROM
    `flights.streaming_delays`
WHERE
    ABS(TIMESTAMP_DIFF(timestamp,
        (
        SELECT
            MAX(timestamp) latest
        FROM
            `flights.streaming_delays` ),
        MINUTE)) < 29
    AND num_flights > 10
```

그림 4-10에서 결과를 볼 수 있다.

Row	airport	arr_delay	dep_delay	timestamp	latitude	longitude	num_flights
1	CMH	9.0	null	2015-05-01 02:20:00 UTC	39.99694444	-82.89222222	6
2	STL	12.583333333333334	13.181818181818182	2015-05-01 02:36:00 UTC	38.74861111	-90.37	23
3	PDX	-12.222222222222221	-5.0	2015-05-01 02:37:00 UTC	45.58861111	-122.59694444	14
4	RIC	-5.5	null	2015-05-01 02:37:00 UTC	37.50527778	-77.31972222	4
5	HNL	-1.8571428571428572	7.428571428571429	2015-05-01 02:35:00 UTC	21.31777778	-157.92027778	14
6	LAX	-3.4473684210526314	12.241379310344827	2015-05-01 02:37:00 UTC	33.9425	-118.40805556	67
7	PHL	2.1875	68.0	2015-05-01 02:29:00 UTC	39.87222222	-75.24083333	17
8	ATL	16.95	4.260869565217392	2015-05-01 02:36:00 UTC	33.63666667	-84.42777778	109
9	KOA	0.0	57.666666666666664	2015-05-01 02:33:00 UTC	19.73888889	-156.04555556	4

Table JSON   First < Prev Rows 1 - 9 of 66 Next > Last

그림 4-10. 모든 공항의 최신 결과

이런 쿼리들은 스트리밍 데이터로 대시보드를 작성할 때 유용하다. 예를 들어 첫 번째 쿼리로는 특정 공항 지연에 대한 시계열 다이어그램을 구성할 수 있다. 두 번째 쿼리로는 전국의 평균 지연에 대한 지도를 구성할 수 있다.

실시간 대시보드

빅쿼리에 스트리밍 데이터가 준비됐고 스트리밍을 하는 동안 분석할 방법이 갖춰졌으므로, 상황에 따른 출발 및 도착 지연을 보여주는 대시보드를 작성할 수 있다.

두 개의 앱은 분할표 기반의 모델을 최종 사용자에 설명하는 데 도움을 줄 수 있다(전국의 현재 출발 지연 및 도착 지연 정보다).

이 다이어그램을 채울 데이터를 가져오려면 빅쿼리 데이터 원본을 데이터 스튜디오에 추가해야 한다. 데이터 스튜디오가 사용자 인터페이스에서 직접 쿼리를 지정하는 기능을 지원하지만, 빅쿼리에 뷰를 만들고 이를 데이터 스튜디오의 데이터 원본으로 사용하는 것이 훨씬 더 좋다. 빅쿼리 뷰는 데이터 스튜디오에 쿼리를 직접 입력하는 방법에 비해 몇 가지 장점을 제공한다. 빅쿼리 뷰는 보고서와 시각화 도구에 걸쳐 재사용이 가능하고, 에러가 발생하는 경우 한 군데만 수정하면 되고, 빅쿼리 뷰는 접근이 필요한 경우 칼럼 기반의 접근 권한(클라우드 ID 접근 관리[IAM] 역할)을 매핑하는 데 더 쉽다.

다음은 뷰를 생성하는 데 사용한 쿼리다.

```
#standardSQL
SELECT
    airport,
    last[safe_OFFSET(0)].*,
    CONCAT(CAST(last[safe_OFFSET(0)].latitude AS STRING), ",",
            CAST(last[safe_OFFSET(0)].longitude AS STRING)) AS location
FROM (
    SELECT
        airport,
        ARRAY_AGG(STRUCT(arr_delay,
            dep_delay,
            timestamp,
            latitude,
            longitude,
            num_flights)
        ORDER BY
            timestamp DESC
        LIMIT
            1) last
    FROM
        `flights.streaming_delays`
    GROUP BY
        airport )
```

이 코드는 (타임스탬프 최댓값에 대한 내부 쿼리를 갖는) 앞 절의 두 번째 쿼리와는 약간 다르다. 각 공항에서 마지막으로 수신한 값을 보관하므로, 항공편이 거의 없는 공항과 지난 한 시간 동안 연결을 잃어버린 공항을 수용할 수 있다(실제로는 너무 오래된 데이터를 표시하지 않도록 이 쿼리에 필터를 추가하는 것이 좋다). 쿼리는 또한 위도와 경도 칼럼을 쉼표로 구분된 하나의 텍스트 필드로 조합한다. 이는 데이터 스튜디오가 이해하는 지리학적 형식 중 하나다.

그림 4-11은 최종 결과를 보여준다.

Row	airport	arr_delay	dep_delay	timestamp	latitude	longitude	num_flights	location
1	TOL	10.0	null	2015-05-01 18:33:00 UTC	41.58694444	-83.80777778	1	41.58694444,41.58694444
2	LCH	-16.0	null	2015-05-01 18:26:00 UTC	30.12611111	-93.22333333	1	30.12611111,30.12611111
3	ELM	-4.0	null	2015-05-01 18:56:00 UTC	42.15972222	-76.89194444	1	42.15972222,42.15972222
4	DHN	1.0	null	2015-05-01 18:36:00 UTC	31.32111111	-85.44944444	1	31.32111111,31.32111111
5	JLN	-14.0	null	2015-05-01 18:27:00 UTC	37.15194444	-94.49833333	1	37.15194444,37.15194444

그림 4-11. 위치 정보를 포함하는 모든 공항의 최신 데이터를 가져 오는 쿼리 결과

빅쿼리에 뷰를 저장한 후 3장에서 클라우드 SQL의 뷰로 데이터 원본을 생성한 것과 유사한 방식을 사용해서 데이터 스튜디오에 뷰를 데이터 원본으로 생성할 수 있다. location 칼럼 타입이 텍스트^{Text}에서 Geo(위도, 경도)로 바뀌었는지 확인하라.

데이터 원본을 생성하면 (데이터 스튜디오의 지구 아이콘을 이용해) 지도를 만들 준비가 된 것이다. 확대 지역을 미국으로 바꾸고, dep_delay를 측정 항목으로 지정한다. 그리고 색상 막대가 녹색에서 백색을 거쳐 적색이 되도록 스타일을 변경한다. 도착 지연과 전체 항공편 수에도 이를 반복한다. 그러면 그림 4-12에서 보는 것과 같은 대시보드가 생성된다.

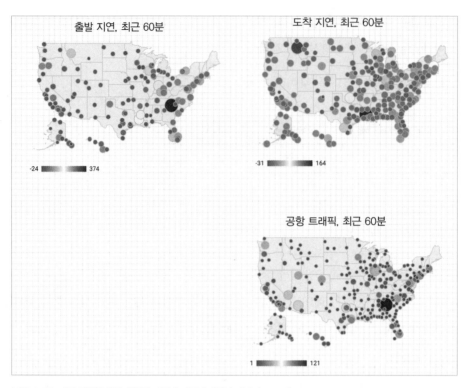

그림 4-12. 미국 전역의 최신 항공편 데이터 대시보드(컬러 이미지 p. 559)

4장에서 작업한 것을 되돌아보는 것은 가치가 있다. 클라우드 데이터플로우에서 스트리밍 처리해서 60분의 이동 평균을 생성해 빅쿼리로 집어넣었다. 그런 다음 빅쿼리에서 뷰를 생성해 각 공항의 최신 데이터를 보여줬다. 심지어 데이터가 들어오는 중에도 보여줄 수 있었다. 이를 데이터 스튜디오의 대시보드에 연결했다. 대시보드가 새로 고침될 때마다 뷰에서 신규 데이터를 가져와 빅쿼리의 최신 데이터를 동적으로 반영시킨다.

요약

4장에서는 스트리밍 분석을 수행하고 실시간 대시보드를 채울 수 있는 실시간 분석 파이프라인을 구축하는 방법을 알아봤다. 이 책에서는 실시간에 사용할 수 없는 데이터셋을 이용했다. 따라서 실시간 피드의 생성을 시뮬레이션해서 스트리밍 파이프라인을 구축하는 방법을 보여줄 수 있었다. 시뮬레이션을 구성하면서 유용한 테스트 도구를 갖게 됐다(더 이상 흥미로운 이벤트가 발생하길 기다릴 필요가 없어졌다). 단순히 저장된 이벤트를 재생하기만 하면 된다!

시뮬레이션을 구성하는 절차에서 원본 데이터셋의 시간을 처리하는 데 문제가 있음을 알 수 있었다. 따라서 원본 데이터셋의 시간 처리를 개선해 UTC 타임스탬프와 현행 시간 오프셋으로 새로운 데이터셋을 생성했다. 앞으로 계속 이 데이터셋을 사용할 것이다.

또한 구글 클라우드 플랫폼에서의 스트리밍 데이터를 처리하는 참조 아키텍처도 살펴봤다. 먼저 메시지를 비동기적으로 수신할 수 있도록 클라우드 pub/sub으로 데이터를 수신했고, 클라우드 pub/sub의 메시지를 클라우드 데이터플로우에서 처리해서 필요한 대로 데이터의 집계를 계산하게 했고, 원시 데이터나 집계된 데이터(또는 모두를) 빅쿼리로 스트리밍했다. 이 모두를 세 가지 구글 클라우드 플랫폼 제품(클라우드 pub/sub, 클라우드 데이터플로우 및 빅쿼리)과 파이썬 구글 클라우드 플랫폼 라이브러리를 사용해 작업했다. 그러나 이 모든 경우에도 결코 가상머신을 생성하지 않았다(이들 모두는 서버리스이고, 자동 확장을 제공한다). 따라서 코드에만 집중할 수 있었고, 플랫폼이 나머지를 관리하게 했다.

5장

대화형 데이터 탐색

모든 주요 분야의 연구에는 일반적으로 수많은 선구자적인 업적을 달성하고, 특정 분야를 발전시키는 족적을 남긴 위대한 인물이 있다. 고전 물리학에는 뉴턴이 있고, 상대성 이론에는 아인슈타인이 있고, 게임 이론에는 존 내쉬[John Nash] 등이 있다. 계산 통계 분야(통계 연산을 수행하기 위한 계산학적으로 효율적인 방법을 발전시키는 연구 분야)의 위대한 인물로는 존 투키[John W. Tukey]가 있다. 그는 벨연구소에서 2차 세계대전이 끝나자마자 존 폰 노이만과 함께 협력해 초기 컴퓨터를 설계했다(투키는 비트라는 단어를 만들어냈다). 후에 프린스턴대(그는 프린스턴에서 통계학과를 창립했다)에서 제임스 쿨리와 협업해 엄청난 계산상의 문제를 해결하기 위해 분할과 정복[divide-and-conquer]을 사용한 첫 번째 예시인 고속 푸리에 변환[Fast-Fourier Transform]을 개발했다.

투키는 많은 '어려운 과학'에서 수학 및 공학적 혁신의 책임을 담당했지만, 대부분 공들인 작업은 분명히 좀 더 '쉬운 과학' 분야였다. 대부분의 통계학이 확증적인 데이터 분석(예, 짝지어진 t-검정[paired t-tests][1]과 같은 통계 가설 테스트)을 강조한 것에 만족하지 않고, 자신이 명명한 탐색적 데이터 분석[EDA, Exploratory Data Analysis][2] 및 많은 실제 통계 근사치를 계산하기 위한 다양한 접근법을 개발했다. 상자 수염 그림, 잭나이프, 범위

---

1. 통계 가설 테스트의 완벽한 설명은 https://en.wikipedia.org/wiki/Statistical_hypothesis_testing에서 확인할 수 있다.

2. 존 투키, 『탐색적 데이터 분석』(에디슨-웨슬리, 1977)

검정, 중앙값-중앙값 회기 등을 개발한 투키는 광범위하게 다양한 데이터셋에 적용이 가능한 단순한 개념 모델의 맥락으로 동기부여를 함으로써 이런 탁월한 실용적인 방법들에 견고한 수학적 근거를 제공했다. 5장에서는 중요한 변수를 식별하고, 하부 구조를 찾아내고, 간결한 모델을 개발하고, 해당 모델을 이용해 비정상적인 패턴과 값을 식별하기 위해 탐색적 데이터 분석을 수행하는 투키의 접근법을 따른다.

탐색적 데이터 분석

투키가 1977년, EDA의 가치를 전 세계에 소개한 이래로 모든 데이터 과학자의 전통적인 첫 번째 단계는 다양한 그래픽 기술을 사용해 원시 데이터를 분석하는 것이었다. 이는 고정된 방법론이나 도면이 아니다. 오히려 데이터셋에 대한 통찰력을 발전시키고 견고한 통계 모델을 개발할 수 있는 접근법이다. 특히 데이터 과학자로서 다음을 처리할 수 있는 그래프를 작성해야 한다.

- "특정한 값이 항상 존재할 것이다. 또는 특정 범위에 존재할 것이다"와 같은 기본 가정을 평가해야 한다. 예를 들어 2장에서 다뤘던 것과 같이 두 공항 사이의 거리 분포는 데이터셋에서 거리가 동일한지 또는 실제 비행 거리를 반영하는지 여부를 확인하는 데 도움이 될 수 있다.

- 중요한 변수를 식별하기 위해 직감과 논리를 사용해야 한다. 이런 변수가 예상과 같이 과연 중요한지 확인한다. 예를 들어 출발 지연과 도착 지연 사이의 관계를 도면으로 표시하면 이들 변수 기록에 대한 가정을 평가할 수 있다.

- 데이터의 하부 구조를 찾아야 한다(즉, 중요한 변수와 특정한 통계적 패턴으로 들어간 데이터와 같은 상황 사이의 관계). 어떤 계절(여름 대 겨울)이 항공편의 지연을 유발하는 데 자주 영향을 주는지 조사하는 것은 유용하다.

- 간략한 모델을 개발해야 한다(탐색력을 가진 간단한 모델로, 데이터의 적절한 값

이 무엇인지 가설을 세울 수 있다). 출발 지연과 도착 지연 사이에 간단한 관계가 있다면 추세선에서 멀리 떨어져 있는 각 지연 값에 대해서는 더 많은 조사를 할 필요가 있다.

- 특이한 데이터, 이상한 데이터 및 설명할 수 없는 데이터 값을 감지해야 한다. 이는 간결한 모델을 가졌는지 여부에 달려 있다. 따라서 출발과 도착 지연 사이의 간단한 추세에서 이상 데이터를 더 조사하면 추세선에서 벗어나는 값은 경로를 변경한 항공편에 해당한다는 사실을 밝힐 수 있다.

탐색적 데이터 분석을 수행하려면 대화형 분석이 가능한 형태로 데이터를 탑재해야 한다. 5장에서는 구글 빅쿼리에 데이터를 탑재하고, 클라우드 데이터랩에서 데이터를 탐색하고, 데이터셋에서 발견한 내용을 바탕으로 품질 관리를 수행하고, 신규 모델을 작성하고, 모델을 평가해 4장에서 작성한 모델보다 더 나은지 확인한다. 데이터를 탑재하고, 데이터를 탐색하고, 이를 작성한 모델에 옮겨 평가하면서 접근 권한에서 비용에 이르기까지 떠오르는 다양한 고려 사항을 다룬다.

3장에서 다룬 탐색적 데이터 분석과 대시보드 생성에는 그래프의 작성이 포함돼 있다. 그러나 이 단계들은 목적 측면과 청중 측면이라는 두 가지 측면에서 차이가 있다. 대시보드 생성의 목표는 최종 사용자 모델 작업을 기반으로 청중에게 통찰력을 제공하는 것이다. 그리고 최종 사용자에게 모델에 대한 설명을 우선적으로 제시하는 것이다. 3장에서는 개발 초기에 이를 하도록 권고했다. 그러나 이 조언은 애자일 개발 이상의 것이고[3], 통계적으로 정확해지기 전에 일찍 피드백을 받는 것을 의미한다. EDA의 목표는 데이터 엔지니어인 여러분을 위한 것이다. 정교한 모델을 개발하기 전에 데이터에 대한 통찰력을 개발하는 것이다. EDA의 독자는 일반적으로 여러분의 팀 동료들이지 최종 사용자가 아니다. 어떤 경우에, 특히 데이터의 독자가 데이터에서 이상한 점을 발견한다면 데이터셋을 생성하고 작업하는 데이터 엔지니어링

---

3. 제임스 쇼어와 셰인 워든, 『애자일 개발의 기술』(오렐리 미디어, 2007)

팀의 일원이 될 수 있다. 예를 들어 현지 시간으로 보고되는 시간에 UTC 오프셋이 없는 문제점을 발견했을 때 미 교통 통계국[BTS]에 해당 정보를 전달할 수 있을 것이다.[4] 어쨌든 EDA 그래프를 보는 독자는 통계적으로 까다롭다는 가정을 해야 한다. 최종 사용자를 위한 대시보드에는 바이올린 도표[5]를 포함하지 않을 수 있지만, 데이터 과학자를 위한 EDA 그래프에서 바이올린 도표를 사용하는 것에 양심의 가책을 느낄 필요는 없다.

대용량 데이터에 탐색적 분석을 수행하려면 몇 가지 도전에 직면한다. 예를 들어 특정 값이 항상 존재하는지 테스트하려면 표 형태의 데이터셋에서 모든 행을 확인해야 한다. 그런데 데이터셋이 수백만 줄이라면 이 테스트는 몇 시간이 걸릴 수 있다. 따라서 대용량 데이터셋을 빠르게 탐색할 수 있는 대화형 기능은 필수적이다. 구글 클라우드 플랫폼의 빅쿼리는 색인돼 있지 않은, 심지어는 페타바이트 규모인 데이터셋(즉, 원시 데이터)에 초 단위로 클라우드 SQL 쿼리를 실행할 수 있는 기능을 제공한다. 따라서 5장에서는 항공편 데이터를 빅쿼리에 탑재한다.

특이점과 하부 구조를 식별하려면 univariate(하나의 변수를 갖는 도표 - 옮긴이) 및 bivariate(두 개의 변수를 갖는 도표 - 옮긴이) 도표를 사용하는 것이 일반적이다. 이 그림들은 파이썬 다이어그램 라이브러리로 작성할 수 있다(나는 이를 위해 Matplotlib 과 seaborn을 섞어 사용했다). 그러나 로컬 PC에서 데이터 탐색을 수행한다면 스토리지에서 그래픽 엔진으로 데이터를 이동시키는 네트워크 오버헤드 때문에 사용이 거의 불가능할 수 있다(대화형으로 대용량 데이터셋을 탐색하려면 분석 작업을 데이터에 가까이 가져다 놓아야 한다). 따라서 그래프 생성 작업을 수행하기 위해 (로컬 PC가 아닌) 클라우드 컴퓨터를 사용하겠다. 클라우드 컴퓨터로 그래프를 생성하면 이를 표시하

---

4. 나는 데이터셋에 있는 시간이 공항에 관련된 지역 시간대라는 사실을 이메일로 BTS에서 확인했다. BTS는 데이터를 무료로 사용할 수 있게 해주는 정부 기관이었기 때문에 나는 해당 기관에 UTC 타임스탬프로 데이터셋을 별도로 생성해줘야 하는 문제는 언급하지 않았다. 그러나 공급업체와의 계약 관계에 있어서 이런 점은 EDA의 결과로 요구할 수 있는 변경 요구 사항 유형 중 하나다.

5. 바이올린 도표(violin plot)는 확률 밀도 함수를 시각화하는 방법이다. http://seaborn.pydata.org/generated/seaborn.violinplot.html을 참고하라.

는 데 문제가 생긴다. 화면이 없는 컴퓨트 엔진 인스턴스상에 그래프가 생성되기 때문이다(다시 말해 컴퓨트 엔진 인스턴스에는 입력 및 출력 장치가 없다). 컴퓨트 엔진 인스턴스는 아무런 키보드, 마우스, 또는 모니터를 갖지 않고, 종종 어떤 그래픽 카드도 없다.[6] 이런 머신은 순수하게 네트워크를 통해 접속된다. 다행히도 시각화를 작성하는데, 데스크탑 프로그램과 대화형 읽기-평가하기-출력하기 루프[REPLs]는 더 이상 필요 없다. 대신 (구 IPython) 주피터[Jupyter]와 같은 노트북 서버는 데이터 과학자가 그래프를 작성하고 실행 가능한 보고서를 작성하는 표준 방식이 됐다. 구글 클라우드 플랫폼에서 클라우드 데이터랩은 컴퓨트 엔진 인스턴스에서 주피터 노트북을 실행시키고, 구글 클라우드 서비스에 접속할 수 있는 방법을 제공한다.

빅쿼리에 항공 운항 데이터 탑재

항공 운항 데이터를 탐색적으로 분석하려고 (색인을 생성하고 최적화하지 않고) 임의의 클라우드 SQL 쿼리를 실행하고자 한다. 빅쿼리는 탐색적 데이터 분석을 위해 비행 운항 데이터를 저장하기 위한 가장 좋은 장소다. 게다가 탐색적 데이터 분석에 파이썬보다 R을 선호한다면 dplyr 패키지[7]를 사용하면 (SQL이 아닌) R로 데이터 처리 코드를 작성할 수 있고, R 코드를 효과적인 SQL로 변환해 백엔드에서 빅쿼리를 수행할 수도 있다.

---

6. 특별한 그래픽 처리 유닛 (GPU) 인스턴스가 있다 (https://cloud.google.com/gpu/). 그러나 5장의 그래프를 그리는 데 CPU 인스턴스면 충분하다.

7. https://cran.rstudio.com/web/packages/dplyr/vignettes/introduction.html을 참고하라. 이 책에서는 내용을 단순화하기 위해 구글 클라우드 플랫폼에 대한 파이썬 도구에만 집중한다. 병렬 R 에코 시스템도 역시 존재한다.

서비리스 칼럼 기반 데이터베이스의 이점

대부분의 관계형 데이터베이스 시스템은 상용이든 오픈소스든 행 단위로 데이터를 저장한다는 점에서 행 지향적이다. 이를 통해 데이터베이스에 새로운 데이터 행을 쉽게 추가할 수 있고, 행의 값을 갱신할 때 행 수준의 잠금과 같은 기능을 사용할 수 있다. 결점은 테이블 스캔(즉, 모든 행을 읽어야 하는 집계)을 포함한 쿼리의 비용이 비쌀 수 있다는 점이다. 색인은 행을 칼럼 값으로 매핑하는 조회 테이블을 생성해서 색인 칼럼을 포함한 **SELECT**가 불필요한 행을 스토리지에서 메모리로 탑재하지 않게 함으로써 비용을 절감시킨다. 데이터의 빠른 조회를 위해 색인에 의존할 수 있다면 전통적인 관계형 데이터베이스 관리 시스템[RDBMS]은 잘 동작할 것이다. 예를 들어 소프트웨어 애플리케이션에서 쿼리를 호출한다면 들어오는 쿼리 종류를 미리 알 수 있으므로, 적절한 색인을 미리 만들어 놓을 수 있다. 그러나 이는 사용자가 임의의 쿼리를 작성하는 비즈니스 인텔리전스와 같은 경우에는 해당되지 않는 옵션이다. 따라서 새로운 아키텍처가 요구된다.

반면 빅쿼리는 칼럼 기반 데이터베이스다(데이터는 칼럼마다 저장되고, 각 칼럼 데이터는 빠른 쿼리를 할 수 있도록 매우 효율적으로 압축된 포맷으로 저장돼 있다). 데이터를 저장하는 방식 때문에 관련된 데이터 크기에 비례한 쿼리 처리 시간으로 많은 일반적인 쿼리를 실행시킬 수 있다. 주요 작업이 읽기 전용의 **SELECT** 쿼리인 데이터 웨어하우스 및 비즈니스 인텔리전스 같은 애플리케이션은 전체 테이블 스캔을 요구하기 때문에 칼럼 기반 데이터베이스를 사용하는 것이 더 적합하다. 예를 들어 빅쿼리는 테라바이트의 데이터를 초 단위로 스캔할 수 있다. 빅쿼리에서 **INSERT**, **UPDATE**, **DELETE**가 가능하지만, **SELECT** 구문을 실행하는 것보다 비용이 훨씬 비싸다는 점이 절충점이다. 빅쿼리는 분석적인 사례에 맞게 최적화돼 있다.

빅쿼리는 서버리스이기 때문에 프로젝트에서 빅쿼리 서버를 실제로 가동시키지 않는다. 대신 SQL 쿼리를 간단히 제출해 클라우드에서 실행한다. 빅쿼리에 제출한 쿼리는 (슬롯이라고 부르는) 수많은 컴퓨팅 노드에서 병렬적으로 실행된다. 이들 슬롯은 미리 정적으로 할당할 필요가 없다(대신 필요할 때마다 항상 시작돼 있고 작업의 크기에 따라 규모가 확장된다). 구글 클라우드 플랫폼에서는 데이터가 한곳[situ8]에 모여 있고 분할돼 있지 않기 때문에 데이터센터의 전체 능력으로 문제를 해결할 수 있다. 이들 자원은 탄력적이고 쿼리하는 동안만 사용되기 때문에 빅쿼리는 정적으로 미리 할당된 클러스터보다 더 강력하고 덜 비싸다. 미리 할당된 클러스터는 일반적으로 평균적인 사례에 맞게 미리 준비돼 있어야 하기 때문이다(빅쿼리는 평균을 초과하는 계산 작업을 해결하기 위해 더 많은 자원을 가져올 수 있고 평균 미만의 작업에는 더 적은 자원을 사용할 수 있다).

또한 데이터를 쿼리하지 않을 때 데이터에 대한 컴퓨팅 자원을 더 이상 준비할 필요가 없기 때문에 빅쿼리에 데이터만 보관하면 되므로 매우 비용 효율적이다(저장 비용만 지불하면 된다. 그런데 저장 비용이 저렴하다). 데이터를 쿼리할 필요가 있을 때마다 데이터는 즉시 사용 가능하다(프로젝트 전용 컴퓨팅 자원을 시작시킬 필요 없이 쿼리할 수 있다). 이 주문형 자동 확장 컴퓨팅 자원은 엄청난 자유를 제공한다.

(쿼리당 지불하는) 주문형 비용 구조로 인해 월마다 변동될 수 있는 비용이 염려된다면 이용자가 비용을 초과해서 사용하지 못하도록 비용 한도를 정할 수 있다. 비용 예측 가능성을 더 높이려면 빅쿼리에 대해 월 고정 비용을 지불하는 것도 가능하다(고정형 요금제를 사용하면 쿼리로 처리되는 데이터 양 및 쿼리 수에 상관없이 예측 가능한 비용을 알 수 있다). 월 정액제는 기본적으로 특정수의 슬롯[9]에 대한 접근을 구매하는 것이다. 요약하면 빅쿼리는 분석을 위한 두 가지 가격 책정 모델을 제공한다. 처리되는 데이터의 양에 기반을 두고 비용을 산정하는 주문형 가격 책정 모델과 월정액으로 비용을 지불하고 특정수의 컴퓨팅 자원에 무제한 쿼리를 실행할 수 있는 정액제 모델이다. 각 경우에 저장소 비용은 별개이고, 데이터 크기에 따라 달라진다. 비용

---

8. 한곳에 저장돼 있고 컴퓨팅 노드상에 분할돼 있지 않는 저장소를 말한다(2장 참고).

9. https://cloud.google.com/bigquery/pricing#flat_rate_pricing을 참고하라. 이 책을 쓰는 시점에는 고정형 요금으로 전환하려면 구글 클라우드 플랫폼 계정 담당자에게 문의해야 한다.

관점에서 빅쿼리를 사용하는 최적화된 방식은 기본적인 주문형 가격 모델이고, 나는 여러분이 이 방식을 사용할 것으로 가정한다.

요약하면 빅쿼리는 칼럼 기반 데이터베이스로, 모든 데이터를 처리하는 읽기 전용 쿼리에 특별히 효과적이다. 서비리스이고, 클러스터를 미리 할당할 필요 없이 수천 개의 컴퓨팅 노드로 확장할 수 있어 매우 강력하고도 저렴하다.

클라우드 스토리지에 준비

3장에서 작성했던 시간 보정 코드는 쉼표로 구분된 값csv 파일로 저장돼 있는 BTS 항공 운항 데이터를 가져와서 UTC로 타임스탬프를 수정하고, 공항 정보에 해당하는 추가적인 칼럼을 덧붙인 후 csv 파일 형식의 출력 결과를 클라우드 스토리지에 저장했다. 이 절의 목적에 따라 BTS에서 취득한 파일이 시간이 보정된 데이터라고 가정하자. 이 절에서는 이 csv 파일을 클라우드 스토리지에서 빅쿼리의 **flights** 테이블로 입수한다.

온프레미스 하드웨어에서 구글 클라우드 SDK(gcloud)에 있는 커맨드라인 도구인 **bq**를 이용해 빅쿼리로 직접 파일을 입수할 수 있지만, 작은 데이터셋에만 해당 기능을 사용해야 한다. 구글 클라우드 플랫폼 외부에 있는 데이터를 빅쿼리로 가져오려면 그림 5-1에서 보여주는 것처럼 데이터를 먼저 클라우드 스토리지(2장과 3장 참고)에 탑재해서 빅쿼리를 위한 스테이징으로 클라우드 스토리지를 사용하는 것이 좋다.

그림 5-1. 빅쿼리에 데이터를 입수하기 위한 스테이징으로 클라우드 스토리지 사용

커다란 파일에 대해서는 먼저 gsutil을 이용해 해당 파일들을 클라우드 스토리지에 입수하는 것이 더 좋은데, gsutil은 다중 스레드를 이용하고 이어 보내기가 가능한 이점이 있으며, 공용 인터넷에서 더 적합하기 때문이다.

물론 4장에서 시간 보정을 수행했던 클라우드 데이터플로우도 동일하게 이벤트 데이터를 생성해 빅쿼리에 저장하고, 이를 실시간 스트림으로 시뮬레이션했다. 항공 운항 데이터를 클라우드 데이터플로우 파이프라인에서 csv 파일에 저장하지 않고 바로 빅쿼리로 저장할 수도 있었다.[10] 그러나 나는 클라우드 데이터플로우 파이프라인을 작성하는 절차를 거치지 않고도 빅쿼리로 데이터를 입수하는 방법을 시연하기 위해 csv 파일을 이용했다.

언제 클라우드 스토리지에 데이터를 저장해야 하고, 언제 빅쿼리에 저장해야 할까? 데이터로 하고자 하는 일이 무엇인지와 수행하고자 하는 분석의 종류가 무엇인지에 따라 이에 대한 해답을 얻을 수 있다. 일반 파일을 읽기 위한 사용자 정의 코드를 주로 실행하거나 전체 데이터셋을 읽는 것이 분석에 포함된다면 클라우드 스토리지를 사용한다. 반대로 요구되는 접근 패턴이 데이터에 대한 대화형 SQL를 실행하는 것이라면 빅쿼리에 데이터를 저장한다. 클라우드를 사용하기 전에 일반 파일을 사용했다면 클라우드 스토리지를 사용하고, 데이터베이스에 데이터를 저장했다면 빅쿼리에 저장한다.

접근 제어

빅쿼리에 데이터를 입수하는 첫 번째 단계는 빅쿼리 데이터셋을 생성하는 것이다(빅쿼리의 모든 테이블은 그 데이터셋에 속한다). 그러나 3장에서 이미 flights 데이터셋을 만들었으므로, 이를 계속 사용한다. 빅쿼리에 있어 데이터셋은 대부분 구성의 편의를 위한 것이다(데이터를 포함하는 테이블과 쿼리를 실행할 때 사용하는 테이블의 칼럼으로

---

10. 데이터플로우 파이프라인에서 빅쿼리로 저장하는 방법의 예는 8장을 참고하라.

구성돼 있다). 그러나 테이블을 구성하는 방법을 제공하는 외에 데이터셋은 접근 제어 지점으로도 제공된다. 프로젝트나 데이터셋 수준에서만 접근 권한을 조회하거나 편집할 수 있지 테이블 수준은 아니다. 따라서 flights 데이터셋을 재사용하기로 결정하기 전에 응답해야 할 핵심 질문은 새로 생성할 테이블이 데이터셋에 현재 존재하고 있는 simevents 테이블과 연관성이 있는지 여부와 두 테이블이 동일한 접근 제어를 공유해야 하는지 여부다. 후자의 질문은 답하기가 어렵다(simevents 테이블은 시뮬레이션 이벤트를 저장하고 있어서 시간 보정 데이터보다 더 적은 범위의 작업에서만 사용할 수 있다).

구글 클라우드 플랫폼의 클라우드 ID 접근 관리(클라우드 IAM)는 어떤 자원에 대해 어떤 작업을 누가 수행할 수 있는지 제어 메커니즘을 제공한다(그림 5-2).

'누구'는 (gmail.com 주소 또는 회사가 GSuite 고객인 경우 회사 이메일 주소로 식별되는) 개별 사용자, 구글 그룹(예를 들어 그룹의 모든 현재 멤버) 또는 GSuite 도메인(도메인에 속한 구글 계정을 가진 누구나)의 관점으로 지정할 수 있다. 구글 그룹과 GSuite 도메인은 여러 사용자를 모으고, 이들에게 동일한 접근 권한을 제공하는 등의 편리한 기능을 제공한다.

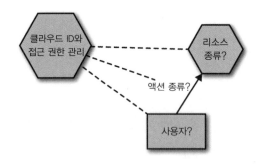

그림 5-2. 클라우드 IAM은 자원에 대한 접근 제어 메커니즘을 제공한다.

또한 애플리케이션의 다른 논리적인 부분에 서비스 계정이라는 분리된 이메일 주소를 할당할 수 있다. 서비스 계정은 매우 강력한 개념이다. 서비스 계정은 코드 베이스의 다른 부분이 애플리케이션을 실행하는 사람의 접근 수준과 무관한 권한을 가질 수 있기 때문이다. 예를 들어 애플리이케이션이 신규 컴퓨트 엔진 인스턴스를 시작할 수 있게 하고, 인스턴스를 띄우는 애플리케이션 대신 최종 사용자에게는 컴퓨트 엔진 생성[11] 권한을 갖지 못하게 할 수 있다.

감사 기록이 필수인 시나리오인 경우 서비스 계정을 주의해서 사용해야 한다. 구글 그룹 수준의 접근 권한은 더 많은 감사 추적 기능을 제공한다. 구글 그룹은 로그인 자격증명(개인 사용자만 있다)이 없기 때문에 구글 그룹이나 GSuite 도메인 수준으로 접근 권한이 제공될지라도 사용자가 요청하거나 작업을 하면 항상 기록된다. 그러나 서비스 계정 자체는 로그인 자격증명이므로 서비스 계정에 접근 권한을 제공하면 감사 추적을 무력화시킬 있다(애플리케이션이 순차적인 작업에 대한 정보를 로깅하지 않는다면 어떤 사용자가 어떤 애플리케이션 요청을 시작했는지 더 이상 알지 못할 것이다). 이는 서비스 계정에 접근 권한을 부여할 때 염두에 둬야 할 사항이다. 감사가 요구되는 자원에는 서비스 계정의 접근 권한을 제공하지 말아야 한다. 서비스 계정에 접근 권한을 제공하려면 접근 권한을 제공한 애플리케이션이 요청을 실행하는 사용자를 추적하는 필요한 감사 로그를 제공하고 있는지 확인해야 한다. 구글 그룹이나 도메인의 일부로 서비스 계정이 적용되는 경우에도 동일한 고려를 해야 한다. 감사 추적이 서비스 계정[12]으로 무력화될 수 있으므로 구글 그룹 및 GSuite 도메인을 사람 및 모든 필요한 법적 감사 추적이 보장된 애플리케이션을 소유한 서비스 계정으로 제한해야 한다.

단일 사용자 프로젝트를 생성하는 것은 서비스 계정을 사용자에게 명확히 매핑하는 또 다른 방법이다. 그러나 공유 자원 및 퇴사 직원과 관련된 상당한 관리 오버헤드를

---

11. 이 기능은 비트 코인 채굴에 도용당할 수 있기 때문에 특히 컴퓨트 엔진의 인스턴스 생성은 아니다. https://www.deepdotweb.com/2014/08/08/ mining-cryptocurrency-free-cloud-botnet/를 참고하라.

12. 서비스 계정은 프로젝트에 연결돼 있다. 그러나 프로젝트 멤버십은 시간이 지나면 변화한다. 따라서 프로젝트의 소유자, 편집자, 읽기 전용에 대한 사용자 지정을 엄격하게 관리하지 않는다면 사용자 중 일부가 해당 작업을 호출하는 것을 모를 수도 있다.

야기할 수 있다. 기본적으로는 동일한 회사 청구 계좌로 청구하는 프로젝트를 생성한다. 그러나 각 개별 사용자는 본인이 작업하는 자신의 프로젝트를 소유한다. gcloud 명령을 이용해 (소유자가 아닌) 편집자인 단일 사용자 프로젝트를 생성하는 스크립트를 작성할 수 있다.[13]

특정 사용자, 그룹, 도메인 및 서비스 계정에 더해 두 가지 와일드카드 옵션이 있다. 접근 권한으로 allAuthenticatedUsers를 제공하는 것이다. 이 경우 구글 계정이나 서비스 계정에 인증된 사용자에게 권한이 제공된다. allAuthenticatedUsers는 서비스 계정을 포함하기 때문에 명백한 감사 추적이 요구되는 자원에 사용해서는 안 된다. 또 다른 와일드카드 옵션으로 allUsers 권한을 제공하는 것이다. 이 경우 인터넷에 있는 모든 사람에게 접근 권한을 제공하는 것이다(이에 대한 일반적인 사용 사례는 클라우드 스토리지에 저장된 고가용성이고 정적인 웹 자원에 접속을 제공하는 것이다). 이 옵션을 무차별적으로 사용하는 데 주의해야 한다(구글 클라우드 플랫폼의 데이터를 외부로 내보내는 것은 무료가 아니다. 따라서 클라우드에 제공된 데이터셋을 다운로드하면서 소비한 대역폭에 대해 지불해야 한다).

'어떤' 작업은 제어되는 자원 접근 권한에 따라 달라진다. 자원 자체는 정책 계층에 연결된다.

정책은 조직 수준(예를 들어 조직에 있는 모든 프로젝트)이나 프로젝트 수준(예를 들어 프로젝트에 있는 모든 리소스) 또는 자원 수준(예를 들어 컴퓨트 엔진 인스턴스나 빅쿼리 데이터셋)으로 지정할 수 있다. 그림 5-3에서 보여주는 것처럼 상위 수준에서 지정한 정책은 하위 수준으로 상속되고, 유효한 권한은 지정된 모든 권한의 합집합이다(프로젝트 수준에서 상속된 권한을 가진 사용자에게 데이터셋에 일부 접근 권한을 제한할 방법은 없다). 한 조직에서 다른 조직으로 프로젝트를 옮기면 프로젝트의 클라우드 IAM 정책이 자동으로 변경되고, 결과적으로 프로젝트가 소유한 모든 자원에 영향을 미친다.

---

13. 단일 사용자 프로젝트를 생성하는 gcloud 스트립트는 http://bit.ly/2iviEPO를 참고하라. 사용자는 프로젝트의 편집자지만, 프로젝트 소유 권한은 청구 관리 권한을 가진 사람에게 있다.

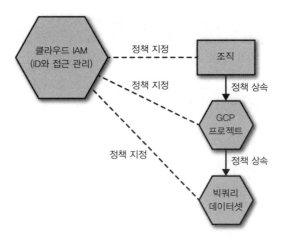

그림 5-3. 상위 수준에서 지정한 정책은 하위 수준으로 상속된다.

수행할 수 있는 작업 유형은 해당 자원에 따라 다르다. 구글 클라우드 플랫폼에 클라우드 IAM이 도입되기 전에는 모든 자원에 대한 소유자, 편집자, 읽기 전용 사용자라는 세 가지 역할만 있었다. 클라우드 IAM은 훨씬 정교한 역할을 가져왔지만, 원래의 세 가지 역할은 원시적인 역할로 그대로 남아있다. 표 5-1은 빅쿼리 데이터셋에 가능한 역할 목록이다.

표 5-1. 빅쿼리에서 사용하는 역할

역할	기능	상속
Project Viewer	쿼리 실행 데이터셋 목록 조회	
Project Editor	신규 데이터셋 생성	Project Viewer
Project Owner	데이터셋 목록 조회/삭제 다른 프로젝트 사용자가 실행한 작업 조회	Project Editor
bigquery.user	쿼리 실행 데이터셋 목록 조회	

(이어짐)

역할	기능	상속
bigquery.dataViewer	읽기, 쿼리, 복사, 데이터셋에 있는 테이블 내보내기	
bigquery.dataEditor	덧붙이기, 데이터셋에 있는 테이블에 데이터 탑재하기	Project Editor bigquery.dataView
bigquery.dataOwner	업데이트, 데이터셋에 있는 테이블에 데이터 삭제	Project Owner' bigquery.dataEditor
bigquery.admin	모든 권한	

simevents 테이블과 flights는 개인 신상 정보나 기밀 정보를 갖고 있지 않다. 따라서 항공 운항 정보를 분리된 데이터셋으로 생성해야 할 정도로 강력한 접근 권한 제어를 할 이유가 없다. 3장에서 생성한 flights 데이터셋을 재사용하고, 조직에 있는 모든 사용자에게 bigquery.user 역할을 부여해 데이터셋에 대한 쿼리를 실행할 수 있게 하겠다.

bigquery.cloud.google.com을 조회해 flights 데이터셋을 찾은 후 Share dataset^{데이터셋 공유} 메뉴를 클릭한다. 대화상자(그림 5-4)가 열리면 도메인 옵션을 선택하고 google.com을 클릭해 조직에 있는 모든 사람이 데이터에 접근할 수 있게 한다(구성원에 google.com을 입력하고 역할로 BigQuery 사용자를 선택한다. 옮긴이).

226

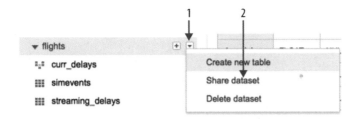

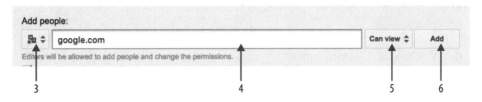

그림 5-4. 빅쿼리 데이터셋 공유하기

어떤 경우에는 개인 신상 정보나 기밀 정보를 가진 칼럼이 데이터셋에 포함된 것을 발견할 수 있다. 많은 사용자가 테이블에 접근할 수 있도록 그대로 둔 채 이 칼럼들[14]에만 접근 권한을 제한할 필요가 있다. 빅쿼리에 있는 테이블 일부(특정 칼럼이나 특정 열)에 접근 권한을 제공해야 할 때마다 뷰를 사용할 수 있다. 데이터셋에 있는 테이블 자체에는 소규모 사람들만 접근할 수 있게 한다. 그런 다음 관련된 칼럼과 행을 선택한 후 이 테이블에 대한 뷰를 생성하고 이 뷰를 광범위하게 접근할 수 있도록 별도로 저장한다. 사용자들은 이 뷰만 쿼리할 수 있고 개인 신상이나 기밀 정보는 이 뷰에 전혀 나타나지 않기 때문에 의도하지 않은 유출의 가능성이 줄어든다. 데이터 웨어하우스의 이점 중 하나는 조직의 경계를 넘어 데이터셋을 연계할 수 있다는 점이다. 따라서 접근 제어를 해서는 안 되는 명확한 이유가 없다면 데이터를 광범위하게 접근할 수 있게 한다. 쿼리 비용은 빅쿼리 엔진에 쿼리를 제출한 사용자가 부담하므로 이렇게 접근 권한을 늘림으로써 자신의 부서에 추가적인 비용이

---

14. 또는 익명화된 칼럼으로 테이블의 복사본 또는 뷰를 생성한다(7장에서 개인 신상 정보를 보호하는 방법을 다룬다).

부과될 수도 있다는 염려를 할 필요가 없다.

연합 쿼리

데이터로 클라우드 SQL 쿼리를 실행하기 위해 빅쿼리의 기본 테이블 형태로 데이터를 입수할 필요는 없다. 빅쿼리의 '연합federated 쿼리' 기능을 사용하면 된다. 이는 데이터 웨어하우스 제품에 저장되지 않은 데이터를 쿼리하는 빅쿼리의 기능이다. 그러나 구글 시트(구글 드라이브의 스프레드시트)나 클라우드 스토리지의 파일과 같은 데이터 원본에서 작동한다. 따라서 클라우드 스토리지에 csv 파일 그대로 둘 수 있고, csv 파일에서 테이블 구조를 정의할 수 있으며, csv 파일을 직접 쿼리할 수 있다. 기본 분석 패턴이 일반 파일 수준에서 데이터를 작업하는 것을 포함한다면 클라우드 스토리지를 사용하도록 제안한 것을 기억할 것이다(이런 데이터셋에서 SQL 쿼리를 가끔 적용시키는 방법이다).

첫 번째 단계는 클라우드 스토리지에서 시간이 보정된 파일의 스키마를 얻는 것이다. 빅쿼리에서 헤더를 유지한 상태로 스키마를 자동 검출하게 할 수 있었다. 그러나 파일에는 더 이상 헤더 정보가 없다. 따라서 **simevents** 스키마에서 전송될 이벤트와 연관된 마지막 세 필드를 제거한다.

프로젝트의 **flights** 데이터셋에 있는 **simevents** 테이블의 스키마를 얻으려면 구글 클라우드 SDK에서 제공하는 커맨드라인 도구인 **bq**를 사용하면 된다.

```
bq show --format=prettyjson flights.simevents
```

파일로 저장하도록 리다이렉트해 결과를 파일에 저장한다.

```
bq show --format=prettyjson flights.simevents > simevents.json
```

편집기에서 이 파일을 연 후 필드 배열을 제외하고 모든 것을 제거한다. 그림 5-5처럼 필드 배열에서 마지막 세 필드(EVENT, NOTIFY_TIME, EVENT_DATA)를 제거한다.

그림 5-5. 제거해야 하는 필드

이제 csv 파일 내용의 스키마가 남았다. 편집의 최종 결과는 이 책의 깃허브 리포지터리, 05_bqdatalab/tzcorr.json에 있고, 다음과 같다.

```
[
  {
    "mode": "NULLABLE",
    "name": "FL_DATE",
    "type": "DATE"
  },
  {
    "mode": "NULLABLE",
    "name": "UNIQUE_CARRIER",
    "type": "STRING"
  },
  ...
```

```
    {
        "mode": "NULLABLE",
        "name": "ARR_AIRPORT_LON",
        "type": "FLOAT"
    },
    {
        "mode": "NULLABLE",
        "name": "ARR_AIRPORT_TZOFFSET",
        "type": "FLOAT"
    }
]
```

이제 csv 파일의 스키마가 만들어졌으므로 연합 원본에 대한 테이블 정의를 생성할 수 있지만, 빠른 작업을 위해 3장의 클라우드 데이터플로우 작업으로 작성된 36개의 파일 중 하나만 사용한다.

```
bq mk --
external_table_definition=./tzcorr.json@CSV=
gs://<BUCKET>/flights/tzcorr/all_flights-00030-of-00036 flights.fedtzcorr
```

이제 빅쿼리 웹 콘솔에 방문하면 **flights** 데이터셋에 (필요시 페이지를 다시 로드하라) 새로운 테이블이 표시돼 있는 것을 볼 수 있다. 이 테이블은 연합 데이터 원본으로, 클라우드 스토리지에 csv 파일을 그대로 둔 상태로 테이블을 구성할 수 있을 뿐 아니라 다른 빅쿼리 테이블처럼 쿼리도 실행할 수 있다.

```
#standardsql
SELECT
    ORIGIN,
    AVG(DEP_DELAY) as arr_delay,
    AVG(ARR_DELAY) as dep_delay
FROM
```

```
    flights.fedtzcorr
GROUP BY
    ORIGIN
```

그러나 연합 쿼리로 인해 혼란에 빠지지 말자. 연합 소스를 가장 적절히 사용하는
경우는 빅쿼리 기본 테이블에 있는 커다란 데이터셋과 조인이 필요한, 변경이 잦은
상대적으로 작은 데이터셋인 경우다. 수행할 수 있는 최적화 종류와 결과적으로 얻
을 수 있는 성능 측면에서 행렬형 스토리지에 대한 칼럼형 데이터베이스를 이용하는
설계는 근본적인 이점이 있다.[15] 빅쿼리의 칼럼 스토리지를 사용하는 것은 성능면에
서 아주 기본에 해당하므로, 빅쿼리의 기본 포맷으로 항공 데이터를 탑재한다. 다행
히도, 빅쿼리상의 스토리지 비용은 클라우드 스토리지의 스토리지 비용과 유사하고
장기 보관 스토리지에 대한 할인 제공도 유사하다(테이블 데이터가 변경되지 않는다면
(데이터를 쿼리하는 것은 문제없다) 시간이 지나면서 장기 보관 할인이 적용된다). 따라서
스토리지 비용이 이중으로 들어가는 것이 문제라면 빅쿼리에 데이터를 입수하고,
클라우드 스토리지에 저장된 파일은 삭제하면 된다.

csv 파일 입수

클라우드 스토리지에서 시간 보정 후에 csv 파일에서 생성한 데이터를 동일한 스키
마를 사용해 빅쿼리에 직접 탑재할 수 있다.

```
bq load flights.tzcorr \
   "gs://cloud-training-demos-ml/flights/tzcorr/all_flights-*" \
   tzcorr.json
```

---

15. SIGMOD 2008에서 아바디, 매든 및 해켐이 언급한 "행 저장 대 열 저장: 그들은 정말 뭐가 다른가?"를 참고하라.
    http://db.csail.mit.edu/projects/cstore/abadi-sigmod08.pdf에서 온라인으로 다운로드할 수 있다.

대부분의 쿼리가 최신 데이터일 경우 테이블이 날짜별로 분할돼야 하는지 여부를 고려해야 한다. 이런 경우 테이블을 먼저 생성하고, 날짜별로 분할되도록 지정해야 한다.

```
bq mk --time_partitioning_type=DAY flights.tzcorr
```

또한 데이터를 탑재할 때 각 파티션을 개별적으로 탑재해야 한다(파티션명은 flights.tzcorr$20150101와 같다). 여기서 **tzcorr**는 집계한 후 쿼리할 과거 테이블이 므로, 분할할 필요가 없다.

몇 분 후 2,100만 항공 운항 데이터 모두가 빅쿼리에 입수돼 있을 것이다. 이제 데이터를 쿼리할 수 있다.

```
SELECT
    *
FROM (
    SELECT
        ORIGIN,
            AVG(DEP_DELAY) AS dep_delay,
            AVG(ARR_DELAY) AS arr_delay,
            COUNT(ARR_DELAY) AS num_flights
    FROM
        flights.tzcorr
    GROUP BY
        ORIGIN )
WHERE
    num_flights > 3650
ORDER BY
    dep_delay DESC
```

232

inner 쿼리는 연합 소스에서 실행했던 쿼리와 유사하다(미국 공항의 평균 출/도착 지연을 찾는다). 표 5-2에서 볼 수 있는 외부 쿼리는 3,650회 이상의 항공편이 편성된 공항(하루에 약 10편 편성)만 보여주고, 이를 출발 지연으로 정렬한다.

표 5-2. 평균 출발 지연으로 정렬된 공항의 평균 지연

	ORIGIN	dep_delay	arr_delay	num_flights
1	ASE	16.25387373976589	13.893158898882524	1,4676
2	COU	13.930899908172636	11.105263157894736	4,332
3	EGE	13.907984664110685	9.893413775766714	5,967
4	ORD	13.530937837607377	7.78001398044807	1,062,913
5	TTN	13.481618343755922	9.936269380766669	10,513
6	ACV	13.304634477409348	9.662264517382017	5,149
7	EWR	13.094048007985045	3.5265404459042795	387,258
8	LGA	12.988450786520469	4.865982237475594	371,794
9	CHO	12.760937499999999	8.828187431892479	8,259
10	PBI	12.405778700289266	7.6394356519040665	90,228

쿼리 결과가 약간 예상밖이다. 개인적인 경험을 바탕으로 뉴욕 지역 공항(JFK, EWR, LGA)처럼 크고 바쁜 공항들이 목록의 맨 위에 보일 것으로 예상했다. 그러나 EWR과 LGA가 등장하고, 시카고의 공항(ORD)은 상위 5등 안에 있지만, 출발 지연에 있어 선두는 ASE(에스펜, 콜로라도의 스키 리조트), COU(미주리의 지역 공항) 및 EGE(베일, 콜로라도의 또 다른 스키 리조트)로, 이들은 더 작은 공항들이다. 에스펜과 베일이 목록에 등장한 이유를 생각해보면 납득할 수 있다(스키 리조트는 겨울에만 개장하고, 부피가 큰 짐을 적재해야 하고, 날씨에 관련된 더 많은 지연을 겪을 수 있다). 그러나 평균 지연을 바탕으로 공항을 특성화하는 것은 적합하지 않다. 미주리의 칼럼비아 공항(COU)의 대부분 항공편이 실제는 정시에 운항을 했지만, 일부 항공편이 매우 지연돼 (아마도

몇 시간 운항 지연) 평균을 왜곡한다면 어떻게 해야 할까? 출발 및 도착 지연 값에 대한 분포 함수를 보여주길 원한다. 빅쿼리 자체는 그래프에 대한 도움을 줄 수 없다 (대신 빅쿼리 백엔드를 그래프 방식의 대화형 탐색 도구에 연결해야 한다). 따라서 클라우드 데이터랩을 사용한다.

쿼리 실행 세부 정보 읽기

그러나 클라우드 데이터랩으로 넘어가기 전에 빅쿼리에 있는 테이블의 쿼리 성능에 관련된 경고 플래그가 있는지 확인한다. 빅쿼리 콘솔에는 (결과 탭 옆에) 설명(실행 세부 정보 - 옮긴이)이라는 명칭이 붙은 탭이 있다. 그림 5-6은 설명이 어떤 것인지 보여준다.

쿼리는 세 가지 단계로 실행된다.

1. 첫 번째 단계에는 각 항공편의 출발지, 출발 지연 및 도착 지연을 가져 오고 이를 출발지로 묶은 후 __SHUFFLE0(__stage00_output - 옮긴이)에 기록한다. __SHUFFLE0은 ORIGIN의 해시에서 구성된다.

2. 두 번째 단계에서는 ORIGIN에서 구성된 필드를 읽고, 평균 지연시간과 운항 횟수를 계산하고, 운항 횟수가 3,650을 초과하는 경우를 걸러낸다. 쿼리가 일부 최적화된 점을 주의하라(WHERE절이 실제는 내부 쿼리의 바깥쪽에 있었다). 그러나 __stage2_output(__stage01_output - 옮긴이)에 기록하는 데이터의 양을 최소화하기 위해 여기로 이동됐다.

3. 세 번째 단계에는 도착 지연으로 단순히 정렬하고 출력을 기록한다.

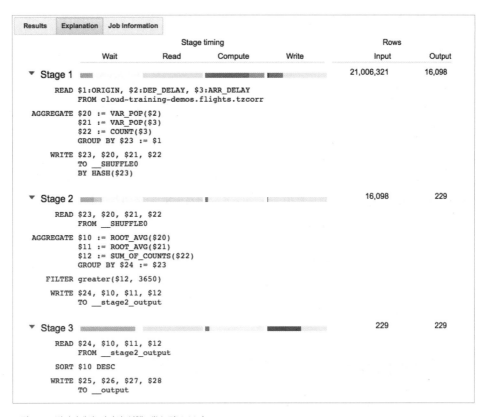

그림 5-6. 빅쿼리에서 쿼리의 실행 세부 정보 보기

앞의 두 번째 단계 최적화를 바탕으로 쿼리 자체를 좀 더 개선된 방식으로 작성할 수 있을까? 그렇다. HAVING 키워드를 사용하면 된다.

```
#standardsql
SELECT
   ORIGIN,
   AVG(DEP_DELAY) AS dep_delay,
   AVG(ARR_DELAY) AS arr_delay,
   COUNT(ARR_DELAY) AS num_flights
FROM
   flights.tzcorr
```

```
GROUP BY
    ORIGIN
HAVING
    num_flights > 3650
ORDER BY
    dep_delay DESC
```

5장의 나머지 부분에서는 inner 쿼리 절을 피할 수 있는 이런 형태의 쿼리를 사용한다. HAVING 키워드를 사용함으로써 __stage2__output에 기록하는 데이터를 최소화시키는 쿼리 최적화 프로그램을 의존하지 않는다.

그래프가 의미하는 것은 무엇인가? 각 단계는 네 부분으로 나눠졌다. 대기, 읽기, 컴퓨팅, 쓰기. 색상 막대가 각 단계에 적용된다. 그림 5-7처럼 각 막대는 (색상에 관계없이) 세 부분으로 돼 있다.

평균   최대   표준화

그림 5-7. 쿼리 세부 정보의 각 단계는 세 부분을 구분된 색상 막대로 표시된다(컬러 이미지 p. 560).

막대의 길이는 가장 시간을 많이 소비한 단계에 걸린 시간이다. 다시 말해 막대는 가장 길게 걸린 단계(대기, 읽기, 컴퓨팅, 쓰기)에 소요된 시간으로 모두 표준화된다. 예를 들어 쿼리의 첫 번째 단계에서는 읽기 단계가 가장 긴 시간이 걸리고 다른 단계는 읽기 단계에 대해 조정된다. 막대 자체에는 두 가지 색상이 있다. 밝은 색상은 해당 단계를 수행하는 가장 느린 워커에 의해 걸린 시간을 표시하고, 어두운 색상은 해당 단계를 수행하는 모든 워커에 의해 걸린 평균 시간을 표시한다. 이상적으로 평균과 최댓값의 차이는 거의 없다. 그림 5-7은 평균과 최대의 가장 큰 차이를 보여준다(다른 워커보다 훨씬 많은 작업을 하는 일부 워커). 때때로 이는 쿼리 고유의 문제지만, 다른 경우에는 이런 차이를 줄이기 위해 스토리지나 파티션 작업을 다시 해야

할 수도 있다.[16]

대기 시간은 필요한 컴퓨팅 자원이 준비되는 동안 기다리는 시간이다(여기서 가장 큰 숫자가 나온다면 클러스터에 바로 스케줄링될 수 없는 작업임을 표시한다). 높은 대기 시간은 빅쿼리를 정액제로 사용하고, 회사의 누군가가 지불된 용량을 이미 모두 소비한 경우 발생할 수 있다. 해결책은 다른 시간에 작업을 실행시키거나, 작업을 더 작게 만들거나, 가용 자원을 사용하는 다른 팀과 협상하는 것이다. 읽기 단계는 테이블이나 이전 단계의 출력에서 필요한 데이터를 읽는 단계다. 읽기 시간의 큰 값은 대부분의 데이터를 최초 단계 때 읽어 들일 수 있도록 쿼리를 재작성할지 여부를 고려하라는 표시다. 컴퓨팅 단계는 필요한 계산을 수행하는 단계다. 여기서 큰 값이 나온다면 일부를 이후 절차에 실행할지 여부 또는 사용자 정의 함수[UDFs]의 사용을 제외할지 여부를 고려하라는 의미다.[17] 쓰기 단계는 임시 스토리지나 응답 스토리지에 기록하는 단계다. 그리고 주요 기능은 각 단계에 생성된 데이터를 기록하는 것이다. 이 단계의 최적화는 일반적으로 가장 안쪽의 쿼리(또는 가장 초기 단계)에서 필터 옵션을 이동시키는 것을 포함한다. 앞에서 봤듯이 빅쿼리 옵티마이저가 이런 작업을 자동으로 수행할 수 있다.

쿼리의 모든 세 단계에서 대부분의 시간이 걸리는 읽기 단계는 I/O 경계이고, 데이터를 읽는 기본 비용이 쿼리 비용 전체를 차지하고 있음을 표시한다. 입력 칼럼 수 (2,100만 ~ 16,000 ~ 229)에서 초기 단계에 대부분의 데이터로 처리하는 데이터 축약을 이미 잘하고 있다는 점은 분명하다. 또한 실행 세부 정보에서 빅쿼리가 필터링하는 단계를 이전 단계로 이동시킴으로써 이미 최적화를 하고 있음을 알 수 있다. 이를 더 일찍 이동시킬 방법은 없다. 값을 계산하기까지는 항공편 수를 줄일 수 없기 때문

---

16. 차이를 줄이는 것은 많은 작업을 하는 워커에 의해 소비되는 시간을 줄이는 것만은 아니다. 전체적으로 더 적은 수의 워커를 사용할 수 있도록 하부 워커에 의해 수행되는 작업을 엮는 쿼리를 다시 작성할 수 있는지도 확인해야 한다.

17. 빅쿼리는 자바스크립트 UDFs를 지원한다. 그러나 UDFs의 과도한 사용은 쿼리를 느리게 할 수 있다. 그리고 어떤 UDFs는 고사양을 요구하는 쿼리일 수 있다(https://cloud.google.com/bigquery/pricing#high-compute 참고).

이다. 반면 정렬을 빈번하게 하는 필터라면 매번 집계를 계산하는 대신 각 공항의 트래픽을 표시하는 테이블을 추가하고, 이 테이블로 조인하는 것이 도움이 된다. 각 공항이 공항 서비스를 제공하는 (인구와 같은) 대도시 지역의 일부 특성을 나타내는 칼럼을 추가해 이에 대한 근사치를 구할 수도 있다. 현재로서는 이 데이터셋의 일반적인 사용자가 관심을 가질 만한 공항 종류에 대해 전혀 알지 못하기 때문에 수행할 수 있는 것이 거의 없다. 모든 데이터를 처리하기로 결정한 후 모든 데이터를 처리하려면 해당 데이터를 읽는 데 소요되는 시간이 필요하다. 모든 데이터에서 통계를 낼 필요가 없다면 데이터에서 표본을 수집하고 수집한 표본으로 대신 통계를 산출하는 것을 고려할 수 있다.

다이어그램에서 첫 번째 단계와 세 번째 단계는 대기 시간의 차이가 없음을 알 수 있다. 그러나 두 번째 단계에는 대기 시간의 차이가 약간 있다. 왜 그런지 짐작할 수 있는가? 힌트: 첫 번째 단계의 쓰기 단계에는 차이가 있다. 정답은 이 차이는 쿼리 고유의 문제라는 점이다. 공항을 그룹화하고 있고, 일부 공항에는 다른 공항들보다 항공편이 더 많음을 상기하라. 그런 더 바쁜 공항에 관련된 데이터는 기록하는데도 시간이 더 오래 걸린다. 더 작은 공항에 어느 정도 관심이 있다면 이 차이를 수정하려고 여기서 할 일은 거의 없다. 이런 경우라면 데이터에서 더 작은 공항을 걸러내고, 별도의 테이블에 기록해 이 절에서 하던 것 대신 해당 테이블을 쿼리할 수 있다.

클라우드 데이터랩을 이용한 탐색적 데이터 분석

데이터 과학자가 노트북을 이용하는 것으로 한꺼번에 이동한 이유를 확인하려면 수년 전에 탐색적 데이터 분석을 수행했던 방식과 보고서가 전파된 방식을 이해하는 것이 도움이 된다. 예를 들면 그림 5-8은 기상 레이더 이미지로 폭풍을 추적하는 여러 방법에 대한 내 논문 중 하나에서 발췌한 그래프다.

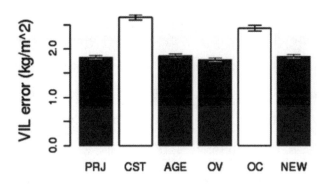

그림 5-8. 이 그래프는 복잡한 워크플로우를 이용해 생성됐다.

그림 5-8은 기상 레이더 이미지에 대한 커다란 데이터셋에서 문제(PRJ, CST 등)의 방법을 실행하고, 다양한 평가 메트릭(그래프의 VIL 에러)을 계산해 작성했다. 성능상의 이유로 C++를 사용해 작업했다. 각 쌍의 이미지에 대한 매트릭은 텍스트 파일(각 방법에 대한 다른 텍스트 파일)에 기록됐고, 이것이 그림 5-8에서 볼 수 있는 매트릭의 집합이다. 저장된 곳에 있는 서버 클러스터에서 텍스트 파일은, 랭글링(매핑, 전환 과정 - 옮긴이)을 거치고 키로 조합한 후(폭풍을 추적했던 방법) 집계된다. 기본적으로 맵리듀스 연산을 하는 이 코드는 자바로 작성됐다. 결과로 집계된 파일은 방법을 평가해 적절한 음영[18]을 결정하는 R 프로그램에서 열어 png 형식의 이미지로 저장했다. 이 png 이미지는 LaTeX 보고서에 통합되고, LaTeX 컴파일러가 LaTeX와 png 원본으로 공유 가능한 pdf를 생성한다. 관심 있는 동료에게 공유할 수 있는 포맷은 이 pdf 논문이다.

동료가 변경을 제안한다면 절차 전체를 다시 거쳐야만 한다. 프로그램의 순서는 (C++, 자바, R, LaTeX, 이메일에 첨부된 pdf다) 간단하지 않은 일이었고, 그중 일부를 건너뛰었을 때도 있었고, 이로 인해 잘못된 그래프 또는 그래프와 일치하지 않는 텍스트가 결과로 도출됐다.

---

18. 학술 저널의 컬러 이미지는 추가 비용이 들기 때문에 컬러는 사용되지 않는다.

주피터 노트북

주피터^{Jupyter}는 파이썬, R, 스칼라를 포함하는 다양한 언어로, 대화형의 과학적 계산 경험을 제공하는 오픈소스 소프트웨어다. 작업의 핵심 모듈은 주피터 노트북으로, 웹 애플리케이션으로 코딩, 시각화, 설명 텍스트가 있는 화면을 제공한다. 노트북에 있는 코드의 기본 출력이 그래프와 숫자지만, 이미지와 자바스크립트도 생성할 수 있다. 주피터는 데이터를 처리하고 시각화하는 대화형 위젯의 생성도 지원한다.

노트북은 이와 같이 그래프를 제작하고 공유하는 방식을 변화시켰다. 내가 오늘날 전에 했던 일을 했다면 (C++ 프로그램으로 작성된) 스코어 파일을 버려 버리고 파이썬 노트북으로 다시 작성했을 것이다. 파이썬은 파일 랭글링, 순위 매기기, 그래픽 생성을 할 수 있다. 노트북이 HTML 문서이므로, 그래프와 함께 텍스트 설명의 추가도 지원한다. 리포지터리 안에서 노트북 자체를 공유할 수 있다. 그렇지 않으면 노트북 서버를 실행해 HTTP를 통해 노트북을 제공할 수 있다. 노트북을 보고 싶은 동료는 간단히 URL을 방문하면 된다. 노트북을 볼 수 있을 뿐 아니라, 라이브 URL에 접속한다면 노트북에 있는 셀을 수정해 새로운 그래프를 생성할 수도 있다.

그래프가 있는 워드프로세서 파일과 동일 그래프를 가진 실행 가능한 노트북의 차이는 논문의 인쇄된 일부와 여러분 및 동료가 함께 실시간으로 상호작용할 수 있는 구글독$^{Google\ Doc}$의 차이다. 노트북을 사용해보자(통합된 개발 환경 기능과 실행 가능한 프로그램과 보고서를 하나의 근사한 패키지로 묶어준다).

노트북에 대한 한 가지 이슈는 노트북을 제공하는 웹 서버를 관리하는 방법이다. 코드가 노트북 서버에서 실행되기 때문에 더 큰 데이터셋은 더 강력한 머신을 요구한다. 퍼블릭 클라우드에서는, 필요할 때 노트북을 실행할 수 있으므로 노트북 서버의 프로비저닝을 간단하게 관리할 수 있다.

클라우드 데이터랩

클라우드 데이터랩은 구글 클라우드 플랫폼에서 주피터를 호스팅된 버전으로 제공한다. 따라서 구글 클라우드 플랫폼에 인증돼 있으므로 클라우드 스토리지, 빅쿼리, 클라우드 데이터플로우, 클라우드 ML 엔진 등에 쉽게 접근할 수 있다. 클라우드 데이터랩은 오픈소스이고 깃허브에서 사용할 수 있으며, 주로 주피터에 대한 추가 모듈로 구성돼 있다. 온프레미스 주피터를 이미 설치했다면 기존 주피터 설치에 클라우드 데이터랩 모듈을 설치해 계속 사용할 수 있다.[19] 그런데 회사에 표준화된 주피터 설치본이 없다면 클라우드 데이터랩의 사용을 권고한다(관리형 주피터 설치본을 얻고, 초기 주피터 UX를 향상시킨 사용자 인터페이스에 접근할 기회를 얻을 수 있다).

구글 컴퓨트 엔진 인스턴스에서 클라우드 데이터랩을 실행하고 로컬 머신에서 접속하려면 다음을 따라 한다.

1. 클라우드셸을 열고 영역을 정하고(예, us-central1-a) 인스턴스명(예, mydatalabvm)을 정한 후 클라우드 데이터랩을 실행할 컴퓨팅 인스턴스를 생성한다.[20]

```
datalab create --zone $ZONE $INSTANCE_NAME
```

2. 클라우드 데이터랩 인스턴스가 localhost:8081로 접속 가능하다는 메시지를 출력한 후 클라우드셸의 웹 미리보기 버튼을 이용해 http://localhost:8081로 방문해 클라우드 데이터랩을 띄운다.

클라우드 데이터랩 명령이 종료되면(예를 들어, 노트북 컴퓨터가 슬리프 모드로 들어가면) 다음과 같이 클라우드 데이터랩 VM에 재접속한다.

---

19. 이를 하는 방법에 대한 지침을 확인하려면 다음 URL을 참고하라. https://github.com/googledatalab/pydatalab.
20. 이 명령과 이후에 연결 및 삭제 명령을 할 때마다 인스턴스 영역을 지정하는 것을 피하려면 다음과 같이 속성을 설정하면 된다.
    gcloud config set compute/zone $ZONE.

```
datalab connect --zone $ZONE $INSTANCE_NAME
```

클라우드 데이터랩 VM 사용을 마쳤을 때 다음과 같이 인스턴스를 제거한다.

```
datalab delete --zone $ZONE $INSTANCE_NAME
```

클라우드 데이터랩을 띄운 후에 신규 노트북을 생성할 수 있다. 필요시 홈 아이콘을 클릭하고 노트북을 띄울 폴더를 탐색한다. 마크다운 셀은 텍스트 내용을 가진 셀이다. 코드 셀은 파이썬 코드를 가진 셀이다(파이썬 셀을 실행하면 노트북은 그 셀의 출력된 결과를 보여준다).

예를 들어 그림 5-9의 내용으로 노트북에 입력한다고 가정해보자(첫 번째 셀은 마크다운 셀이고 다음 셀은 파이썬 셀이다).

커서가 있는 곳에서 실행을 클릭해(또는 키보드 단축키인 Ctrl+Shift+Enter를 입력해) 이 셀을 실행할 수 있다. 전체 셀 실행을 클릭해 모든 셀을 실행시킬 수도 있다. 셀을 클릭할 때 셀이 실행돼 그림 5-10과 같이 노트북이 렌더링된 결과를 반환한다.

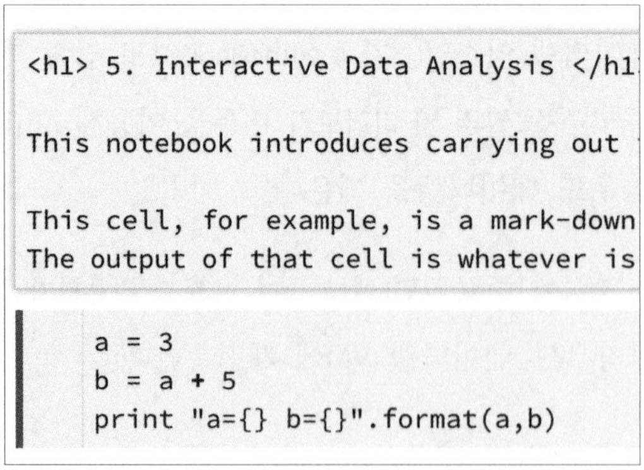

```
<h1> 5. Interactive Data Analysis </h1

This notebook introduces carrying out

This cell, for example, is a mark-down
The output of that cell is whatever is


    a = 3
    b = a + 5
    print "a={} b={}".format(a,b)
```

그림 5-9. 노트북에 입력한 내용(그림 5-10과 비교하라.)

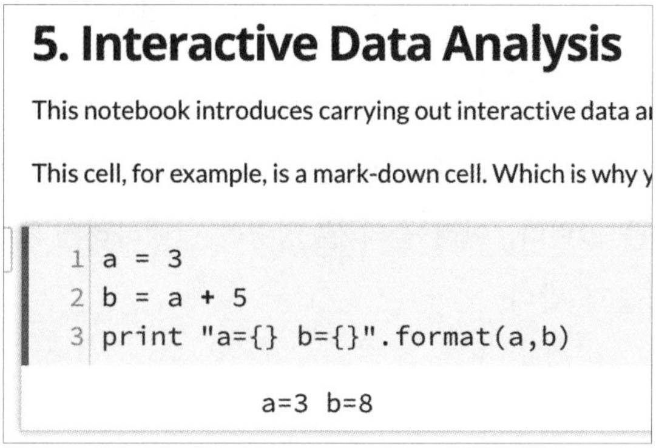

5. Interactive Data Analysis

This notebook introduces carrying out interactive data a[...]

This cell, for example, is a mark-down cell. Which is why y[...]

```
1  a = 3
2  b = a + 5
3  print "a={} b={}".format(a,b)

          a=3  b=8
```

그림 5-10. 셀이 실행된 후 표시되는 내용(그림 5-9와 비교하라.)

마크다운은 시각적 문서로 변환됐고, 파이썬 코드는 실행한 후 결과를 화면에 출력한다.

클라우드 데이터랩에서의 상대 경로는 노트북의 위치와 관련 있다. 따라서 코드 셀에 다음과 같이 입력하면 노트북이 존재하는 폴더의 위치를 얻는다.

```
!pwd
```

그러나 그림 5-11처럼 /content로 시작한다.

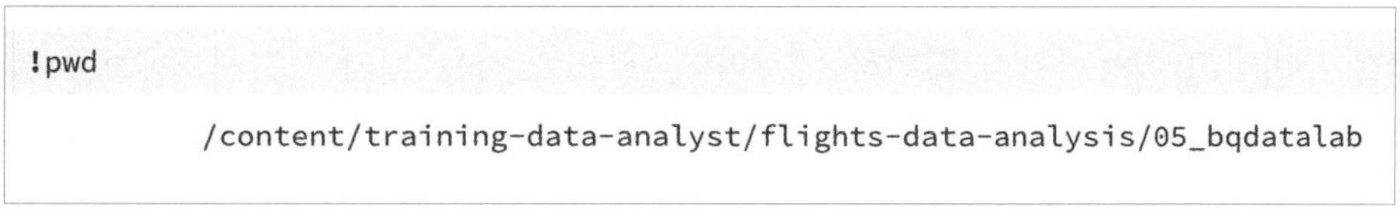

```
!pwd
          /content/training-data-analyst/flights-data-analysis/05_bqdatalab
```

그림 5-11. 현재 실행 폴더 위치를 얻는 셀 명령을 실행

/content 경로는 데이터랩을 실행하는 머신의 로컬 경로에 연결된다. /content가 연결되는 위치를 결정해야 한다(이 책을 쓰는 시점에는 도커 컨테이너가 시작될 때 지정되고, 일반적으로 $HOME에 연결된다). 나는 깃 리포지터리에 복사본을 체크아웃할 때

/content에 폴더를 연결하곤 한다. 이는 노트북의 변경 사항을 소스에 올리면서 연습을 하다가 생긴 습관이다.[21]

(코드 셀에서 !pwd를 입력했을 때) 사용한 느낌표는 주피터에게 그 행은 파이썬 코드가 아니라 셸 명령임을 알린다. 여러 줄의 셸 명령을 실행하려면 **%bash**로 시작하면 된다. 예를 들면 다음과 같다.

```
%bash
wget tensorflow ...
pip install ...
```

클라우드 데이터랩에 패키지 설치

클라우드 데이터랩에 이미 설치돼 있는 파이썬 패키지가 무엇이고, 어떤 패키지를 새로 설치해야 할까? 어떤 패키지가 설치돼 있는지 확인하는 방법 중 하나는 다음을 입력하는 것이다.

```
!pip freeze
```

이 명령은 설치된 파이썬 패키지를 나열한다. 또 다른 옵션은 패키지에 대한 `import`를 추가하고 작동하는지 확인하는 것이다. 필요로 하는 패키지로 시도해보자.

```
import matplotlib.pyplot as plt
import seaborn as sns
import pandas as pd
import numpy as np
```

---

21. 노트북을 구글 드라이브에 저장한다면 드라이브는 물론 공동 작업과 버전 관리를 처리할 수 있다.

numpy는 숫자 배열로 작업하는 데 효율적인 방법을 제공하는 숫자 관련 표준 파이썬 라이브러리다. 판다스^{Pandas}는 인메모리 데이터프레임에서 **group by** 및 필터링과 같은 연산을 수행할 수 있는 방법을 제공하는 매우 인기 있는 데이터 분석 라이브러리다. Matplotlib은 파이썬에서 그래프를 작성하는 Matlab에서 영감을 얻은 모듈이다. seaborn은 Matplotlib이 제공하는 기본 기능 위에 개발된 부가적인 그래픽 기능을 제공한다. 이 모든 라이브러리는 클라우드 데이터랩에 기본적으로 설치된 오픈소스 패키지들이다.

클라우드 데이터랩에 아직 설치되지 않은 패키지가 필요하다면 두 가지 방법 중 하나로 설치했다. **pip**을 이용하거나 **apt-get**을 이용했다. **pip**을 이용하면 많은 파이썬 모듈을 설치할 수 있다 예를 들어 3장에서 사용했던 클라우드 플랫폼 API를 설치하려면 셀 안에서 다음 코드를 실행한다.

```bash
%bash
apt-get update
apt-get -y install python-mpltoolkits.basemap
```

sudo(즉, root로 실행)를 할 필요가 없다. 모든 클라우드 데이터랩 도커 컨테이너는 root(*gulp*)로 실행되기 때문이다. 그러므로 bash에서 하는 작업에 주의해야 한다 (root로 실행하기 때문에 아무런 보호 장치가 없다).

끝으로 노트북의 파이썬 커널을 업데이트하는지 여부에 따라 **pip**과 **apt-get**의 차이점이 있다. **pip**을 사용하면 신규 패키지로 노트북의 파이썬 커널을 업데이트할 수 있다. 따라서 **pip**을 이용해서 설치된 패키지로 바로 작업을 시작할 수 있다. 그러나 **apt-get**은 시스템 수준의 업데이트이므로 새로운 패키지를 사용하려면 파이썬 커널을 재시작해야 한다(클라우드 데이터랩 사용자 인터페이스 내의 커널 리셋 버튼을 이용해 할 수 있다). 여기서는 **apt-get**을 다시 실행하면 패키지가 이미 설치됐다고 알리는 메시지를 볼 수 있다.

구글 클라우드 플랫폼의 주피터 매직

앞 절에서 **%bash**를 사용했을 때 주피터 매직을 사용했다. 주피터 매직^{Jupyter magic}은 다음에 특별한 구문이 나올 것이라고 표시하는 문법적인 요소다.[22] 이는 주피터가 다중 인터프리터나 다중 엔진을 제공하는 방법이다. 주피터는 각 셀의 맨 처음을 확인해서 셀에 있는 언어가 무엇인지 알아낸다. 예를 들어 코드 셀에 다음을 입력해 보자.

```
%html
This cell will print out a <b> HTML </b> string.
```

그림 5-12처럼 HTML 렌더링해 문자를 출력한 결과를 볼 수 있다.

```
%html
This cell will print out a <b> HTML </b> string.
```
This cell will print out a **HTML** string.

그림 5-12. HTML 렌더링에 대한 주피터 매직

주피터 매직은 광범위하게 다양한 언어를 실행할 수 있는 방법을 제공하고, 일부를 더 추가할 수 있는 방법도 제공한다. 클라우드 데이터랩 자체가 구글 클라우드 플랫폼과의 상호작용을 편리하게 할 수 있도록 몇 가지 매직을 추가했다. 이들을 사용하려면 클라우드 데이터랩의 상단 우측 리본에서 프로필과 같은 아이콘을 클릭해 구글 클라우드 플랫폼에 로그인해야 한다. 아직 로그인하지 않았다면 지금 하라.

예를 들어 클라우드 데이터랩과 함께 제공되는 **%bigquery** 매직 환경을 사용해 빅쿼리 테이블의 스키마를 볼 수 있다.

---

22. 매직은 기반 언어에서 유효하지 않은 문법 요소에 사용한다. 파이썬 노트북의 경우에는 % 기호가 이에 해당한다.

```
%bigquery schema --table flights.tzcorr
```

그림 5-13처럼 스키마를 가져온다면 모든 것이 정상이다.

그렇지 않으면 오류 메시지를 보고 적절한 조정 작업을 수행한다. 인증을 해야 하고, 작업할 프로젝트를 설정해야 하거나 빅쿼리 테이블의 권한을 변경해야 한다.

```
%bigquery schema --table flights.tzcorr
```

name	type	mode	description
FL_DATE	DATE	NULLABLE	
UNIQUE_CARRIER	STRING	NULLABLE	
AIRLINE_ID	STRING	NULLABLE	
CARRIER	STRING	NULLABLE	

그림 5-13. 데이터랩과 함께 제공되는 %biqquery 매직 환경

%bigquery를 주피터 매직으로 참조한다는 사실은 %bigquery가 순수 파이썬이 아니라는 것을 표시한다(노트북 환경에서만 이를 실행할 수 있다). 그러나 매직은 단순히 파이썬 코드의 래퍼 함수다.[23] 노트북 바깥에서 (아마도 예정된 스크립트의 일부로) 정말로 실행하려는 코드가 있다면 매직 progma가 아닌 기본 파이썬을 사용하는 것이 더 좋다.

기본 파이썬을 사용하는 한 가지 방법은 datalab.bigquery 패키지를 사용하는 것이다. 이를 이용하면 노트북 환경과는 별개로 코드를 사용할 수 있다. 데이터랩의 빅쿼리 패키지는 3장과 4장에서 사용한 구글 클라우드 플랫폼 API 라이브러리에 있는 빅쿼리 패키지와 다르다. 구글 클라우드 파이썬 API는 기본적으로 빅쿼리와 통신할

---

23. 래핑된 파이썬 코드를 확인하려면 https://github.com/googledatalab/pydatalab/tree/master/datalab/bigquery를 참고하라.

수 있는 REST API를 호출하는 편리한 방법을 제공하는 반면에 클라우드 데이터랩 빅쿼리 패키지는 그래픽 생성을 간소화하기 위해 빅쿼리 결과와 numpy/판다스 사이의 상호 연결을 추가한다.

도착 지연 탐색

3장에서 생성한 모델(즉, 10분 이상 늦게 출발한 항공편의 도착 지연)에 대한 도착 지연을 가져오려면 다음을 할 수 있다.

```
import google.datalab.bigquery as bq
sql = """
SELECT ARR_DELAY, DEP_DELAY
FROM `flights.tzcorr`
WHERE DEP_DELAY > 10 AND RAND() < 0.01
"""
df = bq.Query(sql).execute().result().to_dataframe()
```

이 코드는 sql 변수에 지정된 클라우드 SQL 구문을 실행하고, 실행 결과를 변환해 판다스 데이터프레임에 저장하는 (bq로 import한) datalab.bigquery 패키지를 사용한다. 4장에서는 구글 클라우드 플랫폼 API를 사용해 이를 실행했지만, 쿼리 페이징이나 시간 초과와 같은 다른 시나리오도 처리해야 한다는 점을 상기하자. 이 모든 것들은 클라우드 데이터랩 패키지가 제공하는 높은 수준의 기능으로 처리할 수 있다. (여기서는 df 변수로 표시된) 판다스 데이터프레임에서 결과를 변환하는 것은 파이썬 데이터 과학 생태계의 나머지를 활짝 여는 좋은 시작이다. 0과 1 사이에 균일하게 분포된 임의의 숫자를 반환하는 함수인 RAND()가 0.01 미만이어야 한다고 지정해서 쿼리가 전체 데이터셋에서 임의의 1%를 가져오기 때문에 통계가 정확하지 않을 수 있다. 그러나 전체 데이터셋을 사용하는 것은 중요하지 않다. 충분히 큰 데이터셋을 사용하는 것만이 중요하다.

데이터프레임을 얻은 후 쿼리에 의해 반환된 두 칼럼에 대한 기본적인 통계를 얻는 것은 다음과 같이 간단하다.

```
df.describe()
```

그림 5-14에서처럼 출발 지연이 10분 이상인 경우 출발 및 도착 지연의 평균, 표준 편차, 최솟값, 최댓값 및 4분위수를 제공한다(쿼리의 WHERE절을 보라).

df.describe()

	ARR_DELAY	DEP_DELAY
count	45792.000000	46057.000000
mean	45.797650	50.822068
std	62.863612	61.079590
min	-46.000000	10.000000
25%	11.000000	17.000000
50%	27.000000	30.000000
75%	59.000000	60.000000
max	1321.000000	1330.000000

그림 5-14. 판다스 데이터프레임의 기본 통계 얻기

판다스의 통계 기능 외에도 판다스 데이터프레임과 기본 numpy 배열을 seaborn과 같은 도표 라이브러리로 전달할 수도 있다. 예를 들어 4장(즉, 10분 이상 늦게 출발한 항공편의 도착 지연)에서 의사 결정 화면의 바이올린 도표를 그리기 위해 다음을 수행하면 된다.

```
sns.set_style("whitegrid")
ax = sns.violinplot(data=df, x='ARR_DELAY', inner='box', orient='h')
```

이 명령은 그림 5-15와 같은 그래프를 생성한다.

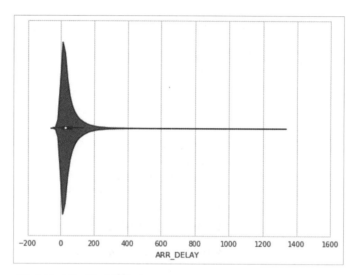

그림 5-15. 도착 지연 바이올린 도표

바이올린 도표는 커널 밀도 도표다.[24] 즉, 이는 확률 분포 함수[PDF25]의 추정치다. 이는 데이터가 일반적으로 분포돼 있다고 가정하지 않기 때문에 단순한 상자 수염 다이어 그램보다 더 많은 정보를 전달한다. 실제로 분포가 10분 정도에 최고에 도달했지만 (최빈값), 이 피크 주변의 편차는 작은 지연보다 큰 지연 쪽으로 왜곡돼 있다. 중요한 점은 피크가 하나뿐이라는 점이다(즉, 쌍봉 분포가 아니다).

10분 이상 출발이 지연된 항공편에 대한 바이올린 도표와 10분 미만 출발 지연된

---

24. 커널 밀도 도표는 단순한 매끄러운 히스토그램이다. 정보의 손실에 대한 해석의 균형을 잡으면서도 히스토그램을 매끄럽게 하는 방법을 찾는 데 있다. 여기서는, seaborn이 대역폭을 매끄럽게 하기 위한 기본 설정을 사용한다. 더 많은 정보는, https://en.wikipedia. org/wiki/Kernel_density_estimation를 참고하라.

25. 1장의 PDF 설명을 확인하라.

항공편에 대한 도표를 비교하고, x축을 15분 임곗값으로 확대해보자. 먼저 다음과 같이 모든 지연 정보를 칼럼으로 집어넣는다.

```
sql = """
SELECT ARR_DELAY, DEP_DELAY
FROM `flights.tzcorr`
WHERE RAND() < 0.001
"""
df = bq.Query(sql).execute().result().to_dataframe()
```

이 쿼리에서는 WHERE절의 일부를 누락시켰다. 대신 판다스를 통해 이 임곗값 처리를 할 것이다. 클라우드 데이터랩은 전적으로 메모리에서 실행되므로, (RAND() < 0.001을 이용해) 1,000편 중 1편만 집어넣는다. 이제 판다스 데이터프레임에 항공편이 10분 미만으로 지연됐는지에 따라 참과 거짓을 표시하는 새로운 칼럼을 생성할 수 있다.

```
df['ontime'] = df['DEP_DELAY'] < 10
```

seaborn을 사용해 이 새로운 판다스 데이터프레임을 그래프로 그릴 수 있다.

```
ax = sns.violinplot(data=df, x='ARR_DELAY', y='ontime',
                    inner='box', orient='h')
ax.set_xlim(-50, 200)
```

이전 바이올린 도표와 이 도표의 차이점은 신규 도표에는 ontime 칼럼이 포함돼 있다는 점이다. 결과적으로 (그림 5-16처럼) 바이올린 도표는 10분 늦게 출발한 항공편과 일찍 출발한 항공편의 차이가 어떤지 보여준다.

바이올린 도표 최상단의 일그러진 꼭대기는 seaborn의 기본 스무딩이 매우 거칠다는 것을 보여준다. gridsize 매개변수를 전달해 이를 보정할 수 있다.

```
ax = sns.violinplot(data=df, x='ARR_DELAY', y='ontime',
inner='box', orient='h', gridsize=1000)
```

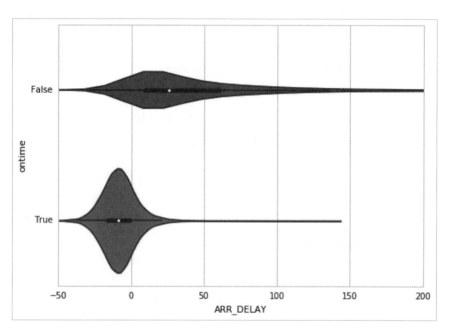

그림 5-16. 모두 지연된 항공편(상단) 대 정시 항공편(하단)의 바이올린 도표 차이

3장에서 알아봤듯이 10분 임곗값이 데이터셋을 두 개의 별도 통계 체계로 분리시키는 것은 확실하다. 따라서 10분 이상 늦게 출발한 항공편의 일반적인 도착 지연은 정시에 출발한 항공편에 비해 훨씬 더 큰 값으로 왜곡된다. 이는 그림 5-17처럼 바이올린 도표의 형상과 가운데 형성돼 있는 상자 도표에서 양쪽 다 볼 수 있다. 정시 항공편과 지연 항공편의 박스 도표(중심의 어두운 줄)의 중심이 어떤지 주목하라.[26]

---

26. 나는 ax.set_xlim(-50, 50)을 추가해 두 번째로 확대한 바이올린 도표를 생성했다.

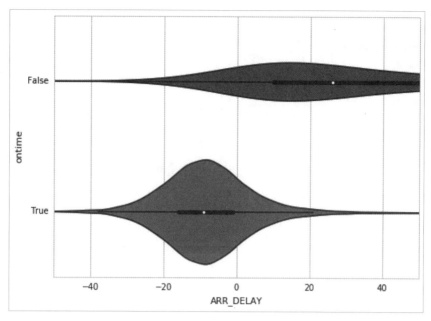

그림 5-17. 그림 5-16를 확대해서 보기

그러나 바이올린 도표의 아주 길고 갸름한 꼬리는 경고 표지다. 이는 데이터셋의 모델에 문제가 있을 수 있음을 알려준다. 무엇이 문제인지 조사해보자.

품질 제어

클라우드 데이터랩으로 쿼리를 계속 작성할 수 있다. 그러나 빅쿼리 콘솔에서 이를 하면 문법이나 로직 오류에 대한 즉각적인 피드백을 받을 수 있다. 따라서 https:// bigquery.cloud.google.com로 전환해 첫 번째 쿼리를 입력한다.

```
#standardsql
SELECT
    AVG(ARR_DELAY) AS arrival_delay
```

```
FROM
    flights.tzcorr
GROUP BY
    DEP_DELAY
ORDER BY
    DEP_DELAY
```

이 쿼리는 (데이터셋에 분으로 저장돼 있는) 모든 출발 지연 값에 연관된 평균 도착 지연을 제공한다. 1,000개 이상이 반환됐다. DEP_DELAY가 정말로 1,000개 이상의 고유한 값을 갖고 있는가? 이게 무슨 뜻인가?

이상한 값

이 부분을 더 자세히 살펴보기 위해 최초 쿼리에 몇 줄을 더 추가하자.

```
#standardsql
SELECT
    DEP_DELAY,
    AVG(ARR_DELAY) AS arrival_delay,
    COUNT(ARR_DELAY) AS numflights
FROM
    `flights.tzcorr`
GROUP BY
    DEP_DELAY
ORDER BY
    DEP_DELAY
```

결과 테이블은 무엇이 문제인지 설명해준다. 그림 5-18에서 볼 수 있듯이 최초 몇 줄에는 항공편 수가 몇 개만 나온다.

그러나 그림 5-19에서 볼 수 있는 것처럼 출발 지연이 몇 분이면 항공편 수가 수만 개 나온다.

Row	DEP_DELAY	arrival_delay	numflights
1	null	null	0
2	-82.0	-80.0	3
3	-68.0	-87.0	3
4	-61.0	-77.0	3
5	-56.0	-35.0	6
6	-55.0	-60.0	3
7	-52.0	-57.5	6
8	-51.0	-49.0	6
9	-49.0	-50.0	3
10	-48.0	-32.87500000000001	8

그림 5-18. 출발 지연된 각 항공편 수

Row	DEP_DELAY	arrival_delay	numflights
56	-2.0	-7.7558555586246385	1563984
57	-1.0	-6.6431868782882875	1389209
58	0.0	-5.251858718686436	1176886
59	1.0	-4.347512076407868	571983
60	2.0	-3.3793214020420677	433482
61	3.0	-2.340170403298544	372528
62	4.0	-1.3548879529849038	331468
63	5.0	-0.2993271528115161	300514
64	6.0	0.6396729702723887	269211

그림 5-19. 출발 지연 값이 작은 경우 많은 수의 항공편이 나온다.

데이터의 적은 비율을 차지하는 이런 이상한 값은 무시할 수 있다. 또한 항공편이 정말 82분 일찍 떠난다면 비행기에 탑승하지 않았을 것이 확실하고, 그럼에도 탑승을 했다면 회의를 진행했을 것이다. 이런 이상한 값으로 통계 모델링을 복잡하게 만들 이유가 없다.

이상치 제거: 빅데이터는 다르다

어떻게 이런 이상치^{outlier}를 제거할 수 있을까? 데이터를 필터링하는 방법은 두 가지가 있다. 하나는 출발 지연 변수 자체를 바탕으로 다음과 같은 조건을 충족하는 값만 유지하는 방법이다.

```
WHERE dep_delay > -15
```

두 번째 방법은 항공편수를 기반으로 데이터를 필터링하는 방법이다.

```
WHERE numflights > 300
```

두 번째 방법(불충분한 예제가 있는 데이터를 제거하는 것을 기초로 하는 품질 제어 필터를 사용하는 방법)이 권장 사항이다.

이는 중요한 점이며 '일반' 데이터셋에서의 통계와 빅데이터에서의 통계 사이의 주요 차이점이다. 빅데이터라는 용어가 완전히 과장된 것이라는 점에는 동의하지만, 빅데이터가 데이터일 뿐이라고 주장하는 사람은 핵심을 놓치고 있는 것이다(데이터셋이 충분히 크다면 문제에 접근하는 방식이 근본적으로 달라진다). 이상치를 검출하는 방식은 하나의 예일 뿐이다.

수백 개에서 수천 개의 예제가 있는 데이터셋의 경우 데이터셋을 걸러야 하고, $\mu \pm 3\sigma$(여기서 μ는 평균, σ는 표준 편차)와 같은 값을 제거해야 한다. 테이블에서 빅쿼리를 실행하면 범위가 어떻게 되는지 찾을 수 있다.

```
#standardsql
SELECT
    AVG(DEP_DELAY) - 3*STDDEV(DEP_DELAY) AS filtermin,
    AVG(DEP_DELAY) + 3*STDDEV(DEP_DELAY) AS filtermax
FROM
    `flights.tzcorr`
```

이렇게 하면 **WHERE**절이 다음과 같이 될 수 있도록 범위가 [–102, 120]분으로 생성된다.

```
WHERE dep_delay > -102 AND dep_delay < 120
```

물론 $\mu \pm 3\sigma$ 범위에 있는 값을 유지하는 필터는 출발 지연 분포가 가우스 분포라는 암묵적 가정에 근거한 것이다. 상위 및 하위 5%를 제외하는 백분위수를 이용해 이런 가정을 피할 수 있다.

```
#standardsql
SELECT
    APPROX_QUANTILES(DEP_DELAY, 20)
FROM
    `flights.tzcorr`
```

이는 [–9, 66] 범위에 있는 수를 유지하게 해준다. 범위를 찾는 방법과 관계없이 범위는 비정상적으로 높거나 낮은 값이 이상치라는 가정을 바탕으로 한다.

수십만에서 수백만 개의 예를 가진 데이터셋에서 값 기반 입력값으로 임곗값을 지정하는 것은 위험하다. 의미 있는 미묘한 차이를 아주 쉽게 버릴 수 있기 때문이다(150분 지연에 대한 충분한 예가 있다면 평균값에서 아무리 멀리 떨어진 값이라도 모델링할 가치가 있다). 고객 만족 및 '롱테일' 사업 전략은 일반적으로 작은 값이나 큰 값에 잘 대응할 수 있는 시스템에 달려 있다. 따라서 다음을 사용해 데이터를 필터링해보자.

```
WHERE dep_delay > -15
```

이는 다음을 사용해 필터링하는 것과 차이가 있다.

```
WHERE numflights > 370
```

첫 번째 방법은 입력된 데이터에 임곗값을 부과하는 방법이고, -15분 미만의 출발 지연이 불합리하다고 확신하는 경우만 실행할 수 있다. 반면 두 번째 방법은 특정 값이 얼마나 자주 관찰되느냐에 기반을 둔다(데이터셋이 커질수록 특정 값이 덜 특이해 진다).

따라서 이상치^{outlier}라는 용어는 빅데이터로 와서 어느 정도는 그릇된 명칭이 됐다. 이상치는 값이 유지되는 범위를 의미하고, 이 범위 바깥에 있는 값이 이상치가 된다. 여기서는 발생 빈도를 포함하는 기준을 충족하는 데이터를 유지한다(데이터에서 충분 히 자주 발생하는 한 어떤 값이든 수용할 수 있다).[27]

발생 빈도에 대한 데이터 필터링

발생 빈도를 기반으로 데이터셋을 필터링하려면 먼저 발생 빈도를 계산해야 하고, 그다음에 발생 빈도 기반으로 데이터의 임곗값을 계산해야 한다. HAVING절을 사용 해 수행할 수 있다.

```
#standardsql
SELECT
    DEP_DELAY,
```

---

27. 이 데이터셋에서, 부동소수점 수는 이미 이산화돼 있다. 예를 들어 도착 지연은 가장 근접한 분으로 반올림돼 있다. 이와 같은 경우가 아니라면 발생 빈도를 계산하기 전에 연속된 데이터를 이산화해야 한다.

```
    AVG(ARR_DELAY) AS arrival_delay,
    STDDEV(ARR_DELAY) AS stddev_arrival_delay,
    COUNT(ARR_DELAY) AS numflights
FROM
    `flights.tzcorr`
GROUP BY
    DEP_DELAY
HAVING
    numflights > 370
ORDER BY
    DEP_DELAY
```

왜 비행 횟수의 임곗값이 370인가? 이 값은 3 시그마 규칙^{three-sigma rule}[28]이라고 부르는 지침에서 유래됐다. 3 시그마 규칙은 전통적으로 '거의 모든 값'이 거짓이라고 여기는 범위를 의미한다.[29] 모수가 충분히 큰 경우 출발 지연 및 도착 지연이 정상적으로 분배돼 있다고 가정하면(이제, 곧 평가할 것이다) '거의 모든 항공편'에 해당한다고 말할 수 있다(각 입력값이 적어도 370개[30]를 갖게 데이터셋을 필터링하는 것은 이를 달성하기 위한 경험 법칙이다).

다른 임곗값을 선택한다면 결과가 어떻게 달라질까? 이전 쿼리에서 **SELECT** *를 20604253(SUM(numflights)[31])으로 대체해 품질 관리 임곗값으로 제거된 항공편 수를 살펴볼 수 있고, 다음 쿼리를 이용해 출발 지연과 도착 지연 사이의 선형 모델의

---

28. (각 출발 지연 시 항공편 수가 수백에서 수천까지이므로 일반적인 통계적인 사고가 적용되는) 정규 분포에서 값의 68.27%는 μ ± σ 범위에 있고, 값의 95.45%는 μ ± 2σ 범위에 있고 값의 99.73%은 μ ± 3σ 범위에 있다. 마지막 범위를 3 시그마 규칙이라고 한다. 더 많은 정보를 확인하려면 https://www.encyclopediaofmath.org/index.php/Three-sigma_rule을 참고하라.

29. 물론 전통은 분야마다 다르고, 종종 해당 분야에서 합리적으로 수집할 수 있는 데이터 양에 달려 있다. 사업 통계에 있어서 3 시그마 규칙은 아주 일반적이다. 사회 과학과 의학에 있어서는 2 시그마가 전통적으로 중요한 임곗값 기준이다. 한편 히기스 보손(Higgs Boson)의 디스커버리의 발표에서 통계적인 인공물이 아니고 진정한 발견으로 분류하는 임곗값은 5 시그마 또는 3.5백만분의 1이라고 했다(https://blogs.scientificamerican.com/observations/five-sigmawhats-that/를 참고하라).

30. 1/(1 − 0.9973) = 370

31. 20,604,235는 데이터셋의 전체 항공편 수다.

기울기를 살펴볼 수 있다.

```
#standardsql
SELECT
   20604235 - SUM(numflights) AS num_removed,
   AVG(arrival_delay * numflights)/AVG(DEP_DELAY * numflights) AS lm
FROM (
   as before )
WHERE
   numflights > 1000
```

numflights에 여러 다른 임곗값을 이용해 이 쿼리를 실행하면 표 5-3과 같은 결과를 얻을 수 있다.

표 5-3. Numflights에 다른 임곗값을 입력한 결과

numflights에 대한 임곗값	제거된 항공편 수	선형 모델 기울기(lm)
1,000	86,787	0.35
500	49,761	0.38
370(3시그마 규칙)	38,139	0.39
300	32,095	0.40
200	23,892	0.41
100	13,506	0.42
22(2시그마 규칙)	4990	0.43
10	2,243	0.44
5	688	0.44

보는 것처럼 임곗값을 감소시켜 항공편 수를 줄임에 따라 기울기는 아주 느리게 변한다. 따라서 임곗값 300, 370, 500으로 생성된 모델의 차이는 아주 미미하다. 그러나 임곗값이 5 또는 10일 때 생성된 모델은 아주 다르다. 임곗값의 크기 순서는

중요하지만, 정확한 값은 아닐 것이다.

출발 지연 시 도착 지연 조건

이제 데이터셋에서 출발 지연에 대한 이상한 값을 정리하는 쿼리를 작성했으므로, 클라우드 데이터랩 노트북으로 쿼리를 해서 탐색적 분석을 지속하고 회의를 취소할 지 여부에 대한 의사 결정을 도와줄 모델을 개발하자. 간단하게 빅쿼리 콘솔에서 클라우드 데이터 입력으로 쿼리를 복사한 후 붙이고, 다음과 같이 쿼리에 명칭을 붙인다.

```
depdelayquery = """
SELECT
    DEP_DELAY,
    arrival_delay,
    stddev_arrival_delay,
    numflights
FROM (
    SELECT
        DEP_DELAY,
        AVG(ARR_DELAY) AS arrival_delay,
        STDDEV(ARR_DELAY) AS stddev_arrival_delay,
        COUNT(ARR_DELAY) AS numflights
    FROM
        `flights.tzcorr`
    GROUP BY
        DEP_DELAY )
WHERE
    numflights > 370
ORDER BY
    DEP_DELAY
"""
```

이를 쿼리 생성자에 전달하고 판다스 데이터프레임을 얻기 위해 평소와 같이 쿼리를 실행한다.

```
depdelay = bq.Query(depdelayquery).execute().result().to_dataframe()
depdelay[:5]
```

[:5]는 첫 번째 다섯 개 열을 표시한다. 그림 5-20은 결과를 보여준다.

	DEP_DELAY	arrival_delay	stddev_arrival_delay	numflights
0	-27.0	-26.793548	10.785545	465
1	-26.0	-24.438375	11.403709	714
2	-25.0	-25.185224	10.598301	961
3	-24.0	-24.090560	12.087346	1303
4	-23.0	-24.016630	11.008934	1804

그림 5-20. 370편 이상 출발 지연한 판다스 데이터프레임

얻을 수 있는 통찰력이 무엇인지 확인하기 위해 이 데이터를 도표로 그려 보자. 이전에 seaborn을 이용했지만 판다스 자체에도 내장형의 도표 기능이 있다.

```
ax = depdelay.plot(kind='line', x='DEP_DELAY',
         y='arrival_delay', yerr='stddev_arrival_delay')
```

이 코드는 그림 5-21에서와 같은 도표를 생성한다.

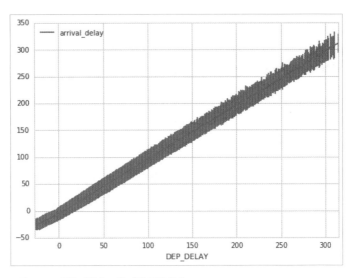

그림 5-21. 출발 지연과 도착 지연 간의 관계

확실히 출발 지연과 도착 지연 간의 관계가 매우 선형적인 것처럼 보인다. 도착 지연의 표준 편차 너비도 10분 정도로 꽤 일정하다.

클라우드 데이터랩에는 사용 가능한 다양한 **%bigquery**와 %sql 매직이 있다. 이들과 함께 전체 클라우드 SQL 워크플로우를 실행하기에 적합하도록 매우 편리한 'fat SQL' 클라이언트를 형성한다. 특히 유용한 것은 다음 코드를 사용해 임시 데이터셋을 생성하고 (방금 실행한 **depdelay** 쿼리와 같은) 쿼리의 결과를 데이터셋의 테이블로 보낼 수 있는 점이다.

```
%bigquery create dataset -n temp_dataset
%bigquery execute -q depdelayquery -t my_temp_dataset.delays
```

이제 노트북의 쿼리에 대한 입력으로 이 테이블을 사용할 수 있다. 워크플로우의 끝에서 모든 필요한 도표와 그래프를 생성한 후 파이썬을 이용해 데이터셋을 지울 수 있다.

```
for table in bq.Dataset("temp_dataset").tables():
    table.delete()
bq.Dataset("temp_dataset").delete()
```

확률적 결정 임곗값 적용

1장에서의 의사 결정 기준이 15분 및 30%임을 상기하라. 항공편이 15분 이상 도착 지연될 확률이 30%면 회의를 취소하겠다는 문자 메시지를 보낼 것이다. 어떤 출발 지연에서 이런 일이 발생할까?

각 출발 지연에 부합한 도착 지연의 표준 편차를 계산함으로써 도착 지연이 정상적으로 분배됐다고 암묵적으로 가정했다. 아직까지는 그 가정을 계속하자. 보완된 누적 분포 테이블을 조사해 0.3이 발생하는 곳을 찾을 수 있다. 테이블에서 $Z = 0.52$에서 발생한다.

이제 클라우드 데이터랩으로 돌아가서 데이터셋에 이 숫자를 연결한다.

```
Z_30 = 0.52
depdelay['arr_delay_30'] = (Z_30 * depdelay['stddev_arrival_delay']) \
            + depdelay['arrival_delay']
plt.axhline(y=15, color='r')
ax = plt.axes()
depdelay.plot(kind='line', x='DEP_DELAY', y='arr_delay_30',
            ax=ax, ylim=(0,30), xlim=(0,30), legend=False)
ax.set_xlabel('Departure Delay (minutes)')
ax.set_ylabel('> 30% likelihood of this Arrival Delay (minutes)')
```

이 코드는 그림 5-22와 같은 도표를 생성한다.

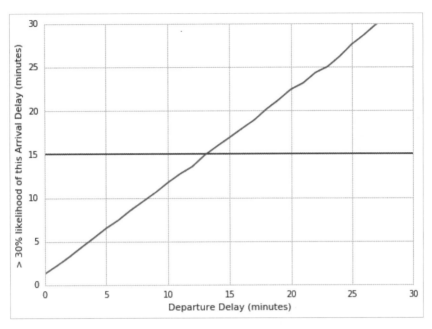

그림 5-22. 도착 지연 15분 초과 시 출발 지연 가능성이 30%인 경우의 출발 지연 임곗값 선택

의사 결정 기준은 13분 출발 지연으로 해석된다. 출발 지연이 13분 이상이면 15분 이상 지연될 확률이 30% 이상이다.

경험 확률 분포 함수

출발 지연된 각 항공편의 분포가 일반적으로 분포돼 있다는 가정을 버리면 어떨까? 그렇다면 각 출발 지연이 30%될 확률을 경험적으로 결정해야 한다. 다행히도 각 출발 지연당 적어도 370편이 있으므로(커다란 데이터셋으로 일하는 즐거움!), 각 출발 지연당 30번째 백분위수를 간단히 계산할 수 있다.

각 출발 지연에 해당하는 도착 지연을 100개의 빈으로 이산하고 70번째 빈에 해당하는 도착 지연을 선택함으로써 빅쿼리에서 30번째 백분위수를 계산할 수 있다.

```
#standardsql
SELECT
  DEP_DELAY,
  APPROX_QUANTILES(ARR_DELAY, 101)[OFFSET(70)] AS arrival_delay,
  COUNT(ARR_DELAY) AS numflights
FROM
  `flights.tzcorr`
GROUP BY
  DEP_DELAY
HAVING
  numflights > 370
ORDER BY
  DEP_DELAY
```

APPROX_QUANTILES() 함수는 ARR_DELAY를 $N + 1$개의 빈으로 나눈다(여기서 $N = 101$로 지정).[32] 첫 번째 빈은 대략적인 최솟값이고, 마지막 빈은 대략적인 최댓값이고, 나머지 빈은 일반적으로 고려하던 빈들이다. 따라서 70번째 백분위수는 결과의 71번째 항목이다. [] 문법은 배열에서 n번째 항목을 찾는다. OFFSET(70)은 71번째 항목을 제공한다. OFFSET은 0에서 시작하기 때문이다.[33] 30이 아니고 왜 70인가? 도착 지연이 30% 확률로 일어 날 수 있고, 이것은 더 큰 값을 포함할 것이기 때문이다.

이 쿼리의 결과는 모든 출발 지연에 경험적 30번째 백분위수 임곗값을 제공하고, 그림 5-23에서 볼 수 있다.

---

32. 매개변수의 설명을 보려면 https://cloud.google.com/bigquery/docs/reference/standard-sql/functions-and-operators#approx_quantiles를 방문하라. 이 함수는 대형 데이터셋, 특히 부동소수 값에 대한 정확한 분위수(quantiles)를 계산하는 것은 공간 측면에서 매우 비쌀 수 있기 때문에 대략적인 분위수를 계산한다. 대신 대부분의 빅데이터 데이터베이스는 http://dl.acm.org/citation.cfm?doid=375663.3756700에서 설명이 돼 있는 것처럼 대략적인 분위수를 계산하기 위해 그린왈드(Greenwald)와 칸나(Khanna)의 알고리즘을 일부 변형해 사용한다.

33. OFFSET 대신 ORDINAL을 사용했다면 1에서 시작했을 것이다.

Results	Explanation	Job Information	
Row	DEP_DELAY	arrival_delay	numflights
1	-27.0	-24.0	465
2	-26.0	-21.0	714
3	-25.0	-22.0	961
4	-24.0	-21.0	1303
5	-23.0	-20.0	1804

그림 5-23. 모든 가능한 출발 지연에 대한 경험적 30% 확률의 도착 지연

클라우드 데이터랩에 쿼리를 연결하면서 가우스 분포와 연관된 Z-lookup 및 Z-score 계산을 제외할 수 있다.

```
depdelay = bq.Query(depdelayquery2).execute().result().to_dataframe()
plt.axhline(y=15, color='r')
ax = plt.axes()
depdelay.plot(kind='line', x='DEP_DELAY', y='arrival_delay',
              ax=ax, ylim=(0,30), xlim=(0,30), legend=False)
ax.set_xlabel('Departure Delay (minutes)')
ax.set_ylabel('> 30% likelihood of this Arrival Delay (minutes)')
```

이제 그림 5-24와 같은 결과 도표를 얻을 수 있다.

그림 5-24. 도착 지연이 15분 초과 시 출발 지연이 30%인 출발 지연 임곗값

정답은...

그림 5-24의 다이어그램에서 의사 결정의 임계 기준은 표준 편차의 가정 없이 16분이다. 항공편이 16분 이상 지연된다면 15분 이상 늦게 도착할 확률은 30% 이상이다.

앞에서 언급한 임곗값은 다소 보수적인 가정을 바탕으로 한 조건이었음을 상기하라 (15분 늦을 경우 30% 이상의 확률로 회의를 취소할 것이다). 비즈니스 거래에서 좀 더 대담하거나 특정 고객이 몇 분 정도 기다리는 것에 짜증을 내지 않는다면 어떨까? 15분 늦을 경우 70% 이상인 경우를 제외하고 회의를 취소하지 않으려면 어떻게 할까? 좋은 점은 동일한 기본 프레임워크에서 다양한 사람과 다양한 시나리오에 대한 다양한 의사 결정 임계 기준을 제시하기 쉽다는 점이다.

주목해야 할 점 하나는 실제 지연을 분 단위로 추가하면 분할표만 사용하는 것보다 더 나은 의사 결정이 가능하다는 점이다. 분할표만으로는 항공편이 10분 지연됐을 때마다 회의를 취소해야 했다. 실질적인 출발 지연과 확률론적 결정 프레임워크를 사용하면 항공편이 16분 이상 지연되지 않으면 회의 취소를 피할 수 있다.

모델 평가

그렇다면 이 권고가 얼마나 정확할까? 회의를 취소하거나 취소하지 말라는 이 권고가 몇 번이나 올바른가? 나에게 질문을 했다면 나는 이에 대해 바로 대답하지 못했을 것이다(임곗값이 얼마나 정확한지는 알 수 없다). 별개의 표본을 갖지 않기 때문이다. 이제 이 문제를 해결해보자(모델이 점점 더 정교해질수록 개별적인 표본이 점점 더 필요해질 것이다).

개별적인 표본을 찾는 데는 다음과 같이 크게 두 가지 방법이 있다.

- 새로운 데이터를 수집한다. 예를 들어 BTS로 돌아가서 2016년도 데이터를 다운로드하고 데이터셋에서 권고치를 평가할 수 있다.

- 2015년 데이터를 두 부분으로 분할한다. (훈련셋이라고 부르는) 첫 번째 부분에 대한 모델을 생성하고, 이를 (테스트셋이라고 부르는) 두 번째 부분으로 평가한다.

두 번째 방법이 더 일반적이다. 데이터셋은 정형화된 경향이 있기 때문이다. 여기서 실제 상황에 관심이 있다면 동일한 작업을 해보자. 이 예에서는 다시 앞으로 돌아가서 더 많은 데이터를 얻는다.[34]

데이터를 분할할 때 주의해야 한다. 각 부분이 전체 데이터셋을 대표하게 하고 싶다 (그리고 예측하고 있는 것과 유사한 관계를 갖도록 만들고 싶다). 그러나 동시에 테스트

---

34. 10장으로 넘어가면 2016년의 데이터를 완벽히 독립된 테스트셋으로 만듦으로써 분할된 데이터셋을 많은 의사 결정의 기준으로 삼을 것이다.

데이터와 훈련 데이터가 상호 독립적인지 확인하고 싶다. 이것이 무슨 의미인지 이해하기 위해 몇 개의 합리적인 분할을 해보고, 이게 왜 동작하지 않는지 이야기해보자.

무작위로 뒤섞기

데이터셋에 있는 모든 열을 무작위로 뒤섞어 데이터를 분할하고, 첫 번째 70%을 훈련셋으로 선택하고, 나머지 30%을 테스트셋으로 선택할 수도 있다. 빅쿼리에서 RAND() 함수를 이용해 처리할 수 있다.

```
#standardsql
SELECT
    ORIGIN, DEST,
    DEP_DELAY,
    ARR_DELAY
FROM
    flights.tzcorr
WHERE
    RAND() < 0.7
```

RAND() 함수는 0에서 1 사이의 값을 반환하고, 데이터셋에서 대략 70%의 열이 이 쿼리에 의해 선택된다. 그러나 머신 러닝을 위해 이런 표본 방식을 사용하는 데에는 여러 가지 문제가 있다.

- 훈련셋에서 선택되지 않은 열의 30%를 테스트셋에서 사용하게 하는 것은 쉽지 않다.

- RAND() 함수는 실행될 때마다 다른 값을 반환해서 쿼리를 다시 실행하면 또 다른 70%의 열을 얻을 것이다. 이 책에서는, 여러 가지 머신 러닝 모델을 실험한다. 그리고 각 모델을 다른 테스트셋으로 평가한다면 모델 간의 비교로 인해 혼란스러울 것이다.

- 빅쿼리 결과셋에서 열에 대한 순서는 보장되지 않는다. 이는 기본적으로 서로 다른 워커들이 결과를 반환하는 순서다. 따라서 RAND()를 반복적으로 만들기 위해 무작위 시드를 설정할 수 있더라도 여전히 반복적인 결과를 얻을 수 없다. RAND()를 실행하기 전에 (각 열에 대해 고유한 필드인 ID 필드로) 명시적으로 데이터를 정렬하기 위해 ORDER BY 구문을 추가해야만 한다. 그런데 항상 가능한 것이 아니다.

또한 특별한 데이터셋에서 무작위로 섞는 것은 또 다른 이유로 문제가 있다. 같은 날의 항공편에는 동일한 날씨와 교통량에 대한 요소들이 영향을 줄 것이다. 따라서 훈련셋과 테스트셋의 열들은 단순히 데이터를 뒤섞는다면 상호 독립적이지 않다. 이 고려 사항은 이 데이터셋에만 관련돼 있다(ID 필드가 있다면 데이터를 뒤섞어 최초 70%를 선택하는 것은 열 사이의 의존성이 없는 다른 데이터셋에서는 동작할 것이다).

2015년 1월에서 9월까지의 데이터를 훈련 데이터로, 10월부터 12월까지의 데이터를 테스트 데이터로 나눌 수 있다. 그런데 여름에 운항 지연이 많이 발생하고, 겨울에는 그렇지 않다면 어떻게 해야 할까? 데이터셋을 월별로 분할한다면 훈련 데이터셋이나 테스트 데이터셋 모두 전체 연도를 대표할 수 있다.

날짜로 분할

다음으로 선택할 접근법은 데이터셋에서 고유한 날짜들을 찾고, 뒤섞고, 그중 70%를 훈련 데이터셋으로 사용하고, 나머지를 테스트 데이터셋으로 사용하는 것이다. 반복성의 유지를 위해 이 부분을 빅쿼리의 테이블로 저장한다.

첫 번째 단계는 데이터셋에서 모든 고유한 날짜를 얻는 것이다.

```
#standardsql
SELECT
```

```
    DISTINCT(FL_DATE) AS FL_DATE
FROM
    flights.tzcorr
ORDER BY
    FL_DATE
```

다음 단계는 **train_day**로 정하기 위해 이들 중 70%를 임의로 선택하는 것이다.

```
#standardsql
SELECT
    FL_DATE,
    IF(MOD(ABS(FARM_FINGERPRINT(CAST(FL_DATE AS STRING))), 100) < 70,
        'True', 'False') AS is_train_day
FROM (
    SELECT
        DISTINCT(FL_DATE) AS FL_DATE
    FROM
        `flights.tzcorr`)
ORDER BY
    FL_DATE
```

앞 쿼리에서는 FarmHash 라이브러리를 이용해 inner 쿼리에서 각 고유한 날짜에 대한 해시 값을 계산한다.[35] 그리고 이 해시 값의 마지막 두 자리가 70보다 작으면 **is_train_day** 필드가 True로 지정된다. 그림 5-25에서 결과 테이블을 볼 수 있다.

---

35. https://opensource.googleblog.com/2014/03/introducing-farmhash.html에 자세히 설명돼 있다. 그리고 https://github.com/google/farmhash에 관련 코드가 있다.

Row	FL_DATE	is_train_day
1	2015-01-01	True
2	2015-01-02	False
3	2015-01-03	False
4	2015-01-04	True
5	2015-01-05	True
6	2015-01-06	False
7	2015-01-07	True
8	2015-01-08	True
9	2015-01-09	True
10	2015-01-10	True

그림 5-25. train_day 선택

마지막 단계는 이 결과를 빅쿼리의 테이블로 저장하는 것이다. 빅쿼리 콘솔에서 테이블로 저장 버튼을 클릭해서 할 수 있다. 이 테이블명을 **trainday**라고 하자. 훈련 데이터의 열을 가져올 때마다 이 테이블과 조인할 수 있다.

일부 장에서는 빅쿼리를 사용하지 않을 것이다. 빅쿼리를 사용하지 않는 경우를 위해 테이블을 csv 파일로도 내보낸다. 그림 5-26의 예처럼 테이블명 옆에 있는 화살표를 클릭해 처리할 수 있다.

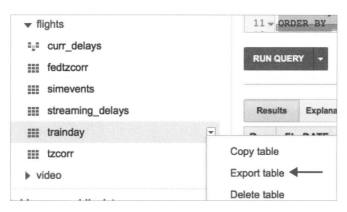

그림 5-26. 빅쿼리 테이블을 csv 파일로 내보내기

다음으로 결과 저장 버튼을 클릭한다. 이 연습에서는 클라우드 스토리지의 gs://
cloud-training-demos-ml/flights/trainday.csv에 저장한다(물론 자신의 버킷에 저장
하게 수정하라).

훈련과 테스트

이제 돌아가서 훈련 데이터로 선택한 일자에 해당하는 데이터를 사용해 백분위를
계산하기 위해 원본 쿼리를 수정한다. 이를 위해 다음과 같은 원본 쿼리에 문자열이
있다고 가정하자.

```
FROM
    `flights.tzcorr`
```

이를 다음과 같이 변경한다.

```
FROM
    `flights.tzcorr` f
JOIN
    `flights.trainday` t
ON
    f.FL_DATE = t.FL_DATE
WHERE
    t.is_train_day = 'True'
```

이제 쿼리는 **is_train_day**가 **True**인 날짜인 경우만 수행된다. 클라우드 데이터랩에
입력할 새로운 쿼리는 다음과 같다.

```
%sql --dialect standard --module depdelayquery3
#standardsql
```

```
SELECT
    *
FROM (
  SELECT
      DEP_DELAY,
      APPROX_QUANTILES(ARR_DELAY,
          101)[OFFSET(70)] AS arrival_delay,
      COUNT(ARR_DELAY) AS numflights
  FROM
      `flights.tzcorr` f
  JOIN
      `flights.trainday` t
  ON
      f.FL_DATE = t.FL_DATE
  WHERE
      t.is_train_day = 'True'
  GROUP BY
      DEP_DELAY )
WHERE
  numflights > 370
ORDER BY
  DEP_DELAY
```

다이어그램을 생성하는 코드는 동일하다(첫 줄의 쿼리명이 바뀐다).

```
depdelay = bq.Query(depdelayquery3).execute().result().to_dataframe()
plt.axhline(y=15, color='r')
ax = plt.axes()
depdelay.plot(kind='line', x='DEP_DELAY', y='arr_delay_30',
              ax=ax, ylim=(0,30), xlim=(0,30), legend=False)
ax.set_xlabel('Departure Delay (minutes)')
ax.set_ylabel('> 30% likelihood of this Arrival Delay (minutes)')
```

그림 5-27처럼 임곗값(교차 지점의 x축 값)의 일관성은 유지된다.

그림 5-27. 출발 지연 임곗값은 이전 방법의 값과 동일하다.

70%의 데이터만으로 경험적 확률 모델을 생성해 동일한 결과(16분)를 얻었으므로, 만족스러운 결과다.

15분 또는 그 이상의 도착 지연 예측 관점에서 16분에 대한 권고가 얼마나 유효한지 공식적으로 평가해보자. 이를 위해 잘못 취소한 회의나 놓친 회의의 횟수를 찾아야 한다. 훈련 일자가 아닌 일자들 중에서 개수를 계산할 수 있다.

```
#standardsql
SELECT
    SUM(IF(DEP_DELAY < 16
        AND arr_delay < 15, 1, 0)) AS correct_nocancel,
    SUM(IF(DEP_DELAY < 16
        AND arr_delay >= 15, 1, 0)) AS wrong_nocancel,
    SUM(IF(DEP_DELAY >= 16
        AND arr_delay < 15, 1, 0)) AS wrong_cancel,
    SUM(IF(DEP_DELAY >= 16
```

```
        AND arr_delay >= 15, 1, 0)) AS correct_cancel
FROM (
  SELECT
      DEP_DELAY,
      ARR_DELAY
  FROM
      `flights.tzcorr` f
  JOIN
      `flights.trainday` t
  ON
      f.FL_DATE = t.FL_DATE
  WHERE
      t.is_train_day = 'False' )
```

의사 결정 임곗값을 계산할 때와 달리 모델을 평가할 때 이상치(즉, 특정 출발 지연에 대해 370번의 항공편으로 임곗값 찾기)를 제거하지 않는다는 점에 주목하자(이상치 제거는 훈련 작업의 일부이고, 평가는 이와 별개다). 두 번째 주목할 점은, 이 쿼리는 훈련 데이터셋에 없는 일자들에 대해 실행한다는 점이다. 이 코드를 빅쿼리에서 실행하면 그림 5-28과 같은 결과를 얻는다.

	correct_nocancel	wrong_nocancel	wrong_cancel	correct_cancel
0	4493692	238360	188140	773612

그림 5-28. 독립적인 테스트 데이터셋의 분류 결과표

총 188,140 + 773,612 = 961,752 항공편에서 회의를 취소할 것이다.

이 권고 사항 중 몇 %가 정확한 것인가? 클라우드 데이터랩에서 계산할 수 있다.

```
eval = bq.Query(evalquery).execute().result().to_dataframe()
print eval['correct_nocancel'] / (eval['correct_nocancel'] + \
```

```
eval['wrong_nocancel'])
print eval['correct_cancel'] / (eval['correct_cancel'] + \
eval['wrong_cancel'])
```

그림 5-29는 결과를 보여준다.

```
eval = bq.Query(evalquery).to_dataframe(dialect='standard')
print eval['correct_nocancel'] / (eval['correct_nocancel'] + \
eval['wrong_nocancel'])
print eval['correct_cancel'] / (eval['correct_cancel'] + \
eval['wrong_cancel'])
            0      0.949629
            dtype: float64
            0      0.804378
            dtype: float64
```

그림 5-29. 독립적인 테스트 데이터셋에서의 정확도 계산

회의를 취소하지 말길 권고할 때 권고 횟수의 95%가 정확하고, 회의를 취소하길 권고할 때 80%가 정확하다고 증명한다.

왜 70%가 아닌가? 모집군이 다르기 때문이다. 모델을 생성할 때 특정한 출발 지연이 있을 경우 도착 지연의 70번째 백분위수를 찾았다. 모델을 평가할 때 모든 항공편 데이터셋을 살펴봤다. 하나는 주변 분포이고, 나머지 하나는 전체 분포다. 이에 대해 생각해 볼 수 있는 또 다른 방법은, 회의가 전화로 간단히 취소될 때 81%의 수치가 20분 이상의 출발 지연에 의해 채워지는 것이다. 물론 스코어링 기능을 변경해 결정의 경계에서 바르게 평가할 수도 있다.

```
%sql --dialect standard --module evalquery2
#standardsql
SELECT
    SUM(IF(DEP_DELAY = 15
```

```
        AND arr_delay < 15, 1, 0)) AS correct_nocancel,
    SUM(IF(DEP_DELAY = 15
        AND arr_delay >= 15, 1, 0)) AS wrong_nocancel,
    SUM(IF(DEP_DELAY = 16
        AND arr_delay < 15, 1, 0)) AS wrong_cancel,
    SUM(IF(DEP_DELAY = 16
        AND arr_delay >= 15, 1, 0)) AS correct_cancel
...
```

이렇게 하면 15분과 16분의 출발 지연만 평가해서 분할표는 그림 5-30과 같다.

```
eval = bq.Query(evalquery2).to_dataframe(dialect='standard')
eval.head()
```

	correct_nocancel	wrong_nocancel	wrong_cancel	correct_cancel
0	27200	10391	24005	10408

```
print eval['correct_nocancel'] / (eval['correct_nocancel'] + \
eval['wrong_nocancel'])
print eval['correct_cancel'] / (eval['correct_cancel'] + \
eval['wrong_cancel'])

        0    0.723577
        dtype: float64
        0    0.302444
        dtype: float64
```

그림 5-30. 주변 의사 결정만 평가하기

기대한 대로 회의를 취소하는 것이 목표인 30%에 근접한 30.2%로 보정된다. 이
모델은 목표였던 70%의 정확성 측정은 달성했지만, 3장의 분할표 기반 모델보다
더 적은 항공편을 취소할 수 있게 됐다.

요약

5장에서는 분석적 데이터 분석을 수행하기 시작했다. 커다란 데이터셋을 대화형으로 분석하기 위해 빅쿼리에 데이터를 탑재했다. 빅쿼리는 수백 개의 행을 몇 초 단위로 쿼리를 실행시킬 수 있는 능력을 제공한다. 정교한 통계 도표를 그리는 기능이 필요해서 클라우드 데이터랩의 주피터 노트북을 사용해 달성했다.

모델 자체에 대해서는 출발 지연 임곗값을 구하기 위해 도착 지연의 30번째 백분위수에 대한 비모수적인 추정(모집단의 분포를 가정하지 않고 오직 데이터를 통해서만 데이터를 검정하는 방법 - 옮긴이)을 사용할 수 있었다. 이를 통해 동일한 목표 정확성을 달성하면서도 회의를 덜 취소할 수 있음을 발견했다. 데이터셋을 구성하는 별개의 날짜들을 무작위로 분할함으로써 데이터셋을 두 부분(훈련셋과 테스트셋)으로 나눠 독립적인 항공편 세트에 대한 결정 임곗값을 평가했다.

클라우드 데이터프록상의 베이즈 분류

관리해야 할 클러스터가 없는 빅쿼리에서 쿼리를 실행하는 데 익숙해짐에 따라 하둡 클러스터를 구성하고 관리하는 것으로 다시 돌아가기 부담스러울 것이다. 그러나 클라우드상에서 데이터 과학에 대해 둘러보기로 앞에서 약속했고, 하둡은 많은 회사에서 중요한 역할을 담당하고 있으므로 여기서 살펴본다. 다행히도 구글 클라우드 데이터프록은 맵리듀스, 피그, 하이브 및 스파크를 실행시킬 수 있는 하둡 클러스터를 쉽게 시작시킬 수 있다. 클러스터 관리와 리소스를 줄이는 것에서는 벗어날 수 없지만,[1] 적어도 아파치 스파크와 아파치 피그를 사용하는 낮은 수준의 맵리듀스 작업을 작성하는 프로그래밍의 어려움은 피할 수 있을 것이다.

6장에서는 항공편의 도착 지연을 예측하기 위한 베이지안 모델을 생성해서 데이터 과학 문제의 다음 단계를 다룬다. 빅쿼리, 스파크 SQL 및 아파치 피그Apache Pig를 포함하는 통합 워크플로우로 이를 진행한다. 또한 클라우드 데이터프록Cloud Dataproc을 이용해 지정된 하둡 클러스터를 생성하고, 크기를 조정하고, 삭제하는 방법도 배운다.

---

1. 스파크 작업을 실행하는 데 빅쿼리를 사용할 때 했던 것과 같이 많은 컴퓨팅 자원이 준비될 수 있도록 1,000 노드를 가진 클러스터를 생성한다고 가정하자. 그러나 모든 노드는 대부분의 시간 유휴 상태일 것이다. 효율적인 작업 방법은 개발을 할 때는 노드를 세 개만 생성하고, 전체 데이터셋으로 실행할 때는 워커를 20개로 늘리는 것이다.

맵리듀스와 하둡 생태계

맵리듀스는 머신 클러스터에서 대용량 데이터셋을 처리하는 방법으로 제프 딘[Jeff Dean]과 산자이 게마왓[Sanjay Ghemawat]의 논문에 소개됐다. 그들은 실생활의 많은 작업을 두 가지 유형의 함수로 분해할 수 있음을 소개했다. 맵 함수는 키-값 쌍을 처리해 중간의 키-값 쌍을 생성하는 함수고, 리듀스 함수는 동일한 키에 연관된 모든 중간 값들을 병합하는 함수다. 유연하고 범용적인 프레임워크는 상용 머신 클러스터상에서 맵리듀스 모듈로 작성한 프로그램을 실행시킬 수 있다. 이런 맵리듀스 프레임워크는 분산 처리 시스템 애플리케이션을 어렵게 만드는 많은 세부 사항을 처리할 수 있다. 예를 들어 이 프레임워크는 입력값을 적절히 분할하고, 여러 대의 머신에 걸쳐 프로그램 실행을 스케줄하며, 작업이나 장비 오류를 처리한다.

맵리듀스 동작 방식

큰 크기의 문서들이 있고, 이 문서들에서 단어의 빈도를 계산하고 싶다고 가정하자. 맵리듀스 이전에는 아주 어려운 문제였다. 취할 수 있는 한 가지 접근 방법은 수직 확장이다(즉, 매우 크고 강력한 머신을 이용하는 것이다).[2] 이 머신은 현재의 단어 빈도를 메모리에 저장하고, 문서에 있는 단어가 등장할 때마다 단어 빈도 테이블을 업데이트한다. 다음은 이에 대한 의사 코드다.

```
wordcount(Document[] docs):
    wordfrequency = {}
    for each document d in docs:
        for each word w in d:
            wordfrequency[w] += 1
```

---

2. 2장에서 데이터센터 기술 관점에서 수직 확장, 수평 확장 및 한곳에 모은 데이터에 대해 알아봤다. 여기에서 이는 유용한 배경 지식이 된다.

```
return wordfrequency
```

이 코드는 문서를 분리된 스레드들로 동작시키고, 스레드 사이에 단어 빈도 테이블을 공유하고, 스레드 안전한^{thread-safe} 방식으로 테이블을 갱신하는 다중 스레드 솔루션으로 구축할 수 있다. 그러나 어느 시점에서는 단일 머신의 능력을 초과하는 데이터셋을 처리해야 한다. 이제 머신 클러스터 사이에 문서를 분할시켜 처리할 수 있는, 수평 확장을 원할 것이다. 클러스터상의 각 머신은 온전한 문서 집합의 일부를 처리한다. 프로그래머는 두 가지 함수(맵과 리듀스)를 구현한다.

```
map(String docname, String content):
    for each word w in content:
        emitIntermediate(w, 1)

reduce(String word, Iterator<int> intermediate_values):
    int result = 0;
    for each v in intermediate_values:
        result += v;
    emit(result);
```

프레임워크는 맵과 리듀스 오케스트레이션을 관리하고, 중간에 **group-by-key**를 삽입한다. 프레임워크는 이런 호출을 구현한다(프로그래머가 구현하지는 않는다).

```
wordcount(Document[] docs):
    for each doc in docs:
        map(doc.name, doc.content)
    group-by-key(key-value-pairs)
    for each key in key-values:
        reduce(key, intermediate_values)
```

네트워크 수평 통신 대역폭이 낮은 환경에서 속도를 향상시키려고[3] 컴퓨트 인스턴스에 부착된 로컬 드라이브에 문서들을 저장한다. 그림 6-1에서처럼 맵리듀스 인프라에 의해 맵 연산은 스케줄링돼서 필요한 데이터가 이미 존재하는 컴퓨트 인스턴스상에서 실행된다(이는 데이터가 클러스터상에 미리 샤딩돼 있는 것으로 가정한다).

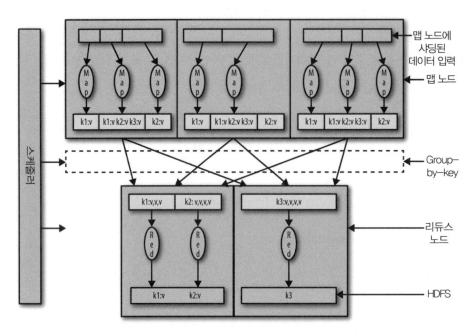

그림 6-1. 맵리듀스는, 맵 연산을 하는 컴퓨트 인스턴스가 로컬 파일 시스템 호출로 필요한 데이터에 접근해서 로컬 시스템에 미리 샤딩된 데이터셋을 분산 처리하는 알고리즘이다.

다이어그램에 표시된 대로 단일 머신에 다중의 맵과 리듀스 작업을 수행할 수 있다. 맵리듀스 프레임워크가 제공하는 핵심 기능은 맵 작업이 완료된 후 리듀스 작업을 시작하기 전의 오케스트레이션 및 대규모 group-by-key 작업이다.

---

3. 다음 https://research.google.com/archive/mapreduce-osdi04-slides/index-auto-0006.html에서 딘과 게마왓의 원본 프레젠테이션의 6번째 슬라이드를 보라. 그들이 제안한 맵리듀스 아키텍처는 클러스터가 제한된 수평 통신 대역폭과 좀 더 느린 로컬 드라이브를 가졌다고 가정한다.

284

아파치 하둡

딘과 게마왓이 맵리듀스 논문을 발표했을 때 구글의 맵리듀스 구현을 오픈소스로는 제공하지 않았다.[4] 하둡은 몇 가지 구글 논문을 기반으로 한 오픈소스 웹 크롤러인 아파치 너치Apache Nutch의 일부로, 더그 커팅Doug Cutting이 작성한 오픈소스 소프트웨어다. 커팅은 (오늘날 구글 클라우드 플랫폼에서 사용하고 있는 콜로수스 파일 시스템의 전신인) 구글 파일 시스템과 맵리듀스 논문상의 데이터 처리 프레임워크에 대한 구글의 문서를 기반으로 크롤러에 분산 파일 시스템을 모델링했다. 2006년에 하둡은 하둡 분산 파일 시스템HDFS, Hadoop Distributed File System과 맵리듀스 엔진으로 분리됐다.

오늘날의 하둡은 아파치 소프트웨어 파운데이션에서 관리한다. 하둡은 상용 머신 클러스터에서 애플리케이션의 데이터를 병렬적으로 처리하게 해주는 맵리듀스 알고리즘을 사용해 애플리케이션을 실행하는 프레임워크다. 아파치 하둡은 프레임워크에 의해 실행되는 맵리듀스 애플리케이션(즉, 맵 및 리듀스 함수)을 작성하는 데 필요한 자바 라이브러리를 제공한다. 또한 하둡은 YARN이라는 스케줄러와 분산 파일 시스템(HDFS)을 제공한다. 하둡에서 작업을 실행하려면 프로그래머는 입력 및 출력 파일 위치(일반적으로 이들은 HDFS에 있다)를 지정한 작업을 프레임워크에 제출하고, 맵 및 리듀스 함수를 구현한 일련의 자바 클래스를 업로드한다.

구글 클라우드 데이터프록

일반적으로 하둡 작업을 작성하는 첫 번째 단계는 하둡의 설치를 진행하는 것이다. 여기에는 머신들을 서로 인식시키고, 안전하게 서로 통신할 수 있도록 클러스터를 설정하고, 클러스터에 하둡을 설치하고, 클러스터를 구성하는 것이 포함돼 있다. 그런 다음 YARN과 맵리듀스 단계를 시작하면 일부 하둡 프로그램을 작성할 준비가 된다. 구글 클라우드 플랫폼에서는 다음과 같은 단일 gcloud 명령으로 완전히 구성

---

4. 최근 구글에서 출간하는 연구 논문들은 종종 오픈소스 구현을 제공한다. 쿠버네티스, 아파치 빔, 텐서플로 및 인셉션이 그 예다.

된 하둡 클러스터를 생성할 수 있다.[5]

```
gcloud dataproc clusters create \
        --num-workers=2 \
        --scopes=cloud-platform \
        --worker-machine-type=n1-standard-2 \
        --master-machine-type=n1-standard-4 \
        --zone=us-central1-a \
        ch6cluster
```

1분 정도 지나면 클라우드 데이터프록 클러스터가 생성되고, 모든 준비가 완료된다. 위의 매개변수는 몇 개를 제외하고는 아주 명확하다. **scopes** 매개변수는 클러스터의 서비스 계정이 어떤 클라우드 신원 접근 관리[IAM, Identity Access Management] 역할을 가져야 하는지 표시한다. 예를 들어 클라우드 빅테이블을 관리하고 빅쿼리를 호출하는 프로그램을 실행시키는 클러스터를 생성하려면 스코프[scope]를 다음과 같이 지정할 수 있다.

```
--scopes=https://www.googleapis.com/auth/bigtable.admin,bigquery
```

여기에서는 모든 구글 클라우드 플랫폼 제품에서 클러스터가 작동하도록 허용한다. 끝으로 (클러스터에 의해 처리되는) 데이터가 구글 클라우드 스토리지의 단일 리전 버킷에 있다면 구글 데이터센터 내에서 고성능 수평 통신 대역폭의 이점을 얻을 수 있도록 동일 리전에 클러스터를 생성하는 것이 좋다. 이것이 방금 전에 확인했던 스크립트에서 **--zone**이다.

구성 정보 및 제어 파일과 같은 파일을 저장하는 스테이징 버킷 위치를 지정하는

---

5. 3장에서 다룬 것처럼 gcloud 명령은 REST API를 호출함으로써 프로그램적으로 수행시킬 수 있다. 물론 구글 클라우드 웹 콘솔도 사용할 수 있다.

--bucket 옵션을 클러스터 생성 명령에서 제공하더라도 클라우드 데이터프록이 자체적인 스테이징 버킷 이름을 결정하도록 하는 것이 가장 좋다. 이렇게 하면 작업을 수행하기 위해 클러스터에 필요한 스테이징 정보와 별도로 데이터를 유지할 수 있다. 클라우드 데이터프록은 지리적인 각 리전마다 별도의 버킷을 생성하고, 클러스터가 위치한 영역을 기반으로 적당한 버킷을 선택하고, 필요시 클러스터 생성을 요청할 때 클라우드 데이터프록이 생성한 스테이징 버킷을 재사용한다.[6]

시큐어셸(SSH)을 이용해 클러스터에 접속해, 하둡이 존재하는지 여부를 검증할 수 있다. 구글 클라우드 플랫폼 웹 콘솔의 클라우드 데이터프록에 방문한 후, 새롭게 생성된 클러스터에서 마스터 노드 옆에 있는 SSH 버튼을 클릭함으로써 이를 확인할 수 있다. SSH 윈도우에서 다음을 입력하라.

```
hdfs dfsadmin -report
```

실행 중인 모든 노드에 대한 보고서를 얻을 것이다.

고급 도구 필요

로컬 집계를 사용해 기본적인 맵리듀스 알고리즘의 효율을 향상시킬 수 있다. 예를 들어 맵 노드에서 부분적으로 리듀스 작업을 수행함으로써 중간 값 쌍의 수와 네트워크 트래픽을 낮출 수 있다(즉, 각 문서의 페이지별 단어 빈도수를 계산해서 리듀스 노드로 보낼 수 있다). 이를 결합 연산combine operation이라고 한다. 이것은 낙오자(다른 노드보다 훨씬 더 많은 데이터를 처리해야 하는 리듀스 노드)를 줄일 때 특히 유용하다. 예를 들어 the처럼 빈번하게 등장하는 단어를 추적하는 리듀스 노드는 맵 및 리듀스 프로세스로만 구성돼 있는 맵리듀스 아키텍처를 혼란에 빠트릴 수 있다. 결합자를 사용

---

6. 클라우드 데이터프록으로 생성된 스테이징 버킷 이름을 확인하려면 gcloud dataproc clusters describe를 실행한다.

하면 리듀스 노드가 처리해야만 하는 대부분의 값이 맵 노드 수에 의해 제한되기 때문에 부하를 균일화시킬 수 있다. 그러나 결합과 리듀스 연산은 항상 동일할 수는 없다. 예를 들어 평균을 계산하고 있다면 결합 연산자가 중간 평균을 계산하지 않는 대신에[7] 중간 합계와 중간 집계를 처리할 필요가 있다. 그리고 결합 연산자의 사용은 자동화시킬 수 없다(특별한 유형의 집계에만 사용할 수 있으며, 다른 유형의 경우에는 특별한 기술이 필요할 수도 있다). 그러므로 결합 연산은 프레임워크에 대한 상위 수준 추상화로 가장 잘 수행시킬 수 있는, 로컬 최적화라고 생각하는 것이 좋다.

단어 수를 세는 예는 매우 병렬적이므로, 단일 맵과 단일 리듀스 연산으로 쉽게 구현할 수 있다. 그러나 연속적인 맵과 리듀스 연산을 갖는 더 복잡한 데이터 처리 알고리즘을 구현하는 일은 단순하지 않다. 예를 들어 문서에서 동시에 쌍으로 등장하는 단어를 계산하려면[8] 사건에 대한 공동 추적을 시작해야 한다. 이는 일반적으로 페어 pair 또는 스트라이프stripe를 이용해 처리한다. 페어 기법에서 매퍼mapper는 모든 가능한 쌍의 단어와 숫자 1로 구성된 키를 발생시킨다. 스트라이프 기법에서 매퍼는 첫 번째 단어로 된 키와 두 번째 단어와 숫자 1을 가진 값을 발생시킨다. 따라서 word1에 대한 리듀서는 word1을 포함한 모든 동시 발생 수(스트라이프라고 함)를 집계한다.

페어 알고리즘은 스트라이프 기법 보다 훨씬 많은 키-값 쌍을 생성하지만, 스트라이프 기법은 (나열되는) 값이 훨씬 더 복잡하기 때문에 더 많은 직렬화 및 직렬화 해제를 포함한다. 정렬과 관련된 문제는 또 다른 형태의 복잡도를 가진다(맵리듀스 프레임워크는 키를 배포한다). 그러나 값은 어떤가? 한 가지 해결책은 값의 일부를 키로 이동해 프레임워크 자체를 정렬에 사용하는 것이다. 이런 모든 디자인 패턴은 현실 세계의 해결책에 있어서 신중하게 조합해 사용해야 한다. 예를 들어 6장에서 개발하려는 베이즈 분류의 첫 번째 단계는 부분적인 정렬과 집계를 포함하는 분위수 계산을 포

---

7. 부분 평균이 반드시 전체 평균이 아니기 때문에 부분의 평균이 모두 같은 경우에만 전체 평균과 같을 것이다.

8. 이 논의는 "물건1을 산 사람이 물건2도 산다"는 것과 같은 공동 배포에도 적용된다.

함한다. 저수준의 맵리듀스로 이를 구현하는 것은 아주 어려운 일일 것이다.

여러 가지 이유로 인해 작업을 일련의 맵리듀스 프로그램으로 분해하는 것은 간단하지 않다. 좀 더 고급 솔루션이 요구되고, 여러 다른 조직에서 기본 하둡 프레임워크의 추가 기능을 구현하고, 이를 오픈소스로 제공하면서 하둡 생태계가 탄생했다.

아파치 피그$^{Apache\ Pig}$는 하둡을 실행하는 맵리듀스 프로그램의 작성을 단순화시키는 첫 번째 방법 중 하나를 제공했다. 아파치 피그는 피그 라틴$^{Pig\ Latin}$이라는 언어로 코드를 작성해야 한다. 이들 프로그램은 일련의 맵리듀스 프로그램으로 변환돼 아파치 하둡에서 실행된다. 피그 라틴에는 커맨드라인 인터프리터가 있으므로 대용량 데이터셋에 대한 프로그램을 대화형으로 작성하는 데 매우 도움이 된다. 동시에 대화형 명령을 저장하고, 필요에 따라 스크립트를 실행시킬 수 있다. 피그는 매우 병렬적인 데이터에 대한 분석 및 처리와 여러 개의 상호 연관된 데이터 변환으로 구성된 일련의 데이터 처리를 모두 해결할 수 있는 방안을 제공한다. 피그는 일련의 맵리듀스 실행을 최적화시킬 수 있으므로, 프로그래머가 효율을 고민하지 않고도 자연스럽게 작업을 작성할 수 있다.

아파치 하이브는 분산된 저장소에 존재하는 데이터에 구조를 투영하는 메커니즘을 제공한다. 데이터에 투영된 구조(기본적으로 테이블 스키마)를 통해 SQL을 이용해서 데이터셋을 쿼리, 업데이트 및 관리할 수 있다. 하이브와의 일반적인 상호작용 방법은 커맨드라인 도구를 사용하거나 자바 데이터베이스 접속 드라이버$^{JDBC,\ Java\ Database\ Connectivity}$를 사용하는 것이다.

피그와 하이브^{Hive}는 중간 결과를 저장하기 위해 모두 분산 스토리지 시스템을 이용한다. 반대로 아파치 스파크는 인메모리 처리 및 다양한 여러 최적화를 이용한다. 많은 데이터 파이프라인은 메모리 용량을 초과하는 커다란 데이터로 시작하지만, 메모리 용량에 적합할 수 있도록 빠르게 집계하기 때문에 스파크 SQL과 하이브 및 피그를 비교했을 때 스파크는 아주 빠른 속도를 제공할 수 있다.[9] 또한 (피그와 빅쿼리 같은) 스파크는 연속 처리 단계를 방향성 비순환 그래프[DAG, Directed Acyclic Graph]로 최적화 하기 때문에 수작업으로 작성한 하둡 연산보다 이점을 제공할 수 있다. 스파크의 인기가 높아짐에 따라 다양한 머신 러닝, 데이터 마이닝 및 스트리밍 패키지가 스파크로 작성됐다. 따라서 6장에서는 스파크와 피그 솔루션에 중점을 둔다. 그러나 클라우드 데이터프록은 추상화 수준(즉, 하둡, 피그, 하이브 또는 스파크에 작업을 제출했는지 여부)에 관계없이 하둡 작업에 대한 실행 환경을 제공한다.

이들 모든 소프트웨어 패키지는 클라우드 데이터프록에 기본적으로 설치된다. 예를 들어 SSH로 마스터 노드에 접속한 후 커맨드라인에서 **pyspark**를 입력함으로써 스파크가 클러스터상에 존재하는지 확인할 수 있다.

클러스터가 없는 작업

클라우드 데이터프록 클러스터에 작업을 제출하는 방법을 짧게 살펴보자. 우선 클러스터 작업을 완료한 후 다음 명령을 이용해 삭제한다.[10]

```
gcloud dataproc clusters delete ch6cluster
```

이 명령은 일반적인 하둡 워크플로우가 아니다(온프레미스 하둡 설치를 사용했었다면 몇 달 전에 클러스터를 구성했을 것이고, 그 이후로 클러스터를 계속 유지했을 것이다). 그러나 구글 클라우드 플랫폼에서의 더 좋은 사용 방법은 작업을 완료한 후 클러스터를 삭제하는 것이다. 그렇게 하는 두 가지 이유가 있다. 첫 번째는 클러스터를 시작하는

---

9. 하이브는 새로운 애플리케이션 프레임워크(Tez)와 시간이 오래 걸리는 쿼리를 다양하게 최적화함으로써 최근 수년 동안 속도가 극적으로 빨라졌다. https://cwiki.apache.org/confluence/display/Hive/Hive+on+Tez와 https://cwiki.apache.org/confluence/display/Hive/LLAP를 확인하라.

10. 이 책이 인쇄되기 시작할 무렵에 데이터프록 팀은 새로운 기능을 발표했다. 이제는 10분의 유휴시간 후에 클러스터를 자동으로 삭제하도록 스케줄링할 수 있다.

데 일반적으로 2분 미만의 시간이 걸리기 때문이다. 클러스터의 생성이 빠르고 자동화할 수 있기 때문에 사용하지 않는 클러스터를 유지하는 것은 낭비다(해당 클러스터로 유용한 작업을 실행하는지 여부에 상관없이 머신이 그냥 켜져 있다면 비용이 계속 청구될 것이다). 두 번째는 온프레미스 하둡 클러스터를 항상 유지해야 하는 한 가지 이유가 HDFS에 저장된 데이터 때문이다. 클라우드 데이터프록에서 HDFS를 사용할 수 있을지라도(하둡 클러스터의 상태를 얻기 위해 hdfs 명령을 사용했던 것을 기억하라), 이는 권고 사항이 아니다. 대신 구글 클라우드 스토리지에 데이터를 보관하고 맵리듀스 작업 시 클라우드 스토리지에서 데이터를 직접 읽어 들이는 편이 더 좋다(이미 필요한 데이터를 가진 노드에 맵 프로세스를 할당하는 원래 맵리듀스 작업은 네트워크 수평 통신 속도가 낮은 환경에서 이뤄졌다). 구글 클라우드 플랫폼에서는 네트워크 수평 통신 속도가 초당 페타비트 정도이기 때문에 사용 사례가 달라진다. HDFS에 데이터를 샤딩하는 대신 그림 6-2처럼 데이터를 클라우드 스토리지에 저장하고 임시 클러스터에서 읽어 들인다.

구글 데이터센터 내에서는 네트워크 속도가 매우 빠르기 때문에 대용량 파일을 지속적으로 읽는 속도 측면에서는 클라우드 스토리지에서 데이터를 읽는 것이 (전형적인 하둡 사용 사례인) HDFS에서 읽는 것보다 더 낫다. 사용 사례에 작은 파일을 자주 읽는 것이 포함돼 있다면 클라우드 스토리지에서 읽어 들이는 것이 HDFS에서 읽어 들이는 것보다 더 느릴 수 있다. 그러나 이런 시나리오에서조차 더 많은 컴퓨팅 노드를 간단히 생성함으로써 더 느린 속도에 대응할 수 있다(스토리지와 컴퓨팅이 분리돼 있으므로, 노드 수가 데이터를 가진 노드로 국한되지 않는다). 하둡 클러스터는 사용률이 낮은 경향이 있으므로 HDFS 파일 시스템을 가진 항상 켜져 있는 클러스터의 크기와 같은 임시 클러스터를 필요할 때마다 생성해 비용을 절약시킬 수 있다. 훨씬 더 많은 머신으로 작업을 빠르게 끝내고, 클러스터를 삭제하는 것이 비용을 더 절약하는 옵션이다(물론 특정 워크플로우에서 측정해 서로 다른 시나리오의 비용[11]을 예측해야 한다).

---

11. 비용을 빠르게 예측하기 위한 도구는 https://cloud.google.com/products/calculator/를 참고하라.

수명이 짧은 클러스터로 작업하는 방법에 있어서 선점형 인스턴스를 사용하는 것이 훨씬 더 도움이 된다(주어진 숫자의 표준 인스턴스와 더 많은 선점형 인스턴스를 사용해 클러스터를 생성할 수 있고, 이에 따라 전체 워크로드에 대한 비용을 절감시킬 수 있다).

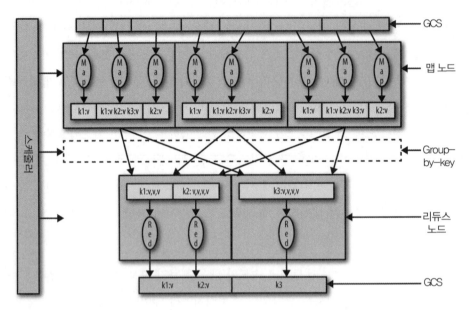

그림 6-2. 구글 클라우드의 네트워크 수평 통신 속도는 초당 페타비트 정도이므로 클라우드 스토리지에 데이터를 보관하고, 맵 연산을 수행하기 위한 수명이 짧은 컴퓨팅 노드를 간단히 시작하는 것이 가장 좋다. 이들 노드는 네트워크를 통해 데이터를 읽는다. 다시 말해 데이터를 미리 샤딩할 필요가 없다.

초기화 작업

평범하고도 기본적인 하둡 클러스터를 원한다면 주문형 클러스터를 생성하고 제거하는 것이 좋다. 그러나 개별적인 노드에 특별한 소프트웨어를 설치해야 한다면 어떻게 해야 할까? 클라우드 데이터프록 클러스터의 마스터 및 슬레이브 노드가 특별한 방식으로 설치돼야 한다면 초기화 작업을 사용한다. 이 스크립트들은 클라우드 스토리지에 저장돼 있어 클러스터의 각 노드에서 실행시킬 수 있는 간단하게 시작 가능한 실행 스크립트들이다. 예를 들어 초기화 과정 동안 깃허브 저장소를 클러스터의 마스터 노드에 설치하길 원한다면 세 가지 작업을 수행하면 된다.

1. 미리 설치하기 원하는 소프트웨어를 설치하는 스크립트를 생성한다.[12]

```
#!/bin/bash
USER=vlakshmanan      # 여기를 변경 ...
ROLE=$(/usr/share/google/get_metadata_value attributes/dataproc-role)
if [[ "${ROLE}" == 'Master' ]]; then
    cd home/$USER
    git clone \
        https://github.com/GoogleCloudPlatform/data-science-on-gcp
fi
```

2. 해당 스크립트를 클라우드 스토리지에 저장한다.

```
#!/bin/bash
BUCKET=cloud-training-demos-ml
ZONE=us-central1-a
INSTALL=gs://$BUCKET/flights/dataproc/install_on_cluster.sh

# 설치 파일 업로드
gsutil cp install_on_cluster.sh $INSTALL
```

3. 클러스터 생성 명령에 이 스크립트를 제공한다.[13]

```
gcloud dataproc clusters create \
        --num-workers=2 \
        --scopes=cloud-platform \
        --worker-machine-type=n1-standard-2 \
        --master-machine-type=n1-standard-4 \
```

---

12. 설치 작업을 효율적으로 하는 한 가지 방법은 필요한 타사 라이브러리를 미리 설치해서 작업과 함께 제출되지 않게 하는 방법이다.

13. 이 스크립트는 깃허브 리포지터리 06_dataproc/create_cluster.sh에 있다.

```
--zone=$ZONE \
--initialization-actions=$INSTALL \
ch6cluster
```

이제 클러스터가 생성되고 깃허브 리포지터리는 마스터 노드에 존재한다.

스파크 SQL을 이용한 양자화

지금까지, 데이터셋에 항공편의 도착 지연을 예측하기 위해 하나의 변수(출발 지연)
만을 사용했다. 그러나 항공기가 비행하는 거리는 경로상의 지연을 만회하기 위한
조종사의 능력도 약간은 영향을 미칠 수 있다. 비행 시간이 길수록 약간의 출발 지연
이 비행 중에 만회될 가능성이 더 크다. 따라서 두 변수(출발 지연과 운항 거리)를
사용하는 통계 모델을 구축해본다.

이를 위한 한 가지 방법은 표 6-1처럼 항공편들을 여러 빈 중 하나에 각각 집어넣는
것이다.

표 6-1. 두 개의 변수로 베이지안 분류를 수행하기 위한 거리 및 출발 지연 양자화

〈10분	10–12분	12–15분	〉15분
〈100마일	예: 도착 지연 ≥ 15분: 150 항공편 도착 지연 〈 15분: 850 항공편 항공편 85%가 도착 지연 〈 15분		
100–500마일			
〉500마일			

각 빈에 대해 도착 지연이 15분 이상인 빈에 있는 항공편 수와 15분 이내인 빈에

있는 항공편 수를 살펴보면 어떤 빈의 숫자가 더 큰지 알 수 있다. 그러면 숫자가 큰 값이 모든 빈에 대한 예측치가 된다. 결정을 위한 임곗값이 70%이므로(항공편이 지연될 가능성이 30%면 회의를 취소하려고 한다는 것을 상기하자), 15분 미만의 도착 지연 비율이 0.7 미만이라면 해당 빈에 포함돼 있는 항공편은 취소하기를 권고한다. 이 방법을 베이즈 분류Bayes classification라 하고, 이 통계 모델은 몇 줄의 코드로 개발할 수 있을 정도로 간단하다.

각 빈에서 조건 확률 $P(C_{ontime} | x_0, x_1)$과 $P(C_{late} | x_0, x_1)$을 계산한다. 여기서 (x_0, x_1)은 예측 변수 쌍(거리 및 출발 지연)이고, C_k는 항공편의 도착 지연, 정시 도착 중 하나다. $P(C_k | x_i)$을 조건 확률이라고 한다. 예를 들어 항공편이 늦어질 확률의 (x_0, x_1) 값은 (120마일, 8분)이다. 1장에서 다룬 것과 같이 연속 변수에서 특정 값의 확률은 0이다 (간격을 두고 확률을 추정해야 한다). 그리고 이 경우 간격은 빈에 의해 주어진다. 따라서 $P(C_{ontime} | x_0, x_1)$을 추정하려 (x_0, x_1)이 속하는 빈을 찾아 이를 $P(C_{ontime})$의 추정값으로 사용하면 된다. 이 값이 70% 미만이면 회의를 취소하기로 결정한다.

조건부 확률을 추정하는 모든 방법 중 여기에서 하는 방법(변수 값을 기반으로 데이터셋을 분배하는 방법)이 가장 쉽다. 그러나 모든 빈이 충분히 채워져야만 작동할 것이다. 확률 테이블을 직접 계산하는 이 방법은 두 변수를 기반으로 작동한다. 그러나 변수가 20이면 제대로 작동할까? 출발 공항이 TUL이고, 거리가 약 350마일이고, 출발 지연이 약 10분이고, 활주로로 이동하는 시간이 약 4분이고, 비행기가 출발하는 시간이 오전 7시경인 충분한 수의 항공편이 있다면 어떨까?

변수의 개수가 늘어날수록 조건 확률을 추정하려면 좀 더 정교한 방법이 필요하다. 예측 변수가 독립적이라면 채택할 수 있는 확장 가능한 접근 방법은 나이브 베이즈Naive Bayes라는 방법이다. 나이브 베이즈 방법에서는 각 변수를 개별적으로(즉, $P(C_{ontime} | x_0)$과 $P(C_{ontime} | x_1)$을 개별적으로 계산) 가져온 후 $P(C_k | x_i)$로 이들을 곱함으로써 확률표를 계산한다. 그러나 여기에서는 커다란 데이터셋에서 두 변수만을 이용해서 빈에 데이터를 저장하고 조건 확률을 바로 추정하고 다음 주제로 넘어갈 것이다.

클라우드 데이터프록상의 구글 클라우드 데이터랩

처음부터 베이지안 분류법으로 개발하려면 대화식으로 개발을 할 수 있어야 한다. 클라우드 데이터프록 클러스터를 시작하고, SSH로 접속하고, 스파크의 읽기-검증-출력 루프[REPL]로 개발하는 것보다 5장에서 빅쿼리로 작업했던 것과 유사한 방식으로 클라우드 데이터랩이나 주피터 노트북을 사용하는 것이 더 좋다.

다행히도 클라우드 데이터랩에 대한 설치 스크립트는 배포할 필요는 없다. 깃허브 리포지터리에 클라우드 데이터프록 초기화 작업에 대한 스크립트가 있고, 이 스크립트는 클라우드 스토리지의 공용 버킷 gs://dataproc-initialization-actions/에도 저장돼 있다. 따라서 다음과 같이 초기화 작업을 지정해서 클라우드 데이터랩을 설치함으로써 클라우드 데이터랩을 가진 클러스터를 시작할 수 있다.

```
--initialization-actions=gs://dataproc-initialization-actions/datalab/datalab.sh
```

그러나 이 클러스터의 클라우드 데이터랩에 접속하는 것은 로컬 도커 컨테이너에 접속하는 것보다 더 복잡하다. 보안 문제를 피하려고 클라우드 데이터프록의 마스터 노드의 IP 주소를 아는 모든 사람이 접근하지 못하게 포트 8080은 열지 않는다. 대신에 SSH 터널을 통해 접속해야 한다. 이를 위해 다음과 같은 두 단계가 필요하다.

1. 다음 명령을 이용해 (클라우드셸이 아닌) 로컬 머신에 SSH 터널을 시작한다.

```
ZONE=us-central1-a
gcloud compute ssh --zone=$ZONE \
     --ssh-flag="-D 1080" --ssh-flag="-N" --ssh-flag="-n" \
     ch6cluster-m
```

2. 이 프록시를 위임받을 새로운 크롬 세션을 시작한다(실행 중인 다른 크롬 윈도우과 별개로 실행된다).

```
rm -rf /tmp/junk
/usr/bin/chrome \
    --proxy-server="socks5://localhost:1080" \
    --host-resolver-rules="MAP * 0.0.0.0 , EXCLUDE localhost" \
    --user-data-dir=/tmp/junk
```

크롬 실행 파일의 경로를 바꾸고, 존재하지 않는 사용자 데이터 폴더를 적절히 지정한다(이 책에서는 /tmp/junk 사용).

3. 브라우저 윈도우에서 http://ch6cluster-m:8080/을 입력한다. 기업의 프록시 설정이 있는 경우 크롬 설정에서 중지시켜야 한다. 클라우드 데이터랩을 시작한 후에 이 책의 깃허브 리포지터리를 복제하기 위해 ungit 아이콘을 클릭한다.[14] 그런 다음 리포지터리로 이동하면 6장에 있는 코드를 포함하는 노트북을 열 수 있다.[15]

빅쿼리를 이용한 개별성 검사

각 빈에서 지연된 항공편의 비율을 계산하기 전에 지연과 거리를 양자화하는 방법을 결정해야 한다. 항공편이 거의 없는 빈은 필요 없다(이런 경우에는 통계적으로 예측할 수 없다). 실제로 빈 사이에서 데이터를 어느 정도 균등하게 퍼뜨릴 수 있다면 이상적이다.

단순화하려고 거리에 대한 임곗값과 출발 지연에 대한 임곗값을 별개로 양자화하는 방법을 선택하고자 한다. 그러나 이는 상대적으로 개별적일 경우에만 수행할 수 있다. 이 데이터셋이 상대적으로 개별적인지 검증해보자. 클라우드 데이터프록은 자체

---

14. 리포지터리 URL은 http://github.com/GoogleCloudPlatform/data-science-on-gcp다. 리포지터리를 복제하는 또 다른 방법은 새로운 노트북을 시작하고 신규 노트북의 셀에서 !git clone http://github.com/GoogleCloudPlatform/data-science-on-gcp를 입력하는 것이다.

15. 이 책의 깃허브 리포지터리인 06_dataproc/quantization.ipynb를 참고하라.

적인 하둡 클러스터가 있음에도 구글 클라우드 플랫폼의 관리형 서비스로 통합됐으므로 클라우드 데이터프록에 실행 중인 노트북에서 빅쿼리를 호출할 수 있다. 5장에서처럼 빅쿼리, 판다스, 시본^{seaborn}을 사용해 다음과 같은 쿼리를 한다.

```
sql = """
SELECT DISTANCE, DEP_DELAY
FROM `flights.tzcorr`
WHERE RAND() < 0.001 AND dep_delay > -20
    AND dep_delay < 30 AND distance < 2000
"""
df = bq.Query(sql).to_dataframe(dialect='standard')
sns.set_style("whitegrid")
g = sns.jointplot(df['DISTANCE'], df['DEP_DELAY'], kind="hex",
                    size=10, joint_kws={'gridsize':20})
```

이 쿼리로 전체 데이터셋을 표본 추출해서 적절한 범위에 있는 항공편의 거리 필드 및 출발 지연 필드의 1/1000을 판다스 데이터 프레임워크에 집어넣는다. 이 표본 데이터셋을 seaborn 도표 그리기 패키지로 보내면 육각형 빈^{hexbin} 도표가 생성된다. 결과 그래프는 그림 6-3과 같다.

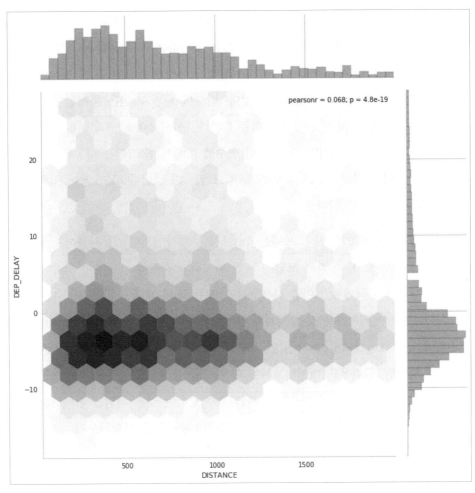

그림 6-3. 육각형 빈 도표는 출발 지연과 비행 거리의 공통 분포를 보여준다. 이 도표를 이용해 각 필드들이 개별적인지 여부를 검증할 수 있다(컬러 이미지 p. 560).

육각형 빈 도표의 각 육각형은 빈에 있는 항공편의 수를 기반으로 색상이 지정되며, 육각형이 더 어두울수록 더 많은 항공편이 있음을 표시한다. 모든 비행 거리에서 광범위하게 다양한 출발 지연이 가능하고, 모든 출발 지연에 대해 광범위하게 다양한 거리가 가능한 것이 분명하다. 거리와 출발 지연의 분포는 전체적으로 비슷하다. 두 변수 사이에는 명확한 경향이 없으므로 이들을 개별적으로 취급할 수 있다.

그래프 중앙 패널의 상단 및 오른편에 있는 분산 도표는 거리와 출발 지연 값이 얼마나 분산돼 있는지 보여준다. 이는 양자화를 수행하는 데 사용할 수 있는 기술에 영향을 준다. 약 1,000마일까지는 거리가 비교적 균등하게 분포하고, 그 이상인 경우 항공편 수가 줄어들기 시작함을 알 수 있다. 반면에 출발 지연은 롱테일이고 -5분 정도에 모여 있다. 거리 변수에 대해서는 (적어도 0에서 1,000마일의 범위의) 균등한 크기의 빈을 사용할 수 있지만, 출발 지연 변수에 대해서 빈 크기는 항공편의 분포에 적응하도록 해야 한다. 특히 꼬리 부분의 빈 크기는 더 넓어야 하고, 점이 많은 부분은 상대적으로 작아야 한다.

그림 6-3에 있는 육각형 빈 도표에는 한 가지 문제가 있다. 즉, 사용하지 않기로 한 데이터를 사용했다. 우리의 모델은 훈련 데이터만 사용해 개발해야 함을 상기하라. 일부 단순한 탐색에서만 이를 사용했지만, 모든 모델 개발에 있어 평가 데이터셋의 일부 날짜를 제외시키는 것은 체계적이어야 한다. 이를 위해 **traindays** 테이블로 조인해야 하고, **is_train_day**가 참인 경우의 날짜만 유지해야 한다. 이는 빅쿼리에서 할 수 있지만, 클라우드 데이터프록이 다른 구글 클라우드 플랫폼 서비스와 통합이 돼 있을지라도 하둡 클러스터에서 빅쿼리를 호출하는 것은 책임을 떠넘기는 것처럼 느껴질 것이다. 이전처럼 동일한 다이어그램의 재작성을 시도해보자. 그러나 이번에는 스파크 SQL을 사용하고 훈련 데이터만 사용하자.

구글 클라우드 데이터랩의 스파크 SQL

스파크 세션은 클라우드 데이터랩에 이미 존재한다. 코드 셀에 다음을 입력해 확인할 수 있다.

```
print spark
```

그러나 독립형 스크립트에서는 다음을 사용해 스파크 세션을 생성해야 한다.

```
from pyspark.sql import SparkSession
spark = SparkSession \
    .builder \
    .appName("Bayes classification using Spark") \
    .getOrCreate()
```

스파크 변수를 사용하면 구글 클라우드 스토리지에서 쉼표로 구분된 값[CSV] 파일을 읽을 수 있다.

```
inputs = 'gs://cloud-training-demos-ml/flights/tzcorr/all_flights-*')
flights = spark.read\
           .schema(schema)\
           .csv(inputs)
```

지정한 스키마는 csv 파일의 스키마다. 스파크는 기본적으로 모든 칼럼을 문자열로 가정한다. 따라서 관심을 가져야 할 세 개의 칼럼(arr_delay, dep_delay, distance)을 보정한다.

```
from pyspark.sql.types import *
def get_structfield(colname):
    if colname in ['ARR_DELAY', 'DEP_DELAY', 'DISTANCE']:
        return StructField(colname, FloatType(), True)
    else:
        return StructField(colname, StringType(), True)
    schema = StructType([get_structfield(colname) \
                       for colname in header.split(',')])
```

궁극적으로는 모든 항공편 데이터를 읽고 모든 데이터에서 모델을 생성하지만, 데이터셋의 일부만 읽어 들여 작업을 하면 개발 속도가 더 빨라질 것이다. 따라서 입력값을 all_flights-*에서 all_flights-00000-*로 바꾼다.

```
inputs = 'gs://${BUCKET}/flights/tzcorr/all_flights-00000-*'
```

csv 파일이 31개이므로 이는 첫 번째 파일만 처리하는 것을 의미하고, 개발하는 동안
은 30배 빨리 처리할 수 있다. 물론 이런 작은 표본[16]으로 처리한 결과로는 코드가
의도대로 동작하는지를 확인하는 것 외에 어떠한 결과도 도출해서는 안 된다. 3%의
데이터로 코드를 개발한 후에 문자열을 변경해서 모든 데이터를 처리하고, 클러스터
의 크기를 늘려 적절한 시간에 처리가 될 수 있게 한다. 작은 클러스터에서 작은
표본으로 개발하면 코드를 개발하는 동안 대용량의 머신 클러스터가 노는 것을 막을
수 있다.

앞에서처럼 생성된 항공편 데이터프레임으로 임시 뷰(이 스파크 세션에서만 사용할 수
있다)를 생성함으로써 데이터프레임에서 SQL을 이용할 수 있다.

```
flights.createOrReplaceTempView('flights')
```

이제 SQL을 이용해 항공편 뷰를 쿼리할 수 있다. 예는 다음과 같다.

```
results = spark.sql('SELECT COUNT(*) FROM flights WHERE dep_delay >
-20 AND distance < 2000')
results.show()
```

내가 개발하는 데이터의 부분집합으로 이 쿼리의 결과는 다음과 같다.

```
+--------+
|count(1)|
```

---

16. 예에서와 같이 이 코드를 작성한 구글 클라우드 데이터플로우 작업은 날짜별로 csv 파일을 정렬할 수 있으므로, 여기에서 이 파일은
   일 년의 첫 12일만 포함한다.

```
+--------+
|  384687|
+--------+
```

숫자가 너무 많아 메모리[17]에 쉽게 탑재하기 힘들지라도, 3%보다 더 적은 데이터로 개발해서는 안 된다.

traindays 데이터프레임을 생성하고자 동일한 절차를 따른다. 그러나 trainday.csv 는 여전히 헤더를 가졌기 때문에 스파크가 데이터 파일에 있는 헤더를 기반으로 칼럼명을 지정하게 하는 방법을 선택한다. 또한 trainday.csv는 아주 작기 때문에 (단 365개의 데이터) 스파크로 하여금 칼럼 유형을 추론하게 한다. 스키마를 추론하려면 데이터셋을 두 번 통과시켜야 하므로 매우 큰 데이터셋에서 수행해서는 안 된다.

```
traindays = spark.read \
    .option("header", "true") \
    .option("inferSchema", "true") \
    .csv('gs://cloud-training-demos-ml/flights/trainday.csv')
traindays.createOrReplaceTempView('traindays')
```

traindays가 읽혀지고, 칼럼명과 칼럼 유형이 올바른지 빠르게 확인한다.

```
results = spark.sql('SELECT * FROM traindays')
results.head(5)
```

이 결과는 다음과 같다.

```
[Row(FL_DATE=datetime.datetime(2015, 1, 1, 0, 0), is_train_day=True),
```

---

17. 약 50,000개 정도가 적합하다.

```
 Row(FL_DATE=datetime.datetime(2015, 1, 2, 0, 0), is_train_day=False),
 Row(FL_DATE=datetime.datetime(2015, 1, 3, 0, 0), is_train_day=False),
 Row(FL_DATE=datetime.datetime(2015, 1, 4, 0, 0), is_train_day=True),
 Row(FL_DATE=datetime.datetime(2015, 1, 5, 0, 0), is_train_day=True)]
```

항공편 데이터프레임이 훈련 날짜만 포함하도록 한정하려고 SQL 조인을 실행한다.

```
statement = """
SELECT
    f.FL_DATE AS date,
    distance,
    dep_delay
FROM flights f
JOIN traindays t
ON f.FL_DATE == t.FL_DATE
WHERE
    t.is_train_day AND
    f.dep_delay IS NOT NULL
ORDER BY
    f.dep_delay DESC
"""
flights = spark.sql(statement)
```

이제 x축과 y축을 적당한 범위로 자른 후 육각형 빈 도표의 **flights** 데이터프레임에 할당한다.

```
df = flights[(flights['distance'] < 2000) & \
    (flights['dep_delay'] > -20) & \
    (flights['dep_delay'] < 30)]
df.describe().show()
```

개발 데이터셋에서의 결과는 다음과 같다.

```
+-------+----------------+--------------------+
|summary|        distance|           dep_delay|
+-------+----------------+--------------------+
|  count|          207245|              207245|
|   mean|703.3590581196169|   0.853024198412507|
| stddev| 438.365126616063|   8.859942819934993|
|    min|            31.0|               -19.0|
|    max|          1999.0|                29.0|
+-------+----------------+--------------------+
```

앞 절에서 육각형 빈 도표를 그렸을 때 1/1,000의 데이터를 표준 추출했다. 판다스 데이터프레임에 있는 데이터를 seaborn으로 전달해야 했기 때문이다. 이 표본 추출은 판다스 데이터프레임이 메모리 크기에 맞춰 수행했다. 그러나 판다스 데이터프레임은 메모리에 저장하지만 스파크는 그렇지 않다. 이 책을 쓰는 시점에는 스파크 데이터프레임을 바로 그릴 방법이 없었다(이를 판다스 데이터프레임으로 변환해야 하므로, 전체 데이터셋을 처리할 때도 여전히 표본 추출이 필요하다).

데이터의 1/30이 약 200,000개이므로 전체 데이터셋은 약 6백만 개 정도로 예상할 수 있다. 이를 줄여 약 100,000개의 레코드를 표본 추출하자. 이는 전체 데이터셋의 0.02 정도다.

```python
pdf = df.sample(False, 0.02, 20).toPandas()
g = sns.jointplot(pdf['distance'], pdf['dep_delay'], kind="hex",
                  size=10, joint_kws={'gridsize':20})
```

이 코드는 앞 절에서 최종으로 출력했던 것과 크게 다르지 않은 육각형 빈 도표를 출력한다. 결론은 (양자화를 위해 적합한 크기의 빈을 생성해야 함) 여전히 적용된다. 다만 스파크 분석만을 수행했을 때에도 추론이 정확한지 확인하려고 전체 데이터셋에 대한 분석을 반복해야 한다는 점이다. 그러나 빅쿼리를 이용해 전체 데이터셋에 대한 분석을 수행했으므로, 여기서는 적합한 크기의 빈을 생성하는 단계로 넘어가자.

히스토그램 균일화

(꼬리 부분에는 더 넓은 범위의 임곗값을 선택하고, 많은 항공편이 있는 경우에는 더 좁은 범위의 임곗값을 선택하는) 적응 방식으로 출발 지연과 거리에 대한 양자화 임곗값을 선택하려고 히스토그램 균일화라는 이미지 처리 기술을 채택한다.[18]

대비가 잘 안 되는 이미지는 대부분의 픽셀 값이 좁은 범위에 모이는 히스토그램을 가진다. 그림 6-4가 그 예다.[19]

그림 6-4. 히스토그램 균일화를 보여주는 기자의 피라미드 원본 사진

---

18. 예를 들어 히스토그램 균일화는 이미지의 대비를 향상시키는 데 적용된다. http://docs.opencv.org/3.1.0/d5/daf/tutorial_py_histogram_equalization.html을 참고하라.

19. 내가 찍은 사진이다.

그림 6-5에서처럼 이미지의 픽셀 값 히스토그램은 두 지점 주위에 모여 있다(그늘에 있는 어두운 픽셀과 태양에 있는 밝은 픽셀).

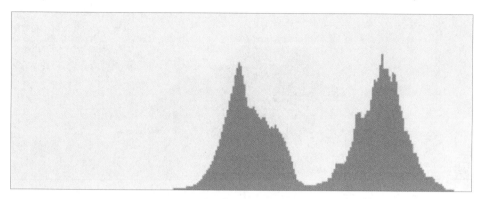

그림 6-5. 피라미드 사진에 대한 픽셀 값 히스토그램(컬러 이미지 p. 561)

새로운 히스토그램이 그림 6-6처럼 보이게 연속적으로 나타나도록 픽셀 값을 다시 매핑한다.

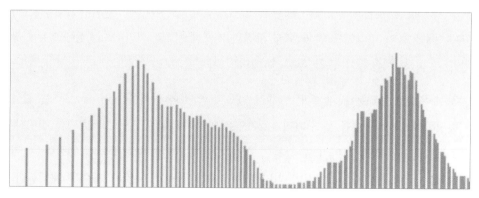

그림 6-6. 전체 범위를 차지하도록 픽셀을 다시 매핑한 후의 픽셀 히스토그램(컬러 이미지 p. 561)

재매핑은 픽셀 값에 대한 것이고 공간 요소는 없다. 예를 들어 이전 이미지의 모든 픽셀 값 125가 새로운 이미지의 픽셀 값 5로 변경된다. 그림 6-7은 재매핑된 이미지를 보여준다.

그림 6-7. 히스토그램 균일화 후에 이미지의 대비가 향상된 것을 알 수 있다.

히스토그램 균일화가 이미지의 대비를 향상시켰고, 좀 더 우수한 디테일을 이끌어 낸다. 예를 들어 피라미드 앞의 모래 사진과 카프레[Khafre]의 피라미드(중간에 있는 가장 키가 큰 피라미드[20])에서 중간 부분 디테일의 차이를 보라.

이것이 우리가 하려는 것과 어떤 관계가 있을까? 양자화 간격을 찾을 때 우리는 값을 재매핑하려고 한다. 예를 들어 거리 422마일을 양자화된 값인 3으로 재매핑할 것이다. 히스토그램 균일화에 있어서 이 값들이 빈들 사이에 균일하게 분산되길 원한다. 따라서 이를 달성하려고 이미지 처리 필터에서 사용했던 것과 동일한 기술을 채택한다.

예를 들면 우리가 하려는 작업은 전체 거리 값을 10개의 빈으로 나누는 것이다. 첫 번째 빈은 $[0, d_0)$의 모든 값을 포함하고, 두 번째는 $[d_0, d_1]$의 값을 포함하며, 마지막

---

20. 그러나 가장 키가 큰 피라미드는 아니다. 쿠푸왕의 피라미드(맨 앞에 있는 키 큰 피라미드)가 더 키가 크고 규모도 더 크다. 그러나 상단의 설화 석고가 모두 벗겨져 있고, 약간 낮은 지면에 위치해 있다.

빈은 $[d_9, \infty)$의 값을 포함한다. 히스토그램을 균일화하려면 d_0, d_1 등 각 빈에 있는 항공편의 횟수가 거의 같아야 한다(다시 말해 양자화 후에 데이터가 동일하게 분포되게 한다). 피라미드 예제 사진처럼 입력값도 이산적이므로 완벽하게 균일할 수는 없다. 그러나 가능한 한 균일한 히스토그램에 근접하게 하는 것이 최종 목표다.

변수들이 개별적이고 전체 항공편이 6백만 건이라고 가정할 때 데이터를 100개의 빈(변수당 10개의 빈)으로 분배하면 각 빈에는 약 6만 건의 항공편이 담긴다. 히스토그램 균일화를 사용하려면 각 거리와 지연 빈에 담긴 항공편 수는 특정 지연에 대한 결론이 통계적으로 유효할 만큼 충분히 커야 한다. 데이터를 10개의 빈으로 분배하는 것은 확률의 범위가 0, 0.1, 0.2, ..., 0.9 또는 확률 임곗값이 10개 있음을 의미한다.

```
np.arange(0, 1.0, 0.1)
```

두 개의 양자화된 값을 균일하게 분포시키는 임곗값을 찾는 작업은 5장에서 다뤘던 근사치 분위법을 사용하면 복잡하지 않게 찾을 수 있다. 스파크 데이터프레임에서는 approxQuantile() 함수를 사용할 수 있다.

```
distthresh = flights.approxQuantile('distance',
                list(np.arange(0, 1.0, 0.1)), 0.02)
delaythresh = flights.approxQuantile('dep_delay',
                list(np.arange(0, 1.0, 0.1)), 0.02)
```

개발용 데이터셋에서 거리 임곗값은 다음과 같이 산출됐다.

```
[31.0, 228.0, 333.0, 447.0, 557.0, 666.0, 812.0, 994.0, 1184.0, 1744.0]
```

지연 임곗값은 다음과 같다.

```
[-61.0, -7.0, -5.0, -4.0, -2.0, -1.0, 3.0, 8.0, 26.0, 42.0]
```

첫 번째 백분위수는 일반적으로 최솟값이므로, 첫 번째 임곗값은 무시할 수 있다. 7분 미만의 모든 출발 지연은 함께 합친다. 42분을 초과하는 출발 지연도 마찬가지로 합친다. 모든 항공편의 약 1/10이 3분과 8분 사이의 출발 지연을 갖는다. 거리가 447에서 557마일까지이고, 출발 지연이 3분에서 8분까지인 약 1/100 항공편을 확인한다.

```
results = spark.sql('SELECT COUNT(*) FROM flights' +
   ' WHERE dep_delay >= 3 AND dep_delay < 8 AND' +
   ' distance >= 447 AND distance < 557')
results.show()
```

약 200,000개 이상의 열을 가진 개발 데이터셋의 결과는 다음과 같다.

```
+--------+
|count(1)|
+--------+
|    2750|
+--------+
```

분포에서 꼬리 부분의 간격은 넓고 최대치 부근의 간격은 매우 좁다(이 간격은 데이터에서 학습된 것이다). 정책('히스토그램 균일화')을 설정하는 것 외에는 임곗값을 선택하지 않아도 된다. 이러한 자동화는 최신 데이터에 대해 필요시[21] 임곗값을 동적으로 업데이트하게 해주고, 훈련 시 사용했던 예측과 동일한 임곗값을 사용하게 할 수 있기 때문에 중요하다.

---

21. 예를 들어 조종사가 공중에서 시간을 더 잘 만회할 수 있는 새로운 기술이 개발됐거나, 새로운 규정이 항공사의 스케줄 편성 시 비행시간의 추정치를 이용해 좀 더 실제적으로 스케줄을 채우도록 촉구한다면

동적으로 클러스터 크기 조절

그러나 이 임곗값들은 약 1/30의 데이터로 계산한 것을 기억하라(입력값이 all-flights-00000-of-*였다). 따라서 모든 훈련 데이터로 계산을 반복해서 원하는 실제 임곗값을 찾아야 한다. 적시에 수행하려면 클러스터 크기 또한 증가시켜야 한다. 다행히도 노드를 추가하려고 클라우드 데이터프록을 셧다운할 필요가 없다.

클러스터에 20개의 워커 노드를 추가하고, 그중 15개를 선점해 가격을 최대한 할인할 수 있게 해보자.

```
gcloud dataproc clusters update ch6cluster\
    --num-preemptible-workers=15 --num-workers=5
```

선점형 인스턴스는 대폭 할인되는(정액제) 표준 구글 컴퓨팅 인스턴스로, 아주 짧은 시간 내에 머신을 다른 곳에 제공될 수 있는 유연성을 담보로 구글 클라우드 플랫폼이 제공한다.[22] 하둡은 내결함성이 있고, 머신이 다운돼도 처리할 수 있으므로, 이는 하둡 워크로드에서 특히 유용하다(사용 가능한 머신에서 이 작업을 간단히 다시 스케줄한다). 작업에 선점형 인스턴스를 사용하는 것은 검소한 선택이다(여기에서는 작업을 적정한 시간에 끝내려면 다섯 개의 워커면 충분하다). 그러나 15개 이상의 머신을 사용하면 클러스터에 표준 머신만 사용하는 경우보다 훨씬 더 저렴하면서도 4배 더 빠르게 작업을 끝낼 수 있다.[23]

그림 6-8에서와 같이 웹 브라우저에서 구글 클라우드 플랫폼 콘솔로 이동해 클러스터에 20개의 워커가 있는지 확인할 수 있다.

---

22. 이 책을 집필할 때는 1분 미만이었음

23. (이 책을 집필하는 당시) 선점형 인스턴스의 가격이 표준 인스턴스 가격의 20%라면 15개의 추가적인 인스턴스의 비용은 표준 인스턴스 3개와 같다.

그림 6-8. 클러스터에 20개의 워커가 존재

이제 데이터랩 노트북으로 이동해서 그림 6-9처럼 전체 데이터셋을 처리할 수 있도록 입력 변수를 변경시킨다.

```
#inputs = 'gs://cloud-training-demos-ml/flights/tzcorr/all_flights-00000-*' # 1/30th
inputs = 'gs://cloud-training-demos-ml/flights/tzcorr/all_flights-*'  # FULL
flights = spark.read\
            .schema(schema)\
            .csv(inputs)

# this view can now be queried ...
flights.createOrReplaceTempView('flights')
```

그림 6-9. 전체 데이터셋을 처리하도록 입력값의 와일드카드를 변경

다음으로 클라우드 데이터랩 노트북에서 개발 데이터셋에 관련된 값을 실수로 사용하는 것을 피하기 위해 Clear all Cells전체 셀 지우기를 클릭한다(그림 6-10). 이전 작업 후 남겨진 모든 값을 사용하지 않는지 확인하기 위해 세션 리셋도 클릭한다.

그림 6-10. Clear 메뉴 옆의 아래 방향 화살표를 클릭하면 Clear all Cells를 찾을 수 있다.

마지막으로, 그림 6-11처럼 Run all Cells^{전체 셀 실행하기}를 클릭한다.

그림 6-11. Run 메뉴 옆의 아래 방향 화살표를 클릭하면 Run all Cells를 찾을 수 있다.

모든 그래프와 다이어그램이 업데이트됐다. 그러나 핵심 사항은 조건 확률표를 계산하는 데 필요한 양자화 임곗값들이다.

```
[30.0, 251.0, 368.0, 448.0, 575.0, 669.0, 838.0, 1012.0, 1218.0, 1849.0]
[-82.0, -6.0, -5.0, -4.0, -3.0, 0.0, 3.0, 5.0, 11.0, 39.0]
```

첫 번째 임곗값은 최솟값이므로 무시할 수 있다는 점을 기억하라. 실제 임곗값은 251마일과 -6분에서 시작한다.

결과를 얻은 후 조건 확률을 계산하는 프로그램을 개발하는 동안 클러스터 자원에 대한 비용을 낭비하지 않도록 클러스터 크기를 작게 조정한다.

```
gcloud dataproc clusters update ch6cluster\
    --num-preemptible-workers=0 --num-workers=2
```

나는 임시 클러스터를 생성하고 거기에서 작업을 실행하고, 작업이 끝나면 삭제하도록 권고했다. 그러나 회사에 하둡 클러스터를 보유 중이면 이런 고려 사항이 변경될 수 있다. 그런 경우 수명이 긴 클러스터에 스파크와 피그 작업을 제출하고, 클러스터에 과부하가 걸리지 않는지 확인하는 것을 권고한다. 온프레미스 클러스터를 보유하는 시나리오에서 클러스터로 처리할 수 있는 것보다 더 많은 작업을 해야 하는 상황이라면 넘치는 작업의 처리를 위해 퍼블릭 클라우드를 사용하는 것을 고려할 수 있다. YARN 작업을 모니터링하고, 넘치는 작업을 클라우드 데이터프록으로 보냄으로써 처리할 수 있다. 아파치 에어플로우^{Apache Airflow}는 이를 수행할 수 있는 필요한 플러그인을 제공한다. 그러나 이런 하이브리드 시스템을 구축하는 방법을 다루는 것은 이 책의 범위에서 벗어난다.

피그를 이용한 베이즈 분류법

이제 양자화 임곗값들을 확보했으므로 다음으로 해야 할 일은 각 빈에 있는 70%의 항공편이 정시에 출발하는지 여부에 따라 각 빈에 대해 (회의를 취소할지 여부) 권고를 확인하는 것이다.

이 작업을 스파크 SQL로 할 수 있지만, 사용할 수 있는 다른 도구를 소개한다. 피그를 사용하자. 먼저 SSH로 마스터 노드에 로그인하고 커맨드라인 인터프리터를 이용해 피그 작업을 작성한다. 코드가 동작하는지 확인한 후 클러스터 크기를 늘리고, 클라우드셸이나 gcloud SDK가 설치된 머신에서 클라우드 데이터프록 클러스터에 피그 스크립트를 제출한다(동일한 방식으로 스파크 작업을 클라우드 데이터프록 클러스터에 제출할 수 있다).

클러스터의 마스터 노드에 로그인하고 **pig**를 입력해 피그 대화형 세션을 시작한다. csv 파일 하나를 피그에 적재한 후 제대로 동작하는지 확인해보자.

```
REGISTER /usr/lib/pig/piggybank.jar;

FLIGHTS =
  LOAD 'gs://cloud-training-demos-ml/flights/tzcorr/all_flights-00000-*'
  using org.apache.pig.piggybank.storage.CSVExcelStorage(
    ',', 'NO_MULTILINE', 'NOCHANGE')
```

```
    AS
(FL_DATE:chararray,UNIQUE_CARRIER:chararray,AIRLINE_ID:chararray,
CARRIER:chararray,FL_NUM:chararray,ORIGIN_AIRPORT_ID:chararray,
ORIGIN_AIRPORT_SEQ_ID:int,ORIGIN_CITY_MARKET_ID:chararray,
ORIGIN:chararray,DEST_AIRPORT_ID:chararray,DEST_AIRPORT_SEQ_ID:int,
DEST_CITY_MARKET_ID:chararray,DEST:chararray,CRS_DEP_TIME:datetime,
DEP_TIME:datetime,DEP_DELAY:float,TAXI_OUT:float,WHEELS_OFF:datetime,
WHEELS_ON:datetime,TAXI_IN:float,CRS_ARR_TIME:datetime,ARR_TIME:datetime,
ARR_DELAY:float,CANCELLED:chararray,CANCELLATION_CODE:chararray,
DIVERTED:chararray,DISTANCE:float,DEP_AIRPORT_LAT:float,
DEP_AIRPORT_LON:float,DEP_AIRPORT_TZOFFSET:float,ARR_AIRPORT_LAT:float,
ARR_AIRPORT_LON:float,ARR_AIRPORT_TZOFFSET:float,EVENT:chararray,
NOTIFY_TIME:datetime);
```

스키마 자체는 빅쿼리에서 제공하는 csv 파일의 스키마와 동일하다. 차이점이 있다면 피그에서 strings는 **charrarray**이고, integers는 **int**다. 빅쿼리에서의 **timestamp**는 피그에서 **datatime**이다.

FLIGHTS를 정의한 후 앞에서 찾은 임곗값을 기반으로 각 항공편을 빈에 집어넣으려고 스파크를 사용한다.[24]

```
FLIGHTS2 = FOREACH FLIGHTS GENERATE
    (DISTANCE < 251? 0:
    (DISTANCE < 368? 1:
    (DISTANCE < 448? 2:
    (DISTANCE < 575? 3:
    (DISTANCE < 669? 4:
    (DISTANCE < 838? 5:
    (DISTANCE < 1012? 6:
    (DISTANCE < 1218? 7:
    (DISTANCE < 1849? 8:
```

---

24. 물론 파이썬을 사용한다면 빈을 좀 더 잘 찾기 위해 numpy를 사용할 수도 있다.

```
           9)))))))))) AS distbin:int,
    (DEP_DELAY < -6? 0:
    (DEP_DELAY < -5? 1:
    (DEP_DELAY < -4? 2:
    (DEP_DELAY < -3? 3:
    (DEP_DELAY < 0? 4:
    (DEP_DELAY < 3? 5:
    (DEP_DELAY < 5? 6:
    (DEP_DELAY < 11? 7:
    (DEP_DELAY < 39? 8:
        9)))))))))) AS depdelaybin:int,
    (ARR_DELAY < 15? 1:0) AS ontime:int;
```

각 항공편을 빈에 넣고 각 항공편의 분류(정시 또는 지연)를 지정하면 빈을 기반으로 데이터를 그룹화할 수 있고, 각 빈 내에서 정시 비율을 계산할 수 있다.

```
grouped = GROUP FLIGHTS2 BY (distbin, depdelaybin);
result = FOREACH grouped GENERATE
    FLATTEN(group) AS (dist, delay),
        ((double)SUM(FLIGHTS2.ontime))/COUNT(FLIGHTS2.ontime)
                    AS ontime:double;
```

이 시점에서 세 칼럼(거리 빈, 지연 빈, 빈 내의 항공편 정시 운항 비율)을 가진 테이블을 얻게 됐다. 비대화형으로 스크립트를 실행할 수 있도록 STORE를 활용해 클라우드 스토리지에 저장한다.

```
STORE result into 'gs://cloud-training-demos-ml/flights/pigoutput/'
        using PigStorage(',','-schema');
```

클라우드 데이터프록상에서 피그 작업 실행

클러스터의 크기를 키운 후 클라우드셸에서 **gcloud** 명령을 이용해 클라우드 데이터프록에 피그 작업을 제출한다.

```
gcloud dataproc jobs submit pig \
        --cluster ch6cluster --file bayes.pig
```

데이터프록 클러스터의 명칭은 **ch6cluster**이고, 피그 스크립트의 명칭은 **bayes.pig**다.

정확한 출력을 얻었고, 작업이 끝난 후 구글 클라우드 스토리지에서 출력 폴더를 볼 수 있다.

```
gsutil ls gs://cloud-training-demos-ml/flights/pigoutput/
```

실제 출력 파일명은 part-r-00000이고, 다음 명령을 이용해 화면에 출력할 수 있다.

```
gsutil cat gs://cloud-training-demos-ml/flights/pigoutput/part-*
```

거리 빈 중 하나의 출력 결과는 다음과 같이 제법 정확하다.

```
5,0,0.9726378794356563
5,1,0.9572953736654805
5,2,0.9693486590038314
5,3,0.9595657057281917
5,4,0.9486424180327869
5,5,0.9228643216080402
5,6,0.9067321178120618
5,7,0.8531653960888299
```

```
5,8,0.47339027595269384
5,9,0.0053655264922870555
```

정시 도착 백분율은 지연 빈 0에서부터 7까지 70% 이상이다. 그러나 빈 8과 9에서의 항공편은 취소해야 한다.

이 스크립트에는 세 가지의 개선해야 할 문제점이 있다.

- 모든 데이터를 실행했다. 훈련일로 제한해 실행해야 한다.

- 모든 빈과 확률을 출력했기 때문에 출력이 너무 길다. 회의를 취소해야 하는 권고 사항을 가진 빈만 나와도 충분할 것이다.

- 항공편의 첫 번째 csv 파일뿐만 아니라 모든 데이터를 실행해야 한다.

이를 처리해보자.

훈련일자로 제한

훈련일자는 클라우드 스토리지에 csv 파일 형식으로 저장돼 있으므로, 피그 스크립트(여기서 읽어 들이는 데 있어서 유일한 차이는 입력 헤더를 건너뛰는 것이다)로 읽을 수 있고, 훈련일자에 해당한 것만 나오도록 불리언^{boolean} 변수를 사용하도록 필터링할 수 있다.

```
alldays = LOAD 'gs://cloud-training-demos-ml/flights/trainday.csv'
  using org.apache.pig.piggybank.storage.CSVExcelStorage(
      ',', 'NO_MULTILINE', 'NOCHANGE', 'SKIP_INPUT_HEADER')
  AS (FL_DATE:chararray, is_train_day:boolean);
traindays = FILTER alldays BY is_train_day == True;
```

그런 다음 전체 데이터셋을 ALLFLIGHTS로 명칭을 변경한 후 훈련일자에만 항공편을 얻을 수 있도록 조인 작업을 수행한다.

```
FLIGHTS = JOIN ALLFLIGHTS BY FL_DATE, traindays BY FL_DATE;
```

나머지 피그 스크립트[25]는 동일하다. 나머지 스크립트는 FLIGHTS에서 동작할 것이기 때문이다.

그러나 이를 실행하면 피그는 출력 폴더를 덮어 쓰지 않는다는 점을 알게 된다. 따라서 클라우드 스토리지의 출력 폴더를 삭제해야 한다.

```
gsutil -m rm -r gs://cloud-training-demos-ml/flights/pigoutput
gcloud dataproc jobs submit pig \
        --cluster ch6cluster --file bayes2.pig
```

출력 결과 파일은 훈련일자가 아닌 전체 날짜로 실행했던 결과와 거의 비슷하게 보일 것이다. 훈련일자로만 제한했으므로 첫 번째 문제는 해결됐다. 이제 두 번째 문제를 해결해보자.

의사 결정 기준

모든 결과를 기록하는 대신 회의 취소를 제안할 빈에 대한 거리와 출발 지연 식별자만 유지하도록 결과를 필터링해보자. 이렇게 하면 애플리케이션 개발자가 자동화된 경보 시스템 기능을 개발하는 데 더 용이하다.

이를 위해 원본 피그 스크립트의 STORE 앞에 몇 줄을 추가하고, probs에서 원래 결과의 이름을 바꾸고, 15분 미만으로 지연 도착할 가능성과 항공편 수를 기준으로

---

25. 이 책의 깃허브 리포지터리에서 06_dataproc/bayes2.pig를 참고하라.

필터링해보자.[26]

```
grouped = GROUP FLIGHTS2 BY (distbin, depdelaybin);

probs = FOREACH grouped GENERATE
            FLATTEN(group) AS (dist, delay),
            ((double)SUM(FLIGHTS2.ontime))/COUNT(FLIGHTS2.ontime) AS ontime:double,
            COUNT(FLIGHTS2.ontime) AS numflights;

result = FILTER probs BY (numflights > 10) AND (ontime < 0.7);
```

이전처럼 결과를 클라우드 스토리지로 보내면 다음과 같다.

```
0,8,0.3416842105263158,4750
0,9,7.351139426611125E-4,4081
1,8,0.3881127160786171,4223
1,9,3.0003000300030005E-4,3333
2,8,0.4296875,3328
2,9,8.087343307723412E-4,2473
3,8,0.4080819578827547,3514
3,9,0.001340033500837521,2985
4,8,0.43937644341801385,3464
4,9,0.002002402883460152,2497
5,8,0.47252208047105004,4076
5,9,0.004490057729313663,3118
6,8,0.48624950179354326,5018
6,9,0.00720192051213657,3749
7,8,0.48627167630057805,4152
7,9,0.010150722854506305,3251
8,8,0.533605720122574,4895
8,9,0.021889055472263868,3335
9,8,0.6035689293212037,2858
```

---

26. 이 책의 깃허브 리포지터리에서 06_dataproc/bayes3.pig를 확인하라.

```
9,9,0.03819444444444445,2016
```

취소가 필요한 빈은 모두 지연 빈 8과 9다. 양자화 임곗값을 선택하는 데 실수를 한 것처럼 보인다. 우리가 선택한 양자화 임곗값은 전체 출발 지연의 분포를 전제로 했지만, 의사 결정의 경계는 10분에서 20분 사이에 모여 있다. 따라서 거리에 대한 히스토그램 균일화를 사용해 보정했을지라도 관심 있는 범위의 모든 출발 지연에 대해 시도해야 한다. 출발 지연 양자화의 정밀도를 증가시키는 것은 통계적으로 결과가 유효한지를 확인하기 위해 항공편 수를 꼼꼼하게 조사해야 함을 의미한다.

의사 결정 경계 주변의 출발 지연 값을 좀 더 정밀하게 변경해보자.[27]

```
(DEP_DELAY < 11? 0:
(DEP_DELAY < 12? 1:
(DEP_DELAY < 13? 2:
(DEP_DELAY < 14? 3:
(DEP_DELAY < 15? 4:
(DEP_DELAY < 16? 5:
(DEP_DELAY < 17? 6:
(DEP_DELAY < 18? 7:
(DEP_DELAY < 19? 8:
    9)))))))) AS depdelaybin:int,
```

거리 빈 중에 두 개를 예로 들면 취소된 항공편에 연관된 지연 빈의 크기가 다르다는 것을 알 수 있다.

```
3,2,0.6893203883495146,206
3,3,0.6847290640394089,203
3,5,0.6294416243654822,197
```

---

27. 이 책의 깃허브 리포지터리에서 06_dataproc/bayes4.pig를 확인하라.

```
3,6,0.5863874345549738,191
3,7,0.5521472392638037,163
3,8,0.6012658227848101,158
3,9,0.0858412441930923,4951
4,4,0.6785714285714286,196
4,5,0.68125,160
4,6,0.6162162162162163,185
4,7,0.5605095541401274,157
4,8,0.5571428571428572,140
4,9,0.11853832442067737,4488
```

예상대로 주어진 거리에 대해 출발 지연이 증가함에 따라서 정시에 도착할 확률은 감소한다. 이 감소가 단조롭지는 않지만, 항공편 수가 늘어남에 따라 점점 더 단조롭게 변할 것으로 예상된다(전체 데이터셋의 1/30만으로 처리하고 있음을 상기하라). 그러나 거리 빈의 정밀도를 떨어뜨림으로써 지연 빈의 정밀도 증가를 보완시켜보자. 다행히도 양자화 임곗값들을 재계산할 필요가 없다(이 값들은 10번째, 20번째 30번째 등의 백분위의 부분집합이므로, 우리는 이미 20번째, 40번째, 60번째 등의 백분위를 알고 있다).

출발 지연이 의도대로 잘 동작한다면 비행 거리에 따라 회의를 취소해야 하는 임곗값만 알면 된다. 예를 들어 표 6-2와 같은 매트릭스를 완성시킬 수 있다.

표 6-2. 거리에 따른 출발 지연 임곗값 결정표

거리 빈	출발 지연(분)
〈300마일	13
300–500마일	14
500–800마일	15
800–1200마일	16
〉1200마일	17

물론 결과 출력물을 직접 검토하고, 출발 지연 임곗값을 계산하기 원치 않는다. 피그를 이용해 출발 지연 임곗값을 계산해보자.

```
cancel = FILTER probs BY (numflights > 10) AND (ontime < 0.7);
bydist = GROUP cancel BY dist;
result = FOREACH bydist GENERATE group AS dist,
                        MIN(cancel.delay) AS depdelay;
```

각 거리에 따라 항공편을 취소해야 하는 임곗값만 저장하는 지연시간을 찾고 있다. 이는 우리가 관심을 기울이는 임곗값이므로, 실제적인 임곗값을 반영하도록 빈 번호도 변경해보자. 이 변경에 따라 FLIGHTS2 관계는 다음과 같이 됐다.

```
FLIGHTS2 = FOREACH FLIGHTS GENERATE
        (DISTANCE < 368? 368:
        (DISTANCE < 575? 575:
        (DISTANCE < 838? 838:
        (DISTANCE < 1218? 1218:
            9999)))) AS distbin:int,
        (DEP_DELAY < 11? 11:
        (DEP_DELAY < 12? 12:
        (DEP_DELAY < 13? 13:
        (DEP_DELAY < 14? 14:
        (DEP_DELAY < 15? 15:
        (DEP_DELAY < 16? 16:
        (DEP_DELAY < 17? 17:
        (DEP_DELAY < 18? 18:
        (DEP_DELAY < 19? 19:
            9999))))))))) AS depdelaybin:int,
        (ARR_DELAY < 15? 1:0) AS ontime:int;
```

이제 입력값을 `all-flights-*`로 바꿔서 모든 훈련일자에서 이를 실행해보자.[28] 내 경우 다음의 결과를 얻는 데 몇 분의 시간이 소요됐다.

```
368,15
575,17
838,1
1218,18
9999,19
```

거리가 증가함에 따라 출발 지연 임곗값도 증가하고, 이런 테이블은 상용 모델의 기반으로 사용하기에 매우 쉬운 형태다. 상용 서비스는 클라우드 스토리지의 피그 출력 버킷에서 테이블을 간단히 읽을 수 있고, 적절한 임곗값을 수행할 수 있다.

예를 들어 거리가 1,000마일인 항공편이 15분 늦게 출발하는 경우의 적절한 의사 결정은 무엇일까? 이 항공편은 거리가 838에서 1,218마일인 항공편을 보유하는 1218 빈에 해당된다. 이런 항공편은 항공기가 18분 이상으로 지연되는 경우에만 회의를 취소해야 한다. 15분 출발 지연은 비행 운항 중에 어떻게든 극복될 수 있다.

베이지안 모델 평가

이 새로운 두 개의 변수 모델은 얼마나 잘 동작하는가? 이 절에서는 5장의 평가 쿼리를 수정해 거리 범주를 추가하고 거리에 대한 적절한 임곗값을 제공한다.

```
#standardsql
SELECT
  SUM(IF(DEP_DELAY = 15
    AND arr_delay < 15,
```

---

28. 이 책의 깃허브 리포지터리에서 06_dataproc/bayes_final.pig를 참고하라.

```
        1,
        0)) AS wrong_cancel,
    SUM(IF(DEP_DELAY = 15
        AND arr_delay >= 15,
        1,
        0)) AS correct_cancel
    FROM (
        SELECT
            DEP_DELAY,
            ARR_DELAY
        FROM
            flights.tzcorr f
        JOIN
            flights.trainday t
        ON
            f.FL_DATE = t.FL_DATE
        WHERE
            t.is_train_day = 'False'
            AND f.DISTANCE < 368)
```

이 쿼리에서 15는 368마일 미만의 거리에 대해 새롭게 결정된 임곗값이며, WHERE절
은 이제 368마일 미만의 거리에 대한 항공편으로만 제한된다.

그림 6-12는 결과를 보여준다.

Row	wrong_cancel	correct_cancel
1	5049	2593

그림 6-12. WHERE절이 368 마일 미만의 거리로 제한시킨 후의 결과

이는 2,593/(2,593 + 5,049) 또는 34% 비율로 회의를 취소할 수 있음을 알려준다(목
표가 30%라는 것을 상기하라). 유사하게 다른 네 개의 시간 범주로 수행할 수 있다.
이 모델과 (5장에서의) 출발 지연만을 고려한 모델 모두로 신뢰할 만한 예측을 할

수 있다(항공편이 지연될 확률이 30% 이상일 때 회의를 취소한다).

그러면 왜 더 복잡한 모델로 가야 할까? 모델이 더 복잡할수록 결과적으로 회의를 덜 취소하거나 의사 결정을 좀 더 세밀하게 할 수 있으므로 (즉, 취소 회의의 변경) 가치가 있다. 그다음으로 신경을 써야 할 것은 모든 항공편에 대한 correct_cancel 과 wrong_cancel의 합계다. 출발 지연만을 사용하는 경우에 이 숫자는 약 962,000 이다. 이제는 어떨까? 회의를 취소해야 하는 테스트셋에 있는 전체 항공편 수를 살펴보자.

```sql
SELECT
    SUM(IF(DEP_DELAY >= 15 AND DISTANCE < 368, 1, 0)) +
    SUM(IF(DEP_DELAY >= 17 AND DISTANCE >= 368 AND DISTANCE < 575, 1, 0)) +
    SUM(IF(DEP_DELAY >= 18 AND DISTANCE >= 575 AND DISTANCE < 838, 1, 0)) +
    SUM(IF(DEP_DELAY >= 18 AND DISTANCE >= 838 AND DISTANCE < 1218, 1, 0)) +
    SUM(IF(DEP_DELAY >= 19 AND DISTANCE >= 1218, 1, 0))
    AS cancel
FROM (
    SELECT
        DEP_DELAY,
        ARR_DELAY,
        DISTANCE
    FROM
        flights.tzcorr f
    JOIN
        flights.trainday t
    ON
        f.FL_DATE = t.FL_DATE
    WHERE
        t.is_train_day = 'False')
```

920,355건이 결과로 나왔다. 이는 보드 전체에 16분의 임곗값을 사용할 때처럼 취소된 미팅이 약 5% 정도 적다. 이 취소 중에서 몇 개나 정확할까? WHERE절에 ARR_

DELAY >= 15를 추가해서 찾아 낼 수 있고, 760,117을 얻었다. 이는 회의 취소에 대한 의사 결정의 83%가 정확하다는 것을 알려준다.

한 개의 변수를 갖는 모델과 두 개의 변수를 갖는 더 복잡한 모델을 통해 거의 동일한 결과를 얻었다. 결정 표면은 다르다(단일 변수 임곗값에서는 항공편이 16분 이상 지연될 때마다 회의를 취소한다). 그러나 거리를 추가할 때 거리가 더 짧은 항공편(임곗값이 15분)에 더 많이 취소하고, 거리가 긴 항공편(임곗값이 18~19분)에서 더 적게 취소한다. 한 개의 변수 임곗값에 비해 두 개의 변수를 갖는 베이즈 모델을 사용하는 한 가지 이유는 좀 더 세분화된 결정을 하기 위함이다. 이는 중요할 수도 그렇지 않을 수도 있다.

왜 5%의 개선만을 얻었을까? 지연 변수의 반올림(근접 분으로 반올림됨)이 좀 더 정확한 임곗값을 찾을 수 있는 능력을 반감시키는 것 같다. 또한 좀 더 정교한 모델을 사용했다면 여분의 변수가 도움이 됐을 수도 있다(상대적으로 간격이 넓은 양자화 빈에서 조건부 확률을 직접 평가하는 것은 매우 간단한 방법이다). 7장에서 좀 더 복잡한 접근법을 살펴본다.

요약

6장에서는 항공편의 예상 도착 지연을 기반으로 회의 취소 여부에 대한 통찰력을 제공하는 두 개의 변수를 갖는 베이지안 모델 생성법을 살펴봤다. 두 개의 변수(거리와 출발 지연)를 양자화했고, 조건 확률 조회 테이블을 생성했고, 각 빈에서 정시 도착 백분율을 조사했다. 스파크의 히스토그램 균일화를 사용해 양자화를 처리했고, 피그로 정시 출발 백분율 계산을 처리했다.

출발 지연의 전체 분포를 균일화하는 것이 의사 결정의 표면에서 매우 거친 표본 추출이라는 결과를 얻었을 때 출발 지연의 결정적인 범위에서 가능한 한 가장 높은 정밀도를 선택했다. 그러나 통계적으로 유효한 그룹을 보장하려고 거리에 대한 양자화 임곗값들은 더 거칠게 만들었다. 이렇게 처리했을 때 도착 지연이 15분 미만일 확률이 좀 더 매끄럽게 변화하는 것을 발견했다. 이 때문에 조건부 확률의 조회가 IF-THEN 규칙을 간단히 사용해 적용시킬 수 있는 임곗값 테이블로 축소됐다.

두 개의 변수 모델을 평가할 때 동일한 전체 정확도를 유지하면서도 단일 변수 모델보다 5% 덜 미팅을 취소할 수 있다는 것을 발견했다. 출발 지연 변수가 근접 시간으로 이미 반올림돼서 개선할 수 있는 범위를 제한했기 때문에 개선 수준이 더 높지 않았다고 가정할 수 있다.

도구에 관해서는 개발을 위해 3개의 노드를 갖는 클라우드 데이터프록을 생성했고, 전체 데이터셋을 위해서는 코드가 준비됐을 때 20개의 워커로 실행할 수 있도록 노드 수를 조정했다. 하둡을 사용할 때 클러스터 관리에서 벗어날 수는 없지만, 클라우드 데이터프록은 이 작업을 적은 노력으로 할 수 있도록 긴 여정을 걸어 왔다. 클라우드 데이터프록을 생성하고 크기를 조정하고 삭제하는 이유는 우리의 데이터를 HDFS에 두지 않고 구글 클라우드 스토리지에 뒀기 때문이다. 피그 인터프리터와 대화형 노트북 경험을 제공하는 클라우드 데이터프록에서 개발을 수행했다. 빅쿼리, 스파크 SQL 및 아파치 피그를 하둡 클러스터의 워크플로우에 통합할 수 있음 또한 발견했다.

## 7장

머신 러닝:
스파크에서 로지스틱 회귀 분석

6장에서 두 개의 변수(운항 거리, 출발 지연)를 기반으로 항공편이 15분 이상 지연될 확률을 예측하는 모델을 작성했다. 하나의 변수(출발 지연)를 사용하는 대신 두 개의 변수(운항 거리)를 사용하는 것으로도 더 정교한 결정을 내릴 수 있음을 발견했다.

데이터셋에 있는 모든 변수를 사용한다면 어떨까? 또는 그중 일부를 사용한다면 어떨까? 나는 특히 TAXI_OUT 변수를 사용하려 한다(이 값이 너무 크면 비행기가 관제탑에서의 이륙 허가를 기다리며 유도로에 계속 멈춰있으므로 항공편이 지연될 가능성이 있다). 6장에서의 접근법은 변수의 추가적인 통합 측면에서는 상당히 제한적이다. 변수를 추가함에 따라 데이터셋을 더 작은 빈으로 계속 분할시켜야 한다. 그러면 많은 빈은 표본을 거의 포함하지 않아서 결과적으로 결정 표면이 잘 동작하지 않을 것이라는 점을 발견한다. 운항 거리를 기준으로 데이터를 분류한 후에 출발 지연 결정 경계가 상당히 잘 동작하는 것을 발견했음을 상기하라(특정 임곗값을 초과하는 출발 지연은 정시에 도착하지 않을 항공편과 관련돼 있다). 결정 경계에 잡음이 많았다면 빈에 의해 변화되는 간단한 임곗값으로 베이지안 분류 표면을 단순화하는 것이 불가능했을 것이다.[1]

---

1. 확장도 약간 다룬다. 거리 변수를 매우 거칠게(거리 간격을 크게 잡았음 – 옮긴이) 양자화했음을 상기하라. 거리를 더 많은 빈으로 양자화할수록 각 빈에는 더 적은 항공편이 남는다.

더 많은 변수를 사용할수록 더 많은 빈을 가질 것이고, 양호한 동작은 중단될 것이다. 변수(또는 차원)의 수가 늘어남에 따라 양호한 동작이 중단되는 것을 차원의 저주라고 부른다. 이는 6장의 다른 양자화 기반의 베이지안 접근법뿐만 아니라 많은 통계 및 머신 러닝 기술에 영향을 끼친다.

로지스틱 회귀 분석

변수의 수가 증가함에 따라 동작의 중단을 다루는 한 가지 방법은 입력 데이터셋을 기반으로 확률을 직접 평가하는 접근 방법을 바꾸는 것이다. 대신 데이터셋(다차원 공간)에 있는 변수의 매끄러운 함수를 항공기가 늦게 도착할 확률(단차원 공간)로 맞추는 시도를 하는 것이다. 즉, 다음과 같이 함수 f를 찾는 것을 시도한다.

$$P(Y) \approx f(x_0, x_1, \ldots, x_{n-1})$$

여기에서 x_0은 출발 지연, x_1는 유도로로 진출하는 시간, x_2는 거리 등이 될 수 있다. 각 행은 다른 x 값을 가질 것이고, 여러 다른 항공편을 표시한다. 이 아이디어는 행의 입력 변수에 해당하는 항공편이 정시에 도착할 확률을 잘 예측할 수 있도록 이 x를 얻어 어떻게든 변환시키는 함수를 얻는 것이다.

다차원 공간을 단차원 공간으로 변환시키는 가장 간단한 방법 중 하나는 다음과 같이 입력 변수의 가중치 합계를 계산하는 것이다.

$$L = w_0 x_0 + w_1 x_1 + \cdots + w_{n-1} x_{n-1} + b$$

w(가중치라고 함)와 상수 b(절편이라고 함)는 상수다. 그러나 초기에는 이것이 무엇인지 알지 못할 것이다. 모든 행에 대한 가중치 합계가 1(항공기 정시 운항) 또는 0(항공기 지연 운항)에 근접하게 w와 b의 '양호한' 값을 찾아야 한다. 양호한 값을 찾는 이 과정은 대규모 데이터셋에 대해 평균을 계산하는 것이기 때문에 L 값은 특정 출발

지연, 유도로 진출 시간 등을 포함한 항공편이 정시에 도착할 것이라는 예측치다. 이 값이 0.8이면 80%의 항공편이 정시에 도착하고, 20%의 항공편은 지연된다. 즉, L은 단순히 1 또는 0이 아닌 항공편이 정시에 도착할 가능성 수치이자 확률이다.

그러나 여기에는 문제가 있다. 앞의 가중치 합계는 확률 값이 아니다. 이는 선형 결합 L이 임의의 값이 될 수 있기 때문이다(0에서 1 사이에 없는 값 – 옮긴이). 그러나 확률은 0과 1 사이에 있어야 한다. 이 문제에 대한 일반적인 해결책 중 하나는 로지스틱 함수를 이용해 선형 결합을 변형시키는 것이다.

$$P(Y) = \frac{1}{1 + e^{-L}}$$

변수의 선형 결합 로지스틱 함수를 바이너리(0 또는 1 – 옮긴이) 결과(즉, 예상되는 $P(Y)$가 정시 운항편의 실제 기록된 결과에 가까워지도록 w과 b의 '양호한' 값을 찾는 것)에 맞추는 것을 **로지스틱 회귀 분석**$^{logistic\ regression}$이라고 한다.

머신 러닝에서는 $-\infty$에서 ∞ 사이에 있는 원본 선형 결합 L 값을 **로짓**^{Logit}이라고 한다. 로짓이 ∞까지 커지면 e^{-L}은 0이 되고, $P(Y)$는 1이 될 것이다. 원본 선형 결합이 $-\infty$까지 작아지면 e^{-L}은 ∞가 되고, $P(Y)$는 0이 될 것이다. 따라서 Y는 항공기가 정시에 도착하는 사건이고, $P(Y)$는 이 사건이 발생할 확률이다. 이 변환으로 $P(Y)$는 확률이 되기 위해 필요한 0과 1 사이의 값이 될 것이다.

$P(Y)$가 확률이라면 로짓 L은 다음과 같다.

$$\log_e \frac{P(Y)}{1 - P(Y)}$$

승산율^{odds}은 사건이 발생할 확률 $P(Y)$와 사건이 발생하지 않을 확률 $1 - P(Y)$의 비율이다. 그리고 로짓은 로그의 밑이 e인 로그 승산율로 해석된다.

그림 7-1은 로짓, 확률 및 승산율 사이의 관계를 보여준다.

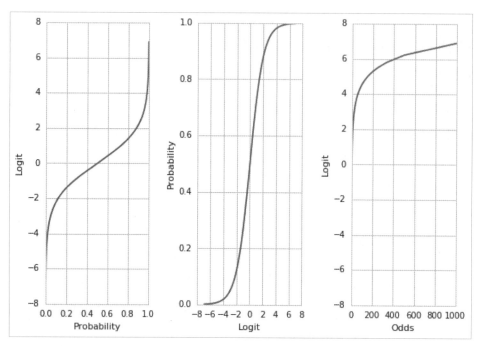

그림 7-1. 확률, 로짓, 승산율 사이의 관계

시간을 들여 그림 7-1의 그래프를 살펴보고 관계가 의미하는 바에 대해 직관적인 이해를 얻어 보자. 예를 들어 이 일련의 질문에 답을 할 수 있는지 확인해보자(추론을 위해 곡선을 스케치해보자[2]).

---

2. 정답(그러나 나의 말을 너무 믿지는 말길 바란다)

1. 동일 승산율에서 확률은 0.5이고 로짓은 0이다.

2. 로짓 함수는 0 부근과 1 부근에서 가장 빠르게 변한다.

3. 로짓 함수의 경사도는 확률 0.5 부근에서 가장 완만하다.

4. 2에서 1로 변경 시 확률이 더 크게 변한다. 0 부근 및 1 부근의 확률인 경우 확률에 동일한 영향을 주려면 더 큰 로짓 변경이 요구된다. 확률이 0.5 부근인 경우 더 작은 로짓 변경으로 충분하다.

5. 절편은 로짓 값에 직접 영향을 준다. 따라서 절편은 첫 번째 곡선을 위아래로 이동시킨다.

6. 로짓은 두 배가 된다.

7. 원래 확률이 0 부근 또는 1 부근이면 로짓을 두 배로 해도 영향은 미미하다(예를 들어 로짓이 4에서 8로 변경되면 어떤 일이 일어나는지 확인하라). 원래 확률이 0.3과 0.7 사이라면 이들 관계는 꽤 선형적이다. 로짓을 두 배로 하면 확률도 비례해 증가한다.

8. 약 3 및 약 5

9. 0.95에서 로짓 값을 두 배로 하려면 0.995에 도달해야 한다. 양극단에서 확률을 이동시키려면 입력 변수에 많은 에너지가 요구된다.

1. 승산율이 같을 때(즉, 항공편의 지연과 정시 운행이 같다면) 로짓값은 얼마인가? 비행이 정시에 운행할 승산율이 우세하다면 어떨까?

2. 어떤 확률 구간에서 로짓 함수가 가장 빠르게 변하는가?

3. 로짓 함수의 기울기(변화의 비율)가 가장 느리게 변하는 곳은 어디인가?

4. 확률이 더 많이 변하는 곳은 2에서 3으로 바뀌는 로짓과 2에서 1로 바뀌는 로짓 중 어디인가?

5. 절편 b의 값은 질문 4의 답에 어떻게 영향을 미치는가?

6. 절편이 0이라고 가정하자. 모든 입력값이 두 배가 되면 로짓은 어떻게 될까?

7. 로짓 값이 두 배가 되면 확률은 어떻게 되는가? 이는 로짓의 원래 값에 어떻게 종속이 될까?

8. 0.95의 확률을 제공하기 위한 로짓 값은 얼마인가? 0.995에 대한 값은 얼마인가?

9. 확률이 0 또는 1에 근접하기 위한 입력값의 양극단 값은 어떻게 될까?

머신 러닝에서 문제를 분류하는 데 있어 많은 실제적인 고려 사항은 이들 관계에서 파생된다. 따라서 이런 간단한 곡선만큼은 의미를 이해하는 것이 중요하다.

로지스틱 회귀 분석이라는 이름은 약간은 혼동된다(회귀 분석은 일반적으로 실제 값을 맞추는 방법이다). 반면에 분류 분석은 해당하는 결과를 범주에 맞추는 방법이다. 여기에서는 관측된 변수 x를 로짓(실제 값)에 맞춘다(이름에서 알 수 있듯이 이것이 회귀 분석에 해당한다). 그러나 실제 값을 확률로 변환하려고 매개변수가 없는 (조정을 위한 가중치가 없는) 로지스틱 함수를 사용한다. 따라서 전반적인 로지스틱 회귀 분석은 분류 분석 방법으로 기능하다.

스파크 ML 라이브러리

여러 개의 변수를 가진 데이터셋이 주어졌을 때 스파크는 로지스틱 회귀 분석을 수행할 수 있는 기능을 제공하고, 각 변수에 대해 최적화된 가중치를 제공할 수 있다. 한 묶음의 x와 이에 상응하는 y를 제공하면 스파크의 로지스틱 회귀 분석 모듈은 w(가중치)와 b를 제공한다. 로지스틱 회귀 분석 모듈은 아파치 스파크 머신 러닝 라이브러리인 MLib의 일부로, 자바, 스칼라, 파이썬 또는 R로 개발할 수 있다. (통상적으로 스파크 ML로 알려진) 스파크 MLib에는 많은 표준적인 머신 러닝 알고리즘의 구현이 포함돼 있다. 결정 트리, 랜덤 포레스트, ALS[Alternating Least Squares], k-평균 군집화, 연관 법칙, 서포트 벡터 머신 등이다. 스파크는 하둡 클러스터에서 실행될 수 있으므로 대용량 데이터셋으로 확장할 수 있다.

우리가 해결하고자 하는 문제는 (알려진 결과를 기반으로 모델 예측을 최적화하기 위한 가중치 셋을 찾는 지도 학습 문제의 한 예다) 일부 데이터셋에 대해 알려진 레이블이라는 실제적인 정답으로 머신 러닝을 하는 문제의 일종이다. 그림 7-2처럼 먼저 머신 러닝(여기에서는 스파크)으로 하여금 레이블 Y를 가진 데이터 x에서 학습 w를 하게 하는 것이다. 이를 **훈련**[training]이라 한다.

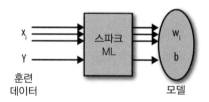

그림 7-2. 지도 학습에서 머신(여기서는 스파크)은 입력값(X)과 그에 상응하는 레이블(Y)로 구성된 훈련 데이터에서 일련의 매개변수(w와 b)를 학습시킨다.

원래의 방정식(x의 선형 조합의 로지스틱 함수)과 함께 학습된 일련의 가중치를 모델이라고 부른다. 훈련 데이터에서 모델을 학습시킨 후 이를 파일에 저장할 수 있다. 그런 다음 신규 항공편에 대한 예측을 할 때마다 해당 파일에서 모델을 다시 생성할

334

수 있다. 동일한 순서로 x를 전달하고 로지스틱 함수를 연산해 추정 $P(Y)$를 얻을 수 있다. 예측이나 제공이라고 하는 이 절차는 입력값을 포함하는 요청에 대한 응답으로, 실시간으로 수행될 수 있다. 반면에 모델 훈련은 그림 7-3처럼 자주 발생하지 않을 수 있다.

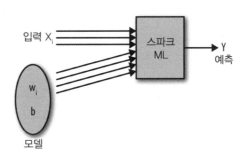

그림 7-3. 신규 데이터(x)에 대한 Y 값을 예측하기 위해 학습된 일련의 가중치들을 이용할 수 있다.

물론 예측은 스파크 외부에서 수행될 수도 있다(우리에게 필요한 것은 입력값에 대한 가중치의 합계와 절편을 계산해서 가중치 합계에 대한 로지스틱 함수를 계산하는 것이다). 그러나 일반적으로 훈련에서 사용하던 것과 동일한 라이브러리를 예측을 위해 사용하는 것이 좋다. 이는 1장에서 언급했던 상황인 (예측의 입력 변수가 훈련에서 사용된 것들과 미묘하게 달라져서 결과적으로 엉터리 수행 모델로 이끄는) 훈련-제공 간의 왜곡을 완화시키는 데 도움을 준다.

스파크 머신 러닝으로 시작

이 절에서는 스파크를 편리하게 사용하려고 6장에서 실행한 클라우드 데이터프록 클러스터를 계속해 사용할 것이다. 특히 클러스터 생성 및 크기 조절을 위한 동일 스크립트를 사용하고, 노트북 환경에서 개발하려고 클러스터상의 클라우드 데이터랩을 사용한다.

전체적인 설치 지침은 6장을 참고하라.

노트북 환경을 쓰는 것이 좋지만 또 다른 옵션으로는 시큐어 셸을 이용해 마스터 노드에 접속한 후 스파크 대화형 셸을 사용하는 방법이다. 파이썬의 스파크 코드(PySpark)를 한 줄 씩 시도할 수 있다. 그리고 잘 동작하면 데이터 분석을 반복해야 할 때마다 실행시킬 수 있도록 이 줄을 스크립트에 복사해 붙인다. 노트북을 사용할 때도 최종 목표는 머신 작업을 일상적으로 실행시키는 것임을 명심하자. 이 목표를 달성하려면 노트북을 최종 머신 러닝 워크플로우로 유지하고, 이 노트북을 독립 실행형 프로그램으로 내보내야 한다. 새로운 데이터셋에 대한 머신 러닝을 반복적으로 실행할 때마다 독립 실행형 프로그램을 클러스터에 제출하면 된다.

한 가지 복잡한 부분은 대화형 셸과 클라우드 데이터랩 노트북 모두 **SparkContext** 변수인 *sc*와 **SparkSession** 변수인 **spark**가 있다는 점이다. 독립 실행형 제출 프로그램에서는 이들을 명시적으로 생성해야 한다.[3] 따라서 이 코드는 제출하는 프로그램에서 추가적인 코드로, 노트북이나 대화형 세션에서는 필요 없다.

```
from pyspark.sql import SparkSession
from pyspark import SparkContext
sc = SparkContext('local', 'logistic')
spark = SparkSession \
    .builder \
    .appName("Logistic regression w/ Spark ML") \
    .getOrCreate()
```

---

3. 이 책의 깃허브 리포지터리에서 flights_data_analysis/07_sparkml에 있는 logistic.py와 logistic.ipynb를 참고하라.

이렇게 하면 클라우드 데이터랩 노트북 **logistic.ipynb**에서 작동하는 모든 행은 logistic.py 스크립트를 띄울 때도 작동한다. 스크립트를 실행시킬 때 애플리케이션 명(로지스틱)이 로그에 표시된다.

필요한 파이썬 클래스에 대한 **import** 행을 추가해보자.

```
from pyspark.mllib.classification import LogisticRegressionWithLBFGS
from pyspark.mllib.regression import LabeledPoint
```

스파크 로지스틱 회귀 분석

스파크는 두 가지의 로지스틱 회귀 분석 구현을 제공한다. 하나는 pyspark.ml에 있고, 다른 하나는 pyspark.mllib에 있다. ML 라이브러리에 있는 것이 더 최신이고, 여기에서 사용한다. **L-BFGS**는 널리 알려진 반복적이고 빠른 수렴 최적화 알고리즘을 발명한 독립 발명가들의 머리글자(Broyden, Fletcher, Goldfarb, Shanno)를 의미한다.[4] L-BFGS 알고리즘은 스파크의 훈련 데이터셋에서 다음과 같은 로지스틱 손실 함수의 결과 값을 최소화하는 가중치를 찾는 데 사용된다.

$$\sum \log \left(1 + e^{-yL}\right)$$

여기서 y는 훈련 레이블로 −1이나 1이고, L은 입력 변수, 가중치 및 절편으로 계산된 로짓이다.

스파크에서 사용하는 로지스틱 공식과 손실 함수의 세부 사항을 아는 것은 중요하다. 이는 다른 머신 라이브러리들이 동일한(그러나 완벽히 일치하지는 않는) 버전에서 이런 공식을 사용하기 때문이다. 예를 들어 머신 러닝 프레임워크가 취하는 또 다른 일반적인 접근 방법은 교차 엔트로피^{cross-entropy} 오차를 최소화하는 것이다.

---

4. L은 작은 메모리를 의미한다. 따라서 BFGS 알고리즘의 제한된 메모리상 수행을 위한 변형 라이브러리다.

$$\Sigma - y \log P(Y) - (1 - y) \log (1 - P(Y))$$

여기서 y는 훈련 레이블이고, $P(Y)$는 모델의 확률적 출력이다. 이 경우 훈련 레이블은 0이나 1이어야 한다. 나는 수학 문제를 풀지 않을 것이다. 이 두 가지 손실 함수는 매우 다르게 보이지만, 로지스틱 손실을 최소화하고 교차 엔트로피 오차를 최소화하는 것은 동일한 것으로 보인다.

다소 혼란스럽게 스파크 설명서에는 "이진 레이블 y는 +1(양수) 또는 −1(음수)로 표시하며, 이는 공식에 있어 편리하다. 그러나 `spark.mllib`에서는 다중 클래스의 레이블 지정과 일관되게 음수 레이블은 −1 대신 0으로 표시한다."라고 나온다.[5] 즉, 스파크 ML은 로지스틱 손실 함수를 사용하지만, 제공해야 하는 레이블은 0이나 1이어야한다. 설명서를 실제로 읽는 것 외는 다른 대안이 정말 없다!

요약하면 입력 데이터에 대해 수행해야 하는 전처리는 사용 중인 머신 러닝 프레임워크에서 사용하는 손실 함수의 공식에 따라 달라진다. 이를 결정한다고 가정해보자.

도착 지연 $\geq$ 15분이면 $y = 0$
도착 지연 $<$ 15분이면 $y = 1$

정시 비행을 1로 매핑했기 때문에 (훈련 후의) 머신 러닝 알고리즘은 항공편이 정시 비행일 확률을 예측한다.

훈련 데이터셋 생성

6장에서처럼 데이터랩에 대한 초기화 작업이 있는 최소 클라우드 데이터프록을 실행해보자.[6] 그런 다음 네트워크 프록시를 경유하는 크롬 세션인 SSH 터널을 시작해

---

5. https://spark.apache.org/docs/latest/mllib-linear-methods.html에서 로지스틱 손실 함수 부분을 참고하라.

6. 06_dataproc의 start_cluster.sh, start_tunnel.sh, start_chrome.sh를 참고하라. 이것들은 6장에서 설명했다.

클러스터의 마스터 노드에 있는 8080 포트로 조회한다. 그런 후 클라우드 데이터랩에서 **ungit**을 이용해 깃허브 리포지터리를 복제하고, 신규 클라우드 데이터랩 노트북을 시작한다.[7]

먼저 훈련 일자들의 목록을 읽어 들인다. 이를 하려면 클라우드 스토리지에서 trainday.csv를 읽어야 한다. 쉼표로 구분된 값[csv] 파일에는 스키마를 유추하는 데 도움이 되는 헤더가 있음을 기억하자.

```
traindays = spark.read \
    .option("header", "true") \
    .csv('gs://{}/flights/trainday.csv'.format(BUCKET))
```

편의를 위해 다음과 같이 스파크 SQL 뷰로 만든다.

```
traindays.createOrReplaceTempView('traindays')
```

이 파일의 처음 몇 줄을 출력할 수 있다.

```
spark.sql("SELECT * from traindays LIMIT 5").show()
```

이것으로 다음과 같이 아주 합리적인 결과를 얻는다.

```
+----------+------------+
|   FL_DATE|is_train_day|
+----------+------------+
|2015-01-01|        True|
|2015-01-04|       False|
```

---

7. 노트북은 07_sparkml에 있는 `logistic_regression.ipynb`이고, 이들에 대한 단계는 6장에 기술돼 있다.

```
|2015-01-05|      False|
|2015-01-07|       True|
|2015-01-08|       True|
+----------+-----------+
```

훈련 일자 목록이 준비됐으므로 항공편 데이터셋을 읽을 수 있다. 쿼리를 이해할
수 있도록 적절한 스키마를 구성하는 것이 바람직하다. 이를 위해 헤더를 정의하고,
관심을 가져야 하는 네 개의 숫자 칼럼을 제외하고는 거의 모든 칼럼을 문자열로
읽어 들인다.

```python
from pyspark.sql.types \
        import StringType, FloatType, StructType, StructField
header = \
'FL_DATE,UNIQUE_CARRIER,AIRLINE_ID,CARRIER,FL_NUM,ORIGIN_AIRPORT_ID,
ORIGIN_AIRPORT_SEQ_ID,ORIGIN_CITY_MARKET_ID,ORIGIN,DEST_AIRPORT_ID,
DEST_AIRPORT_SEQ_ID,DEST_CITY_MARKET_ID,DEST,CRS_DEP_TIME,DEP_TIME,
DEP_DELAY,TAXI_OUT,WHEELS_OFF,WHEELS_ON,TAXI_IN,
CRS_ARR_TIME,ARR_TIME,ARR_DELAY,CANCELLED,
CANCELLATION_CODE,DIVERTED,DISTANCE,DEP_AIRPORT_LAT,
DEP_AIRPORT_LON,DEP_AIRPORT_TZOFFSET,ARR_AIRPORT_LAT,ARR_AIRPORT_LON,
ARR_AIRPORT_TZOFFSET,EVENT,NOTIFY_TIME'

def get_structfield(colname):
    if colname in ['ARR_DELAY', 'DEP_DELAY', 'DISTANCE', 'TAXI_OUT']:
        return StructField(colname, FloatType(), True)
    else:
        return StructField(colname, StringType(), True)

schema = StructType([get_structfield(colname) for colname in header.split(',')])
```

(클라우드 데이터랩을 실행하는 최소한의 하둡 클러스터에서) 코드를 개발하는 동안 데이
터셋의 일부만 읽어 들이는 것이 더 쉬울 것이다. 따라서 샤드 중 하나만을 입력

340

변수로 정의한다.

```
inputs = 'gs://{}/flights/tzcorr/all_flights-00000-*'.format(BUCKET)
```

모든 코드를 개발한 후 입력을 다음과 같이 바꿀 수 있다.

```
#inputs = 'gs://{}/flights/tzcorr/all_flights-*'.format(BUCKET)   # FULL
```

그리고 지금은 바로 아래 줄은 주석으로 남겨두자.

스키마가 있는 경우 스파크 SQL로 항공편 뷰를 생성하는 것은 복잡하지 않다.

```
flights = spark.read\
            .schema(schema)\
            .csv(inputs)
flights.createOrReplaceTempView('flights')
```

is_train_day가 True인 일자의 항공편에 대해 훈련을 수행해야 한다.

```
trainquery = """
SELECT
    f.*
FROM flights f
JOIN traindays t
ON f.FL_DATE == t.FL_DATE WHERE
    t.is_train_day == 'True'
"""
traindata = spark.sql(trainquery)
```

코너 케이스 다루기

traindata에 필요한 데이터가 포함돼 있는지 확인하자. 다음을 사용해 데이터 프레임의 처음 몇 행(여기서는 두 행)을 살펴볼 수 있다.

```
traindata.head(2)
```

결과는 합리적으로 보인다.

```
[Row(FL_DATE=u'2015-02-02', UNIQUE_CARRIER=u'EV', AIRLINE_ID=u'20366',
CARRIER=u'EV', FL_NUM=u'4410', ORIGIN_AIRPORT_ID=u'12266',
ORIGIN_AIRPORT_SEQ_ID=u'1226603', ...
```

Date 필드는 날짜고, 공항 코드는 정확하고, 위도와 경도도 정확하다. 눈으로 확인하는 것은 모든 값이 존재하는지 충실히 검증하는 대안으로 사용할 수는 없다. 관심이 있는 네 개의 변수는 모두 float임을 알고 있으므로, 전체 데이터셋에 걸쳐 간단한 통계를 계산하도록 스파크에 요청할 수 있다.

```
traindata.describe().show()
```

describe() 함수는 칼럼 단위로 통계를 계산하고, show() 함수는 이들 통계를 출력한다. 이제 다음 결과를 얻는다.[8]

```
+-------+------------+------------+------------+------------+
|summary|   DEP_DELAY|    TAXI_OUT|   ARR_DELAY|    DISTANCE|
+-------+------------+------------+------------+------------+
|  count|      259692|      259434|      258706|      275062|
```

---

8. 결과가 다를 것이다. 첫 번째 샤드에 있는 실제 항공편 기록이 다를 수 있기 때문이다(입력값이 all_flights-00000-*임을 상기하라).

mean	13.178	16.9658	9.7319	802.3747
stddev	41.8886	10.9363	45.0384	592.254
min	-61.0	1.0	-77.0	31.0
max	1587.0	225.0	1627.0	4983.0

+-------+------------+-----------+------------+-----------+

이상한 점을 눈치 챘는가?

count 통계에 주목하라. 275,062개의 DISTANCE 값이 있다. 그러나 DEP_DELAY는 259,692다 그리고 TAXI_OUT 값은 더 적다. 무슨 일인가? 일종의 근본 원인을 추적해야 할 것이다. 여기에서의 원인은 항공편이 스케줄에 있으나 게이트를 떠나지 않은 경우와 게이트에서 출발하지만 이륙하지 않은 경우 때문이다. 유사하게 항공편이 이륙은 했지만(TAXI_OUT 값을 가지고 있지만) ARR_DELAY 값을 갖지 않도록 변경된 경우다. 데이터에서 이들은 NULL로 표시되지만 스파크의 describe() 함수는 null을 계산하지 않는다.

취소되거나 변경된 항공편을 훈련하는 데 사용하지 않길 바란다. 훈련 데이터셋의 선택을 엄격하게 하는 한 가지 방법은 다음과 같이 간단히 NULL을 제거하는 것이다.

```
trainquery = """
SELECT
    DEP_DELAY, TAXI_OUT, ARR_DELAY, DISTANCE
FROM flights f
JOIN traindays t
ON f.FL_DATE == t.FL_DATE
WHERE
    t.is_train_day == 'True' AND
    f.dep_delay IS NOT NULL AND
    f.arr_delay IS NOT NULL
"""
traindata = spark.sql(trainquery)
```

```
traindata.describe().show()
```

실행하면 모든 칼럼에 대해 동일한 count의 값을 얻을 수 있다.

```
+-------+-------------+-------------+-------------+-------------+
|summary|    DEP_DELAY|     TAXI_OUT|    ARR_DELAY|     DISTANCE|
+-------+-------------+-------------+-------------+-------------+
|  count|       258706|       258706|       258706|       258706|
+-------+-------------+-------------+-------------+-------------+
```

그러나 나는 이렇게 하지 않기를 권한다. NULL의 제거는 문제의 증상만을 수정하는 것이다. 정말 하고 싶은 일은 근본 원인을 다루는 것이다. 여기에서는 취소되거나 변경된 항공편을 제거함으로써 할 수 있다. 다행히도 이 정보가 있다. 따라서 다음과 같이 쿼리를 변경할 수 있다.

```
trainquery = """
SELECT
    DEP_DELAY, TAXI_OUT, ARR_DELAY, DISTANCE
FROM flights f
JOIN traindays t
ON f.FL_DATE == t.FL_DATE
WHERE
    t.is_train_day == 'True' AND
    f.CANCELLED == '0.00' AND
    f.DIVERTED == '0.00'
"""
traindata = spark.sql(trainquery)
traindata.describe().show()
```

이 결과 또한 NULL을 제거했을 때와 동일한 counts 값을 산출한다. 따라서 문제에 대한 진단이 맞다는 것을 보여준다.

머신 러닝 모델 훈련을 시작할 때 입력 데이터셋에 대한 문제와 코너 케이스를 찾는 것은 아주 일반적이다. 여기에서 나는 이런 문제가 있을 것을 알았고, (2장에 있는) 입력 데이터셋의 일부에 대한 CANCELLED와 DIVERTED 칼럼을 선택할 때 주의를 기울였다. 실제 상황에서는 문제를 해결하는 데 상당한 시간을 할애해야 하며, 간단한 문제의 근본 원인을 밝히려면 입수 코드에 새로운 로그를 잠재적으로 추가해야 한다. 잘못된 값을 단순히 버리는 일은 하지 말아야 한다.

훈련 예제 생성

훈련 데이터가 준비됐으므로 입력 포맷을 결정하기 위해 LogisticRegressionModel에 대한 설명서를 살펴볼 수 있다. 이 설명서에는 훈련 데이터의 각 행을 LabeledPoint로 변환시키도록 지시하며, 이어서 LabeledPoint의 문서는 생성자에 레이블 및 피처 배열feature array이 필요함을 지시한다. 이들 모두는 부동소수점 수여야 한다.

데이터프레임의 각 데이터 포인트를 훈련 예제로 변환하는 함수를 작성해보자(예제는 입력 피처와 실제 답변의 조합이다).

```
def to_example(raw_data_point):
    return LabeledPoint(\
            float(raw_data_point['ARR_DELAY'] < 15), # on-time? \
            [ \
                raw_data_point['DEP_DELAY'], \
                raw_data_point['TAXI_OUT'], \
                raw_data_point['DISTANCE'], \
            ])
```

레이블과 피처 배열을 생성했음에 주목하라. 여기에서 피처는 전달하는 세 개의 숫자 필드로 구성돼 있다. 원시 데이터를 취하고 훈련 예제를 구성하는 분리된 함수를 작성하는 것이 좋다. 이렇게 해야 다른 연산에 해당 함수를 끼워 넣을 수 있기 때문이다. 예를 들어 피처 값을 전처리하기 시작하고 훈련 예제를 구성하는 함수를 가졌다면 훈련 및 평가 사이에 이 코드를 재사용할 수 있다.

각 원시 데이터 포인트를 훈련 예제로 변환할 수 있는 방법을 마련한 후 전체 훈련 데이터셋에 적용해야 한다. 데이터셋을 열 단위로 매핑함으로써 이 작업을 수행할 수 있다.

```
examples = traindata.rdd.map(to_example)
```

훈련

데이터프레임을 필수 형식으로 만들었으므로 스파크에 훈련 데이터셋을 레이블에 맞추도록 작업시킬 수 있다.

```
lrmodel = LogisticRegressionWithLBFGS.train(examples, intercept=True)
```

모든 $x = 0$일 때 예측이 0이어야 한다고 믿는다면 intercept=False로 지정했을 것이다. 이를 기대할 이유가 없으므로 모델의 절편에 대한 값을 찾도록 요청한다.

train() 함수가 완료될 때 lrmodel은 가중치와 절편을 갖게 되고, 출력할 수 있다.

```
print lrmodel.weights,lrmodel.intercept
```

이 명령은 다음을 출력한다.[9]

```
[-0.164, -0.132, 0.000294] 5.1579
```

---

9. 최적화 절차에서 사용된 무작위 시드와 샤드의 다른 데이터 때문에 여러분의 결과는 다를 수 있다.

가중치는 배열이고, 변수 각각의 값이다. 이 숫자와 로지스틱 회귀 분석 공식은 우리가 선택한 언어로 모델에 대한 코드를 설정하기에 충분하다. 레이블링된 0은 늦은 도착을 표시하고, 1은 정시 도착을 표시한다는 점을 기억하라. 따라서 이 배열에 출발 지연, 활주로로 진출하는 시간 및 항공편의 비행 거리를 적용하면 항공편이 정시에 도착할 확률을 산출한다.

이 경우에 출발 지연의 가중치는 −0.164다. 마이너스 부호는 출발 지연이 길수록 항공편이 정시에 도착할 가능성이 더 낮을 것임을 표시한다. 반대로 거리에 대한 부호는 플러스고, 이는 비행 거리가 길수록 정시에 도착할 가능성이 높음을 표시한다. 이 데이터셋에서 가중치들과 그 가중치들에 대한 이유를 살펴볼 수 있음에도 변수가 개별적이지 않다면 이런 추론은 무너지기 시작할 것이다. 매우 상호 연관적인 입력 변수를 가졌다면 가중치의 크기와 부호는 더 이상 해석 가능하지 않다.

예측을 시도해보자.

```
lrmodel.predict([6.0, 12.0, 594.0])
```

결과는 1이다. 이는 출발 지연이 6분이고, 활주로로 이동하는 시간이 12분이고, 비행 거리가 594마일인 경우 항공편이 정시에 도착할 것이다. 출발 지연을 (6분에서) 36분으로 변경해보자.

```
lrmodel.predict([36.0, 12.0, 594.0])
```

이제 결과는 0이다(비행기는 정시에 도착하지 않을 것이다).

그러나 잠깐! 출력이 0이나 1(최종 레이블)이 아닌 확률로 출력하길 원한다. 이렇게 하려면 암묵적인 임곗값 0.5를 제거하면 된다.

```
lrmodel.clearThreshold()
```

임곗값이 제거됐으므로 확률을 얻을 수 있다. 출발 지연이 증가할 때 도착 지연 확률도 증가한다.

두 변수를 상수로 유지함으로써 함수의 변수들 중 하나를 변화시킬 때 어떻게 확률이 변하는지 조사할 수 있다. 예를 들어 출발 지연이 20분이고 활주로 이동시간이 10분일 때 비행 거리가 항공편의 정시 운항 확률에 어떻게 영향을 주는지 알 수 있다.

```
dist = np.arange(10, 2000, 10)
prob = [lrmodel.predict([20, 10, d]) for d in dist]
plt.plot(dist, prob)
```

그림 7-4는 그래프를 보여준다.

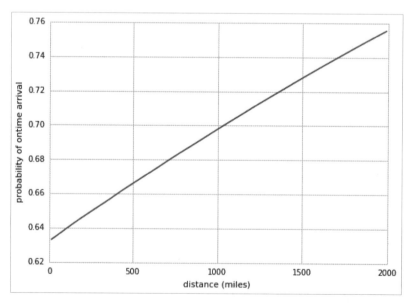

그림 7-4. 비행 거리가 정시 도착 확률에 미치는 영향. 모델에 따르면 거리가 길수록 정시에 도착할 확률이 더 높아지는 경향이 있지만 영향은 다소 제한적이다.

보는 것처럼 영향은 상대적으로 적다. 매우 짧은 비행에서 대륙 간 이동하는 비행까지 거리가 변함에 따라 정시 도착 확률은 약 0.63에서 0.76으로 증가한다. 반대로 활주로 이동시간과 거리를 상수로 지정하고 출발 지연에 따른 확률을 조사하면 좀 더 극적인 영향이 있음을 알 수 있다(그림 7-5를 보라).

```
delay = np.arange(-20, 60, 1)
prob = [lrmodel.predict([d, 10, 500]) for d in delay]
ax = plt.plot(delay, prob)
```

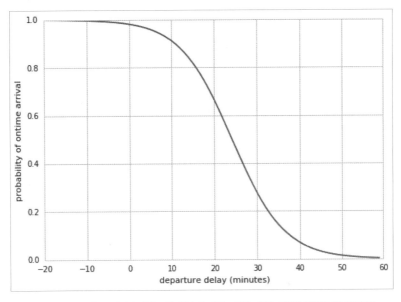

그림 7-5. 항공편의 출발 지연이 정시 도착 확률에 미치는 영향. 출발 지연의 영향은 꽤 극적이다.

확률이 다양한 시나리오에서 모델의 동작을 그래프로 그리는 데는 유용하지만, 여기서는 특정 의사 결정 임곗값을 원한다. 항공편의 정시 도착 확률이 70% 미만이면 회의를 취소하길 원한다는 점을 상기하라. 따라서 결정 임곗값을 변경시킬 수 있다.

```
lrmodel.setThreshold(0.7)
```

이제 확률 임곗값이 0.7인 정시 도착 확률은 0이나 1이다.

모델을 사용해 예측

훈련된 모델을 얻었으므로 이를 클라우드 스토리지에 저장하고, 예측이 필요할 때마다 다시 가져올 수 있다. 모델을 저장하려고 클라우드 스토리지에 위치를 제공한다.

```
MODEL_FILE='gs://' + BUCKET + '/flights/sparkmloutput/model'
lrmodel.save(sc, MODEL_FILE)
```

모델을 다시 가져오려면 동일한 위치에서 모델을 탑재하면 된다.

```
from pyspark.mllib.classification import LogisticRegressionModel
lrmodel = LogisticRegressionModel.load(sc, MODEL_FILE)
lrmodel.setThreshold(0.7)
```

결정에 대한 임곗값을 지정하는 데 주의를 기울여야 함을 주목하라. 이는 모델의 일부가 아니다.

이제 예측을 수행하기 위해 lrmodel 변수를 사용할 수 있다.

```
print lrmodel.predict([36.0, 12.0, 594.0])
```

당연히 이 코드는 예측 웹 서비스나 API를 작성하기 위한 파이썬 웹 애플리케이션에 내장시킬 수 있다.

스파크에서 모델의 훈련은 분산돼야 하고 클러스터가 요구되는 반면 실현해야 할 핵심 요소인 모델 예측은 매우 간단한 수학적 계산이다. 모델 훈련은 일괄 연산이고 다중 프로세서로의 확장이 요구되지만, 온라인 예측은 단일 프로세서상의 빠른 계산이 요구된다. (로지스틱 회귀 분석 워크플로우[10]에 있어서) 머신 러닝 모델은 상대적으로 작고, 훈련 단계에 하드웨어 최적화(그래픽 프로세싱 유닛GPU)가 필요 없다. 그러나 작은 모델에서조차 예측 단계에는 잠재적으로 필요할 수 있다. 시스템이 낮은 대기 시간과 초당 많은 수의 쿼리QPS, Queries Per Second를 제공해야 하는 경우 GPU는 작은 모델에서도 예측에 유용해졌다. 따라서 전체 데이터셋에 머신 러닝 훈련 작업을 실행하려고 클러스터 크기를 조정하는 방법을 선택할 때 단순히 더 많은 CPU를 추가하는 것이 좀 더 비용 효율적이다. 물론 수백 개의 레이어를 갖는 이미지 분류에 대한 딥러닝 모델을 훈련해왔다면 GPU는 훈련과 예측 모두에서 요구됐을 것이다.

모델 평가

훈련된 모델을 확보했으므로 테스트 일자, 훈련에 사용하지 않았던 일자들(5장에서 이 테스트 데이터셋을 생성했다)에 대한 성능을 평가할 수 있다. 이를 하려면 테스트 일자들을 가져오도록 쿼리를 변경한다.

```
testquery = trainquery.replace(\
        "t.is_train_day == 'True'","t.is_train_day == 'False'")
print testquery
```

다음은 결과 쿼리다.

```
SELECT
    DEP_DELAY, TAXI_OUT, ARR_DELAY, DISTANCE
FROM flights f
JOIN traindays t
ON f.FL_DATE == t.FL_DATE
```

---

10. 이미지 분류에서 사용되는 것과 같은 매우 큰 심층 뉴럴 네트워크는 또 다른 이야기다. 이런 모델은 수백 개의 레이어를 갖고 각 레이어는 수백 개의 가중치를 가진다. 여기에서는 3개의 가중치를 가졌고, 절편까지 계산한다면 4개다.

```
WHERE
    t.is_train_day == 'False' AND
    f.CANCELLED == '0.00' AND
    f.DIVERTED == '0.00'
```

그런 다음 훈련하는 동안 했던 것과 동일한 ML 파이프라인을 실행한다.

```
testdata = spark.sql(testquery)
examples = testdata.rdd.map(to_example)
```

함수를 생성함으로써 원시 데이터에서 모듈화된 훈련 예제를 작성하는 프로세스를
만든 것이 얼마나 유용했는지 주목하라.

예제를 얻자마자 모델로 각 피처 집합에 대한 레이블을 예측할 수 있고, 그런 다음
true 레이블과 각 행에 대한 모델 예측을 포함하는 데이터 프레임을 생성할 수 있다.

```
labelpred = examples.map(lambda p: \
        (p.label, lrmodel.predict(p.features)))
```

모델의 성능을 평가하려면 먼저 할 일은 얼마나 많은 항공편을 취소해야 하고, 취소
한 항공편과 취소하지 않은 항공편 관점에서 얼마나 정확한지 찾는 것이다.

```
def eval(labelpred):
    cancel = labelpred.filter(lambda (label, pred): pred == 1)
    nocancel = labelpred.filter(lambda (label, pred): pred == 0)
    corr_cancel = cancel.filter(lambda (label, pred): \
                                    label == pred).count()
    corr_nocancel = nocancel.filter(lambda (label, pred): \
                                    label == pred).count()
    return {'total_cancel': cancel.count(), \
            'correct_cancel': float(corr_cancel)/cancel.count(), \
```

```
        'total_noncancel': nocancel.count(), \
        'correct_noncancel': float(corr_nocancel)/nocancel.count()\
    }
```

통계의 결과는 다음과 같다.

```
{'correct_cancel': 0.7917474551623849, 'total_noncancel': 115949,
 'correct_noncancel': 0.9571363271783284, 'total_cancel': 33008}
```

5장에서 다뤘듯이 정확도 백분율이 70%가 아닌 이유는 70%의 임곗값이 주변 확률 분포에 있기 때문이다(여기서는 정확도 백분율이 전체 분포에 대해 계산돼 있어서 단순한 의사 결정으로 채워져 있다). 그러나 다시 돌아가 결정 임곗값 주변의 통계를 명시적으로 출력하도록 평가 함수를 수정해보자(이는 확률론적 결정을 실제로 내리는 데에 참으로 중요하다).

모델이 확률을 반환할 수 있도록 임곗값을 지우고 평가를 두 번 수행한다. 한 번은 전체 데이터셋에서, 다음으로는 0.7 결정 임곗값 근처에 있는 항공편에 대해서만 수행한다.

```
lrmodel.clearThreshold() # so it returns probabilities
labelpred = examples.map(lambda p: \
                         (p.label, lrmodel.predict(p.features)))
print eval(labelpred)
# keep only those examples near the decision threshold
labelpred = labelpred.filter(lambda (label, pred):\
                         pred > 0.65 and pred < 0.75)
print eval(labelpred)
```

물론 분류별 예측 대신 확률로 작업하도록 평가 코드를 변경해야 한다. 이제 네 개의 변수는 다음과 같다.

```
cancel = labelpred.filter(lambda (label, pred): pred < 0.7)
nocancel = labelpred.filter(lambda (label, pred): pred >= 0.7)
corr_cancel = cancel.filter(lambda (label, pred): \
                            label == int(pred >= 0.7)).count()
corr_nocancel = nocancel.filter(lambda (label, pred): \
                            label == int(pred >= 0.7)).count()
```

실행하면 첫 번째 결과는 동일하고, 두 번째 결과는 다음과 같다.

```
{'correct_cancel': 0.30886504799548276, 'total_noncancel': 2224,
 'correct_noncancel': 0.7383093525179856, 'total_cancel': 1771}
```

회의를 진행하기로 한 결정은 약 74% 맞았다(목표는 70%다). 코드가 의도대로 동작하는지 검증하는 데는 유용하지만, 실제 결과는 전체 데이터셋이 아닌 하나의 샤드에 대해서만 실행했기 때문에 무의미하다. 따라서 마지막 단계는 노트북에서 코드를 내보내고 여러 가지 show() 및 plot() 함수를 제거하고 제출 가능한 스크립트를 작성하는 것이다.[11]

클라우드 SDK가 설치돼 있는 노트북 컴퓨터에서는 클라우드셸이나 또는 https://console.cloud.google.com/의 구글 클라우드 플랫폼 웹 콘솔의 클라우드 데이터프록 영역에서 스크립트를 클라우드 데이터프록 클러스터로 제출할 수 있다. 스크립트를 제출하기 전에 우리가 개발할 때 사용했던 클러스터보다 더 큰 클러스터에서 전체 데이터셋을 처리할 수 있도록 클러스터 크기를 조정해야 한다. 따라서 해야 할 일은 클러스터의 크기를 늘리고, 스크립트를 제출하고, 스크립트 실행이 끝나면 클러스터 크기를 줄이는 것이다.[12]

---

11. 07_sparkml의 logistic.py를 확인하라.

12. 06_dataproc에 있는 increase_cluster.sh와 decrease_cluster.sh를 참고하고, 07_sparkml에 있는 submit_spark.sh 스크립트를 참고하라. 스파크 작업을 제출하기 전에 실행 중인 노트북을 셧다운시켜야 한다.

커다란 클러스터에서 logistic.py를 실행하면 모델을 생성하고, 테스트 일자에 대한 평가를 수행한다. 이제 모든 데이터셋에서 다음 결과를 얻을 것이다.

```
{'correct_cancel': 0.8141780686099543, 'total_noncancel': 1574550,
 'correct_noncancel': 0.9635584770251818, 'total_cancel': 353010}
```

전체적인 결과를 살펴보고, 약 350,000건의 회의를 취소하고 있음을 주목하자. 회의를 취소하지 않기로 한 결정의 96.3%가 정확하고, 취소하기로 한 결정의 81.4%가 정확하다. 베이지안 분류를 사용할 때 920,355건의 회의를 취소했으며, 회의를 취소하기로 한 결정의 83%가 정확했다는 것을 기억해보자. 여기에서 거의 동일한 정확성을 얻지만, 회의를 훨씬 더 적게 취소한다(세 번째 변수와 좀 더 정교한 모델을 사용하는 것이 훨씬 도움이 되는 것 같다).

첫 번째 결과는 전체 데이터셋에 대한 결과고, 두 번째 결과는 주변 분포에 대한 결과다(즉, 항공편에 대한 확률이 0.7 근처에 대한 결과). 두 번째 결과는 실제로 적절히 확률론적 결정을 하고 있음을 보여준다(회의를 진행하게 한 결정은 전체의 72%가 맞다).

```
{'correct_cancel': 0.33481603514552444, 'total_noncancel': 22242,
 'correct_noncancel': 0.7212930491862243, 'total_cancel': 18210}
```

수동으로 조정해서 값을 찾는 방식보다 세 개의 변수 기반 로지스틱 회귀 분석을 사용하는 머신 러닝으로 3배 빠른 성능을 얻을 수 있다. 머신 러닝은 더 나은 모델을 제공하는 것 외에 좀 더 빠를 수 있다(새로운 데이터셋으로 빠르게 다시 훈련시킬 수 있다). 실제로 조종사의 행동이 바뀌고 항공사의 스케줄링 관행이 바뀌면서 머신 러닝 모델이 지속적으로 적응할 수 있도록 최신 데이터로 계속 다시 훈련을 시키는 것을 상상할 수 있다.

피처 엔지니어링

여전히 로지스틱 회귀 분석 모델에서 변수 세 개 모두가 정말 필요한지 여부는 불명확하다. 머신 러닝 모델에 포함된 어떠한 변수도 과장해서 사용할 경우 위험성이 증가할 수 있다. 절약성^{parsimony}의 원칙으로 알려진(종종 오캄의 면도칼$^{Occam's\ razor13}$로 언급된다) 이 아이디어는 비슷한 정확도를 가진다면 더 복잡한 모델보다는 더 간단한 모델을 사용하는 것이 바람직하다고 권고한다(모델에서 변수는 적으면 적을수록 더 낫다).

절약성의 원칙 중 하나는 머신 러닝 모델에 있어서 모든 신규 변수와 관련된 실질적인 고려 사항이 있다는 점이다. 수작업으로 작성된 규칙 체계에서는 특정 변수에 대한 값의 유무를 (예를 들어 해당 변수가 수집되지 않는다면 이를) 비교적 쉽게 처리할 수 있다(해당 케이스를 다룰 수 있도록 새로운 규칙을 간단히 작성하면 된다). 반면 머신 러닝 모델은 변수의 값이 없을 때 충분한 데이터가 있어야 한다. 따라서 모든 변수 값이 데이터에 존재하지 않으면 종종 머신 러닝 모델을 사용할 수 없다. 일부 신규 데이터에 변수가 있는 경우에조차 달리 정의되거나 달리 계산될 수 있으며, 이를 사용하려고 비싼 재훈련 노력을 해야 할 수도 있다. 따라서 추가된 변수의 값은 새로운 상황에 따른 머신 러닝 모델의 적용 가능성에 문제를 제기한다.

실험 프레임워크

선택한 세 변수만이 중요한지 여부 또한 불명확하다. 사용했던 세 변수 외에 데이터 셋에서 더 많은 변수를 사용할 수 있을 것이다. 머신 러닝 용어에서 모델에 입력하는 값을 피처^{features}라고 한다. 피처는 원시 입력 변수와는 다를 수 있다. 원시 입력 변수는 모델에 제공되기 전에 어떤 방식으로든 변형이 될 수 있기 때문이다. 원시 입력 변수에서 수행되는 변환을 설계하는 절차를 피처 엔지니어링$^{feature\ engineering}$이라고 한다.

---

13. http://bit.ly/2ixofW8를 참고하라. 중세 잉글랜드의 주교였던 오캄은 실제적으로 "Pluralitas non est ponenda sine necessitate"라고 기록했다. 이를 번역하면 "엔티티를 불필요하게 증가시켜서는 안 된다"이다.

피처가 모델에 가치를 제공하는지 테스트하려면 실험 프레임워크를 구축해야 한다. 이를 이용해 하나의 피처(예를 들어 출발 지연)에서 시작해 새로운 피처(아마도 거리)의 통합이 모델의 성능을 향상시킬 수 있는지 테스트할 수 있다. 그렇다면 이 피처를 유지하고 또 다른 피처를 실험한다. 그렇지 않다면 해당 피처를 제외시키고, 목록의 다음 피처를 실험한다. 이렇게 해서 전체 피처의 하위 집합을 선별하면 이들의 중요성을 보장할 수 있다. 또 다른 접근법은 모든 가능한 피처로 모델을 훈련시킨 후 한 피처를 제거하고, 다시 훈련을 하는 방법이다. 성능이 떨어지지 않는다면 해당 피처는 그대로 둔다. 결과적으로 앞의 접근법처럼 중요한 피처들만 남게 된다. 두 번째 접근법은 상호작용을 포착할 수 있으므로 더 바람직하다(피처 자체는 중요하지 않다). 그러나 다른 피처와 함께 사용한다면 강력해질 수 있다. 체계적인 절차를 통해 피처셋을 선택하는 것을 피처 선택feature selection이라고 한다.

피처 엔지니어링과 피처 선택 모두를 위해 특정 피처가 필요한지 여부에 대한 가설을 테스트하려고 실험 프레임워크를 구성하는 것은 중요하다. 어떤 데이터셋의 특정 피처가 중요한지 여부를 어떻게 평가해야 할까? 훈련 데이터 자체의 정확도를 얼마나 향상시킬 수 있는지는 평가할 수 없다. 훈련 데이터에서는 모델이 잡음에 맞춰져 있을 수 있기 때문이다. 대신 피처 선택을 수행하려면 독립적인 데이터셋이 필요하다. 그러나 테스트 데이터셋은 사용할 수 없다. 모델 구성 절차에 테스트 데이터셋을 사용한다면 더 이상 독립적이지 않고, 모델 성능의 좋은 지표로 사용할 수 없기 때문이다. 따라서 훈련 데이터셋 자체를 둘로 분리할 것이다(한 부분은 훈련을 위해 사용하는 반면 나머지는 다른 모델을 평가하는 데 사용한다).

그림 7-6은 실험 프레임워크가 어떻게 구성되는지 보여준다.

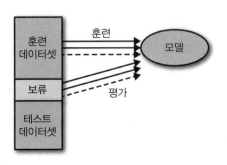

그림 7-6. 종종 데이터셋을 세 부분으로 나눈다. 훈련 데이터셋은 모델의 가중치를 튜닝하는 데 사용된다. 그리고 보류(held-out) 데이터셋은 피처 선택처럼 모델 변경의 영향도를 평가하는 데 사용된다. 독립적인 테스트 데이터셋은 마지막으로 선택된 모델의 성능을 검증하는 데에만 사용된다.

먼저 전체 데이터셋을 두 부분으로 나누고, 한 부분을 모델의 최종 평가를 위해 유지한다(5장에서 traindays 데이터셋을 생성할 때 했었다). 이 부분을 테스트 데이터셋이라고 하고, 7장의 마지막에 있는 평가에서 사용한다. 그러나 여러 모델을 생성하고, 그중에서 선택해야 한다면 테스트 데이터셋은 사용할 수 없다. 따라서 원본 훈련 데이터셋 자체를 두 부분으로 나눈다. 더 큰 부분은 실제 훈련을 위해 유지하고, 나머지 부분은 모델을 평가하기 위해 사용한다. 예를 들어 그림 7-6처럼 이를 이용해 세 번째 입력 변수의 사용 여부를 결정한다. 피처가 모델 성능을 충분히 향상시키는지에 기반을 두고 이 작업을 수행한다.

두 모델 중 하나를 선택하려면 어떤 측정 항목을 평가해야 할까? 취소된 항공편 수는 아니다! 분할표로 계산된 측정 항목을 조작하는 것은 쉽다. 넓은 범위의 정확도, 정밀도나 재현율을 얻기 위해 확률 임곗값을 변경하는 것이 가능하기 때문이다.[14] 분할표 기반의 측정 항목은 모델의 성능을 이해하는 좋은 방법이지만, 임곗값을 변경해

---

14. 분할표의 항목을 얻기 위해 모델의 확률적 출력을 임곗값으로 설정해야 함을 상기하라. 예를 들어 바른 취소는 항공편이 15분 이상 늦게 도착한 상황이며, 정시 도착 예상 확률은 0.7 미만이다. 분할표에서 평가된 측정 항목은 이 임곗값의 선택에 매우 민감하다. 다른 모델은 0.65, 0.68, 0.70의 임곗값에서는 다를 것이다. 특히 성능이 상당히 비슷한 모델의 경우에서 그렇다. 예를 들어 전체의 바른 취소 백분율을 80%로 설정하려면 이를 얻기 위해 임곗값을 변경할 수 있다. 또한 필요하다면 전체 정확한 취소 백분율을 20%로 설정하려고 임곗값을 변경할 수도 있다.

측정치를 조작할 수 없도록 주의를 기울이지 않는다면 두 모델 중 하나를 선택할 수 없다. 이런 경우에 할 수 있는 한 가지 방법은 고정된 재현율로 정밀도를 비교하는 것이지만, 이 또한 고정된 재현율이 의미 있을 경우에 가능하다. 그러나 우리의 문제에 있어서 의미가 있는 것은 확률이지 정밀도나 재현율이 아니다. 따라서 이들 중 하나를 고정시키는 것은 불가능하고, 두 쌍의 숫자를 비교하는 것만 남았다.

측정치가 조작될 수 있는 문제를 피하기 위한 또 다른 방법은 모델에서 출력한 전체 확률 분포를 사용하는 측정값을 이용하는 것이다. 피처 선택이나 다른 형태의 하이 퍼파라미터 튜닝을 수행할 때 전체 분포를 전달하는 로지스틱 손실이나 교차 엔트로피 오차와 같은 측정 항목을 사용할 수 있다. 그러나 전체 확률 분포를 사용하는 것보다 더 단순하고 직관적인 방법은 참^{true} 레이블과 확률론적 예측 사이의 평균 제곱근 오차^{RMSE}를 사용하는 것이다.

```python
totsqe = labelpred.map(lambda (label, pred): \
                      (label-pred)*(label-pred)).sum()
'rmse': np.sqrt(totsqe/float(cancel.count() + nocancel.count()))
```

RMSE와 관련해 '충분한' 개선점은 무엇인가? 명확한 규칙은 없다. 추가 입력에 관련된 단점, 민첩성 상실 및 추가적인 입력 피처가 수반하는 모델 런타임 성능에 관련된 단점을 능가하기에 충분할 정도로 모델 성능을 향상시켜야 한다. 여기서 나는 임곗값으로 0.5%를 선택한다. 우리가 결정한 일부 측정치에 기반을 둔 모델 성능이 변수를 제거함으로써 적어도 0.5%까지 감소하지 않는다면 나는 추가적인 변수를 사용하지 않을 것이다.

보류 데이터셋 생성

보류$^{Held-out}$ 데이터셋은 모델 평가에만 사용되고, 스파크 내에서만 사용되기 때문에

5장에서 테스트 데이터셋을 생성할 때처럼 엄격한 보류 데이터셋을 만들 필요는 없다. 예를 들어 여러 프레임워크에서 읽을 수 있도록 보류 데이터를 별도의 데이터셋으로 저장할 필요가 없다.[15] 그러나 반복성의 원칙은 여전히 적용된다(스파크 프로그램을 실행할 때마다 동일한 보류 데이터셋을 얻을 것이다). 그렇지 않으면 다른 모델의 성능을 비교하는 것이 불가능하다(평가된 데이터셋에 따라 평가 측정 항목은 다를 것이므로).

traindays 데이터셋을 읽은 후에 무작위 배열로 초기화되는 holdout이라는 임시 칼럼을 추가한다.[16]

```
from pyspark.sql.functions import rand
SEED = 13
traindays = traindays.withColumn("holdout", rand(SEED) > 0.8) # 20%
traindays.createOrReplaceTempView('traindays')
```

이 스파크 코드를 실행할 때마다 정확히 동일한 배열(결과적으로 동일한 보류 데이터셋)을 얻을 수 있도록 시드를 전달한다.

이제 traindays 테이블의 처음 몇 행은 다음과 같다.

```
Row(FL_DATE=u'2015-01-01', is_train_day=u'True', holdout=False),
Row(FL_DATE=u'2015-01-02', is_train_day=u'False', holdout=True),
Row(FL_DATE=u'2015-01-03', is_train_day=u'False', holdout=False),
Row(FL_DATE=u'2015-01-04', is_train_day=u'True', holdout=False),
Row(FL_DATE=u'2015-01-05', is_train_day=u'True', holdout=True),
```

is_train_day와 holdout이 모두 있음에 유의하라(어떠한 테스트 데이터도 확실히 보유하지 않을 것이기 때문에 훈련 표본을 가져오는 쿼리는 다음과 같다).

---

15. 훈련 및 테스트 일자를 빅쿼리 테이블과 클라우드 스토리지의 csv 파일에 저장했음을 상기하라. traindays 데이터셋을 영구 스토리지에 저장해야 했다. 그렇지 않으면 스파크, 피그 및 텐서플로에서의 서로 다른 해시 함수 구현에 문제가 발생했을 것이기 때문이다. 따라서 동일 데이터셋에서 모델 성능을 평가할 방법이 없다.

16. 07_sparkml의 experimentation.ipynb 및 experiment.py를 참고하라.

```
SELECT *
FROM flights f
JOIN traindays t
ON f.FL_DATE == t.FL_DATE
WHERE
    t.is_train_day == 'True' AND
    t.holdout == False AND
    f.CANCELLED == '0.00' AND
    f.DIVERTED == '0.00'
```

모델을 훈련한 후에 이전처럼 테스트 데이터가 아닌 보류 데이터를 평가한다.

```
evalquery = trainquery.replace("t.holdout == False", \
                               "t.holdout == True")
```

이 코드를 개발한 후 코드를 편리하게 제출할 수 있도록 노트북에서 독립 실행형 스크립트로 내보낼 수 있다.

피처 선택

세 가지 입력 변수가 모두 중요한지 결정하려고 실험 프레임워크와 보류 데이터셋을 사용한다. 앞에서 설명한 대로 한 번에 하나씩 변수를 제거하고 평가 데이터셋의 RMSE를 확인한다. 간단하게 다음과 같은 to_example() 함수가 있다.

```
def to_example(raw_data_point):
    return LabeledPoint( \
            float(raw_data_point['ARR_DELAY'] < 15), #ontime \
            [ \
                raw_data_point['DEP_DELAY'], # DEP_DELAY \
raw_data_point['DEP_DISTANCE'], # DEP_DELAY \
```

```
        raw_data_point['TAXI_OUT'], # TAXI_OUT \
            ])
```

이 함수를 다음과 같이 변경시키기만 하면 된다.

```
    def to_example(raw_data_point):
        return LabeledPoint( \
                float(raw_data_point['ARR_DELAY'] < 15), #ontime \
                [ \
                    raw_data_point['DEP_DELAY'], # DEP_DELAY \
                    raw_data_point['DISTANCE'], # TAXI_OUT \
                ])
```

코드의 변경을 빠르게 실험하길 원한다. 내 20 노드 **n1-standard-2** 머신 클러스터
는 데이터셋을 처리하는 데 약 20분이 걸렸고, 이 시간이 너무 길다. 따라서 나는
클러스터가 50대인 머신으로 구성되도록 변경했다.[17]

```
    #!/bin/bash
    ZONE=us-central1-a
    # create cluster
    gcloud dataproc clusters create \
        --num-workers=35 \
        --num-preemptible-workers=15 \
        --scopes=cloud-platform \
        --worker-machine-type=n1-standard-4 \
        --master-machine-type=n1-standard-8 \
```

---

17. 워커의 수 증가를 시도함으로써 최대 CPU, 드라이브 또는 IP 주소 개수에 대한 (소프트) 할당량 제한에 도달할 수 있다. 어떤 종류의
    최대 소프트 할당량 제한에 도달할 경우 구글 클라우드 플랫폼 콘솔의 컴퓨트 엔진 할당량 증가를 요청하면 된다.
    https://console.cloud.google.com/compute/quotas. 나는 CPU 할당량은 충분히 가졌지만 DISKS_TOTAL_GB 및 IN_USE_
    ADDRESSES에 대한 증가를 요청해야 했다. 클라우드 데이터프록 클러스터는 단일 리전에 있기 때문에 지역을 기반으로 할당량
    제한이 있다. 자세한 사항은 https://cloud.google.com/compute/quotas를 참고하라.

```
--worker-boot-disk-size=10 \
--preemptible-worker-boot-disk-size=10 \
--zone=$ZONE \
ch6cluster
```

대규모 클러스터를 사용해 작업을 순차적으로 제출할 때 모든 머신을 사용할 수 있고, 작업이 전체 클러스터에 분산되는지 확인하려면 하둡 노드를 모니터링하는 것이 좋다. 클라우드 데이터랩에 접근할 때 사용했던 것과 동일한 start_tunnel.sh와 start_chrome.sh을 사용해 모니터링용 웹 인터페이스에 접속할 수 있다. 그러나 이 번에는 그림 7-7에서와 같이 YARN(8088) 및 HDFS(50070) 웹 인터페이스로 이동할 수 있다.

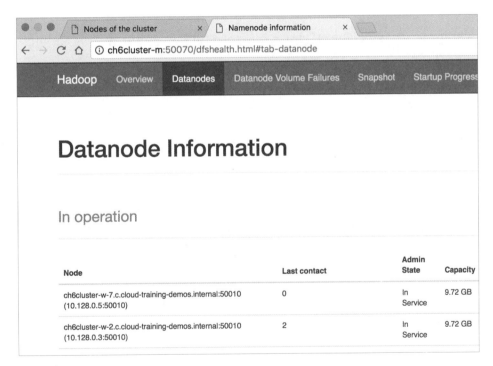

그림 7-7. 하둡 모니터링 웹 인터페이스

내 경우 워커 수를 단순히 늘려도 실질적으로 모든 노드로 작업이 분산되지 않는다는 것을 모니터링으로 파악했다. 이는 스파크가 원시 데이터 크기(여기서는 단지 몇 기가바이트)를 기반으로 파티션 수를 계산하므로, 50개의 워커 클러스터에 대한 예상치가 너무 낮을 것으로 추정하기 때문이다. 따라서 나는 명시적으로 재파티셔닝 단계를 추가하기 위한 읽기 코드를 수정했다.

```
traindata = spark.sql(trainquery).repartition(1000)
```

그리고 유사하게 평가 데이터를 읽는 코드도 수정했다.

```
evaldata = spark.sql(evalquery).repartition(1000)
```

스크립트를 실행하면 다음과 같이 1,000개의 파티션이 반영된 것을 볼 수 있다.

```
[Stage 9:=========... ===============>          (859 + 1) / 1000]
```

이제 작업을 빠르게 수행할 수 있는 방법이 준비됐으므로 변수를 하나씩 제거하는 실험을 수행할 수 있다.

실험 #	변수	RMSE	RMSE상의 백분율 증가
1	DEP_DELAY DISTANCE TAXI_OUT	0.252	N/A
2	DEP_DELAY 제거	0.431	71%
3	DISTANCE 제거	0.254	1%
4	TAXI_OUT 제거	0.278	10%

일부 변수가 다른 변수보다 훨씬 더 중요한 것은 확실하지만, 이 세 변수 모두는 정보를 가졌으므로 이들을 무시해서는 안 된다. 6장에서의 가정과는 반대로 거리는 덜 중요하다(내가 이런 내용을 더 일찍 알았더라면 6장에서 베이지안 분류를 위해 출발 지연 과 활주로 이동시간을 선택했을 것이다!).

피처 크기 조정과 클리핑

앞 절에서 모델에 포함된 변수 중에서 거리가 가장 덜 중요하다는 결정을 얻으려고 피처 선택을 수행했다. 그러나 거리 변수를 포함시키는 것이 RMSE에 크게 영향을 주지 않는 또 다른 가능성이 있다. 거리 변수는 더 넓은 범위(수천 마일)에 걸쳐 분포 하는 반면 시간 간격은 단지 몇 분의 범위에 분포한다. 따라서 거리 변수는 다른 변수를 압도할 수 있다. 기울기와 합계에 대한 거리의 영향을 줄이기 위해 최적화 프로세스는 거리 가중치를 0으로 이동시킬 것이다. 결과적으로 거리는 더 이상 중요 한 역할을 하지 않을 것이다. 이는 로지스틱 회귀 분석의 경우에는 덜 발생한다. 로지스틱 회귀 분석은 선형 모델이고, 선형 모델에서는 기울기를 좀 더 효과적으로 크기 조정할 수 있기 때문이다. 그러나 모델이 더 복잡해짐에 따라 모든 변수가 비슷 한 크기를 갖는 것은 중요하다.

모든 입력값의 크기를 조정해 모든 값이 비슷한 크기를 갖게 하려는 또 다른 이유는 초기의 무작위 가중치가 -1에서 1의 사이가 되려는 경향 때문이다. 그리고 여기에서 옵티마이저가 검색을 시작한다. 따라서 모든 변수가 단위 크기보다 작은 값으로 시 작하는 것이 옵티마이저가 좀 더 효율적이고 효과적으로 최적화에 집중하는 데 도움 이 된다. 다음은 크기 조정 함수를 위한 일반적인 선택이다.

1. 변수의 최솟값은 -1로 매핑하고 최댓값을 1로 매핑하기. 이는 데이터셋을 스캔해 각 열 내의 최솟값과 최댓값을 찾는 것을 포함한다. 스파크에는 이 연산을 하는 AbsScaler라는 클래스가 있다(그러나 추가적으로 데이터 전체 스

캔을 해야 한다). 그러나 최솟값과 최댓값의 선택이 정확할 필요는 없고, 6장에서 수행했던 데이터 탐색을 이용해 대략적인 크기 조정을 할 수 있다. 훈련 및 예측을 하는 동안 동일한 방식으로 변수의 크기를 조정하는 한(예를 들어 훈련과 예측 모두에서 거리 30을 −1로 매핑하고 거리 6,000을 1로 매핑하는 것처럼 선형적으로 크기를 조정한다면) 정확한 최솟값과 최댓값은 중요하지 않다.

2. 열 내에 있는 변수의 평균을 0으로 매핑하고, 표준 편차를 −1 또는 1로 정하기. 분포의 꼬리는 매우 큰 값으로 매핑된다. 그러나 또한 이런 값은 희귀하다. 일반적인 값은 선형적으로 크기 조정을 하는 반면 일반적이지 않은 값은 강조한다.

근사 최솟값과 최댓값 사이에서 선형적으로 크기 조정을 수행하는 옵션 1을 사용해 보자. 출발 지연의 범위를 (−30, 30), 거리의 범위를 (0, 2000)으로 하고 활주로 이동 시간의 범위를 (0, 20)분으로 가정해보자. 이는 근사치지만, 상당히 합리적이고, 합리적인 값을 사용하면 데이터의 특이값에 지나치게 영향 받는 것을 피할 수 있다. 이 범위를 (−1, 1)로 매핑하려고 열을 훈련 표본으로 변환하는 **to_example()** 함수 내에서 입력값으로 변환을 수행한다.

```
def to_example(raw_data_point):
    return LabeledPoint( \
            float(raw_data_point['ARR_DELAY'] < 15), #ontime \
            [ \
                raw_data_point['DEP_DELAY'] / 30, \
                (raw_data_point['DISTANCE'] / 1000) -1, \
                (raw_data_point['TAXI_OUT'] / 10) -1, \
            ])
```

세 가지 변수의 크기를 조정하는 변경 작업을 수행한 후 실험을 다시하면 RMSE가 영향을 받지 않음을 알 수 있다(크기 조정은 차이를 만들지 않는다).

실험 #	변수	RMSE	RMSE 상의 백분율 증가
1 (편의를 위해 반복된 실험 #1 값)	DEP_DELAY DISTANCE TAXI_OUT의 원시 값	0.252	N/A
5	세 변수의 크기 조정한 값	0.252	0

수행할 수 있는 또 다른 가능한 전처리는 클리핑^{clipping}이다. 합리적으로 여기서는 범위를 초과하는 값은 경계에서 고정된다. 예를 들어 2,000마일이 넘는 거리는 2,000마일로 고정하고, 30분이 넘는 출발 지연 값은 30분으로 고정할 수 있다. 이를 통해 최적화 알고리즘은 대부분의 데이터가 있는 부분에 집중할 수 있고, 특이값 때문에 전역 최솟값에서 벗어나지 않을 것이다. 또한 일부 오류 측정치는 특이값에 의해 영향을 받기 쉬우므로 입력 변수를 클리핑한 후 한 번 더 실험을 해볼 가치가 있다.

크기 조정된 변수에 클리핑을 추가하는 것은 간단하다.

```python
def to_example(raw_data_point):
    def clip(x):
        if (x < -1):
            return -1
        if (x > 1):
            return 1
        return x
    return LabeledPoint( \
            float(raw_data_point['ARR_DELAY'] < 15), #ontime \
            [ \
                clip(raw_data_point['DEP_DELAY'] / 30), \
                clip((raw_data_point['DISTANCE'] / 1000) -1), \
                clip((raw_data_point['TAXI_OUT'] / 10) -1), \
            ])
```

클리핑된 변수로 실험을 수행하고 테이블에 RMSE를 추가하면 다음과 같은 결과를 확인할 수 있다.

실험 #	변수	RMSE	백분율 개선	변환 유지?
1 (편의상 반복 수행)	DEP_DELAY DISTANCE TAXI_OUT의 원시 값	0.252	N/A	N/A
6	크기 조정	0.252	0	NO
7	클리핑	0.283	음수	NO

이 프레임워크(스파크 ML)에서 크기 조정은 이 알고리즘(로지스틱 회귀 분석) 사용에 아무 문제가 없지만, 클리핑은 해로운 영향을 미친다는 사실이 밝혀졌다.[18] 그러나 일반적으로 여러 사전 처리 변환을 실험하는 것은 워크플로우의 일부가 돼야 한다. 극적인 영향을 미칠 수 있기 때문이다.

피처 변환

지금까지 데이터셋에서 세 가지 수치 예측을 시도했다. 왜 데이터셋의 숫자 필드만 선택했을까? 로지스틱 회귀 분석 모델의 핵심은 가중치 합계뿐이기 때문이다. 숫자 값(실제로는 모든 숫자 값이 아닌 연속적인 값[19])은 아주 쉽게 더하고 곱할 수 있지만, 로지스틱 회귀 분석 모델에서 2015-03-13-11:00:00처럼 타임스탬프 같은 입력값을 사용하는 것은 무슨 의미가 있을까?

이러한 타임스탬프는 일 년의 날짜수와 같은 수량으로 간단히 변환해 모델에 추가할

---

18. 이러한 결과를 예상했어야 한다. 이 책을 집필하는 때에 스파크 자바 설명서는 표준 피처 크기 조정과 L2 정규화가 기본적으로 사용됨을 밝혔다. 그러나 파이썬 API는 그렇지 않다.

19. 예를 들어 사원 ID는 숫자지만 더하거나 곱할 수 없다. 사원 ID는 연속적이지 않다.

수 없다. 한 가지 규칙은 이 값을 모델의 입력값으로 사용하려면 데이터셋에서 적어도 5개에서 10개의 해당 값 사례가 등장해야 한다는 점이다. 칼럼을 특별한 행이나 작은 개수의 행으로 지정하면 모델의 크기는 지나치게 커진다. 지나치게 커진 모델은 훈련 데이터셋에서는 극단적으로 잘 동작하는 모델이다(근본적으로 각 과거 타임스탬프에서 일어난 것을 정확히 기억할 것이다. 예를 들면 미드웨스트의 항공편은 2015년 5월 11일에 지연됐다). 그러나 (2018년 5월 11일과 같은) 데이터의 타임스탬프가 관찰되지 않기 때문에 새로운 데이터에는 잘 동작하지 않을 것이다.

따라서 문제가 있을 수 있고, 별로 특별하지도 않은 타임스탬프와 같은 속성은 잘 관리할 필요가 있다. 예를 들어 모델에서 속성으로 시간대를 사용할 수 있다. 시간대는 문제가 될 수 있다. 대부분의 공항은 이른 아침과 이른 저녁에 바빠진다. 많은 항공편이 비즈니스 여행객의 일간 업무 일정에 맞추어 스케줄링되기 때문이다. 또한 도착이 지연되는 항공편은 이륙도 역시 지연되므로, 하루 동안 지연이 누적된다.

타임스탬프에서 시간대를 추출한다고 가정하자. 2015-03-13-11:00:00 같은 타임스탬프가 주어진다면 시간대는 무엇인가? 물론 11시다. 그러나 11시는 UTC 시간대에 따른 시간이지 미국 공항의 시간대가 아니므로 주의를 기울여야 한다. 이것이 문제가 되는 지역 시간대의 한 사례다. 따라서 시간대를 추출하려면 시간대 오프셋으로 보정해 정확한 시간대를 추출해야 한다. 시간대 피처는 두 개의 입력값에서 계산된다(출발시간 및 시간대 오프셋).

여기서 진행을 잠시 멈추고 입력이라는 단어와 피처라는 단어의 차이를 명확화해 보자(타임스탬프는 입력이고, 시간대는 피처다). 예측이 필요할 때 클라이언트 애플리케이션이 제공하는 것이 입력이고, ML 모델에서 훈련시킨 것이 피처다. 피처는 (입력값 확장의 경우와 같이) 입력 변수의 변형일 수도 있다. 시간대와 같은 다른 경우에는 여러 입력값의 조합일 수 있다. to_example() 함수는 입력값(raw_data_point)을 표본(각 표본은 피처와 레이블의 튜플이다)으로 변환시키는 함수다. 여러 머신 러닝 API는 입력, 피처, 표본에 대해 질의한다. 따라서 세 용어가 의미하는 것을 명확하게 이해하는 것이 좋다.

출발 타임스탬프와 시간대 오프셋이 주어졌을 때[20] 4장에서 다룬 시간 처리 코드를 이용해 지역 시간대에 대한 시간을 계산할 수 있다.

```
def to_example(raw_data_point):
    def get_local_hour(timestamp, correction):
        import datetime
        TIME_FORMAT = '%Y-%m-%dT%H:%M:%S'
        t = datetime.datetime.strptime(timestamp, TIME_FORMAT)
        d = datetime.timedelta(seconds=correction)
        t =t + d
        return t.hour
    return LabeledPoint( \
            float(raw_data_point['ARR_DELAY'] < 15), #ontime \
            [ \
                raw_data_point['DEP_DELAY'], \
                raw_data_point['TAXI_OUT'], \
                get_local_hour(raw_data_point['DEP_TIME'], \
                        raw_data_point['DEP_AIRPORT_TZOFFSET'])
            ])
```

시간대를 간단한 숫자처럼 다루는 데에는 한 가지 잠재적인 문제가 있다. 22시와 2시는 4시간 간격이고, 이를 어떻게든 포착하는 것이 좋다. 머신 러닝에서 주기 변수로 작업하는 좋은 방법은 이를 두 개의 피처로 변환시키는 것이다. 사인(세타)과 코사인(세타)으로, 이 경우 세타는 24시간을 가진 시계의 시침 각이다.[21]

---

20. 시간대 오프셋은 부동소수점 수이고, 다음과 같이 스키마에 추가해야 한다.

21. 데이터셋에서 한 시간의 분포는 폰 미제스 피셔(Fisher–Von Mises) 분포를 따른다. 폰 미세스 피셔 분포는 n차원 공간에 분포된 점에 대해 기술한다. $n = 2$이면 단위원의 점으로 줄어든다. 한 시간이 바로 이것이다.

```
def to_example(raw_data_point):
    def get_local_hour(timestamp, correction):
        import datetime
        TIME_FORMAT = '%Y-%m-%dT%H:%M:%S'
        t = datetime.datetime.strptime(timestamp, TIME_FORMAT)
        d = datetime.timedelta(seconds=correction)
        t = t + d
        theta = np.radians(360 * t.hour / 24.0)
        return [np.sin(theta), np.cos(theta)]

    features = [ \
                raw_data_point['DEP_DELAY'], \
                raw_data_point['TAXI_OUT'], \
            ]
    features.extend(get_local_hour(raw_data_point['DEP_TIME'],
                            raw_data_point['DEP_AIRPORT_TZOFFSET']))
    return LabeledPoint( \
            float(raw_data_point['ARR_DELAY'] < 15), #ontime \
            features)
```

사인과 코사인을 사용해 주기 변수를 인코딩하면 두 가지 피처를 얻을 수 있다. 이 두 가지 피처는 주기 변수에 있는 정보를 포착하지만, 두 값 사이의 거리를 왜곡하지 않는다.

또 다른 접근법은 시간을 버킷화하는 것이다. 예를 들어 20시에서 23시 및 0시에서 5시를 '밤'으로, 6시에서 9시를 '아침' 등으로 그룹화하는 것이다. 확실히 버킷화는 문제를 알고 있는 전문가가 이용한다. 우리는 항공편 지연 패턴이 시간대에 따라 달라지는 것을 의심한다(아마도 예정 도착시간에는 바쁜 시간의 긴 활주로 진출 시간이 포함돼 있을 것이다). 그러나 견인 차량이 고장 나서 대체 투입해야 하는 이유로 항공편이 긴 활주로 진출 시간을 겪는다면 해당 항공편은 거의 확실히 늦게 도착할 것이다. 따라서 시간대의 버킷화는 공항의 바쁜 시간에 대한 직관에 의존한다.

```
def get_category(hour):
    if hour < 6 or hour > 20:
        return [1, 0, 0]  # night
    if hour < 10:
        return [0, 1, 0] # morning
    if hour < 17:
        return [0, 0, 1] # mid-day
    else:
        return [0, 0, 0] # evening

def get_local_hour(timestamp, correction):
    ...
    return get_category(t.hour)
```

마지막 카테고리에 연관된 벡터를 [0, 0, 0, 1]로 기대했으나 [0, 0, 0]인 점이 이상할 것이다. 이는 네 가지 피처를 항상 하나씩 추가하기를 원하지 않기 때문이다(이는 피처를 선형적이며 독립적으로 만들 것이다). 마지막 칼럼을 제외시키는 이 기법은 값을 독립적으로 유지시킨다. N 카테고리를 가졌다고 가정하면 버킷화는 시간 변수를 $N - 1$개의 피처로 만들 것이다.

이런 방법(원시 값, 사인/코사인 기법 또는 버킷화) 중 어떤 것이 시간대에 대해 가장 잘 동작하는지 알 수 있을까? 알 수 없다. 따라서 실험을 해서 선택해야 한다(출발 지연, 거리, 활주로 진출 시간을 사용 중이고, 이제 도움이 될 수 있는 새로운 값을 추가하는 것에 주목하라).

실험 #	변환	RMSE
1 (편의상 반복)	시간 없이	0.252
8	원래 시간	0.252
9	사인(세타) 코사인(세타)	0.252
10	분류	0.252

시간대는 항공사가 사용하는 일정표 규칙에 의해 포착한 것으로 이미 충분해 보인다. 단순히 시간 정보를 제거하고 싶은 유혹이 들 수 있다. 그러나 모든 변수를 유지하고 한 번에 한 가지 변수만 제거하는 체계적인 절차를 따라야 한다(이제 시간대는 중요하지 않을 수 있다). 그러나 그 후에 다른 변수를 포함시킨 후에는 중요해질 것이다. 따라서 이제는 가능한 것들 중 하나를 임의로 선택해보자. 타임스탬프에서 피처를 만드는 방법으로 버킷화된 시간을 사용한다. 물론 타임스탬프 입력값에서 추가적인 피처(주, 계절 등)를 생성할 수도 있었다.

스파크 ML은 다양한 피처 변환을 제공한다. 피처 목록을 살펴보고, 변수 유형이 의미하는 바를 배우는 것은 좋은 생각이다. 도구의 기능을 아는 것은 적절할 때 활용하기 위한 필요조건이다. 머신 러닝을 처음으로 접한다면 실험 프레임워크에 얼마나 의지하고 있는지 놀랄 것이다. 그러나 이와 같이 처리하는 것은 대부분의 머신 러닝 애플리케이션에 숨어 있는 비효율적인 작업이다. 7장에서의 접근 방식은 기록된 자료를 보존하기 위해 주의를 기울여야 했지만, 머신 러닝 프레임워크가 간단한 훈련 연산뿐만 아니라 실험에 대한 구조까지 제공한다면 더 나은 방법이 될 것이다. 스파크 ML은 CrossValidator를 통해 이 기능을 제공한다. 그러나 이것조차 여전히 어느 정도의 기반이 요구된다.

범주형 변수

공항 코드를 예측자로 사용하는 것은 어떨까? 공항 코드를 예측자로 사용할 때의 할 일은 ML 알고리즘에 각 공항의 특징을 학습하도록 요청하는 것이다. 예를 들어 나는 뉴욕의 라과디아 공항에서 거의 45분 동안 활주로에 있었지만 항공편이 일정보다 몇 분 빨리 도착한 것에 대해 놀랐던 것을 기억한다! 분명 뉴욕에서의 45분 활주로 이동시간은 매우 일반적이며, 이는 걱정할 필요가 없다.

타임스탬프 정보를 이용하기 위해 타임스탬프에서 숫자 부분(시간)을 추출했고, 이를 모델에 사용했다. 이를 원시 형태에서 주기 변수와 버킷화된 범주 집합으로 사용하려고 했다. 그러나 여기서는 이 접근법을 사용할 수 없다. DFW 또는 LGA 같은 문자열에서는 숫자가 없기 때문이다. 그러면 공항 코드를 모델의 입력값으로 어떻게 사용할 수 있을까?

여기에서의 기법은 시간을 버킷화하는 것이 변수를 범주화하는 특별한 경우라는 것을 인지하는 것이다. 번거롭지만 종종 효과적인 방법은 원핫 인코딩을 수행하는 것이다. 기본적으로 시간 변수는 24개의 피처로 구성돼 있다. 예를 들어 시간이 11시이면 11번째 피처는 1.0이고, 나머지 피처는 0.0이다. 원핫 인코딩은 범주형 피처(즉, 서로 다른 값들 사이에 확장 또는 순위 개념이 없는 피처[22])를 다루기 위한 표준적인 방법이다. 모델에 공항 코드를 포함시키려면 이 방법이 출발 공항을 인코딩하는 데 필요한 방법이다. 기본적으로 공항마다 한 가지 피처를 갖게 된다. 따라서 DFW 피처가 1이면 DFW에서 출발하는 항공편의 나머지 피처는 0이다.

그러나 시간을 버킷화하는 것과 달리 모든 가능한 공항 코드를 찾아야 한다(이를 어휘vocabulary라고 한다). 그리고 그들에 특정 이진 칼럼을 지정해야 한다. 예를 들어 DFW에 143번째 칼럼을 지정해야 할 것이다. 다행히도 코드를 작성할 필요가 없다. 스파크에서 원핫 인코딩은 시전에 작성된 피처 변환으로 사용할 수 있다. 다음 코드를 이용해 **traindata** 데이터 프레임에 새로운 벡터 칼럼을 추가할 수 있다.

```
def add_categorical(df):
    from pyspark.ml.feature import OneHotEncoder, StringIndexer
    indexer = StringIndexer(inputCol='ORIGIN',
                            outputCol='origin_index')
    index_model = indexer.fit(df) # 1단계
    indexed = index_model.transform(df) # 2단계
```

22. 모든 문자열이 범주형이거나 모든 숫자 칼럼이 연속적인 경우는 아니다. 내가 사용한 이전 예에서 직원 ID는 숫자형이지만 범주형은 아니다. 반면 학교 성적(A+, A, A-, B+, B 등)은 문자열이지만 쉽게 연속적인 변수로 변환시킬 수 있다.

```
        encoder = OneHotEncoder(inputCol='origin_index',
                                outputCol='origin_onehot')
    return encoder.transform(indexed) # 3단계
traindata = add_categorical(traindata)
```

여기에는 세 가지 단계가 있다.

1. 출발 공항 코드(예, DFW)에서 출발 공항 인덱스(예, 143)를 생성한다.

2. ORIGIN=DFW인 모든 항공편이 origin_index=143를 갖도록 데이터셋을 변환한다.

3. 훈련 데이터의 입력으로 사용하는 이진 벡터로 인덱스를 원핫 인코딩한다.

평가 중에도 (DFW이 143에 매핑되도록 하는) 훈련에서 인덱스 모델이 재사용돼야 하는 점을 제외하고 데이터셋을 작성하는 데 있어서 동일한 변화가 요구된다. 다시 말해 index_model을 저장해야 하고, 예측하기 전에 마지막 세 줄을 실행해야 한다. 따라서 add_categorical() 함수를 적절히 수정한다.[23]

```
index_model = 0
def add_categorical(df, train=False):
    from pyspark.ml.feature import OneHotEncoder, StringIndexer
    if train:
        indexer = StringIndexer(inputCol='ORIGIN',
                                outputCol='origin_index')
        index_model = indexer.fit(df)
    indexed = index_model.transform(df)
    encoder = OneHotEncoder(inputCol='origin_index',
                            outputCol='origin_onehot')
    return encoder.transform(indexed)
```

---

23. 07_sparkml의 experiment.py를 참고하라.

```
traindata = add_categorical(traindata, train=True)
...
evaldata = add_categorical(evaldata)
```

이런 종류의 작업을 잘못 수행하면 훈련-제공의 왜곡을 초래하기 때문에 주의를 기울여야 한다. 스파크는 파이프라인 방식을 제공해 데이터셋에서 수행한 연산을 기록하고 평가할 때 반복적으로 처리할 수 있게 한다. 그러나 그것은 이미 복잡한 주제에 대한 또 다른 수준의 추상화를 소개한다.

예측하는 동안 상황이 훨씬 더 복잡해진다. 더 이상 단순히 `lrmodel.predict()`를 호출할 문제가 아니다. 대신 먼저 원시 입력 데이터에서 데이터 프레임을 구성하고 이런 변형을 적용해야 비로소 실제 모델을 호출할 수 있다.

확장 가능, 반복 가능, 실시간

원핫 인코딩의 한 가지 문제점은 대량의 입력 피처가 생성된다는 점이다. 데이터셋에 약 300개의 개별적인 공항이 있기 때문에[24] 공항 변수는 이제 약 300개의 개별적인 피처가 됐다. 앞 절의 마지막 부분에 (원핫 인코딩 공항을 추가한 후) RMSE를 시작하지 않은 이유가 궁금하다면 내 머신에 리소스가 부족했기 때문이다. `flights` 데이터셋은 약 2천 1백만 개고, 그중 훈련 데이터가 약 65%인 1천 4백만 개다. 그리고 약 300개의 고유한 값을 가진 범주형 칼럼만 사용했다. 그러나 이것으로도 머신을 다운시켰다. 실세계의 비즈니스 데이터셋은 더 크다. 예를 들어 캐글Kaggle 대회에서 사용됐고 클라우드 ML 엔진으로 시연했던 '작은 클릭' 크리테오Criteo 광고 데이터는 4천 5백만 개다(전체 광고 데이터셋은 40억 개다). 거의 모든 칼럼은 범주형이고, 그중 일부는 수천 개의 고유한 값을 가졌다.

---

24. 빅쿼리 콘솔에서 SELECT DISTINCT(ORIGIN) FROM flights.tzcorr를 실행해 확인할 수 있다.

원핫 인코딩으로 야기되는 입력 피처의 폭증을 줄이는 방법 중 하나는 차원 감소를 수행하는 것이다. 이 아이디어는 원핫 인코딩셋을 통과시키고 머신 러닝 알고리즘 자체에 이들 칼럼을 모델에서 실제적으로 사용되는 4개의 피처와 결합시키는 가중 치를 요청하는 것이다. 이것을 임베딩embedding 생성이라고 한다. 이 임베딩 모델 자체 는 전체 모델의 일부가 될 것이고, 임베딩 가중치는 동시에 발견할 수 있다. 9장에서 텐서플로를 다룰 때 임베딩 생성을 살펴본다.

피처 변환을 수행하는 복잡한 라이브러리 코드가 갖는 부작용 중 하나는 예측을 필 요로 하는 프로그램에 있어 종속성이 추가된다는 점이다. 해당 프로그램인 원핫 인 코딩을 올바르게 수행하려면 스파크를 실행시켜야 한다(실제적으로 예측을 사용하는 프로그램이 회사의 방화벽 바깥이나 휴대폰에서 실행된다면 극도로 어려운 상황이다). 우리 가 봐온 것과 같이 스파크를 통한 실제적인 머신 러닝 파이프라인을 구축하는 데는 많은 도구와 프레임워크 구축이 요구된다. 시작하기는 쉽지만 상용화하기는 어렵다. 9장과 10장에서 사용할 클라우드 머신 러닝 엔진은 REST API로 접속해 자동 확장되 며, 빠른 응답 시간을 가진 예측 모델을 배포할 수 있으므로 이런 문제를 해결할 수 있다.

끝으로 활주로 진출 시간을 사용하는 방식을 개선시킬 수 있다. 항공기 도착시간은 특정 시간의 출발 공항에서 겪는 평균 활주로 진출 시간을 기반으로 스케줄된다. 예를 들어 뉴욕의 JFK 공항의 피크 시간에는 1시간 정도 소요되는 활주로 진출 시간 은 매우 일반적이다. 따라서 항공사는 항공편 일정을 게시할 때 이를 고려한다. 우리 가 고려해야 할 활주로 진출 시간은 평균을 초과하는 경우에 한정한다. 이와 같이 실시간에서 계산된 평균 피처로 훈련 데이터셋을 보강하려면 데이터를 일괄처리하 고 실시간으로 스트리밍을 처리할 수 있는 동일한 코드가 필요하다. 이를 처리하는 한 가지 방법은 아파치 빔을 사용하는 것이다. 8장과 10장에서 이를 활용한다.

요약

7장에서는 아파치 스파크를 이용해 머신 러닝으로의 첫발자국을 내디뎠다. 스파크 ML은 직관적이고 사용하기 쉬운 패키지고, 클라우드 데이터프록에서 스파크를 실행하면 중간 크기의 데이터셋에서 머신 러닝 모델을 신속하게 작성할 수 있다.

스파크 SQL을 이용해 데이터셋을 생성했고, 칼럼 중 일부에서 값이 누락된 문제가 있음을 발견했다. 그러나 누락된 데이터를 제거하는 것보다 취소되거나 스케줄이 변경된 항공편에 근본 원인이 있음을 발견했고, 데이터셋에서 그런 항공편을 제거했다. 로지스틱 회귀 분석과 항공편이 정시에 도착할 가능성을 예측하는, 확률론적인 산출물을 제공하는 머신 러닝을 이용했다. 확률의 임곗값을 0.70으로 설정하면 도착 예정 시간의 15분 이내에서 공항에 도착하는 것에 따라 예정된 회의를 취소할지 여부를 결정할 수 있었다.

피처 선택, 피처 엔지니어링 및 탐색된 범주형 피처를 실행했다. 피처를 체계적으로 선택하려고 훈련 데이터셋을 두 부분으로 나누고, 두 번째 부분으로 피처를 유지할지 또는 질문에 따라 변환할지를 결정하는 데 사용하는 실험 프레임워크를 고안했다. 스파크로 대용량 데이터셋에 대한 상용 머신 러닝 시스템을 구축할 때 몇 가지 문제점도 발견했다. 이들은 주로 더 복잡한 모델을 수행하기 위한 규모, 개발 프레임워크 외부에서의 빠른 응답 시간을 얻기 위한 규모 및 실시간으로 계산된 피처를 사용할 수 있는 규모 등을 다루는 능력과 관련이 있다.

8장

시간-윈도우 집계 피처

7장에서는 머신 러닝 모델을 작성했다. 그러나 규모를 확장하고 상용화를 준비할 때 몇 가지 문제가 발생했다. 발생한 문제를 요약하면 다음과 같다.

1. 원핫 인코딩 범주형 칼럼은 데이터셋 크기의 폭증을 초래한다.

2. 임베딩은 개별적인 훈련과 기록을 요구한다.

3. 모델을 상용에 배치하면 휴대가 가능하지 않은 환경에서는 머신 러닝 라이브러리가 필요하다.

4. 스트리밍 측정을 이용한 훈련 데이터셋을 보강하려면 일괄 데이터와 스트리밍 데이터 모두를 처리하기 위한 동일 코드가 필요하다.

이 책의 나머지 세 개 장에서는 클라우드 데이터플로우와 클라우드 ML(각각 아파치 빔 및 텐서플로의 호스트 버전)을 이용해 이런 문제를 해결할 수 있는 실시간, 스트리밍 머신 러닝 파이프라인을 구현한다.

시간 평균의 필요성

이 절에서는 시간-윈도우 집계 피처로 데이터셋을 보강해 앞에서의 문제를 해결한다. 이를 위해 아파치 빔을 사용해서 과거 데이터에 대한 집계 피처를 계산한다. 그런 다음 (10장에서) 예측 시간에서 사용했던 동일 코드를 사용해 실시간으로 동일한 집계 피처를 계산한다.

사용하려는 시간-윈도우 집계 피처는 무엇이고, 이를 앞에서 사용할 수는 없었을까? 항공편 도착시간은 특정 시간에 출발 공항에서 겪는 평균 활주로 진출 시간을 기반으로 스케줄링된다. 예를 들어 뉴욕 JFK 공항에서는 피크 시간대에 활주로에 진출하는 데 한 시간 정도 걸리는 것은 매우 일반적이다. 관심을 가질 사항은 활주로 진출 시간이 평균을 초과할 때뿐이다. 따라서 전체 훈련 데이터셋에서 평균 활주로 진출 시간을 계산하고, 그 평균을 머신 러닝 모델의 입력 피처로 사용해야 한다.

또한 목적지 공항에서 겪는 평균 도착 지연은 정시 도착 가능 여부에 영향을 줄 것이라는 직관을 가질 수 있다. 예를 들어 목적지의 기상으로 인해 지연된다면 기상으로 인한 지연이 지속되는 동시에 활주로 수가 제한돼 있으므로 후속 항공편 또한 영향을 받을 것임을 알 수 있다. 평균 활주로 진출 시간과 달리 이는 '실시간'으로 계산할 필요가 있다. 과거 데이터를 기반으로 항공기 출발 시간 전 1시간 동안 이를 계산했다. 실시간에 이 계산은 스트리밍 데이터로 수행한다.

양쪽의 경우 모두, 즉 스트리밍 데이터에서 평균을 계산할 때와 일괄 데이터로 평균을 계산할 때 동일한 코드를 사용하는 것이 좋다(동일한 코드를 사용하면 다른 라이브러리나 다른 프로그래밍 언어를 사용함으로써 야기될 수 있는 훈련-제공 간의 왜곡을 완화시킬 수 있다). 아파치 빔은 일괄 데이터 및 스트리밍 데이터를 모두 취급할 수 있는 기능과 함께 각 공항의 평균 출발 및 도착 지연을 계산하는 데 사용할 수 있다. 여기서의 평균은 도착 공항에서 도착 지연인 경우 지난 60분간의 출발지 공항의 출발 지연에 대한 전체 훈련 데이터셋에 대한 평균이다.

4장에서 클라우드 스토리지로 pub/sub을 통해 데이터를 전송하려고 파이썬 빔을 사용했고, 자바 빔은 대시보드를 구동시키는 데 사용할 실시간 평균을 계산하려고 사용했다. 4장에서는 시각화 개념에 좀 더 집중하기 위해 자바 문법을 대략적으로 살펴봤다. 8장에서는 이를 보강해 데이터플로우 기반 빔을 개발하는 방법을 좀 더 자세히 다룬다.

 아파치 빔을 더 자세히 알아보려면 4장을 참고하라.

여기서 요구하는 도착 지연 평균은 4장에서 계산했던 도착 지연 평균과 동일하지만, 출발 지연의 처리는 다르다. 이유를 알 수 있을까? 힌트: 이것은 출발 지연에 대한 사례와 관련이 있다.

4장에서는 공항의 평균 출발 지연에 대한 대시보드를 간단히 구동해 사무실에서 공항으로 향하는 여행객에게 어떤 종류의 지연이 발생할 것인지 알렸다. 그러나 8장에서는 다른 의사 결정을 다루기 위해 머신 러닝에 대한 입력 피처를 계산한다. 머신 러닝 모델의 문제는 의사 결정자가 있다는 점이다. 의사 결정자는 출발 공항의 의자에 앉아서 막 이륙하려 할 때 회의를 취소할지 여부를 결정해야 한다. 의사 결정자는 항공편의 출발 지연을 이미 알고 있다(해당 공항에서 다른 항공편의 출발 지연을 머신 러닝 모델에 통합할 필요는 없다). 그러나 머신 러닝 모델은 발생한 출발 지연과 과거의 해당 시간에 발생한 일반적인 출발 지연을 비교해야 한다. 이는 이런 지연이 일정에 영향을 줄지 여부를 결정하는 데 도움이 될 것이다. 반대로 도착 지연은 알지 못한다(목적지에서 경험하는 일반적인 도착 지연은 머신 러닝 모델에 대한 적절한 정보다). 공항에서 겪는 과거의 도착 지연은 아마도 불필요하다(항공사의 일정 관리자가 그들의 업무를 잘 수행한다면 과거의 평균은 0 또는 마이너스가 될 것이다).

자바상의 데이터플로우

클라우드 데이터플로우는 아파치 빔으로 작성된 데이터 처리 파이프라인을 실행시키는 완벽히 관리되는 서비스다. '완벽히 관리되는'의 의미가 무엇일까? 클라우드 SQL과 빅쿼리를 생각해보자. 둘 다 데이터에 SQL 쿼리를 수행할 수 있다. 그러나 클라우드 SQL은 MySQL의 단순한 호스트 버전인 반면, 빅쿼리는 완벽한 서버리스다. 매우 큰 규모의 SQL 처리를 빅쿼리로 즉각적으로 처리할 수 있다.[1] 클라우드 데이터플로우는 프로그래밍 방식의 데이터 파이프라인에 대해 유사한 서버리스의 자동 확장 서비스를 제공한다.

클라우드 데이터플로우는 클라우드 데이터프록과 달리 데이터 처리를 수행하려고 클러스터를 시작시킬 필요가 없다. 대신 단순히 코드를 제출하기만 하면 작업을 효과적[2]으로 수행하는 데 필요한 만큼 머신이 자동 확장[3]돼 실행된다. 작업을 실행시키는데 포함된 컴퓨팅 자원의 양에 따라 비용이 청구된다.

클라우드 데이터플로우에 제출된 작업은 오픈소스 아파치 빔 API을 사용해 자바로 작성할 수 있다.[4] 자바에 익숙하지 않다면 먼저 양해를 구한다(그러나 여기에서의 개념은 여전히 의미가 있고 적절하다). 그러나 자바로 아파치 빔 파이프라인을 작성하는 방법을 익히는 것은 의미가 있다. 단순한 이유는 상용 데이터 엔지니어링 코드가 종종 파이썬이 아닌 자바(또는 스칼라)로 작성되기 때문이다. 자바 가상머신[JVM]에서 실행되는 실시간 코드의 성능과 샌드박스의 이점은 매우 크다. 내가 이 책에서 많은 코드를 파이썬으로 작성한 유일한 이유는 내가 사용했던 라이브러리(numpy, 스파크, 텐서플로 등)가 C/자바/C++ 백엔드에 의해 지원됐기 때문이다. 물론 이 책이 여러분

---

1. 물론 클라우드 SQL은 트랜잭션을 제공하지만 빅쿼리는 그렇지 않다. 두 제품을 사용하는 이유가 다르다.
2. '효과적'의 의미는 일괄처리 모드와 스트리밍 모드에서 각각 다르다. 일괄처리 러너는 전체 실행 시간을 최적화하려는 반면에 스트리밍 러너는 응답 시간을 최소화하려고 한다.
3. 컴퓨트 엔진의 할당량의 범위 안에서
4. 이 책을 집필할 때 클라우드 데이터플로우용 파이썬 API는 실시간 스트리밍을 지원하지 않으므로 나의 유일한 선택은 자바 API다. 그러나 상용에서 사용할 스트리밍 파이프라인을 구축한다면 성능상의 이유로 여전히 파이썬보다는 자바나 스칼라를 추천한다.

의 손에 들려졌을 때에는 빔 파이썬 API가 스트리밍을 지원할 것이므로, 자바를 배울 필요가 없을 것이다. 그런 경우라면 파이썬을 사용하라.

개발 환경 구성

자바로 아파치 빔 코드를 개발하는 것은 노트북 PC에 통합 개발 환경^{IDE}이 설치돼 있다면 편리하게 할 수 있다. IDE를 활용하기 힘든 환경에서는 클라우드셸 가상머신에 설치돼 있는 오리온 코드 편집기를 이용해 자바를 개발할 수도 있다. 그러나 풍부한 그래픽 사용자 인터페이스를 가진 자바 IDE를 사용하면 더 나은 환경을 경험할수 있다.

먼저 자바 8 소프트웨어 개발 킷^{SDK}을 로컬 머신에 설치한다. http://www.java.com/에서 얻을 수 있다. 그러나 SDK를 다운로드해야지 실행 환경만 다운로드해서는 안 된다. 빔 파이프라인을 개발하려면 엔터프라이즈 에디션 대신 스탠더드 에디션만 다운로드하면 된다. 다음으로 http://maven.apache.org/에서 자바 빌드 도구인 아파치 메이븐^{Apache Maven}을 설치한다. 일반적으로 통합 개발 환경을 사용해 자바로 개발한다면 선호하는 편집기를 설치한다. 나는 http://www.eclipse.org/에서 이클립스를 설치했다. 많은 버전의 이클립스가 있다. 그러나 자바 개발을 목표로 하는 간단한 버전이면 목적에 충분하다.

메이븐을 설치한 후에 이를 이용해 클라우드 데이터플로우 프로젝트를 생성한다(작성하는 코드는 아파치 빔이 되겠지만, 이 코드를 클라우드 데이터플로우에서 실행할 것이다). 터미널에서 다음과 같이 메이븐 명령(mvn)을 호출한다.

```
mvn archetype:generate \
    -DarchetypeArtifactId=google-cloud-dataflow-java-archetypes-starter \
    -DarchetypeGroupId=com.google.cloud.dataflow \
    -DgroupId=com.google.cloud.datascienceongcp.flights \
```

```
-DartifactId=chapter8 \
-Dversion="[1.0.0,2.0.0]" \
-DinteractiveMode=false
```

로컬 머신에 chapter8 폴더가 생성되고 `com.google.cloud.datascienceongcp.flights`라는 자바 패키지가 만들어지며, 패키지에 `StarterPipeline.java`라는 자바 클래스가 생성된다(코드에 굵게 표시되지 않은 부분은 그대로 지정해야 한다).

또한 pom.xml이라는 메이븐 아티팩트가 chapter8 폴더에 생성된다. pom.xml에 기술돼 있는 프로젝트 객체 모델^{POM, Project Object Model}은 메이븐의 기본적인 작업 단위를 구성한다. 메이븐에 있는 task나 goal(compile, build, run 등)을 실행시키면 메이븐은 프로젝트에 대한 정보(소스코드에 대한 위치 및 컴파일된 코드 위치), 프로젝트를 빌드하려고 메이븐이 사용하는 세부 구성 정보 및 (`main()` 함수를 포함하는 자바 클래스명과 같은) 실행 목표 같은 정보를 얻기 위해 현재 폴더에 있는 XML 파일을 살펴본다. POM에 여러 가지 구성 정보를 지정할 수 있다. 그러나 일반적으로 플랫폼의 기본 설정은 상속받고, 프로젝트에 특별히 지정이 필요한 부분만 재정의한다.

POM에 지정된 구성 정보 중에는 자바 버전이 포함돼 있다. 자바 1.7로 작업을 할 수 있지만(메이븐이 기본으로 지정한 자바 버전), 자바 1.8을 사용하는 것이 좋다. 특히 아파치 빔에서는 자바 1.8을 사용해야 하는데, 람다 함수를 작성할 수 있기 때문이다. 그리고 자바 1.8에서는 generic 타입을 사용할 수 있다. 따라서 생성된 pom.xml의 메이븐 플러그인 영역에서 다음과 같이 자바 버전을 1.7에서 1.8로 바꾼다.

```
<plugin>
  <groupId>org.apache.maven.plugins</groupId>
  <artifactId>maven-compiler-plugin</artifactId>
  <version>3.5.1</version>
  <configuration>
    <source>1.8</source>
```

```
        <target>1.8</target>
      </configuration>
   </plugin>
```

빔으로 필터링

대부분의 데이터 파이프라인은 데이터 스트림을 처리하며, 관심 있는 데이터를 선택해서 어떤 방식으로 변환한다. 계속 처리할 데이터를 선택하는 것을 필터링^{filtering}이라고 한다. 클라우드 데이터플로우에서 아파치 빔을 사용해 항공편 정보를 어떻게 필터링할 수 있는지 살펴보자.

pom.xml을 수정한 후 이클립스를 시작하고 File ﹥ Import ﹥ Maven ﹥ Existing Maven Projects를 통해 이 프로젝트를 임포트한다. chapter8 폴더를 찾은 후 Finish^{닫기}를 클릭한다.

끝으로 StarterPipeline.java를 마우스 오른쪽 클릭해 단축키 메뉴를 띄운 후 Refactor를 선택한 다음 Rename을 클릭한다. 파이프라인이 할 일이므로 파일의 이름을 CreateTrainingDataset.java으로 변경한다. 다음 피처를 갖는 훈련 데이터셋을 생성한다.

1. 출발 지연, 활주로 진출 시간 및 (이전과 같이) 거리

2. 전체 데이터셋에서 이 시간대에 이 공항에서의 평균 출발 지연. 이 아이디어는 오후 6시에 뉴욕의 JFK 공항에 있다면 여분의 활주로 진출 시간이 항공사에 의해 이미 계산돼 있기 때문에 좀 더 여유를 가질 수 있다는 것을 의미한다.

3. 도착 공항에서 현재 겪고 있는 평균 도착 지연. 이 아이디어는 기상상의 이유로 도착 공항의 활주로가 폐쇄돼 있다면 모든 항공편이 지연될 것이고, 이를 모델에 포함시키기를 원한다.

새롭게 추가된 두 개의 피처는 집계 피처다. 평균 출발 지연의 경우 집계는 전역적이다(전체 데이터셋에 대해 평균을 구한다). 평균 도착 지연의 경우 집계는 슬라이딩 시간 윈도우^{sliding time window}에 대한 것이다. 훈련의 목적으로, 평균 도착 지연을 계산하기 위해 슬라이딩 시간 윈도우를 실제로 수행할 필요는 없다. 모든 데이터를 이미 가졌기 때문이다.[5] 그러나 실시간으로 전환하면 이것이 유일한 방법이다. 훈련 데이터셋을 생성할 때와 (실시간으로) 예측할 때 동일한 코드를 사용할 것이므로, 두 번째 집계를 슬라이딩 시간 윈도우로 계산한다.

클라우드에서 전체 데이터셋으로 시작하기 전에 로컬에서 작은 데이터셋으로 파이프라인을 실행해보는 것이 좋다. 이를 하려면 데이터에서 작은 부분을 얻기 위해 빅쿼리에 있는 simevents 테이블을 쿼리한다.

```
#standardsql
SELECT
    EVENT_DATA
FROM
    flights.simevents
WHERE
    FL_DATE = '2015-09-20' AND (EVENT = 'wheelsoff'
        OR EVENT = 'arrived') AND UNIQUE_CARRIER = 'AA'
ORDER BY NOTIFY_TIME ASC
```

이 쿼리에서 나는 실시간으로 pub/sub에서 얻을 메시지와 동일한 포맷으로 하루 (2015-09-20)의 메시지(EVENT_DATA)를 얻을 것이다. 또한 ORDER BY 절 때문에 실시간에서 얻을 때와 같은 순서로 메시지를 얻을 수 있다(응답 지연으로 약간은 뒤섞인 것은 빼고). 나중에 볼 수 있듯이 데이터 정렬이 꼭 필요한 것은 아니지만, ORDER BY는 따르는 절차가 반복 가능하도록 보장해준다. 예측을 수행하려면 wheelsoff 이벤트

---

5. 예를 들어 airport-date-hour를 통합하는 키를 생성할 수 있고, 키마다 전역 평균을 처리할 수 있다.

가 필요하고, (그리고 평균 도착 지연을 계산하는) 훈련을 실행하려면 **arrived** 이벤트가 필요할 것이다.

빅쿼리 콘솔을 이용해 쉼표로 구분된 값^{csv} 파일로 결과를 다운로드하고, 위치를 기록한다(나는 \$HOME/data/flights/small.csv에 저장했다).

스타터 빔 파이프라인에 첫 번째 세 줄을 가져와 메모리에 있는 파이프라인을 테스트하는 데 사용해보자. 먼저 이클립스에서 문자열 배열을 정의한다.

```
String[] events = {
    "2015-09-20,AA,...,wheelsoff,2015-09-20T04:22:00",
    "2015-09-20,AA,...,wheelsoff,2015-09-20T06:19:00",
    "2015-09-20,AA,...,wheelsoff,2015-09-20T06:47:00"
};
```

이클립스에서 입력을 다음과 같이 **events** 배열로 변경한다.

```
p.apply(Create.of(Arrays.asList(events)))
```

그리고 ParDo("Parallel Do")를 이용해 병렬로 해당 라인을 필터링한다.[6]

```
.apply(ParDo.of(new DoFn<String, String>() {
    @ProcessElement
    public void processElement(ProcessContext c) throws Exception {
        String input = c.element();
        if (input.contains("MIA")) {
            c.output(input);
        }
    }
}))
```

---

6. 08_dataflow/chapter8/src의 CreateTrainingDataset1.java를 참고하라.

필터는 **DoFn** 인터페이스[7]를 구현하고, 두 개의 제네릭 매개변수는 입력 형식(문자열)과 출력 형식(문자열)이다. **DoFn**을 구현한 신규 클래스를 구현하는 대신 나는 익명의 내부 클래스를 사용했다. 필터는 문자열에 **MIA**가 있는 라인만 전달한다.

끝으로, 결과를 로그로 보낸다.

```
.apply(ParDo.of(new DoFn<String, Void>() {
  @ProcessElement
  public void processElement(ProcessContext c) {
      LOG.info(c.element());
  }
}));
```

이 코드를 이클립스에서 실행하려면 Run ‣ Run As ‣ Java Application을 선택한다. 파이프라인은 **DirectRunner**(빔 파이프라인용 내장 메모리형 실행 프로그램)에 의해 실행되고, 출력 결과는 예상하던 것과 일치한다.

```
INFO: 2015-09-20,AA,19805,AA,2342,11292,1129202,30325,DEN,13303,1330303,32467,
MIA,2015-09-21T05:59:00,2015-09-20T06:33:00,34.00,14.00,2015-09-20T06:47:00,,,
2015-09-20T09:47:00,,,0.00,,,1709.00,39.86166667,-104.67305556,
-21600.0,25.79527778,-80.29000000,-14400.0,wheelsoff,2015-09-20T06:47:00
INFO: 2015-09-20,AA,19805,AA,1572,13303,1330303,32467,MIA,12889,1288903,32211,
LAS,2015-09-20T22:50:00,2015-09-20T04:03:00,313.00,19.00,2015-09-20T04:22:00,,,
2015-09-21T04:08:00,,,0.00,,,2174.00,25.79527778,-80.29000000,
-14400.0,36.08000000,-115.15222222,-25200.0,wheelsoff,2015-09-20T04:22:00
```

---

7. 기술적인 관점에서 DoFn은 인터페이스가 아니다. 대신 함수(아무 이름이나 붙이면 된다)를 정의하고 이 함수에 @ProcessElement로 어노테이션한다. 필요한 어노테이션이 달려 있는 함수가 호출하는 클래스는 무엇인가? 나는 DoFn을 구현해야 하는 함수를 가진 자바 인터페이스로 생각하는 것이 더 쉽다는 것을 발견했다. 정신 건강을 위해 필요한 processElement() 함수를 호출하라. 추상 함수를 구현하는 것보다 어노테이션 처리를 하는 목적은 추가적인 매개변수를 허용하기 위함이다. 8장의 마지막에서 적절한 윈도우 매개변수가 자동으로 삽입될 수 있도록 IntervalWindow 매개변수를 추가한다.

이 책의 깃허브 리포지터리에서 이 파일은 CreateTrainingDataset1.java다(클라우드 데이터플로우 파이프라인의 가장 간단한 예로 이를 사용하라). 기능적으로는 유닉스의 **grep** 명령을 시뮬레이트한다. 입력값을 읽어 들인 후 특정 패턴과 일치하는 행만 출력으로 내보낸다.

이 간단한 파이프라인은 메모리에 있는 문자열을 읽어 간단히 출력을 로그로 내보낸다. 따라서 이것은 변환 코드가 의도대로 동작하는지 확인하려고 특정한 입력이 특정 변환을 하는지(문자열을 적절히 변경하는지) 테스트하는 좋은 방법이다. 또한 이 파이프라인 코드는 단위 테스트의 기초를 형성할 수 있다.[8] 이제 코드가 동작하므로 약간 개선시키자.

파이프라인 옵션 및 문자열 I/O

하드코딩된 문자열을 읽은 후 로그를 출력하는 대신 파일을 읽고 쓸 것이다. 하드코딩된 입력 및 출력명보다는 입력 파일 및 출력 폴더를 지정할 수 있다면 더 좋을 것이다. 이를 처리하려면 먼저 게터^{getter}와 세터^{setter}를 가진 **MyOptions** 인터페이스를 작성한다.

```
public static interface MyOptions extends PipelineOptions {
    @Description("Path of the file to read from")
    @Default.String("/Users/vlakshmanan/data/flights/small.csv")
    String getInput();
    void setInput(String s);

    @Description("Path of the output directory")
    @Default.String("/tmp/output/")
```

---

8. 그렇다. 나는 이 책의 코드에 대한 단위 테스트 코드를 보여주지 않았다는 것을 알고 있다. 상용 코드에서는 단위 테스트를 수행해야 한다. 그러나 이 책은 설명하는 데 목표가 있으므로, 단위 테스트는 학습하기에 조금은 혼란스럽다는 점을 발견했다. 따라서 단위 테스트 대신 main() 함수를 사용한다.

```
    String getOutput();
    void setOutput(String s);
}
```

기본값은 내 시스템에서 작동하는 값을 지정했으므로, 아무런 커맨드라인 옵션 없이 프로그램을 실행시키면 이에 따라 동작을 할 것이다(small.csv 파일을 읽고 /tmp/ output에 저장한다). 그러나 커맨드라인 매개변수를 프로그램에 전달해 입력 및 출력 위치를 바꿀 수 있다. PipelineOptionsFactory에서 MyOptions에 대해 알려줌으로써 클래스의 게터 및 세터 함수를 검사해 추출할 매개변수를 결정할 수 있다.

```
MyOptions options =
    PipelineOptionsFactory.fromArgs(args).withValidation()
        .as(MyOptions.class);
```

메모리에서 문자열 배열을 읽는 대신 이제 지정된 입력 텍스트 파일을 읽는다.

```
.apply(TextIO.read().from(options.getInput()))
```

그리고 적절한 출력 폴더에 있는 단일 파일(샤딩되지 않은[9])에 쓴다.

```
.apply(TextIO.write().to(options.getOutput() + "flights2") //
        .withSuffix(".txt").withoutSharding());
```

각 단계에 대한 이름을 제공하면 작업을 좀 더 효과적으로 모니터링하고, 스트리밍

---

9. 샤딩되지 않은 데이터에 저장하는 것은 일반적으로는 권장되지 않는다. 모든 작업이 단일 워커에 의해 수행될 것이기 때문이다. 출력 데이터가 단일 워커로 수행해도 될 정도로 작지 않다면 샤딩된 출력 파일로 저장해야 한다. 최종 파이프라인에서는 한 공항 시간대에 대한 평균 출발 지연은 단일 파일에 저장한다(여기에는 수천 개의 데이터가 있을 것이다). 그러나 항공편 정보의 출력은 여러 개의 파일(수백만 개의 항공편 데이터가 주어질 것이다)로 샤딩한다.

클라우드 데이터플로우 파이프라인을 업데이트할 때 확인할 수 있으므로, 모범 사례가 될 것이다.[10] 이제 다음과 같이 완벽한 파이프라인이 됐다.

```
p //
    .apply("ReadLines", TextIO.Read.from(options.getInput())) //
    .apply("FilterMIA", ParDo.of(new DoFn<String, String>() {
        @ProcessElement
        public void processElement(ProcessContext c) {
            String input = c.element();
            if (input.contains("MIA")) {
                c.output(input);
    } }})) //
    .apply("WriteFlights", //
        TextIO.Write.to(options.getOutput() + "flights2") //
            .withSuffix(".txt").withoutSharding());
```

파일을 읽어 마이애미(MIA)를 오고가는 모든 비행편을 저장할 수 있도록 이클립스에서 코드[11]를 실행한다.

요약하면 이제 파일에서 항공편 정보를 읽고, 필터(여기서는 MIA를 오고가는 항공편)를 적용하고, 파일에 데이터를 저장할 수 있는 로컬 머신에서 실행 가능한 아파치 빔 파이프라인이 준비됐다.

클라우드에서 실행

물론 클라우드 데이터플로우의 핵심은 데이터 파이프라인을 수평 확장해 클라우드에서 실행시키는 것이다. 이를 처리하려면 입력 텍스트 파일을 클라우드 스토리지

---

10. https://cloud.google.com/dataflow/pipelines/updating-a-pipeline을 참고하라. 실행 중인 클라우드 데이터 파이프라인을 업데이트하려면(즉, 중간 출력을 그대로 유지하면서 파이프라인 코드를 교체) 변환이 이름과 일치해야 한다.

11. 깃허브 리포지터리의 CreateTrainingDataset2.java를 참고하라.

버킷에 복사한다.

```
gsutil cp ~/data/flights/small.csv \
      gs://cloud-training-demos-ml/flights/chapter8/small.csv
```

이제 입력 데이터가 클라우드 스토리지에 있으므로, 파이프라인 실행은 클라우드 데이터플로우 작업을 제출하기 위해 pom.xml이 포함된 폴더에서 메이븐 명령을 간단히 실행하는 것이다.

```
mvn compile exec:java \

-Dexec.mainClass=com.google.cloud.datascienceongcp.flights.CreateTrainingDataset
2 \
  -Dexec.args="--project=cloud-training-demos \
  --stagingLocation=gs://cloud-training-demos-ml/staging/ \
  --input=gs://cloud-training-demos-ml/flights/chapter8/small.csv \
  --output=gs://cloud-training-demos/flights/chapter8/output/ \
  --runner=DataflowRunner"
```

이를 수행하려면 (당연히) 자체 프로젝트 및 자체 버킷을 사용해야 한다(GOOGLE_APPLICATION_CREDENTIALS를 환경 변수로 등록해야 실행 가능함 - 옮긴이).

이제 GCP 콘솔의 클라우드 데이터플로우 섹션으로 이동해서 실행 중인 작업이 있는지 확인하고, 작업을 모니터링할 수 있다. 그림 8-1처럼 각 개별 단계에 부여한 이름이 파이프라인에 반영된 것을 볼 수 있다.

그림 8-1. 구글 클라우드 플랫폼 웹 콘솔에 표시된 데이터플로우 파이프라인

몇 분 후에 파이프라인의 실행이 끝나고 클라우드 스토리지 버킷에서 flights2.txt 파일을 확인할 수 있다. 이 파일은 아메리칸 항공이 선택한 날짜에 MIA를 오고 간 모든 항공편 정보를 포함한다. 물론 하드코딩된 문자열('MIA')을 필터링할 필요는 없다. 대신 커맨드라인에서 얻을 수 있다. 그러나 특정 공항으로 필터링할 필요가 없으므로 그냥 두자(이는 클라우드 데이터플로우 파이프라인의 기본을 확인할 수 있게 해준다).

클라우드 데이터프록상의 스파크와 달리 클라우드 데이터플로우상에서 빔을 수행하려고 클러스터를 시작할 필요는 없다. 방금 아파치 빔 파이프라인을 제출했고, 클라우드 데이터플로우는 모든 실행 세부 사항을 챙긴다. 클라우드 데이터프록에서도 클러스터의 생성과 크기 조정을 쉽게 수행할 수 있는 만큼, 이제 클러스터 관리는 간단히 포기할 하나의 작업이 됐다.

지금까지 아파치 빔 데이터 파이프라인을 작성하는 방법과 클라우드 데이터플로우에 배포하는 방법을 살펴봤다. 다음 절에서는 관심 있는 집계 피처(과거의 출발 지연 및 현재의 도착 지연)를 계산하는 방법을 살펴본다.

객체로 파싱

해야 할 작업은 모든 시간대에 모든 공항과 연관된 평균 지연을 계산하는 것이다. 다시 말해 [airport:hour]로 항공편을 그룹화하고 각 키에 연관된 평균 출발 지연을 계산한다.

이를 처리하려면 각 행을 파싱하고 연관된 데이터 부분을 추출해야 한다. fields[22]가 **ARR_DELAY**라는 것을 기억하려고 하지 말고, 데이터에서 작동하는 코드에서 파싱 코드를 실제로 분리해보자. 따라서 가장 먼저 해야 할 일은 읽어 들인 항공편 데이터와 계산될 정보를 보관하는 자바 클래스를 작성하는 것이다.

```
public class Flight {
    private enum INPUTCOLS {
        FL_DATE, UNIQUE_CARRIER, ... NOTIFY_TIME;
    }

    private String[] fields;
    private float avgDepartureDelay, avgArrivalDelay;

    public static Flight fromCsv(String line) {
    Flight f = new Flight();
    f.fields = line.split(",");
    f.avgArrivalDelay = f.avgDepartureDelay = Float.NaN;
    if (f.fields.length == INPUTCOLS.values().length) {
        return f;
    }
    return null; // malformed
}
```

또한 이 클래스에는 입력된 csv의 각 행을 파싱해 항공편 객체에 집어넣는 함수가 있다. 지금은 두 평균 지연을 NaN으로 두자(이 데이터는 각 행에서 간단히 파싱되지 않는다). 대신 이를 계산해야 한다.

파이프라인의 다음 단계[12]에서는 다음을 수행한다. 표 8-1은 자바 상용구를 제외한 관련 코드를 나열한다.

표 8-1. csv 파일을 파싱하고 필요한 입력 변수 및 레이블을 가진 머신 러닝 데이터셋을 저장하는 파이프라인 코드

변환	설명	코드
ReadLines	입력값을 줄 단위로 읽는다.	`TextIO.Read.from(options.getInput())`

ParseFlights	각 라인에서 Flightobject를 생성하기 전에 fromCsv() 함수를 호출한다.	```String line = c.element();```
		```Flight f = Flight.fromCsv(line);```
		```if (f != null) {```
		``` c.output(f);```
		```}```

GoodFlights	회항했거나 취소된 항공편을 제외하기 위해 7장에서 수행했던 것과 동일한 품질 제어를 이용해 항공편을 필터링한다.	```Flight f = c.element();```
		```if (f.isNotCancelled()```
		``` && f.isNotDiverted()) {```
		``` c.output(f);```
		```}```

ToCsv	머신 러닝을 위해 사용하고자 하는 피처와 레이블(정시 또는 지연)로 구성된 훈련 행을 생성한다.	```Flight f = c.element();```
		```if (f.getField(INPUTCOLS.EVENT).```
		``` equals("arrived")) {```
		``` c.output(f.toTrainingCsv());```
		```}```

WriteFlights	데이터셋을 저장한다.	```TextIO```
		``` .Write.to(options.getOutput() +```
		``` "flights3")```
		``` .withSuffix(".csv").withoutSharding()```

표 8-1의 코드는 항공편 클래스를 구현하는 데 필요한 일부 함수를 사용한다. 예를 들어 `isNotDiverted()` 함수는 다음과 같다.

---

12. 깃허브 리포지터리에서 CreateTrainingDataset3.java를 참고하라.

```
public boolean isNotDiverted() {
    return fields[INPUTCOLS.DIVERTED.ordinal()]
        .equals("0.00");
}
```

입력 피처를 얻으려면 연관된 입력값을 가져와야 하고, 계산된 변수를 추가해야 한다.

```
public float[] getInputFeatures() {
    float[] result = new float[5];
    int col = 0;
    result[col++] = Float
        .parseFloat(fields[INPUTCOLS.DEP_DELAY.ordinal()]);
    result[col++] = Float
        .parseFloat(fields[INPUTCOLS.TAXI_OUT.ordinal()]);
    result[col++] = Float
        .parseFloat(fields[INPUTCOLS.DISTANCE.ordinal()]);
    result[col++] = avgDepartureDelay;
    result[col++] = avgArrivalDelay;
    return result;
}
```

훈련에 대한 입력 피처를 갖춘 후에는 훈련 데이터셋을 저장하려고 csv 파일을 생성하는 것은 매우 간단하다. 입력 데이터에서 실제적인 도착 지연 정보를 가져와 이를 정시 레이블을 계산하는 데 사용해야 한다. 그런 후 레이블을 첫 번째 필드로 가진 csv 파일을 저장한다.

```
public String toTrainingCsv() {
    float[] features = this.getInputFeatures();
    float arrivalDelay = Float
        .parseFloat(fields[INPUTCOLS.ARR_DELAY.ordinal()]);
    boolean ontime = arrivalDelay < 15;
    StringBuilder sb = new StringBuilder();
```

```
        sb.append(ontime ? 1.0 : 0.0);
        sb.append(",");
        for (int i = 0; i < features.length; ++i) {
            sb.append(features[i]);
            sb.append(",");
        }
        sb.deleteCharAt(sb.length() - 1); // last comma
        return sb.toString();
    }
```

물론 항공기가 도착한 후에만 도착 지연을 알 수 있으므로, **arrived** 이벤트의 경우에만 이 함수를 호출하게 한다. 이제 동작하는 파이프라인이 준비됐으므로, 이클립스에서 Run ▸ Run As ▸ Java Application 또는 연두색 화살표를 클릭해 이를 실행시킬 수 있다.

Flight 데이터가 파이프라인을 이동할 때 클라우드 데이터플로우는 포맷을 모르기 때문에 오류가 발생한다(오류는 아주 유익하고 정확하게 해야 할 일을 알려 준다). 오류에 나열된 옵션 중 기본 코더 중 하나를 지정하는 것이 좋다. (**Flight** 클래스의 정의에) 간단히 다음을 추가하면 자바 직렬화 메커니즘보다 더 효율적인 데이터 직렬화 체계인 Avro를 지정할 수 있다.

```
@DefaultCoder(AvroCoder.class)
public class Flight {
```

이제 파이프라인은 아무런 문제없이 실행된다. 그리고 다음과 같은 출력을 얻을 수 있다.

```
1.0,-3.0,7.0,255.0,NaN,NaN
1.0,-6.0,9.0,405.0,NaN,NaN
0.0,30.0,18.0,2615.0,NaN,NaN
```

일부 항공편은 정시(첫 번째 필드가 1.0)이고, 일부는 지연(첫 번째 필드가 0.0)이다. 평균 출발 지연 및 도착 지연은 NaN이다. 아직 이들을 계산하지 않았기 때문이다. 다음에 이것을 처리해보자.[13]

시간 평균 계산

이제 빔 파이프라인의 기본 구조를 완성했으므로 관심이 있는 두 개의 평균 지연을 계산하는 코드를 구현해보자. 두 개의 평균이 다르게 계산된다는 점을 기억하라. 평균 출발 지연은 전체 훈련 데이터셋에 걸쳐 특정 공항에서 한 시간 동안 항공기가 겪는 평균 출발 지연이지만, 평균 도착 지연은 이전 시간 동안 항공기가 겪는 평균 도착 지연이다. 하나는 과거 평균이고, 다른 하나는 이동 평균이다.

그룹화 및 조합

클라우드 데이터플로우 파이프라인 모델의 장점 중 하나는 **apply()** 함수에서 반환되는 병렬 컬렉션으로 여러 가지 작업을 할 수 있다는 점이다. 해야 할 일은 결과를 변수들에 저장하고 이 변수들을 재사용하는 것이다.

```
PCollection<Flight> flights = p //
        .apply("ReadLines", TextIO.Read.from(options.getInput()));
flights.apply("operation1", ...
flights.apply("operation2", ...
```

파싱과 저장 중간에 전체 데이터셋에서 각 공항-시간 조합에 대한 평균 지연(출발 지연 + 활주로 진출 시간)을 계산하자. 이를 위해 먼저 **ParDo**(맵리듀스의 맵 연산)에서

---

13. 이 코드는 깃허브의 CreateTrainingDataset3.java를 참고하라.

각 **Flight**에 해당하는 키와 값을 도출해야 한다.

- **키**: 공항 + 시간(예, 18시의 JFK)

- **값**: 출발 지연 + 활주로 진출 시간

시간 자체는 현지의 시간이어야 한다. 따라서 일광 절약 시간 보정을 고려해야 한다 (이유는 4장과 7장에서 다뤘다). 또한 이중 계산을 피하기 위해 **wheelsoff** 이벤트에 대해서만 계산해야 한다.[14]

DoFn의 입력값은 **Flight**이고, 출력값은 키-값 쌍(KV)이다.

```
PCollection<KV<String, Double>> delays =
    flights.apply("airport:hour",
        ParDo.of(new DoFn<Flight, KV<String, Double>>() {
            @ProcessElement
            public void processElement(ProcessContext c)
                throws Exception {
                    Flight f = c.element();
                    if (f.getField(Flight.INPUTCOLS.EVENT)
                            .equals("wheelsoff")) {
                        String key = f.getField(ORIGIN) + ":" +
                                f.getDepartureHour();
                        double value = f.getFieldAsFloat(DEP_DELAY) +
                                f.getFieldAsFloat(TAXI_OUT);
                        c.output(KV.of(key, value));
                    }
                }
        }));
```

원했던 것인지 확인하기 위해 저장해보자.

---

14. 이는 계산하는 중간 값이다. 따라서 arrived 이벤트를 포함시켜도 문제가 없을 것이다. 그러나 합리적으로 작업을 하는 편이 낫다. 미래에 뭔가 다른 것을 계산하길 원할 수도 있기 때문이다.

```
delays.apply("DelayToCsv",
      ParDo.of(new DoFn<KV<String, Double>, String>() {
   @Override
   public void processElement(ProcessContext c) throws Exception {
      KV<String, Double> kv = c.element();
      c.output(kv.getKey() + "," + kv.getValue());
   }
})) //
.apply("WriteDelays",
   TextIO.Write.to(options.getOutput() +
      "delays4").withSuffix(".csv").withoutSharding()
);
```

예상대로 공항과 시간 목록 및 지연 시간을 얻을 수 있다. 각 행은 항공편에 해당한다.

```
ATL:15,57.0
STL:7,12.0
HNL:21,25.0
SFO:8,9.0
ATL:16,9.0
JFK:19,28.0
```

개별 항공편의 지연을 저장하는 대신 각 공항 시간의 평균 지연을 계산하는 연산을 추가해보자.

```
PCollection<KV<String, Double>> delays =
   flights.apply("airport:hour", ... ) // as before
      .apply(Mean.perKey());
```

이제 이 코드를 실행하면 각 공항 시간에 대한 평균 출발 지연을 얻는다. 이는 키에 해당하는 값이다.

```
SFO:9,22.0
PDX:10,7.0
MIA:18,14.6
```

이 코드는 깃허브의 CreateTrainingDataset4.java다. 8장의 뒷부분에서 윈도우를 이용한 시간 평균을 계산한다. 그러나 연중 모든 시간에 대한 평균을 간단히 계산했다. 시간당 평균을 원했다면(각 날짜의 각 시간마다의 다른 숫자) 윈도우를 사용했을 것이다.

그러나 그룹화 및 조합 코드에는 미묘한 오류가 있다. 평균 지연을 계산할 때 훈련 데이터셋의 일부인 항공편에서만 지연을 계산해야 한다. 평균 출발 지연 계산에 있어서 독립적인 테스트 일자들을 사용해서는 안 된다! 다음에 이를 처리해보자.

측면 입력으로 병렬 처리

파싱된 항공편을 훈련 일자로만 제한하려면 trainday.csv를 읽어야 하고, trainday.csv에서 is_train_day=True인 일자들만 유지하도록 이벤트 데이터를 필터링해야 한다.

클라우드 데이터 플로우의 View는 메모리에 캐시되고, ParDo에서 측면 입력으로 사용될 수 있는 병렬 컬렉션(PCollection)의 불변 뷰를 제공한다. 이는 정확히 바라던 것이다. View에는 두 가지 옵션이 있는데, List와 Map(집합이 아닌)이다. 빠른 검색을 원하므로 trainday.csv를 Map의 View에 탑재한다. 여기서 키는 날짜고, 값은 무시할 수 있다.

```
PCollectionView<Map<String, String>> traindays =
        getTrainDays(p, "gs://.../trainday.csv"); // FIXME
```

FIXME는 경로를 csv 파일로 하드코딩하지 않길 원하기 때문이다. 대신 이를 커맨드라인 옵션으로 얻을 것이다.

getTrainDays()를 먼저 작성하자. 먼저 데이터셋을 한 줄씩 읽는다.

```
p.apply("Read trainday.csv", TextIO.Read.from(path))
```

그런 다음 각 줄을 파싱하고 두 번째 필드가 True인 날만 출력하도록 코드를 추가한다.

```
.apply("Parse trainday.csv",
       ParDo.of(new DoFn<String, KV<String, String>>() {
    @Override
    public void processElement(ProcessContext c) throws Exception {
        String line = c.element();
        String[] fields = line.split(",");
        if (fields.length > 1 && "True".equals(fields[1])) {
            c.output(KV.of(fields[0], "")); // ignore value
        }
    }
}))
```

끝으로 키-값 쌍인 PCollection을 내장 메모리 캐시된 뷰로 변환한다.

```
.apply("toView", View.asMap());
```

다시 돌아가 커맨드라인에서 trainday.csv의 경로를 얻을 수 있도록 FIXME를 살펴보자. MyOptions에 속성을 추가한다.

```
@Description("Path of trainday.csv")
@Default.String("gs://cloud-training-demos/flights/trainday.csv")
String getTraindayCsvPath();
void setTraindayCsvPath(String s);
```

TextIO.Read에 있는 속성을 사용함으로써 처리할 수 있다.

```
getTrainDays(p, options.getTraindayCsvPath());
```

이 방식으로 생성된 뷰는 어떻게 사용될까? 측면 입력이라는 이름이 힌트를 제공한
다. 이는 파이프라인에서 처리되는 주 입력(항공편의 PCollection)에 대한 추가적인
입력이다. 기본 PCollection이 apply() 함수를 사용해 하나의 변환에서 다음 변환
으로 암묵적으로 전달되기 때문에 모든 워커에 정렬하고 배포해야 하는 추가적인
입력이 있음을 변환에 알려야 한다. traindays의 View는 측면 입력으로 파이프라인
의 필터에 전달해 항공편이 훈련에 사용되는 여부를 결정하는 데 사용할 수 있다.
이를 위해 새로운 변환을 추가한다.[15]

```
.apply("TrainOnly", ParDo.withSideInputs(traindays)
        .of(new DoFn<Flight, Flight>() {
    @ProcessElement
    public void processElement(ProcessContext c)
    throws Exception {
        Flight f = c.element();
        String date = f.getField(Flight.INPUTCOLS.FL_DATE);
        boolean isTrainDay =
                c.sideInput(traindays).containsKey(date);
        if (!isTrainDay) {
            c.output(f);
```

---

15. 이는 깃허브 리포지터리의 CreateTrainingDataset5.java를 참고하라.

```
            }
        }
    })) //
```

c.sideInput() 함수는 traindays 객체를 필요로 하므로 여러 개의 측면 입력이 모호해질 수 있음을 주의한다.

디버깅

이제 훈련 일자가 아닌 항공편은 출력 csv 파일에서 제외해야 하고, 평균은 훈련 일자에만 계산해야 한다. 그러나 프로그램을 실행하면 모든 출력 파일이 비어있음을 발견한다. 무슨 일일까?

클라우드 데이터플로우 파이프라인을 디버그하려면 입력 csv 파일을 손으로 수정할 수 있는 특정 입력으로 대체하는 편이 좋다. 따라서 wheelsoff 및 arrived 이벤트를 모두 포함하도록 주의하면서 입력 파일에서 다음과 같이 세 줄을 뽑아보자.

```
String[] events = {
    "2015-09-20,AA,19805,...,wheelsoff,2015-09-20T04:22:00",
    "2015-09-20,AA,19805,...,wheelsoff,2015-09-20T06:19:00",
    "2015-09-20,AA,19805,...,arrived,2015-09-20T09:15:00" };
```

파이프라인 입력을 다음과 같이 바꿀 수 있다.

```
.apply("ReadLines",
    // TextIO.Read.from(options.getInput())) //
    Create.of(events)) //
```

이 세 줄을 입력으로 해서 그림 8-2처럼 어떻게 진행되는지 확인하려고 이클립스에서 디버거를 사용할 수 있다.

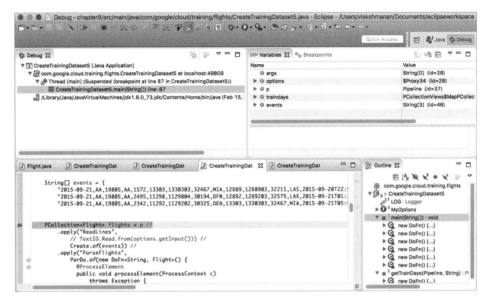

그림 8-2. 지연 값이 비어있는 이유를 알기 위해 이클립스에서 디버거 사용하기

파이프라인을 단계적으로 살펴보면 작은 데이터셋(2015-09-20)을 만들기 위한 쿼리에서 선택한 날짜가 훈련 일자가 아니기 때문에 지연 목록이 비어있다는 것을 알 수 있다. 결과적으로 입력을 하루에서 며칠로 변경할 필요가 있다.

이제부터는 파이프라인이 일자에 맞춰 훈련이 되는지 확인하려면 입력 문자열의 날짜를 간단히 수정한다.

```
String[] events = {
    "2015-09-21,AA,19805,...,wheelsoff,2015-09-20T04:22:00",
    "2015-09-21,AA,19805,...,wheelsoff,2015-09-20T06:19:00",
    "2015-09-21,AA,19805,...,arrived,2015-09-20T09:15:00" };
```

이제 잘 동작해서 예상대로 항공편과 지연 csv 파일을 생성한다. 그러나 앞으로 어떻게 진행할 수 있을까? 분명 원본 쿼리에 결함이 있으며, 다른 날짜들(훈련 및 평가일자를 모두 포함하는)을 얻고, 그 결과를 앞으로 진행하는 데 사용할 수 있도록 빅쿼리의 쿼리를 변경해야 한다.

BigQueryIO

빅쿼리에서 새로운 csv 파일을 다운로드하는 대신 클라우드 데이터플로우가 쿼리를 실행하고 결과를 처리하게 해보자. 다음과 같이 입력을 바꾸기만 하면 된다.

```
.apply("ReadLines", TextIO.Read.from(options.getInput())
```

아래와 같이 변경한다.

```
String query = "SELECT EVENT_DATA FROM flights.simevents "
    + " WHERE STRING(FL_DATE) < '2015-01-04' AND (EVENT = 'wheelsoff' "
    + " OR EVENT = 'arrived') AND UNIQUE_CARRIER = 'AA' ";
...
    .apply("ReadLines", BigQueryIO.Read.fromQuery(query)) //
```

(이를 위해서는 GCP의 IAM에서 서비스 계정을 생성하고 json 키를 발급받은 후 키를 $HOME/.config/gcloud/application_default_credentials.json으로 복사해야 함 – 옮긴이)

잠재적으로 커다란 쿼리와 테이블로 작업하려면 BigQueryIO를 사용하려 할 때 클라우드 데이터플로우는 임시 위치를 지정해야 한다. 여기에서는 이를 간단히 하드코딩한다.

```
options.setTempLocation("gs://cloud-training-demos-ml/flights/staging");
```

결과는 예상대로다. 다음은 일부 지연에 대한 예다.

```
PDX:15,7.0
PHX:2,24.0
PHX:1,11.0
MIA:14,35.2
SJU:1,318.0
PHX:7,30.0
```

흥미로운 점을 눈치 챘을 것이다. 이 쿼리는 **ORDER BY** 절이 포함돼 있지 않다. 그러나 데이터에 슬라이딩 윈도우를 적용할 것이다. 이 작업이 가능할까? 이 책을 쓰는 목적은 교육을 시키는 것인 만큼 배울 만한 예를 제공한다. 그런데 내가 배운 교훈 중 하나는 여기에 **ORDER BY** 절을 포함시키는 실수를 한 것이다.[16] **ORDER BY**를 사용하면 3일의 데이터에서는 작동한다. 그러나 날짜수를 변경, 예를 들어 한 달로 변경하면 빅쿼리에서 '리소스 초과'라는 오류 메시지를 발생시킨다. **ORDER BY**가 단일 빅쿼리 워커 노드에서 동작하기 때문이다(ORDER BY 연산은 원래부터 병렬 처리가 불가능하기 때문이다[17]). 그리고 워커 노드 리소스로는 모든 데이터에 대한 정렬을 하기에는 충분하지 않기 때문이다. **ORDER BY**를 제거하면 빅쿼리는 챔피언처럼 승리할 때까지 처리하게 할 수 있다. 그러나 클라우드 데이터플로우가 어떻게 정렬되지 않은 데이터에서 시간 윈도우를 올바르게 다룰 수 있을까? 내가 처음에 상상한 대로 클라우드 데이터플로우가 시간 윈도우를 구현하는 방식은 타임스탬프가 교차하자마자 작업을 개시하는 방식은 아니다. 대신 클라우드 데이터플로우는 이벤트 시간, 시스템 시간 및 허용된 지연 및 시간 윈도우에서 group-by-key로 사용된 레코드를 제한하려고

---

16. 이 책을 집필하는 과정에서 내가 저지른 실수를 즐겁게 감상하길 원한다면 이 코드에 대한 깃허브 리포지터리 작업 이력을 살펴보라.

17. (ORDER BY로 자원 초과 상태가 발생하면) 여기에서의 일반적인 솔루션은 ORDER BY가 필요하지 않게 만드는 것이다. 종종 원하는 것이 상위 10개의 결과일 것이다. LIMIT 10을 추가하면 모든 결과 세트를 정렬할 필요가 없어진다. 또 다른 솔루션은 데이터를 그룹화하고 각 그룹 내에서 정렬하는 것이다(GROUP BY는 병렬 처리가 가능하다). 세 번째 솔루션은 테이블을 분할하고 분할된 테이블에서 정렬하는 것이다(테이블 분할도 병렬 처리가 가능하다). 긴 이야기를 요약하면 빅쿼리가 쿼리 실행을 병렬로 할 수 있는 방법을 제공한다.

늦게 도착한 레코드에 대한 (재)시작 여부와 같은 속성을 사용한다. 그러므로 입력값이 어떤 형태로든 정렬돼야 한다는 요구 사항이 없다. 빅쿼리가 얻는 대로 클라우드 데이터플로우는 제공한다(이것이 통합된 엔드투엔드 데이터 과학 플랫폼을 사용하는 장점 중 하나다).

여전히 두 가지 문제가 남아 있다.[18]

- 프로그램을 실행하는 데 아주 긴 시간이 걸린다. 빅쿼리 콘솔에서 확인할 수 있듯이 쿼리 자체는 매우 빠르다. 그런데 이는 무슨 이유일까? 지금 나는 **DirectRunner**를 이용해 빔 파이프라인을 사용한다. 따라서 빅쿼리의 데이터를 인터넷(느린 네트워크 속도)을 통해 노트북 PC로 전송한 후 (분산되지 않고) 노트북 PC에서 실행한다. 파이프라인은 GCP로 옮겨 클라우드 데이터플로우에서 실행해야 한다.

- delays 출력은 괜찮다. 그러나 **flights** 출력은 그렇지 않다. 평균 지연은 여전히 NaN이다. **0.0,211.0,12.0,1045.0,NaN,NaN0.0,199.0,10.0,334.0, NaN,NaN.** 도착 지연에 대한 정보는 갖고 있지 않다. 그러나 출발 지연은 알고 있다. 따라서 각 항공편에 대해 해당 시간대의 해당 공항에 대한 평균 출발 지연을 추가할 수 있다. 이는 작은 변경이다. 이제 다음을 진행해보자.

항공편 객체 변형

더 빠른 개발을 위해 (빅쿼리 대신) 문자열 입력으로 돌아가서 지연 정보에 처리된 **Flight** 객체를 추가하기 위한 변환을 추가하자.

첫 번째 시도로 항공편 스케줄 정보에 기반을 둔 평균(예정된) 출발 지연을 간단히 설정해보자. 측면 입력을 이용한 다음 **flights** 파이프라인에서 공항 시간의 지연을

---

18. 깃허브 리포지터리에서 CreateTrainingDataset6.java를 참고하라.

찾기 위해 평균 지연 정보에 대한 **View**를 생성해야 한다.

```
PCollectionView<Map<String, Double>> avgDelay =
        delays.apply(View.asMap());
flights = flights.apply("AddDelayInfo",
        ParDo.withSideInputs(avgDelay).of(new DoFn<Flight, Flight>() {
    @ProcessElement
    public void processElement(ProcessContext c) throws Exception {
        Flight f = c.element();
        String key = f.fromAirport + ":" + f.depHour;
        double delay = c.sideInput(avgDelay).get(key);
        f.avgDepartureDelay = delay;
        c.output(f);
    }
}));
```

그러나 이 코드를 실행하면 **IllegalMutationException**이 발생한다(빔의 병렬적이고 스케줄을 다시 하는 특성 때문에 ParDo에 전달하는 객체는 변경할 수 없다는 것을 알 수 있다). 대신 새로운 **Flight** 객체를 생성하고 새로운 객체에 **avgDepartureDelay**를 설정해야 한다.

자바에는 기본 복제 생성자가 없다. 따라서 자체적인 Flight.java를 생성해야 한다.

```
public Flight newCopy() {
    Flight f = new Flight();
    f.fields = Arrays.copyOf(this.fields, this.fields.length);
    f.avgArrivalDelay = this.avgArrivalDelay;
    f.avgDepartureDelay = this.avgDepartureDelay;
    return f;
}
```

그런 후 다음과 같은 코드가 있다고 하자.

```
Flight f = c.element();
```

위 코드를 다음과 같이 바꿀 수 있다.

```
Flight f = c.element().newCopy();
```

이제 원하는 방식대로 진행할 수 있다. 완전히 새로운 **PCollection**을 생성하는 것과 같은 이러한 변형은 컴퓨팅 비용이 많이 들기 때문에 실행 횟수를 최소화하는 편이 좋다.

이제 파이프라인을 실행할 수 있고 출력 결과를 확인할 수 있다.[19]

```
0.0,279.0,15.0,1235.0,294.0,NaN
```

이제 각 행은 평균 출발 지연을 포함한다.

일괄 모드로 슬라이딩 윈도우 계산

평균 출발 지연 외에 평균 도착 지연을 계산해서 데이터셋에 추가해야 한다. 그러나 도착 지연은 출발 지연과 다르게 계산된다. 도착 지연은 도착지 공항에서 지난 시간에 겪은 지연이다(이것은 기상 지연, 활주로 폐쇄 등을 설명하는 데 도움이 된다). 이는 전체 데이터셋에 대한 과거 평균이 아니고 이전 시간에 대한 평균이다.

평균 도착 지연을 계산하려면 시간에 따른 슬라이딩 윈도우가 필요하다. 실시간 처리에 있어 pub/sub은 수신되는 모든 메시지에 타임스탬프를 할당해서 스트림 처리가 (4장에서 했던 것처럼) **SlidingWindow**에서 암묵적으로 작동하게 한다. 그러나 훈

---

19. 깃허브 리포지터리에서 CreateTrainingDataset7.java를 참고하라.

련 데이터셋을 생성할 때 과거의 일괄 데이터를 처리한다. 슬라이딩 윈도우를 계산하는 데 필요한 것은 레코드를 읽는 시간이 아니고 데이터에 들어가 있는 타임스탬프다.

따라서 먼저 할 일은 데이터를 읽을 때 타임스탬프를 할당하는 것이다.

```
Flight f = Flight.fromCsv(line);
if (f != null) {
    c.outputWithTimestamp(f, f.getEventTimestamp());
}
```

타임스탬프를 얻으려면 자바에서 시간을 파싱해야 한다.

```
public Instant getEventTimestamp() {
    String timestamp = getField(INPUTCOLS.NOTIFY_TIME)
            .replace('T', ' ');
    DateTime dt = fmt.parseDateTime(timestamp);
    return dt.toInstant();
}
```

다음으로, **flights**를 읽은 후와 집계 계산 단계 전에 **flights** 파이프라인에서 슬라이딩 윈도우를 적용할 수 있다.

```
PCollection<Flight> lastHourFlights = //
    flights.apply(Window.into(SlidingWindows//
                .of(Duration.standardHours(1))//
                .every(Duration.standardMinutes(5))));
```

두 개의 **PCollection**을 가졌음에 주의하라. 하나(**flights**)는 전역 컬렉션으로 평균 출발 지연을 계산하는 데 사용된다. 나머지 하나는 마지막 시간 항공편으로, 시간 윈도우 컬렉션으로 평균 도착 지연을 계산하는 데 사용된다. 평균 출발 지연의 계산은 이전과 같다. 그러나 이제 새로운 변환을 추가해야 한다.

```
PCollection<KV<String, Double>> arrDelays = lastHourFlights
    .apply("airport->arrdelay",
    ParDo.of(new DoFn<Flight, KV<String, Double>>() {
@ProcessElement
public void processElement(ProcessContext c) throws Exception {
    Flight f = c.element();
    if (f.getField(Flight.INPUTCOLS.EVENT).equals("arrived")) {
        String key = f.getField(Flight.INPUTCOLS.DEST);
        double value = f.getFieldAsFloat(Flight.INPUTCOLS.ARR_DELAY);
        c.output(KV.of(key, value));
    }
}
})) //
.apply("avgArrDelay", Mean.perKey());
```

이 코드에서는 모든 항공편에 대해 도착 공항(키)과 항공편의 도착 지연(값)을 도출한 후 출발 지연을 계산했을 때와 유사한 방식으로 mean-per-key를 계산한다. 그러나 출발 지연과 달리 여기서의 평균은 전역 평균이 아니다. 대신 Mean.perKey는 각 시간 윈도우에서 계산된다. 또한 키와 값들이 서로 다르다. 키는 도착 공항(시간은 PCollection에 포함돼 있으므로 여기에는 없다)이고, 값은 도착 지연이다.

이전과 같이 평균 도착 지연에 대한 측면 입력을 구성한다.

```
PCollectionView<Map<String, Double>> avgArrDelay =
    arrDelays.apply("arrdelay->map", View.asMap());
```

끝으로 각 항공편의 평균 도착시간을 추가한다.

```
String arrKey = f.getField(Flight.INPUTCOLS.DEST);
Double arrDelay = c.sideInput(avgArrDelay).get(arrKey);
f.avgArrivalDelay = (float) ((arrDelay == null) ? 0 : arrDelay);
```

마지막으로 지연 정보를 추가하는 코드에는 출발 지연(전역 윈도우의 PCollection에서 사용 가능)과 도착 지연(시간에 따라 사용 가능)이 필요하기 때문에 PCollection에 더 자주 적용해야 한다. 다음은 항공편의 마지막 시간에 대한 것이다.

```
lastHourFlights.apply("AddDelayInfo", ...)
```

이를 실행하면 출발 및 도착 지연을 모두 얻는다.

```
0.0,279.0,15.0,1235.0,294.0,260.0
0.0,279.0,15.0,1235.0,294.0,260.0
0.0,279.0,15.0,1235.0,294.0,260.0
```

전체 파이프라인 코드는 깃허브의 08_dataflow/CreatingTrainingDataset8.java에 있다(코드 전체를 훑어보고 지금까지 8장에서 설명한 목적과 각 변환을 연관시켜 보라).

클라우드에서 실행

이제 완벽하게 동작하는 코드가 준비됐으므로 클라우드에서 모든 이벤트 파일로 실행할 수 있고, 머신 러닝용 훈련 데이터셋을 생성할 수 있다. 이를 위해 러너를 DataflowRunner로 바꾸고, 입력을 다시 빅쿼리로 변경하고, getInput() 매개변수를 불리언 매개변수로 변경해 전체 데이터셋을 처리할지, 일부만 처리할지 여부를 정할 수 있게 하고, 기본 출력 폴더를 클라우드 스토리지로 만든다.

새로운 커맨드라인 옵션은 다음과 같다.

```
@Description("Should we process the full dataset?")
@Default.Boolean(false)
boolean getFullDataset();
void setFullDataset(boolean b);
```

그리고 러너 옵션은 다음과 같다.

```
options.setRunner(DataflowRunner.class);
options.setTempLocation(
        "gs://cloud-training-demos-ml/flights/staging");
```

이제 쿼리는 다음과 같다.

```
String query = "SELECT EVENT_DATA FROM flights.simevents WHERE ";
if (!options.getFullDataset()) {
    query += " STRING(FL_DATE) < '2015-01-04' AND ";
}
query += " (EVENT = 'wheelsoff' OR EVENT = 'arrived') ";
LOG.info(query);
```

훈련 일자의 지연만 계산할 뿐 아니라 테스트 일자의 계산을 수행할 수 있도록 파이프라인을 리팩토링할 수 있다. 훈련 및 테스트 csv 파일 모두는 동일 파이프라인에서 작성할 수 있다.

기본적으로 DataflowRunner는 작업을 제출하기만 한다. 작업이 끝나기를 기다리지 않는다. 따라서 작은 데이터셋에서는 기다리게 하고, 전체 데이터셋에서는 작업을 제출한 후 종료하게 한다.[20]

---

20. 깃허브 리포지터리에서 CreateTrainingDataset9.java를 참고하라.

```
PipelineResult result = p.run();
if (!options.getFullDataset()) {
  // for small datasets, block
  result.waitUntilFinish();
}
```

이는 작은 데이터셋에 대해 구글 클라우드 플랫폼에서 파이프라인을 실행하고자 이 클립스의 자바 애플리케이션으로 이 클래스를 실행시킬 수 있다. 작업을 준비하고 시작하는 데 몇 분이 걸린다. 그러나 이 코드는 클라우드에서 실행하겠다. 작업은 약 10분이 걸리고 세 가지 결과를 출력한다.

- delays.csv는 각 공항-시간 조합의 과거 출발 지연을 포함한다.

- (샤딩된) train.csv는 **traindays**에 연관된 항공편 데이터를 포함한다.

- (샤딩된) test.csv는 **testdays**에 연관된 항공편 데이터를 포함한다.

프로그램을 전체 데이터셋에 돌리기 전에(실행하는 데 많은 시간이 소요된다) 좀 더 살펴보고 훈련할 모델의 새로운 피처로 각 항공편에 더 많은 정보를 추가해보자. 이는 머신 러닝 모델에 모두 잠재적으로 유익한 정보다. 따라서 다음 행들을 포함하도록 Flight.java에 있는 **toTrainingCsv()**를 수정한다.

```
INPUTCOLS[] stringFeatures = {INPUTCOLS.UNIQUE_CARRIER,
      INPUTCOLS.DEP_AIRPORT_LAT, INPUTCOLS.DEP_AIRPORT_LON,
      INPUTCOLS.ARR_AIRPORT_LAT, INPUTCOLS.ARR_AIRPORT_LON,
      INPUTCOLS.ORIGIN, INPUTCOLS.DEST};
for (INPUTCOLS col : stringFeatures) {
  sb.append(fields[col.ordinal()]);
  sb.append(",");
}
```

메이븐을 이용해 모든 데이터로 클라우드에서 전체 데이터 파이프라인을 시작할 수 있다.[21]

```
mvn compile exec:java \
  -Dexec.mainClass=com.google.cloud.training.flights.CreateTrainingDataset9 \
  -Dexec.args="--fullDataset --maxNumWorkers=50 \
  --autoscalingAlgorithm=THROUGHPUT_BASED"
```

모니터링, 트러블 슈팅, 성능 튜닝

그림 8-3처럼 http://console.cloud.google.com/에서 데이터플로우의 근사한 실행 그래프를 통해 단계적으로 작업 진행을 모니터링^{monitoring}할 수 있다.

그래프에서 볼 수 있듯이 이 파이프라인은 전역 및 이동 평균 시간 윈도우가 혼합돼 있어서 복잡하고 평범하지 않다. 처음에 기록된 항공편 정보에서조차도 시간별 평균 출발 지연을 볼 수 있게 하려고 모든 데이터셋을 통과시켜야 한다. 그러나 실제 기록에는 분 단위의 최신 도착 지연이 필요하다. 따라서 런타임 시의 파이프라인을 위해 임시 저장소에 데이터를 캐시할 필요가 있다.

---

21. 컴퓨트 엔진의 할당 가능한 수에 따라 워커 수를 변경하라. 구글 클라우드 플랫폼의 웹 콘솔에서 **컴퓨트 엔진 ❯ 할당량**으로 가면 할당량을 확인할 수 있다. 할당량은 소프트웨어적인 제한 값이다. 할당량을 늘리도록 요청할 수 있다.

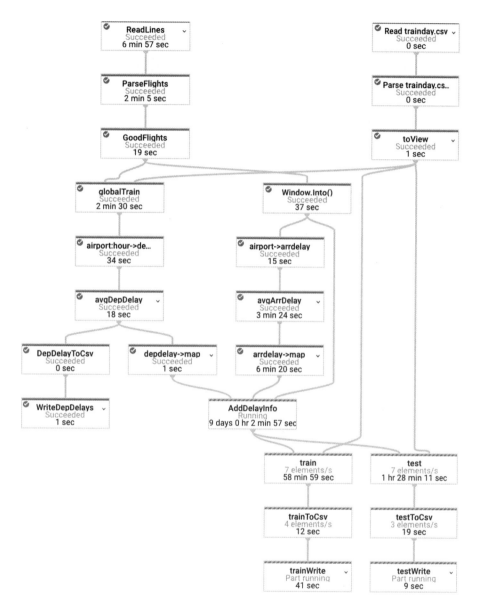

그림 8-3. 작업 모니터링의 편의를 제공하기 위해 걸린 시간 및 처리 중인 항목 비율과 같은 정보를 포함한 전체 파이프라인

파이프라인 트러블 슈팅

클라우드 데이터플로우는 이러한 모든 복잡성을 투명하게 처리한다. 그러나 파이프라인이 아주 천천히 진행된다(마지막 단계에 주목하자). 초당 3~4개의 항목만 기록되고 있다. 이런 비율이면 7천만 개의 항공편을 처리하는 데 한 달 이상이 걸릴 것이다! 뭔가 잘못돼 있다.

그림 8-3의 다이어그램에서 아무 박스나 클릭하면 해당 단계의 정보를 볼 수 있다. 예를 들어 그림 8-4는 DepDelayToCsv를 클릭했을 때 볼 수 있는 정보다.

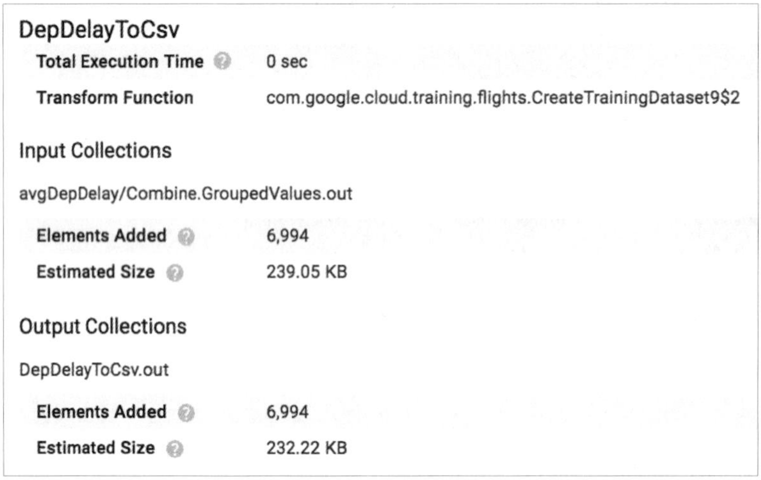

그림 8-4. 몇 개의 항목이 이 단계에 입력되고 몇 개의 항목이 이 단계에서 출력이 되는지를 포함하는 특정 단계에 대한 정보

이 정보는 데이터에 6,994개의 고유한 공항-시간 쌍이 있음을 보여준다.

각 박스에 보여주는 시간은 AddDelayInfo 단계가 병목임으로 알려 준다. 이 지점의 앞 단계는 모두 몇 분 만에 성공했음을 알 수 있다(이는 CPU 시간(초)이다. 따라서 이 시간은 모든 워커가 소비한 전체 시간이다).

그림 8-5의 오른편 요약에서는 파이프라인 옵션, 전체 시간 및 자동 확장 이력의 정보를 제공한다.

자동 확장은 동작한 것 같다. 그러나 클라우드 데이터플로우는 작업에 사용하도록 허용된 최대 수의 워커를 사용하지 않고 있다. 처리할 수 있는 병렬 처리를 제한하는 파이프라인에 대한 뭔가가 있다.

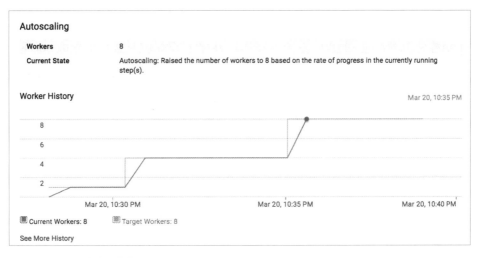

그림 8-5. 파이프라인 자동 확장

측면 입력 제한 사항

다음은 `AddDelayInfo` 변환의 구현 코드다.

```
hourlyFlights = hourlyFlights.apply("AddDelayInfo",
        ParDo.withSideInputs(avgDepDelay, avgArrDelay).of(new DoFn<Flight, Flight>() {
    @ProcessElement
    public void processElement(ProcessContext c) throws Exception {
        Flight f = c.element().newCopy();
        String depKey = f.getField(Flight.INPUTCOLS.ORIGIN) + ":"
                + f.getDepartureHour();
        Double depDelay = c.sideInput(avgDepDelay).get(depKey);
        String arrKey = f.getField(Flight.INPUTCOLS.DEST);
```

```
        Double arrDelay = c.sideInput(avgArrDelay).get(arrKey);
        f.avgDepartureDelay = (float) ((depDelay == null) ? 0 : depDelay);
        f.avgArrivalDelay = (float) ((arrDelay == null) ? 0 : arrDelay);
        c.output(f);
    }
```

이 변환에는 성능에 영향을 줄 수 있는 두 가지의 잠재적인 요소가 있다. 하나는 변환이 두 개의 측면 입력(평균 출발 지연과 평균 도착 지연)을 사용한다는 점이다. 측면 입력은 성능 저하의 잠재적인 원인이다. 측면 입력이 모든 워커에 전파돼야 하기 때문이다. 또한 측면 입력이 너무 크면 메모리에서 효과적으로 캐시하기에 너무 큰 뭔가를 발생시킨다. 변환에 있어 성능 문제의 잠재적인 원인 중 두 번째는 새로운 객체를 생성하는 것이다. 문제의 객체는 아주 작아서 자바는 이런 작은 객체를 여전히 아주 잘 처리할 수 있다.

이 두 가지 측면 입력은 얼마나 클까? AddDelayInfo 변환에서 이 두 개의 측면 입력 박스를 클릭해 출력 항목 수를 알아낼 수 있다. 그림 8-6에서 이를 확인할 수 있다.

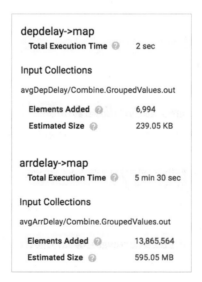

그림 8-6. 측면 입력에 대한 정보

420

출발 지연 측면의 입력 항목은 6,994개다(공항당 24개의 항목). 이는 개수가 적으므로 완벽하게 측면 입력으로 사용할 수 있다. 그러나 도착 지연은 다르다. 모든 시간 윈도우에 대한 평균이 있기 때문에 거의 1천 4백만 항목이 있다! 500MB 이상으로 메모리에서 캐시되고, 효과적으로 전파할 수 있는 한계를 벗어난다.

그러면 파이프라인을 어떻게 개선해야 파이프라인이 효과적으로 실행되는 것을 보장할 수 있을까? 한 가지 잠재적인 해결책은 워커의 머신 타입을 변경시키는 것이다. 기본적으로 데이터플로우는 구글 컴퓨트 엔진 VM 중 n1-standard-1을 사용한다. 이를 n1-highmem-8로 변경시킬 수 있다. 이 VM은 동시에 더 많은 메모리(52GB: 3.75GB[22])를 제공할 수 있고, 머신 수를 줄일 수 있다(머신당 8 코어를 갖고 있으므로). 이는 시작 프로그램에 간단히 --workerMachineType=n1-highmem-8을 추가하면 된다.

고성능 머신이므로 새로운 파이프라인의 처리 속도는 훨씬 더 빠르다. 그림 8-7에서처럼 파이프라인의 시작 부분은 초당 수십만 개의 항목을 처리한다.

그림 8-7. 파이프라인의 시작 부분은 매우 빠르다.

그러나 이 처리 속도는 파이프라인의 나머지 부분까지 지속되지 않는다. 대신 그림 8-8처럼 AddDelayInfo 단계에서 동일한 문제가 발생한다.

---

22. 다른 머신 타입의 상세한 내용은 https://cloud.google.com/compute/docs/machine-types를 참고하라.

그림 8-8. 파이프라인의 AddDelayInfo 부분은 매우 느리다.

이 단계에서 사용되는 리소스가 너무 많음에 주목하라(이전 단계에서 몇 분을 쓰는데 비해 13시간을 소비). 파이프라인의 재설계를 다시 생각해야 한다. 단순히 더 많은 하드웨어를 투입하는 것으로는 동작하지 않는다.

파이프라인 재설계

명백하게 측면 입력이 쉬움에도 모든 워커 노드에 효과적으로 전파될 수 있도록 하려고 상대적으로 작은 컬렉션으로 제한돼야 한다. 출발 지연은 측면 입력이 될 수 있다. 그러나 0.5GB 정도나 되는 도착 지연 정보를 가진 항공편 PCollection에 조인하려면 다른 방법이 필요하다.

두 개의 큰 입력을 조인하는 방법으로 CoGroupByKey를 사용할 수 있으므로 평균 도착 지연을 찾는 방법을 변경해야 한다. 따라서 출발 지연만 추가하는 측면 입력을 사용해 출발 및 도착 지연을 모두 추가한 원래 ParDo를 수정한다.[23]

```
hourlyFlights.apply("AddDepDelay",
        ParDo.withSideInputs(avgDepDelay).of(new DoFn<Flight, Flight>() {
```

---

23. 깃허브 리포지터리의 CreateTrainingDatasets.java를 참고하라.

```
@ProcessElement
public void processElement(ProcessContext c) throws Exception {

    Flight f = c.element().newCopy();
    String depKey = f.getField(Flight.INPUTCOLS.ORIGIN)
            + ":" + f.getDepartureHour();
    Double depDelay = c.sideInput(avgDepDelay).get(depKey);
    f.avgDepartureDelay =
            (float) ((depDelay == null) ? 0 : depDelay);
    c.output(f);
}
...
```

도착 지연은 CoGroupByKey를 사용해 추가해야 한다. CoGroupByKey의 첫 번째 단계는 키-값 쌍의 두 개 PCollection으로 시작하는 것이다. 도착 지연은 이미 키가 도착 공항인 키-값 쌍의 PCollection이다. 따라서 항공편 정보를 위한 적절한 키-값 쌍을 도출하는 변환을 생성한다.

```
.apply("airport->Flight", ParDo.of(new DoFn<Flight, KV<String, Flight>>() {
    @ProcessElement
    public void processElement(ProcessContext c) throws Exception {
        Flight f = c.element();
        String arrKey = f.getField(Flight.INPUTCOLS.DEST);
        c.output(KV.of(arrKey, f));
    }
}));
```

이제 두 개의 커다란 입력을 조인하는 데 CoGroupByKey를 사용할 수 있게 됐다. 여기에는 두 입력 컬렉션에 태그를 지정하고 키-값 쌍의 두 컬렉션에 Keyed PCollectionTuple를 생성하는 작업이 포함된다.

```
final TupleTag<Flight> t1 = new TupleTag<>();
final TupleTag<Double> t2 = new TupleTag<>();
PCollection<Flight> result = KeyedPCollectionTuple //
    .of(t1, airportFlights) //
    .and(t2, avgArrDelay) //
```

키가 있는 컬렉션 튜플에서 **CoGroupByKey**를 적용할 수 있고, **CoGbk** 결과를 얻는다
(co–group–by–key–result). 그런 다음 **PTransform**을 사용해 항공편 목록과 각 공항에
서의 도착 지연으로 이를 매핑한다. 이는 모두 윈도우 컬렉션(hourlyFlights)에 적용
돼 있으므로 한 시간의 슬라이딩 윈도우 항공편 및 도착 지연을 가진다.

```
.apply(CoGroupByKey.create()) //
    .apply("AddArrDelay", ParDo.of(new DoFn<KV<String, CoGbkResult>, Flight>() {
    @ProcessElement
    public void processElement(ProcessContext c) throws Exception {
        Iterable<Flight> flights = c.element().getValue().getAll(t1);
        double avgArrivalDelay = c.element().getValue().getOnly(t2,
                Double.valueOf(0));
        for (Flight uf : flights) {
            Flight f = uf.newCopy();
            f.avgArrivalDelay = (float) avgArrivalDelay;
            c.output(f);
        }
    }
}));
```

이런 변경으로[24] 그림 8-9처럼 3일분의 데이터를 비교적 빨리 처리할 수 있다.

---

24. 깃허브 리포지터리의 CreateTrainingDataset.java를 참고하라.

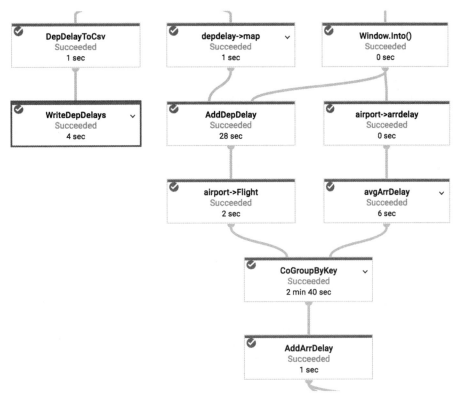

그림 8-9. co-group-by-key를 사용하도록 변경해 파이프라인 처리가 매우 빨라졌다.

중복 제거

클라우드 스토리지의 결과가 합리적인 것 같다. 그러나 더 자세히 검사를 해보면
중복된 항공편 정보가 있음을 발견할 수 있다.

```
1.0,5.0,13.0,1448.0,29.75,-9.0,AS,...,SEA,ANC
1.0,5.0,13.0,1448.0,29.75,-9.0,AS,...,SEA,ANC
1.0,5.0,13.0,1448.0,29.75,-9.0,AS,...,SEA,ANC
1.0,5.0,13.0,1448.0,29.75,-9.0,AS,...,SEA,ANC
1.0,5.0,13.0,1448.0,29.75,-9.0,AS,...,SEA,ANC
1.0,5.0,13.0,1448.0,29.75,-9.0,AS,...,SEA,ANC
```

```
1.0,5.0,13.0,1448.0,29.75,-9.0,AS,...,SEA,ANC
1.0,5.0,13.0,1448.0,29.75,-9.0,AS,...,SEA,ANC
1.0,5.0,13.0,1448.0,29.75,-9.0,AS,...,SEA,ANC
1.0,5.0,13.0,1448.0,29.75,-9.0,AS,...,SEA,ANC
1.0,5.0,13.0,1448.0,29.75,-9.0,AS,...,SEA,ANC
1.0,5.0,13.0,1448.0,29.75,-9.0,AS,...,SEA,ANC
```

이유가 뭘까? 이는 슬라이딩 윈도우를 사용하는 것과 관련이 있다. 슬라이딩 윈도우는 한 시간을 매 5분마다 계산한다. 따라서 모든 항공편은 이 다이어그램에서 두 번째부터 시작해 여러 개의 중첩되는 윈도우 중 일부다. 따라서 각 항공편은 윈도우에 포함될 때마다 중복된다. 그림 8-10처럼 여기서 항공편이 두 번째 윈도우의 부분이기만을 바란다.[25]

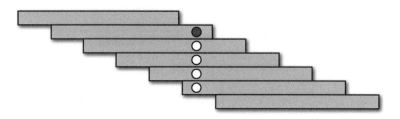

그림 8-10. 모든 항공편은 여러 개의 중첩된 창의 일부다.

그림 8-11처럼 Window.Into() 동작으로 들어가는 항목 수를 보면 분명히 알 수 있다.

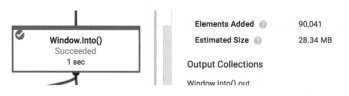

그림 8-11. Window.Into()로 들어오는 항목 수

---

25. 항공편을 포함하는 첫 번째 윈도우이기 때문이다. 후속 윈도우는 모두 추가적인 대기 시간을 갖는다.

이를 항목 수와 비교를 하면(그림 8-12) 정확히 12배임을 알 수 있다(60분을 5분으로 나누면 12가 되기 때문에).

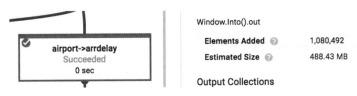

그림 8-12. `Window.Into()`에서 나가는 항목 수(그림 8-11과 비교하라).

CoGroupByKey를 따르는 첫 번째 **ParDo**는 증가된 항공편 수를 반영한다. 평균 지연은 모든 윈도우에서 한 번은 계산돼야 한다(이것이 슬라이딩 윈도우를 갖는 이유다). 그러나 각 항공편 객체는 한 번만 출력돼야 한다. 이를 위해 해당 윈도우를 사용하고 항공편이 윈도우가 최신 슬라이스인 경우(그림 8-13)에만 출력하는 변환을 삽입할 수 있다. 여기에서 각 슬라이스는 전체 간격의 5분에 해당하는 부분이다.

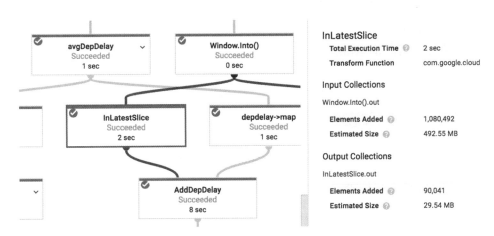

그림 8-13. `IsLatestSlice` 변환은 `Window.Into()`로 들어온 중복을 제거한다.

InLatestSlice는 윈도우의 최신 슬라이스인 경우에만 항공편 객체를 출력한다.

```
.apply("InLatestSlice", ParDo.of(new DoFn<Flight, Flight>() {
  @ProcessElement
  public void processElement(ProcessContext c,
        IntervalWindow window) throws Exception {
    Instant endOfWindow = window.maxTimestamp();
    Instant flightTimestamp = c.element().getEventTimestamp();
    long msecs = endOfWindow.getMillis() - flightTimestamp.getMillis();
    long THRESH = 5 * 60 * 1000; // 5 minutes
    if (msecs < THRESH) {
      c.output(c.element());
    }
  }
}))//
```

항공편의 출력에서 불필요한 것을 제거하는 윈도우 매개변수를 사용하는 변경으로, 출력 결과는 정확하고 아주 빠르게 생성된다. 이제 돌아가서 이전처럼 (50개의 워커로) 전체 데이터셋에서 시작할 수 있다. 측면 입력 대신 **CoGroupByKey**를 사용하고 있기 때문에 모니터링 결과 매우 빠른 처리를 보여주며, 전체 파이프라인을 처리하는 데 20분 정도가 걸린다.

이제 파이프라인에서 다음과 같은 세 가지 종류의 파일이 생성됐다.

- delays.csv는 훈련 데이터셋에서 계산된 모든 공항-시간 조합에서의 출발 지연 이력을 가진다. 예를 들어 뉴욕의 JFK 공항에서의 오후 5:15 평균 출발 지연은 JFK 표제어에서 찾을 수 있다. 17시의 평균 출발 지연은 37.47분이다.

- train*.csv는 머신 러닝용 훈련 데이터셋을 제공한다. 다른 칼럼들(출발 지연, 활주로 진출 시간, 거리, 평균 출/도착 지연 및 몇 가지 다른 필드)을 바탕으로 이들 파일의 첫 번째 칼럼을 예측(항공편 정시 도착 여부)하기 원한다.

- eval*.csv는 훈련 파일과 동일한 형태의 파일들이다. 그리고 ML 모델을 평가하는 데 사용한다.

428

9장에서는 머신 러닝 모델을 훈련하고 평가하고 배포한다.

요약

8장에서는 시간 윈도우 집계 피처로 머신 러닝 훈련 데이터셋을 보강했다. 두 개의 평균을 계산했는데, 하나는 주어진 시간에 주어진 공항에서의 평균 출발 지연으로 전역 평균이고, 나머지 하나는 이전 시간에 주어진 공항의 평균 도착 지연으로 시간 윈도우 평균이었다. 평균 출발 지연을 계산하는 것은 기본적으로 일괄 평균이다. 핵심 아이디어는 훈련 데이터셋에서 한 번 계산하고 예측 시간의 적절한 출발 지연을 찾는 것이다. 그러나 도착 지연은 이동 평균의 계산이 필요했다.

아파치 빔으로 실시간에 스트리밍 데이터로 계산하는 것과 동일한 방식으로 과거 이력 데이터의 시간 윈도우 이동 평균을 계산할 수 있다. 클라우드 데이터플로우는 서버리스 방식으로 구글 클라우드 플랫폼상의 빔을 사용해 작성된 데이터 파이프라인을 실행시킬 수 있다.

csv 파일에서 항공편 데이터를 읽어 들이는 기본 파이프라인으로 시작해서 입력값을 품질 제어 범주에 일치하는 항공편만으로 필터링한 후 머신 러닝 모델의 입력 변수로 사용하려고 csv 파일로 내보냈다. 출발 지연 계산을 기본 파이프라인에 추가함으로써 각 항공편의 튜플(공항 + 시간, 출발 지연)을 도출했고, 이들 튜플을 키로 그룹화했고, 끝으로 각 키의 중앙값을 계산했다. 이 평균 출발 지연은 내장 메모리 맵(측면 입력)으로 변환됐고, 각 항공편에 적절한 평균 출발 지연을 추가하려고 파이프라인 내에서 사용했다.

평균 도착 지연을 계산하려면 타임스탬프가 있는 기록을 도출해야 한다. 실시간에서는 pub/sub이 이 작업을 한다. 그러나 여기에 있는 일괄 데이터에서는 읽기 코드를 `c.output()`에서 `c.outputWithTimestamp()`로 변경한다. 출발 지연의 경우와 유사하게 도착 지연의 측면 입력을 구성함으로써 시작했다. 그러나 측면 입력이 너무 커서 모든 워커에 효과적으로 전달이 될 수 없기 때문에 문제에 봉착했다. 클라우드 데이터플로우는 동작했지만 심각하게 느리게 동작했다. 이를 트러블 슈팅하는 방법을 알아봤고, CoGroupByKey로 측면 입력을 교체해 이 문제를 해결했다. CoGroupByKey는 컬렉션 중 하나가 충분히 작아야 한다는 요구 사항 없이 두 개의 병렬 컬렉션을 조인하는 방법을 제공한다. 이는 효율성 문제를 해결했지만, 출력 결과에 행이 중복되는 논리적인 오류가 발생했다. 이는 슬라이딩 윈도우로 도착 지연을 계산하기 때문이라는 사실을 발견했다. 그리고 이들 윈도우는 각 항공편 객체가 12개의 윈도우에 존재하게 만들었다. 해결책은 항공편 객체가 존재하는 윈도우의 슬라이스를 정하는 것이었고, 윈도우의 최근 슬라이스인 경우에만 항공편 객체를 도출하게 하는 것이었다. 이 변경으로 파이프라인은 논리적으로 올바르게 동작했고, 모든 훈련 및 평가 데이터셋이 생성됐다.

## 9장

텐서플로를 이용한 머신 러닝 분류기

7장에서 머신 러닝 모델은 작성했지만 확장시키고 작동하려 할 때 문제가 발생했다. 첫 번째 문제는 시간-윈도우 집계 피처를 사용할 때 훈련-제공 왜곡을 방지하는 방법이었다. 8장에서는 이력 데이터의 집계를 실시간 데이터에서 계산하는 동일 코드를 사용해 이런 문제를 해결했다. 8장에서 구현했던 클라우드 데이터플로우 파이프라인은 두 종류의 파일을 생성하는 데 이용했다. trainFlights*.csv는 머신 러닝용으로 사용할 훈련 데이터셋이고, testFlights*.csv는 모델을 평가하는 데 사용한다. 이 파일 모두는 값이 추가된 데이터셋이다. 파이프라인의 목적은 항공사에서 받은 원시 데이터에 계산된 집계 정보를 추가하는 것이었다. 다른 칼럼(출발 지연, 활주로 진출 시간, 거리, 평균 출발 및 도착 지연과 일부 다른 필드)을 바탕으로 이들 파일의 첫 번째 칼럼(항공편 정시 운항 여부)을 예측한다.

시간 집계를 통해 데이터 추가 문제를 해결한 반면 7장의 끝에서 또 다른 세 가지 문제가 남아있음을 발견했다.

- 원핫 인코딩 범주형 칼럼은 데이터셋 크기의 폭증을 초래한다.

- 임베딩은 특별한 기록을 포함한다.

- 실제 환경에 모델을 적용하려면 훈련된 클러스터 외의 환경으로 모델을 이식

할 수 있는 머신 러닝 라이브러리가 필요하다.

이 세 가지 문제의 솔루션은 이식할 수 있는 머신 러닝 라이브러리가 필요하며, 이 라이브러리는 (1) 분산된 훈련을 수행할 만큼 강력하고(즉, 매우 커다란 데이터셋을 처리할 수 있는 머신 클러스터에서 훈련), (2) 와이드앤딥wide-and-deep 네트워크와 같은 최신 머신 러닝 연구를 지원할 만큼 유연하고, (3) 맞춤형 주문형 집적 회로ASICs, Application Specific Integrated Circuits에서 대량의 병렬 예측을 지원하고 이동형 장비에서 예측을 수행할 수 있을 정도로 휴대성이 뛰어나야 한다. 텐서플로는 구글에서 개발한 오픈소스 머신 러닝 라이브러리로, 이 모든 목표를 충족시킨다.

7장을 읽지 않고 9장으로 왔다면 되돌아가서 읽기 바란다. 9장은 스파크를 이용한 로지스틱 회귀 분석을 살펴보고, 이를 이해하는 데 필수적인 많은 머신 러닝 개념을 소개한다. 특히 7장에서 소개했던 접근법의 제한 사항을 이해하면 여기에서 작성하는 분산 텐서플로 모델 아키텍처를 이해하는 데 도움이 된다.

좀 더 복잡한 모델을 향해

일반적으로 컴퓨터를 작업시키기 원한다면 명시적인 규칙들을 사용해 컴퓨터에 프로그래밍해야 한다. 예를 들어 컴퓨터가 제조 라인의 나사 이미지를 살펴보고 나사에 결함이 있는지 여부를 파악하려면 일련의 규칙을 코딩해야 한다. 나사가 구부러져 있는지, 나사 머리가 부서져 있는지, 나사가 변색이 돼 있는지, 머신 러닝을 이용하면 이런 문제를 해결할 수 있다. 나사가 불량인 이유를 알려줄 모든 종류의 논리적 규칙을 제시하는 대신 컴퓨터에 모든 종류의 데이터를 보여준다. 대략 5,000개의 정상 나사 사진을 보여주고, 작업자가 한 가지 이유나 다른 이유 때문에 버린 5,000개의 불량 나사 사진을 보여준다. 그런 다음 컴퓨터에 정상 나사와 불량 나사를 식별하는 방법을 학습시킨다. 컴퓨터는 '머신'이고, 데이터에 기반을 둔 의사 결정을 내리는 것은 '학습'이다. 앞의 경우에 수작업으로 레이블링된 훈련 데이터에서 '머신'은 정상 나사와 불량 나사를 분류하기 위한 판별 기능을 '학습'한다.

스파크로 로지스틱 회귀 분석을 하거나 피그로 베이지안 분류를 했을 때 이미 머신 러닝을 수행하고 있었다. 모든 데이터로 모델을 선택했고(로지스틱 회귀 분석 또는 베이지안 분류), 모델에서 자유 매개변수를 계산하도록 컴퓨터에 질의했다(로지스틱 회귀 분석의 가중치, 베이지안의 경험적 확률). 그런 다음 '훈련된' 모델을 사용해 새로운 데이터의 예측을 수행했다.

이런 관점에서 단순하고 오래된 선형 회귀 분석조차도 머신 러닝으로 간주할 수 있다. 선형 회귀 분석은 데이터의 미묘한 차이를 포착하는 데 있어 모델이 효과적인지 여부를 찾는 머신 러닝으로 생각할 수 있다. 많은 실세계의 문제는 선형 회귀 분석 또는 유사한 간단한 모델로 충분히 포착할 수 있는 것 이상으로 훨씬 복잡하다. 사람들이 머신 러닝을 얘기할 때 일반적으로 더 많은 자유 매개변수를 가진 더 복잡한 모델을 생각할 것이다.

통계학자에게 많은 자유 매개변수를 갖는 복잡한 모델을 얘기하라. 그러면 (문제에 대한 미묘한 차이를 포착하는 대신) 데이터에서 관찰되는 잡음에 부합된 모델을 작성하는 데 과적합의 위험이 있을 수 있다는 강의만 듣게 될 것이다. 따라서 머신 러닝의 또 다른 측면은 아주 크고 매우 대표적인 데이터셋에서 모델을 훈련[1]하는 매우 복잡한 모델을 사용할 때 과도하게 적용하는 위험성에 대처해야 한다는 측면이 있다. 또한 이런 복잡한 모델이 정확할지라도 논리적인 규칙과 추론을 소급해 유도할 수 있도록 쉽게 분석할 수 없다는 점이 문제다. 사람들은 머신 러닝을 생각할 때 랜덤 포레스트, 서포트 벡터 머신 및 딥러닝을 생각할 것이다.

문제에 랜덤 포레스트, 서포트 벡터 머신 및 신경망을 사용할 수 있지만, 나는 아주 유사한 결과를 얻을 수 있을지 의심이 된다. 이는 많은 실세계 문제의 현실이다.

---

1. 통계학적인 배경 지식이 있다면 머신 러닝 모델을 훈련하는 것은 통계학적 모델이나 기능을 데이터에 맞추는 것과 같다.

노력의 가장 큰 결과는 훈련 모델에 제공하는 추가 데이터를 찾거나(모델에 있어 자유 매개변수가 증가하고), 사용 가능한 데이터를 이용해 더 나은 입력 피처를 고안하는 것이다. 반대로 머신 러닝 모델을 변경하는 것은 많은 이점을 제공하지 않는다. 그러나 특정한 종류의 문제에 대해(오디오 및 이미지와 같이 상호 관련성이 높고 매우 밀집된[2] 문제에 대해) 딥러닝은 빛나기 시작할 것이다. 일반적으로 특정한 문제가 보장될 경우에만 더 복잡한 모델(딥 신경망, 합성곱 신경망, 순환 신경망 등)의 사용을 예약하고, 할 수 있다면 선형 모델을 사용하는 것이 좋다. 나는 항공편 지연의 사례에서 두 부분(희소한 입력 피처용의 넓거나 선형적인 부분과 연속적인 입력 피처용의 딥 레이어 부분)으로 구성된 '와이드앤딥' 모델을 사용한다.

모델을 훈련하려고 구글에서 개발된 머신 러닝 리서치에서 수치 계산을 수행하는 오픈소스 소프트웨어 라이브러리인 텐서플로를 사용한다. 라이브러리는 C++로 작성돼 있어 데스크톱이나 클라우드에서 하나 이상의 중앙 처리 장치CPU나 그래픽 처리 장치GPU에 계산을 배포할 수 있다. 예측 시간에 있어 훈련된 모델은 (텐서플로 처리 유닛이나 TPUs라고 하는[3]) 머신 러닝을 위한 구글의 맞춤형 ASIC 칩을 사용하는 서버나 모바일 장치의 CPU, GPU에서 실행시킬 수 있다. 그러나 텐서플로를 사용하려고 C++로 프로그래밍을 할 필요는 없다. 프로그램의 패턴은 데이터플로우 그래프를 작성하고 해당 그래프로 데이터를 스트리밍하는 것이기 때문이다. C++의 효율성이나 GPU와 ASIC 계산 능력을 손실하지 않고도 파이썬으로 충분히 그래프를 생성하고 스트리밍을 제어할 수 있다. 그래프의 노드는 (로지스틱 회귀 분석을 사용하는 시그모이드sigmoid 함수 및 합계와 같은) 수학 연산을 나타내지만, 그래프 에지는 이들

---

2. 이 문맥에서 밀집된 입력은 수치 값의 적은 변화가 의미 있는 경우를 의미한다. 즉, 입력이 연속적인 숫자인 경우다.

3. https://cloudplatform.googleblog.com/2016/05/Google-supercharges-machine-learning-tasks-with-custom-chip.html을 확인하라. 맞춤형 머신 러닝 칩의 주요 이점이 훈련 시간을 줄이는 것이라는 점은 일반적인 오해다. TPU가 제공하는 가장 큰 이점은 예측이다. 예를 들어 https://cloudplatform.googleblog.com/2017/04/quantifying-the-performance-of-the-TPU-our-first-machine-learning-chip.html은 TPU가 추론하는 성능의 이점만 이야기한다. 9장이 작성된 후 구글은 훈련과 추론을 빠르게 할 수 있는 2세대 TPU를 발표했다. https://blog.google/topics/google-cloud/google-cloud-offer-tpus-machine-learning/을 참고하라. 이 칩들이 개발되고 출시된 순서는 맞춤형 칩이 추론에서 훈련으로 가져올 수 있는 상대적인 이점의 순서를 암시한다.

노드 사이에서 의사소통하는 다차원 데이터 배열(텐서)을 나타낸다.

사실상 로지스틱 회귀 분석은 단일 노드로 구성돼 있는 간단한 신경망으로 표현할 수 있고, 그림 9-1처럼 스파크보다는 텐서플로를 이용해 훈련을 수행할 수 있었다.

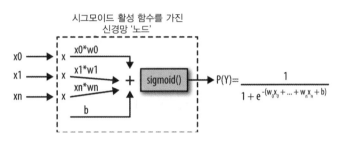

그림 9-1. 로지스틱 회귀 분석은 단일 노드를 가진 단순 신경망으로 표현할 수 있다.

8장과의 비교를 위해 9장에서 작성할 첫 번째 신경망이 로지스틱 회귀 분석을 갖는 신경망이다. 그런 다음 7장에서 사용했던 것과 같은 모델(로지스틱 회귀 분석)을 유지하면서 추가적인 입력 피처의 영향을 조사한다.

그러나 비교를 마무리한 후 더 많은 노드와 더 많은 레이어로 분산시킬 수 있는 신경망을 구축한다. 출력 결과가 [0, 1]이 되도록 제한하는 시그모이드로 출력 결과 노드를 유지하지만, 다른 활성 함수를 갖는 노드들을 중간 레이어에 추가한다. 출력 결과가 [0, 1] 사이에 위치하도록 제한함으로써 출력 결과 노드를 시그모이드로 유지한다. 노드 수와 레이어 수는 실험을 통해 결정해야 한다. 때때로 노드 수와 레이어 수의 증가는 과적합overfitting을 초래한다. 따라서 정확한 지점은 데이터셋(레이블된 표본의 수와 예측 변수의 수)의 크기와 예측 변수가 레이블을 예측하는 범위와 예측 변수가 독립적인 범위에 의존한다. 이 문제는 너무 복잡해서 신경망의 크기와 규모를 얼마나 크게 할지 미리 알 수 있는 실질적인 방법이 없다. 신경망이 너무 작다면 문제의 모든 미묘한 차이에 충분히 적절히 맞지 않고 훈련의 오류가 커진다. 다시 말해 약간 더 큰 신경망으로 시도하지 않는다면 신경망이 너무 작다는 것을 알지 못한다. 가중치와 편향성을 찾는 데 사용할 모든 최적화 방식에는 무작위 시드^{seed}가 있기 때문에 관계가 좋지 못하고 매끄럽지 못할 것이다. 따라서 머신 러닝은 수많은 실행을 수반해야만 한다. 가장 좋은 방식은 서로 다른 수의 노드와 다른 수의 레이어와 서로 다른 활성 함수(다른 문제에는 다른 활성 함수가 더 잘 동작한다)로 시도해서 문제에 가장 잘 동작하는 지점을 찾는 것이다. 전체 데이터셋에 이런 종류의 실험을 실행하도록 지원하는 클라우드 플랫폼을 적시에 보유하는 것은 매우 중요하다. 전체 데이터셋의 실험을 수행할 때가 되면 클라우드 ML 엔진을 사용한다.

중간 레이어의 경우에는 ReLU$^{Rectified\ Linear\ Units}$를 신경망 노드로 사용한다. ReLU는 음수가 아닌 값으로 고정하는 선형 활성 함수를 가진다. 기본적으로 뉴런의 입력은 임곗값을 0으로 정한 후 출력으로 전달된다. 따라서 뉴런 입력의 가중치 합계가 3이면 출력은 3이지만, 입력의 가중치 합계가 –3이면 출력은 0이다.

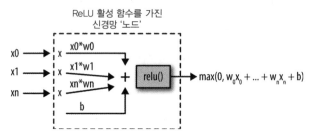

그림 9-2. 중간(숨겨진) 레이어의 신경망을 가진 전형적인 신경망 노드는 비선형 함수에 의해 변환된 입력의 가중치 합으로 구성돼 있다.

시그모이드 활성 함수나 tanh 활성 함수보다 ReLU를 사용하는 것은 절충점이다. 시그모이드 활성 함수는 0과 1 사이에 분포하므로(7장의 그래프를 보라) 출력이 전체로 퍼지지 않는다. 그러나 0과 1 사이의 기울기가 너무 완만하므로 훈련에 많은 시간이 걸린다. 또한 시그모이드 활성 함수를 사용할 때 뉴런의 영향은 실제로 0이 아니다. 과적합의 두려움 때문에 신경망에서 정확한 수의 노드/레이어를 선택하는 것은 매우 중요하다. ReLU의 기울기는 일정하므로 ReLU 망은 더 빠르게 훈련할 수 있다.

또한 ReLU 함수는 0에 도달할 수 있으므로 희소 모델을 얻을 수 있다. 여전히 올바른 모델 아키텍처를 찾겠지만, 정확히 올바른 아키텍처를 찾는 것은 별로 중요하지 않다. 그러나 (이는 절충점이다) ReLU 활성 함수를 가진 뉴런의 출력은 실제로 크고 긍정적인 크기에 도달할 수 있다. 지난 수년간 머신 러닝의 이론적인 진보 중 일부는 신경망의 중간 출력이 예상을 벗어나지 않으면서 ReLU를 초기화하고 훈련시키는 방법에 관한 것이었다.

텐서플로에서 데이터 읽기

데이터에서 읽어 들이고 훈련을 시키려고 텐서플로 코드를 작성하는 것으로 시작하자. 클라우드 데이터플로우를 이용해 생성한 데이터셋으로 신경망을 훈련시킬 것이다. 머신 러닝 모델의 입력으로 사용할 수 있는 새로운 피처를 계산하려고 원시 비행 데이터로 클라우드 데이터 플로우를 이용했음을 기억하라(원시 데이터는 공항에서의 평균 출발 지연, 항공편 이륙 시간 및 현재 도착 공항에서의 평균 도착 지연이다). 예측하고자 하는 대상(또는 레이블) 또한 데이터셋에 있다. 항공편이 '정시 운항'이면 1이고(즉, 15분 이내로 도착 지연됨), 그렇지 않으면 0이다.

이 코드를 개발하는 동안에는 작은 데이터셋을 사용한다. 프로그램이 올바르게 동작하면 전체 데이터셋을 배포한다. 따라서 노트북 PC에서 안전하게 개발할 수 있도록 더 작은 파일을 생성한다(당신의 노트북 PC에 유닉스 셸이 없다면 클라우드셸이나 작은 컴퓨트 엔진 VM에서 개발하라).

```
mkdir -p ~/data/flights
BUCKET=cloud-training-demos-ml
gsutil cp \
    gs://${BUCKET}/flights/chapter8/output/trainFlights-00001*.csv .
cat trainFlights-00001*.csv > full.csv
```

```
head -10003 full.csv > ~/data/flights/train.csv
rm full.csv
```

10003이라는 숫자가 이상하게 보일 것이다. 텐서플로의 일괄처리 파일 피더^{feeder}는
실제로 (줄만 있는) 파일에서는 작동하지 않기 때문이다. 10,003이 소수는 아니지만(7
× 1,429), 프로그램에서 1,429의 일괄처리 크기를 사용하지 않기 때문에 소수일 수도
있다. 코드가 불완전한 일괄처리를 올바르게 처리할 수 있도록 다소 이상한 파일
크기를 선택했다.[4] test.csv 파일을 생성하려면 testFlights-00001*.csv에서도 이 스
크립트를 반복한다.

궁극적으로는 클라우드에서 동작할 수 있도록 텐서플로 프로그램을 클라우드 ML
엔진에 제출한다. 이를 위해 프로그램은 파이썬 모듈이 돼야 한다. 파이썬의 패키징
메커니즘은 기본적으로 파일 시스템을 기반으로 하므로 폴더 구조를 만드는 것부터
시작하자.[5]

```
flights
flights/trainer
flights/trainer/__init__.py
```

__init__.py는 빈 파일이지만 trainer가 파이썬 모듈로 동작하려면 반드시 있어야
한다.

이제 실제 코드를 작성하자. 코드는 두 개의 파일로 나뉜다. task.py는 main() 함수
를 포함하고, model.py는 머신 러닝 모델을 포함한다.

---

4. 여기서 텐서플로에 탑재돼 있는 Estimator API와 csv 리더를 사용할 것이므로 거의 확실하게 작동한다. 일부 다른 데이터 포맷을
   읽으려고 코드를 적용하고자 한다면 일괄처리의 크기를 전체 수의 표본보다 작은 나눌 수 없는 숫자를 사용하라. 이는 코드가 이
   사례에서도 올바르게 동작하게 하려는 것이다.
5. 깃허브 리포지터리의 09_cloudml/flights를 참고하라.

```
```

데이터를 읽어 들이려면 model.py에 함수를 작성한다. 텐서플로 패키지를 임포트하고, 읽어 들일 csv 파일의 헤더를 정의한다.

```
import tensorflow as tf

CSV_COLUMNS = \
('ontime,dep_delay,taxiout,distance,avg_dep_delay,avg_arr_delay' + \
 'carrier,dep_lat,dep_lon,arr_lat,arr_lon,origin,dest').split(',')
LABEL_COLUMN = 'ontime'
```

텐서플로 csv 리더는 칼럼 값이 빈 경우에 기본값을 지정하도록 요청한다. 이는 칼럼의 데이터 타입을 유도하기 위한 기본값으로도 사용된다.

```
DEFAULTS = [[0.0],[0.0],[0.0],[0.0],[0.0],[0.0],\
           ['na'],[0.0],[0.0],[0.0],[0.0],['na'],['na']]
```

칼럼의 기본값을 0으로 지정한다면 `tf.int32`다. 그러나 이를 `0.0`으로 지정한다면 `tf.float32`다. 기본값이 문자열이라면 `tf.string`이다.

이제 훈련 데이터를 읽고, 매번 `batch_size` 표본을 생성하고, 전체 훈련셋의 `num_training_epochs` 시간을 수행하는 `read_dataset()` 함수를 작성한다. 이 함수는 원하던 함수다.

```
def read_dataset(filename, mode=tf.contrib.learn.ModeKeys.EVAL,
                batch_size=512, num_training_epochs=10):
```

훈련 및 평가 데이터 모두를 읽기 위해 함수를 재사용하기 때문에 `mode` 매개변수를 사용한다. 평가를 하는 동안 모든 데이터셋을 한 번만 읽어야 한다. 그러나 훈련을 하는 동안에는 데이터셋을 읽어 모델에 여러 번 통과시켜야 한다. 따라서 `num_epochs`(즉, 데이터를 읽는 횟수)는 다음과 같다.

```
num_epochs = num_training_epochs \
        if mode == tf.contrib.learn.ModeKeys.TRAIN else 1
```

각각의 회차 동안 (trainFlights* 같은) 와일드카드와 일치하는 모든 파일을 찾고 filename_queue를 파일 목록의 복사본이 섞인 num_epochs로 채운다. 다시 말해 샤딩된 입력 데이터셋을 num_epochs번 읽지만, 읽을 때마다 다른 순서로 읽는다.

```
# could be a path to one file or a file pattern.
input_file_names = tf.train.match_filenames_once(filename)
filename_queue = tf.train.string_input_producer(
    input_file_names, num_epochs=num_epochs, shuffle=True)
```

매번 읽을 때마다 샤딩된 입력 데이터의 순서를 섞는 것은 분산 훈련에서 중요하다. 분산 훈련이 수행되는 방식은 각 워커에게 일괄처리 데이터를 할당하는 것이다. 워커들은 각 일괄처리에서 변화를 계산하고, 이를 훈련 실행의 공유 상태를 유지하는 '변수 서버[6]'로 전송한다. 내결함성의 이유로 매우 느린 워커의 결과는 폐기될 수 있다. 따라서 각 실행에서 동일한 일괄처리 데이터를 느린 워커에 할당하지 않는 것은 중요하다. 데이터를 섞는 것은 이런 가능성을 완화시키는 데 도움이 된다.

데이터는 batch_size 표본의 일괄처리에 있는 filename_queue에서 읽는다. 이 데이터는 헤더를 갖지 않았다. 따라서 파일에서 읽어 들인 칼럼 데이터에 CSV_COLUMNS를 포함한 데이터 목록으로 압축한다. 레이블 칼럼을 제거하고, 입력 피처를 사용한다. 이 (피처와 레이블의) 튜플은 반환된 결과다.[7]

---

6. 더 자세한 내용을 확인하려면 https://research.google.com/pubs/pub44634.html을 참고하라.

7. 전체 내용을 알려면 https://github.com/GoogleCloudPlatform/data-science-on-gcp/tree/master/09_cloudml/flights/trainer/model.py에서 전체 코드를 참고하라.

```
# read CSV
reader = tf.TextLineReader()
_, value = reader.read_up_to(filename_queue, num_records=batch_size)
value_column = tf.expand_dims(value, -1)
columns = tf.decode_csv(value_column, record_defaults=DEFAULTS)
features = dict(zip(CSV_COLUMNS, columns))
label = features.pop(LABEL_COLUMN)
return features, label
```

이 예에서는 텐서플로의 기본 동작을 사용해 csv 파일을 읽는다. 이는 가독성과 강력한 성능 사이의 절충점이다. 텐서플로 프로그램으로 데이터를 읽어 들이는 가장 빠른 방법은 데이터를 (각 표본이 tf.Example 또는 tf.SequenceExample 프로토콜 버퍼에 저장됨) TFRecord 파일로 저장하는 것이다. 그러나 (이 책을 집필할 때는) TFRecord 파일을 읽어 들일 수 있는 가시화 도구나 디버깅 도구는 없다. 파이썬에서 직접 제공하는 가장 편한 방법은 numpy 배열에서 직접 tf.Constant를 생성하는 것이다. 그러나 메모리 부족을 초래하는 데이터셋으로는 확장되지 않는다. csv 파일을 읽고 저장하는 것은 가시화 도구 및 디버깅 도구(예, seaborn 시각화 패키지)에 대한 액세스를 제공하기 위한 중간 단계다. 반면 텐서플로에서 아주 빠르게 읽어 들이는 속도 또한 제공한다.

이제 데이터를 읽는 코드가 준비됐으므로 이 함수를 호출하는 main()을 작성하자. 커맨드라인 매개변수로 입력 파일의 이름을 전달할 수 있도록 파이썬의 argparse 라이브러리를 이용한다.

```
if __name__ == '__main__':
    parser = argparse.ArgumentParser()
    parser.add_argument(
        '--traindata',
        help='Training data file(s)',
```

```
        required=True
    )

    # parse args
    args = parser.parse_args()
    arguments = args.__dict__
    traindata = arguments.pop('traindata')
```

이제 **read_dataset()** 함수를 호출해 커맨드라인으로 **traindata**를 전달할 수 있다.

```
feats, label = model.read_dataset(traindata)
```

흥미롭게 하려고 읽기 함수에 의해 반환된 레이블에서 reduce_mean()을 호출해 데이터셋에 있는 모든 레이블의 평균을 찾아본다.

```
avg = tf.reduce_mean(label)
print avg
```

이제 커맨드라인에서 다음과 같이 실행할 수 있다.

```
python task.py --traindata ~/data/flights/train.csv
```

파이썬 패키지가 없다는 오류가 발생한다면 pip[8]를 이용해 패키지를 설치한다(필요하다면 pip를 먼저 설치한다). 또는 텐서플로가 이미 설치돼 있는 클라우드 데이터랩에서 이 코드를 실행한다. 그러나 프로그램에서 출력되는 것은 항공편이 정시 운항할 전체 확률이 아니다.[9] 대신 확실히 매력적이지 않은 코드를 얻는다.

---

8. 예를 들어 `pip install tensorflow`

9. 정시 항공편이 1.00이고 지연 항공편이 0.00이므로, 전체 데이터셋에 대한 평균은 항공편이 정시에 도착할 확률이다.

```
Tensor("Mean:0", shape=(), dtype=float32)
```

무엇이 문제인가? 이유는 텐서플로가 작동하는 방식과 관련이 있다. 지금까지 한 일은 계산 그래프를 만드는 일뿐이다. 실제로 텐서플로에 그래프를 실행하라고 명령을 실행하지 않았다. filename_queue에서 데이터를 얻기 위한 텐서플로 절차를 시작한 후에 세션 콘텍스트에서 변수(avg)를 평가함으로써 할 수 있다. 그러나 이렇게 낮은 수준의 프로그램을 갖기를 원치 않을 것이다. 대신 모델의 실행을 제어하기 위한 텐서플로의 Experiment 클래스를 사용한다.

Experiment 구성

머신 러닝 모델의 평가와 훈련을 제어하기 위해 Experiment 클래스를 사용할 수 있다. 평가자(예를 들어 LinearClassifier, DNNClassifier 또는 사용자 정의 평가자)를 제공하고, 모델이 요구하는(그림 9-3 참고) 피처 칼럼을 지정해 Experiment 인스턴스를 작성하겠다. 또한 훈련 데이터(그림 9-3의 훈련 개요도에 있는 훈련 입력 함수)를 읽기 위한 Experiment 클래스를 갖는 콜백 함수를 등록하고, Experiment은 텐서플로 세션 내에서 호출을 처리한다. 특히 Experiment은 훈련 표본의 일괄 데이터를 읽을 때마다 모델의 가중치를 조절하려고 분산된 방식(즉, 여러 머신을 통해)으로 모델을 최적화하는 프로그램의 호출을 처리한다.[10]

---

10. 또 다른 옵션(저수준의 텐서플로 코드들 작성하고 디바이스 배치의 분배를 스스로 관리하는 옵션)은 추천하는 방식이 아니다. Experiment와 Estimator를 이용하라.

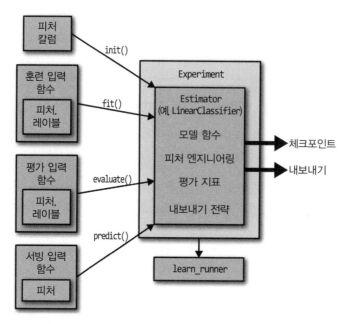

그림 9-3. Experiment 클래스는 훈련과 평가 루프를 제어한다.

그림 9-3의 프레임워크는 모델을 훈련하고, 평가하고 예측하는 데 필요한 모든 것을 제공하도록 요청한다. 특히 다음을 제공해야 한다.

- 피처 칼럼을 포함하는 머신 러닝 모델

- 훈련 입력 함수. 훈련 데이터를 읽을 때 호출되는 함수다. `read_dataset()` 함수처럼 이 함수는 일괄 피처와 관련된 레이블을 반환해야 한다.

- 평가 입력 함수. 테스트 데이터를 읽는 데 호출된다는 점을 제외하면 훈련 입력 함수와 유사하다.

- 서빙 입력 함수와 함께 내보내기 전략export strategy[11]. 내보내기 전략은 모델을

---

11. 기술적으로 내보내기 전략과 서빙 입력 함수는 필요하지 않다. 그러나 예측을 위해 사용하지 않는 머신 러닝 모델을 훈련하는 경우는 본 적이 없다.

저장할 때 정의한다(일반적으로 평가 데이터셋을 기반으로 한 최상의 것만 저장한다). 서빙 입력 함수는 예측 시간에서 입력을 읽는 데 사용되는 함수다.

또한 다른 매개변수 호스트의 기본값을 변경시키는 매개변수를 제공할 수 있다. 이제 필요하지 않은 모든 매개변수에는 기본값을 사용한다.

선형 분류기

7장에서는 3개의 연속된 변수(출발 지연, 활주로 진출 시간, 거리)로 로지스틱 회귀 분석을 생성했다. 그런 다음 변수 하나(출발 공항)를 더 추가하려고 했다. 그런데 출발 공항은 범주형 변수이므로 원핫 인코딩이 필요했다. 출발 공항에 대한 원핫 인코딩으로 100개 이상의 새로운 칼럼이 생성됐고, 모델은 두 배 더 복잡해졌다. 따라서 네 번째 변수의 추가는 스파크 ML 모델의 붕괴를 초래했다.

여기서는 텐서플로를 이용해 로지스틱 회귀 분석을 작성해보자. 그러나 이제 더 많은 칼럼이 존재하므로 이들 모두를 사용해보자. 9장의 앞에서 설명한 대로 로지스틱 회귀 분석은 시그모이드 출력 노드를 갖는 단순한 선형 모델이다. 텐서플로에서는 LinearClassifier 클래스를 통해 제공한다.

모델을 생성할 때 각 입력 피처에 FeatureColumn을 지정하자. 피처는 RealValued Column에 연관된 연속된 숫자다. 출발 지연, 활주로 진출 시간, 거리, 평균 지연, 위도 및 경도와 같은 필드는 모두 실제 값이다.

```
def get_features():
    real = {
        colname : tflayers.real_valued_column(colname) \
            for colname in \
                'dep_delay,taxiout,distance,avg_dep_delay,avg_arr_delay' +
                ',dep_lat,dep_lon,arr_lat,arr_lon').split(',')
```

```
    }
    sparse = {
        'carrier': tflayers.sparse_column_with_keys('carrier',
                    keys='AS,VX,F9,UA,US,WN,HA,EV,MQ,DL,OO,B6,NK,AA'.split(',')),
        'origin' : tflayers.sparse_column_with_hash_bucket('origin',
                    hash_bucket_size=1000), # FIXME
        'dest'   : tflayers.sparse_column_with_hash_bucket('dest',
                    hash_bucket_size=1000)  # FIXME
    }
    return real, sparse
```

(원핫 인코딩돼야 하는 – 7장을 보라) 이산화된 피처들은 **SparseColumn**으로 표시된다. 항공사는 다음 문자열 중 하나가 될 수 있다.

```
AS,VX,F9,UA,US,WN,HA,EV,MQ,DL,OO,B6,NK,AA
```

따라서 지정된 키를 갖는 희소 칼럼으로 표시된다. 이것을 칼럼의 어휘라고 한다. 항공사 코드의 어휘를 찾으려고 빅쿼리를 사용했다.

```
SELECT
    DISTINCT UNIQUE_CARRIER
FROM
    `flights.tzcorr`
```

나는 출발지와 도착지 코드에 동일한 작업을 했지만(공항 코드를 빅쿼리 결과에서 파일로 저장하고 저장한 파일을 파이썬을 읽어 들이는 작업), 공항 코드를 해시 버킷에 매핑하려고 바로 가기를 사용하기로 결정했다. 데이터셋에서 모든 출발 공항을 찾기보다는 텐서플로에 공항 코드에 대한 암호 해시를 생성하도록 요청하고, 해시 번호를 1,000개의 버킷(고유한 공항 수보다 더 큰 수)에 이산화한다. 제공된 해시가 의도대로 동작한다면 공항은 1,000개의 빈에 균일하게 이산화된다. 공항이 하나만 있는 버킷의 경우 원핫 인코딩과 동일하다. 그러나 약간의 충돌의 가능성이 있으므로 키를 명시적으로 지정하지 않고 해시를 사용하는 것은 다소 좋지 않다. 그러나 이는 초기 버전을 설치하고 실행한 후 고칠 수 있는 종류다. 따라서 코드에 FIXME를 추가했다.

이제 피처 칼럼을 가졌으므로 선형 모델을 생성하는 것은 매우 간단하다.

```
def linear_model(output_dir):
    real, sparse = get_features()
    all = {}
    all.update(real)
    all.update(sparse)
    return tflearn.LinearClassifier(model_dir=output_dir,
                                    feature_columns=all.values())
```

이제 모델이 준비됐으므로 훈련 및 평가 입력 함수 구현으로 넘어가자.

훈련 및 평가 입력 함수

각 입력 함수는 Experiment에 제공되는 콜백 함수다. 그리고 Experiment는 제어 흐름의 일부로 콜백을 호출한다. 훈련 입력 함수를 호출하는 것이 Experiment이므로 함수의 형태(입력 매개변수와 반환 값)는 Experiment가 호출하는 방식과 일치해야 한다. 훈련 입력 함수는 이런 형태를 가져야 한다.

```
def input_fn():
    ...
    return features, labels
```

read_dataset() 함수가 피처와 레이블 튜플을 반환하지만, 호출자는 훈련 파일명과 세 가지 다른 선택적 매개변수를 제공해야 한다. 따라서 필요한 형태로 콜백 함수를 반환하도록 read_dataset()를 리팩토링한다. 이것이 여기서 일어나는 일이다.

```
def read_dataset(filename, mode=tf.contrib.learn.ModeKeys.EVAL, batch_size=512,
                 num_training_epochs=10):

    # 텐서플로로 전달되는 실제 입력
    def _input_fn():
        # 기존 코드가 여기에 있음
        ...
        return features, labels

    return _input_fn
```

이제 _input_fn을 필요한 형태로 작성했으므로 read_dataset()의 결과를 Experiment 클래스에 전달할 수 있다. 기본적으로 read_dataset()은 입력 함수를 포함시켜서 입력 매개변수를 실제로 전달한다.

따라서 trainFlights*.csv 및 testFlights*.csv에 대한 온전한 경로를 기반으로 read_dataset()에 의해 두 개의 입력 함수가 반환된다.

```
train_input_fn=read_dataset(traindata,
                            mode=tf.contrib.learn.ModeKeys.TRAIN),
eval_input_fn=read_dataset(evaldata),
```

mode에 따라 훈련 데이터셋은 num_training_epochs번 읽는 반면 테스트 데이터셋은 한 번만 읽는다.

서빙 입력 함수

예측할 때 입력값은 REST 호출을 통해 전달된다. 따라서 훈련된 모델을 호출하는 애플리케이션은 모든 입력 매개변수(dep_delay, taxiout 등)를 JSON 문자열로 제공한다. 전달되는 JSON에서 모든 수치 값을 가진 칼럼들은 부동소수점 숫자로 제공하고 모든 희소 칼럼은 문자열로 제공한다. 따라서 적절한 형식의 표시자를 작성해 그들을 래핑해 전송한다.

```
def serving_input_fn():
    real, sparse = get_features()

    feature_placeholders = {
        key : tf.placeholder(tf.float32, [None]) \
            for key in real.keys()
    }
    feature_placeholders.update( {
        key : tf.placeholder(tf.string, [None]) \
            for key in sparse.keys()
    } )

    features = {
        # tf.expand_dims가 차원 1을 텐서 shape에 삽입한다.
        # 이는 입력 텐서를 1의 일괄처리로 만든다.
        key: tf.expand_dims(tensor, -1)
            for key, tensor in feature_placeholders.items()
    }
    return tflearn.utils.input_fn_utils.InputFnOps(
        features,
        None,
        feature_placeholders)
```

모든 구성 요소를 준비했으므로 이제 실험 클래스를 작성하자.

Experiment 작성

Experiment를 함수로 작성하고, 이 함수를 learn_runner 메인 루프에 대한 콜백으로 제공한다.

```
def make_experiment_fn(traindata, evaldata, **args):
    def _experiment_fn(output_dir):
        return tflearn.Experiment(
            linear_model(output_dir),
            train_input_fn=read_dataset(traindata,
            mode=tf.contrib.learn.ModeKeys.TRAIN),
            eval_input_fn=read_dataset(evaldata),
            export_strategies=[saved_model_export_utils.make_export_strategy(
                serving_input_fn,
                default_output_alternative_key=None,
                exports_to_keep=1
            )],
            **args
        )
    return _experiment_fn
```

main()을 가진 task.py에서 learn_runner 메인 루프를 호출해 콜백 함수로 Experiment 를 작성하는 함수를 전달한다.

```
# 실행
tf.logging.set_verbosity(tf.logging.INFO)
learn_runner.run(model.make_experiment_fn(**arguments), output_dir)
```

이제 model.py와 task.py가 완성됐다.

훈련 실행 수행

이제 task.py가 들어있는 폴더에서 훈련을 실행한다.

```
python task.py \
    --traindata ~/data/flights/train.csv \
```

```
    --output_dir ./trained_model \
    --evaldata ~data/flights/test.csv
```

그러나 이를 파이썬 모듈로 실행하려 한다. 이를 실행하려면 모듈에 파이썬 검색 경로를 추가하고 **python -m**으로 호출한다.

```
export PYTHONPATH=${PYTHONPATH}:${PWD}/flights
python -m trainer.task \
    --output_dir=./trained_model \
    --traindata $DATA_DIR/train* --evaldata $DATA_DIR/test*
```

텐서플로는 훈련 데이터로 모델을 훈련시키고, 평가 데이터를 기반으로 훈련된 모델을 평가한다. 200단계가 끝난 후(각 단계는 입력의 일괄처리로 구성돼 있다) 다음 결과를 측정 지표로 얻었다.

```
accuracy = 0.922623, accuracy/baseline_label_mean = 0.809057,
accuracy/threshold_0.500000_mean = 0.922623, auc = 0.97447, global_step= 200, ❶
labels/actual_label_mean = 0.809057, labels/prediction_mean = 0.744471, loss =
0.312157, precision/positive_threshold_0.500000_mean = 0.989173,
recall/positive_threshold_0.500000_mean = 0.91437
```

❶ **global_step**은 프로그램이 확인한 일괄처리 수를 나타낸다. 체크포인트에서 훈련을 재개하면 **global_step**은 체크포인트부터 증가한다. 따라서 체크포인트가 **step == 300**으로 기록돼 있을 경우 10개의 일괄처리를 훈련시키면 **global_step**은 310이 된다.

98.9%의 정확성^{precision}을 얻은 것으로 보인다. 즉, 98.9%의 항공편이 정시 운항이라고 말할 수 있다. 반대로 재현해보면 항공편의 91.4%가 정시 운항으로 식별된 것을 나타낸다. 흥미롭고 도움이 되지만 이들은 우리가 관심을 갖는 평가 지표는 아니다.

정시에 도착할 확률이 70% 미만인 경우 회의를 취소하고 싶기 때문에 확률론적 임곗값을 0.5가 아닌 0.7로 선택하려 했다는 것을 상기하라.

이 책을 쓰는 시점에 평가할 임곗값을 정하는 편리한 방법은 없다. 모델에서 확률 출력 결과를 얻어 임곗값의 지표를 명시적으로 계산해야 한다.[12] 또는 약간의 해킹으로 임곗값을 0.7로 변경시킬 수 있다.

```
def linear_model(output_dir):
    real, sparse = get_features()
    all = {}
    all.update(real)
    all.update(sparse)
    estimator = tflearn.LinearClassifier(
        model_dir=output_dir,feature_columns=all.values())
    estimator.params["head"]._thresholds = [0.7]
    return estimator
```

이제 필요한 평가 지표를 얻었다.

```
accuracy = 0.922623, accuracy/baseline_label_mean = 0.809057,
accuracy/threshold_0.700000_mean = 0.911527, auc = 0.97447, global_step = 200,
labels/actual_label_mean = 0.809057, labels/prediction_mean = 0.744471, loss =
0.312157, precision/positive_threshold_0.700000_mean = 0.991276,
recall/positive_threshold_0.700000_mean = 0.898554
```

7장에서는 독립적인 임곗값을 갖고 확률의 전 범위를 포착하는 지표의 필요성을 설명했다. 텐서플로에 의해 보고되는 곡선 아래 영역[AUC, Area Under the Curve] 지표가 이것이다. 그러나 이는 7장에서 시작했던 평균 제곱근 오차[RMSE]만큼 모델 개선에 민감하지 않다. 따라서 비교를 위해 RMSE도 계산하는 것이 좋다. 평가 지표를 Experiment

---

12. 이는 또한 여러 임곗값을 평가하는 유일한 방법이다.

클래스의 정의에 추가하면 된다.[13]

```
eval_metrics = {
    'rmse' : tflearn.MetricSpec(metric_fn=my_rmse,
                                prediction_key='probabilities')
},
```

my_rmse() 함수는 다음과 같이 정의된다.

```
def my_rmse(predictions, labels, **args):
    prob_ontime = predictions[:,1]
    return tfmetrics.streaming_root_mean_squared_error(prob_ontime,
            labels, **args)
```

항공편이 정시 운항을 할 확률을 얻으려고 확률 쌍(각 클래스 중 하나: 지연 및 정시)인 예측 텐서를 슬라이스한다. 그런 다음 RMSE를 얻으려고 레이블의 확률을 평가한다.

추가적인 평가 지표로 다시 실행하면 RMSE도 얻을 수 있다.

```
accuracy = 0.949015, accuracy/baseline_label_mean = 0.809057,
accuracy/threshold_0.700000_mean = 0.944817, auc = 0.973428, global_step = 100,
labels/actual_label_mean = 0.809057, labels/prediction_mean = 0.78278, loss =
0.338125, precision/positive_threshold_0.700000_mean = 0.985701,
recall/positive_threshold_0.700000_mean = 0.945508, rmse = 0.208851
```

물론 이는 단지 10,000개의 표본에 대한 것이다. 어떠한 결론을 내리기 전에 더 큰 데이터셋으로 훈련하고 평가해야 한다.

---

13. 전체 내용을 확인하려면 깃허브의 https://github.com/GoogleCloudPlatform/data-science-on-gcp/blob/master/09_cloudml/flights/trainer/model.py를 참고하라.

클라우드에서의 분산 훈련

다행히도 전체 데이터셋에서의 분산 훈련은 Experiment 클래스를 사용하는 파이썬 모듈이 준비돼 있다. 입력과 출력에 대한 구글 클라우드 스토리지의 위치를 지정하고, **gcloud** 명령을 이용해 훈련 작업을 클라우드 ML 엔진에 제출하기만 하면 된다.

```bash
#!/bin/bash
BUCKET=cloud-training-demos-ml
REGION=us-central1
OUTPUT_DIR=gs://${BUCKET}/flights/chapter9/output
DATA_DIR=gs://${BUCKET}/flights/chapter8/output
JOBNAME=flights_$(date -u +%y%m%d_%H%M%S)
gcloud ai-platform jobs submit training $JOBNAME \
    --region=$REGION \
    --module-name=trainer.task \
    --package-path=$(pwd)/flights/trainer \
    --job-dir=$OUTPUT_DIR \
    --staging-bucket=gs://$BUCKET \
    --scale-tier=STANDARD_1 \
   -\
    --output_dir=$OUTPUT_DIR \
    --traindata $DATA_DIR/train* --evaldata $DATA_DIR/test*
```

매개변수들은 대부분 명확하다. 로컬에서 실행할 때 제공했던 것과 유사하게 모듈명과 패키지명을 제공하자. 차이점은 8장의 클라우드 데이타플로우 파이프라인으로 작성된 구글 클라우드 스토리지 버킷의 위치를 지정하는 **traindata**와 **evaldata** 경로다. 클라우드 ML 엔진의 **scale-tier**는 작업을 위해 필요한 워커 수를 나타낸다. 이 책을 쓰는 시점에 STANDARD_1 티어에는 10개의 워커가 있다.

분산된 텐서플로 코드가 준비됐으므로 클라우드 ML 엔진을 사용해 서버리스 방식으로 작업을 실행한다. 전체 데이터셋에서 실행하기보다는 데이터셋의 작은 부분으로 실험을 해보자. 처리 중인 파일의 패턴을 수정해 수행할 수 있다.

```
PATTERN="Flights-00001*"

--traindata $DATA_DIR/train$PATTERN --evaldata $DATA_DIR/test$PATTERN
```

입력 데이터셋의 단일 샤드만 처리함으로써 실험을 더 빨리 수행할 수 있다. 모델과 사용할 피처를 결정하면 전체 데이터셋에서 최종 모델을 실행할 수 있다. 7장에서 실험 결과의 추적을 시작해보자. 표 9-1은 이 시점의 결과를 보여준다.

표 9-1. 실험 결과의 실행표

실험 #	모델	피처	RMSE
1	선형	as-is대로 모든 입력	0.196

7장에서 RMSE는 0.252였다. 따라서 추가 입력(시간 평균 및 추가 범주형 피처)이 상당한 도움이 됐다. 추가 데이터 때문에 얼마나 도움이 됐고, 추가 피처 때문에 얼마나 도움이 됐을까? 이 질문에 답하려면 7장에서 사용했던 세 가지 입력만을 사용해 동일한 모델로 실험을 해보자. 그런 다음 8장에서 계산했던 두 가지 시간 집계를 추가한 후 실험을 해보자. 표 9-2는 결과를 보여준다.

표 9-2. 세 가지 실험 후 결과의 실행표

실험 #	모델	피처	RMSE
1(편의를 위해 반복함)	선형	as-is대로 모든 입력	0.196
2	선형	7장에서 같이 세 가지 입력 변수	0.210
3	선형	8장에서 계산된 시간 평균의 추가	0.204

각 추가 입력 세트가 머신 러닝 모델의 성능을 개선시키는 데 도움이 된다는 것을 알 수 있다.

ML 모델 개선

스파크 로지스틱 회귀 분석(7장에서 실험 #1은 RMSE 0.252를 달성했다)과 9장의 텐서플로 로지스틱 회귀 분석(표 9-2의 실험 #2는 RMSE 0.210을 달성했다)의 차이는 훨씬 더 많은 데이터를 이용할 수 있었기 때문이다. 더 많은 데이터의 영향이 신규 피처의 영향보다 훨씬 크다는 것은 분명하다. 물론 대규모 데이터셋을 처리하려고 훈련을 확장하는 기능은 더 많은 데이터를 사용하기 위한 전제 조건이다. 9장에서 기본 텐서플로 선형 모델을 개선하려고 많은 노력을 기울이지만, 텐서플로가 제공하는 가장 큰 이점은 복잡한 머신 러닝 모델을 구현하는 능력은 아니라는 사실을 놓치지 말라. 오히려 매우 큰 데이터셋을 강력하게 훈련시키는 능력이다. 많은 머신 러닝 사례에서 더 많은 데이터가 더 복잡한 모델을 능가한다.

그러나 더 많은 데이터와 대규모 데이터셋에서 머신 러닝 모델을 훈련시키는 능력을 확보했으므로, 머신 러닝 모델 또한 개선해야 하지 않을까? 실험 #3과 실험 #2를 비교하면 시간 평균이 모델의 성능을 개선하는 데 확실히 도움이 된다는 것 또한 분명하다. 실험 #3과 실험 #1을 비교하면 공항의 위도 및 경도 같은 모든 추가적인 변수 또한 성능을 개선하는 데 도움이 된다는 점은 분명하다. 선형 모델에서만 이런 개선을 실현했지만, 더 복잡한 모델은 이런 피처를 더 잘 활용할 수 있을 것이다. 입력 피처가 많고 데이터셋이 크면 더 복잡한 모델을 사용해야 한다. 그러므로 이제 심층 신경망을 시도할 때다.

심층 신경망 모델

그림 9-4의 텐서플로 플레이그라운드 예제 애플리케이션의 분류 목표는 파란색 점들과 오렌지색 점들의 영역을 구분하는 것이다.

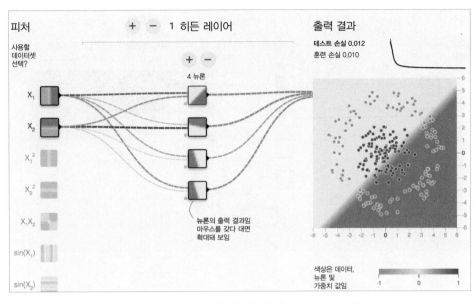

그림 9-4. 텐서플로 플레이그라운드, 첫 번째 뉴런은 선(line)을 학습한다(컬러 이미지 p. 562).

입력은 각 점의 두 좌표인 X_1과 X_2다. 입력(X_1, X_2)이 주어지면 첫 번째 뉴런은 X_1과 X_2의 가중치 합계를 계산한다. a와 b의 값에 대해 $aX_1 + bX_2 \geq 0$은 선의 위나 아래의 영역을 나타내므로 ReLU 뉴런이 학습하는 분리 표면은 선이다. 첫 번째 뉴런은 점들의 특정 선형 분리를 학습한다(그림 9-4에서와 같이 대각선이다). 이 뉴런 자체는 훌륭한 분류는 아니지만, 그림 9-5를 보면 두 번째 뉴런이 무엇을 학습하는지 확인할 수 있다.

두 번째 ReLU 뉴런은 입력 매개변수에 대한 다른 세트의 가중치, 즉 다른 라인을 학습한다. 이도 훌륭한 분류는 아니다.

히든 레이어에 네 개의 뉴런이 있는 신경망을 준비했다. 이들 네 개 선형 분리기의 조합은 그림 9-6처럼 다각형이 된다. 이들 모두로 네 개 뉴런의 가중치 합계는 결과적으로 입력값을 훌륭하게 분류한다.

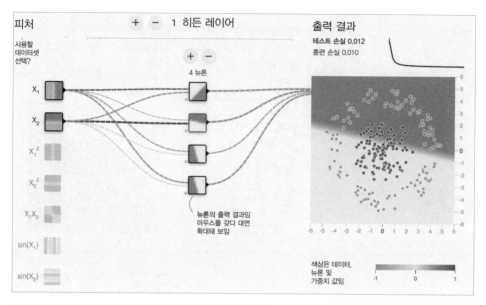

그림 9-5. 두 번째 뉴런은 점을 구분하기 위해 다른 선을 학습한다(컬러 이미지 p. 562).

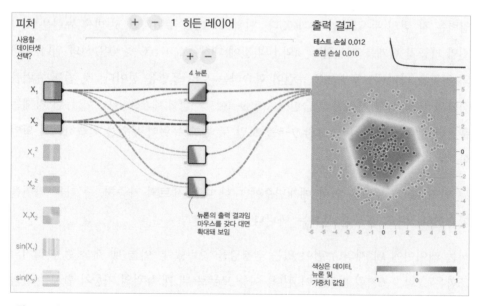

그림 9-6. 네 개의 뉴런으로 학습된 선이 오렌지색 점에서 파란색 점을 효과적으로 구분하는 다각형을 생성한다(컬러 이미지 p. 563).

458

그림 9-6의 점 레이아웃에서는 오렌지색 점에서 파란색 점을 구분하는 데 다각형으로 충분했다. 그러나 더 복잡한 레이아웃의 경우 단일 다각형으로는 충분하지 않다. 그림 9-7처럼 여러 개의 다각형으로 구성된 분리 표면을 작성하려면 여러 레이어가 필요하다.

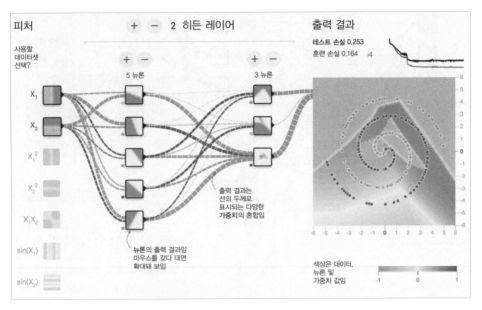

그림 9-7. 나선형 모양에 대해 오렌지 점에서 파란 점을 분리시키는 다각형을 효과적으로 구성하려면 여러 레이어가 있는 신경망이 필요하다. 그러나 이 경우의 신경망은 입력 데이터를 충분히 학습시킬 만큼 노드가 충분하지 않다(컬러 이미지 p. 563).

그림 9-7의 신경망은 입력 데이터를 충분히 학습시키기에는 충분히 복잡하지 않다(파란색 영역에 여전히 많은 오렌지색 점이 있음을 주목하라). 더 많은 노드를 추가함으로써 신경망의 복잡도를 증가시키면 그림 9-8처럼 신경망이 나선형을 학습하는 데 도움이 된다.

물론 신경망은 실제로 패턴의 나선형 특성을 학습하지 않고, 여러 다각형으로 패턴을 근사하는 방법만 학습한다. 특히 신경망의 학습은 데이터의 수준에 따라 중단될 수 있다는 점은 분명하다. 사람으로서 우리는 나선형이 연속적이라는 것을 "안다".

그러나 좌상단 모서리에는 아무런 점이 없으므로 신경망은 이를 학습하지 않는다.

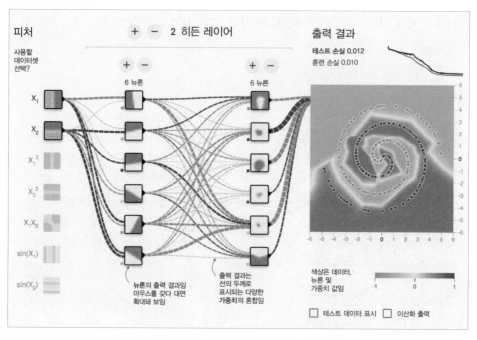

그림 9-8. 그림 9-7과 비교하라. 이 신경망은 충분한 노드와 충분한 레이어를 가져 데이터셋을 학습할 수 있다(컬러 이미지 p. 564).

주의의 말: 그림 9-8은 2차원 입력에 대한 편리한 시각화를 제공하고, 해당 시나리오에서 특별한 종류의 신경망(ReLU 활성 함수가 있는 네트워크)이 하는 일을 보여준다. 실제 문제에는 더 많은 입력이 있으므로 분리 표면과 다각형 사이의 유추가 무너질 것이다. 여전히 히든 레이어의 뉴런이 서로 결합해 분리 초평면hyperplane을 형성한다는 사실을 이해하면 유용한 통찰력을 가질 수 있다.

임베딩

로지스틱 회귀 분석은 입력의 가중치 합계에서 시그모이드 활성 함수로 생각할 수 있다(실제로 정확히 말해 이는 텐서플로에서 `LinearClassifier`를 사용했을 때다). 그러나 더 많은 입력과 더 큰 훈련 데이터셋이 있다면 더 많은 자유 매개변수의 추가를 고려할 수 있다. 앞에서 설명한 대로 더 많은 자유 매개변수를 도입하고 더 복잡한 분리 표면을 학습하는 한 가지 방법은 뉴런의 히든 레이어를 도입하는 것이다. 히든 레이어의 각 뉴런은 입력의 가중치 합계를 계산하고, 활성 함수를 수행한다(ReLU 활성 함수를 사용할 것이다). 가중치가 각 뉴런마다 다르기 때문에 각 뉴런은 입력의 다른 선형 분리에 지정된다. 전체 분류기는 이런 선형 분리기의 조합이다.

신경망에서는 실제 값을 가진 숫자를 직접 사용할 수 있지만, 심층 신경망에서는 원핫 인코딩 희소 칼럼을 직접 사용하는 것은 추천하지 않는다. 예를 들어 원래 변수가 1,000 버킷으로 이산화돼 있어 하나의 필드만 가진 원핫 인코딩은 1,000 칼럼으로 구성된 희소 행렬을 생성한다는 사실을 기억하라. 이 칼럼 수의 폭증을 피하는 한 가지 방법은 범주 필드의 차원 축소를 수행하는 것이다(머신 러닝에서 차원 축소는 임베딩이라는 처리에 의해 수행된다). 희소 칼럼 임베딩은 원핫 인코딩이 되는 1,000개의 분리 칼럼에서 하나의 칼럼을 취해 10개의 숫자로 표시할 수 있다. 이들 범주 필드의 차원 축소 변환은 심층 신경망에 표시된다.

텐서플로에서 희소 칼럼의 차원 축소를 수행하기 위해 embedding_column을 사용할 수 있다.

```
def create_embed(sparse_col):
    nbins = col.bucket_size
    dim = 1 + int(round(np.log2(nbins)))
    return tflayers.embedding_column(sparse_col, dimension=dim)
```

이 코드가 하는 일은 희소 칼럼을 가져 와서 $(1 + \log_2 N)$ 값에 임베딩하는 것이다. 여기서 N은 칼럼의 버킷 수다. 예를 들어 1,024 값을 갖는 칼럼은 11개의 구성 요소를 갖는 벡터로 양자화될 것이며, 그 양자화와 관련된 가중치는 신경망 훈련 처리에 의해 결정된다.

희소 칼럼의 임베딩을 작성하는 방법이 존재하면 심층 신경망을 사용하도록 코드를 변경하는 것은 매우 간단해진다. 실제 값을 가진 칼럼은 그대로 사용하지만, 모든 희소 칼럼의 임베딩을 생성한다. 그런 다음 실제 값과 임베딩된 희소 행렬에서 심층 신경망을 생성한다.

```
def dnn_model(output_dir):
    real, sparse = get_features() all = {}
    all.update(real)
    embed = {
        colname : create_embed(col) \
            for colname, col in sparse.items()
    }
    all.update(embed)

    estimator = tflearn.DNNClassifier(model_dir=output_dir,
                                      feature_columns=all.values(),
                                      hidden_units=[64, 16, 4])
    estimator.params["head"]._thresholds = [0.7]
    return estimator
```

신경망 자체는 세 개의 히든 레이어^{hidden layer}를 갖고 있다. 첫 번째 히든 레이어에는 64개의 뉴런이 있고, 두 번째에는 16개, 세 번째에는 4개가 있다. 기본적으로 모든 뉴런은 ReLU 활성 함수를 가진다. 왜 이런 많은 레이어와 이 많은 뉴런이 각 레이어에 있을까? 이는 매우 임의적이다. 그러나 일반적인 규칙은 대략적인 숫자의 입력 노드로 첫 번째 히든 레이어를 시작하고 각 연속 레이어에서 축소시키는 것이다. 여전히 이는 실험해봐야 한다. 표 9-3은 희소 행렬에서 생성된 임베딩의 결과를 보여준다.

표 9-3. 임베딩이 작성된 결과

실험 #	모델	피처	RMSE
1(편의를 위해 반복함)	선형	as-is대로 모든 입력	0.196
4	심층 신경망	모든 입력 변수를 $\log_2 N$에 임베딩	0.196

심층 신경망 자체를 사용해도 로지스틱 회귀 분석 모델에 동일한 입력을 제공하는 이상으로 신경망의 성능이 향상되지 않았다는 점에 유의하라. 이는 결코 드문 일이 아니며, 대부분의 머신 러닝 전문가들의 경험과 부합한다. 더 많은 입력 변수를 얻으려고 시간을 소비하는 것과 더 복잡한 머신 러닝 모델을 작성하는 선택지가 주어진다면 더 많은 입력 변수를 머신 러닝 모델에 제공하는 데 시간을 소비하라. 이에 대해 생각할 수 있는 또 다른 방법은 데이터 과학이 아닌 데이터 엔지니어링에 더 큰 비용을 지불하는 것이다.

와이드앤딥 모델

모델 개선을 완전히 완료하기 전에 세 번째 모델을 시도해보자. 최근 논문은 저자가 와이드앤딥 모델이라고 부르는 하이브리드 모델의 사용을 제안한다. 와이드앤딥 모델에는 두 부분이 있다. 한 부분은 입력을 출력에 직접 연결하는 것이다. 즉, 선형 모델이다. 나머지 부분은 입력을 심층 신경망을 경유하는 출력에 연결하는 것이다. 모델러는 모델의 선형 부분에 있는 희소 칼럼에 배치하고, 실제 값 칼럼은 모델의 심층 신경망 부분에 배치한다.

이를 통해 정밀도가 과잉인(따라서 과적합을 초래할 가능성이 있는) 실제 값의 칼럼들은 이산화되고, 범주형 칼럼으로 만들어진다. 예를 들어 항공기의 내구연한에 대한 칼럼이 있다면 이를 세 개의 빈에 이산화한다(5년 미만, 5년에서 20년, 20년 이상).

끝으로 피처 교차feature crossing라고 하는 처리는 조합에서 잘 동작하는 범주형 피처에 적용한다. 피처 교차는 AND 조건인 것으로 생각하라. 색상에 대한 칼럼과 크기에 대한 다른 칼럼이 있다면 색상과 크기의 피처 교차는 적색 중간과 같은 색상 크기에 대한 희소 칼럼을 생성한다.

이 기법을 모델 함수에 적용해보자. get_features()가 피처에 대한 두 개의 파이썬 어휘를 반환함을 기억하라. 하나는 실제 칼럼에 대한 어휘고, 나머지는 희소 칼럼에 대한 어휘다.

실제 칼럼에는 출발 및 도착 공항의 위도와 경도가 있다. 위도 자체는 항공편이 일찍 또는 늦게 비행하는 데 큰 영향을 미치지 않아야 하지만, 두 도시 간의 공항 위치와 항공편 경로는 중요한 역할을 한다. 예를 들어 미국 서해안의 항공편은 거의 지연되지 않지만, 시카고와 뉴욕 사이의 교통량이 많은 지역을 통과하는 항공편은 지연이 많이 발생하는 경향이 있다. 해당 항공편이 시카고나 뉴욕에서 출발하지 않는 경우조차도 마찬가지다.

실제로 미연방 항공국은 항공 교통 통로Corridor 또는 지역(그림 9-9 참고) 측면에서 항공기의 운항을 관리한다. 원래의 위도와 경도 데이터에서 직접 학습하지 않고 인간의 통찰력을 직접 제공하는 방법이 있다면 모델에 대한 머신 러닝 문제를 더 쉽게 해결할 수 있다.

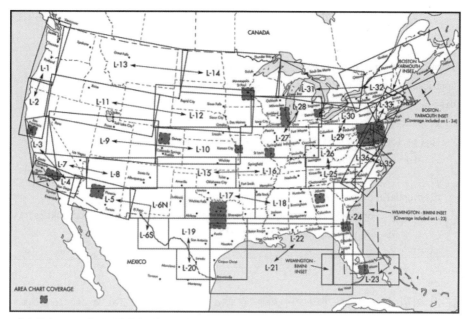

Air traffic is managed by the US Federal Aviation Administration in terms of separate traffic corridors, shown here as boxes.
Image courtesy FAA https://www.faa.gov/air_traffic/flight_info/aeronav/digital_products/ifr/

그림 9-9. 항공 교통 통로(Corridor)(컬러 이미지 p. 564)

항공 교통 통로에서 명시적으로 프로그램할 수 있더라도 바로 가기를 사용하자. 위도와 경도(그림 9-10의 파란색(왼쪽) 및 오렌지색(아래쪽) 화살표)를 이산화할 수 있고, 버킷을 교차시킬 수 있다(이는 국가를 그리드로 분리시키고, 그리드 점을 특정 위도와 경도가 되도록 제공한다).

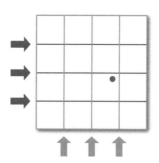

그림 9-10. 위도와 경로를 버킷화하는 것은 본질적으로 공간을 그리드 박스로 분리시키는 것이다(컬러 이미지 p. 565).

다음 코드는 실제 값의 위도와 경로 칼럼을 가져와 nbuckets에 각기 이산화한다.

```python
latbuckets = np.linspace(20.0, 50.0, nbuckets).tolist()  # USA
lonbuckets = np.linspace(-120.0, -70.0, nbuckets).tolist() # USA
disc = {}
disc.update({
    'd_{}'.format(key) : tflayers.bucketized_column(real[key], latbuckets) \
        for key in ['dep_lat', 'arr_lat']
})
disc.update({
    'd_{}'.format(key) : tflayers.bucketized_column(real[key], lonbuckets) \
        for key in ['dep_lon', 'arr_lon']
})
```

여기서 어휘 disc는 네 개의 이산화된 칼럼(d_dep_lat, d_arr_lat, d_dep_lon, d_arr_lat)을 포함한다. 이들 이산화된 칼럼을 가져와 두 개의 희소 칼럼을 생성하려고 교차시킬 수 있다. 하나는 출발지의 위도-경도 박스고, 다른 하나는 도착지의 위도-경도 박스다.

```python
sparse['dep_loc'] = tflayers.crossed_column([disc['d_dep_lat'],
                        disc['d_dep_lon']], nbuckets*nbuckets)
sparse['arr_loc'] = tflayers.crossed_column([disc['d_arr_lat'],
                        disc['d_arr_lon']], nbuckets*nbuckets)
```

또한 기본적으로 두 박스 사이의 항공편을 포착하는 출발과 도착 그리드 셀에 대한 피처 교차도 생성할 수 있다. 게다가 출발 및 도착 공항 코드를 교차해 피처링한다(예, ORD-JFK는 시키고 오헤어 공항을 출발해 뉴욕의 존 F. 케네디 공항에 도착하는 항공편).

```python
sparse['dep_arr'] = tflayers.crossed_column([sparse['dep_loc'],
                        sparse['arr_loc']], nbuckets ** 4)
```

```
sparse['ori_dest'] = tflayers.crossed_column([sparse['origin'],
                      Sparse['dest'], hash_bucket_size=1000)
```

모델의 선형 부분에 직접 희소 칼럼을 사용하고 싶지만, 차원 축소를 수행하고 이를 모델의 심층 부분에서도 사용하려고 한다.

```
# 모든 희소 칼럼의 임베딩 생성
embed = {
    colname : create_embed(col) \
        for colname, col in sparse.items()
}
real.update(embed)
```

원래 입력을 넘어 향상된 희소 및 실제 피처 칼럼을 갖고, 선형 및 심층 피처 칼럼을 개별적으로 전달하는 DNNLinearCombinedClassifier를 생성할 수 있다.

```
estimator = \
    tflearn.DNNLinearCombinedClassifier(model_dir=output_dir,
                        linear_feature_columns=sparse.values(),
                        dnn_feature_columns=real.values(),
                        hidden_units=[64, 16, 4])
```

이들 추가적으로 엔지니어링된 피처를 가진 개선된 모델로 훈련하는 것은 표 9-4처럼 더 나은 성능을 얻도록 도와준다.

표 9-4. 와이드앤딥 모델로 더 나은 성능이 달성됐다.

실험 #	모델	피처	RMSE
1(편의를 위해 반복함)	선형	as-is대로 모든 입력	0.196
5	와이드앤딥	모든 입력 변수를 피처 교차에 임베딩	0.187

문제에 인간의 통찰력을 반영한 피처와 적절한 머신 러닝 모델을 사용하는 것은 모델 성능을 향상시키는 데 확실히 도움이 된다.

하이퍼파라미터 튜닝

우리의 모델에서 많은 임의의 선택을 했다. 예를 들어 레이어의 수와 숨겨진 노드의 수는 기본적으로 임의적이었다. 앞에서 다룬 대로 더 많은 레이어는 모델이 더 복잡한 입력 공간을 학습하는 데 도움이 된다. 그러나 (항공편 지연을 예측하는) 이 특별한 문제가 얼마나 어려운지 직관하기는 어렵다. 그러나 모델 아키텍처의 선택은 중요하다. 너무 적은 레이어를 선택하면 덜 최적화된 분류기가 되고, 너무 많은 레이어를 선택하면 과적합을 초래한다. 적절한 수의 레이어와 노드를 선택할 필요가 있다.

옵티마이저는 경사 하강법을 사용하지만, 작은 일괄처리에서 경사를 계산한다. 일괄처리 크기 512를 사용했지만, 이 선택은 임의적이었다. 일괄처리 크기가 클수록 훈련 실행은 더 빨리 완료된다. 워커와 매개변수 서버 사이 호출의 네트워크 오버헤드는 일괄처리 개수에 따라 확장되기 때문이다. 더 큰 일괄처리를 사용하면 한 회차를 완료하는 데 더 적은 일괄처리만 있으면 되므로 훈련이 빠르게 완료된다. 그러나 일괄처리 크기가 너무 크면 특정 데이터에 대한 옵티마이저의 민감도가 감소하며, 문제의 미묘한 차이를 학습하는 옵티마이저의 능력이 저하된다. 효율성 측면에서도 일괄처리가 너무 크면 행렬에 대한 곱셈이 (GPU에서 CPU로 넘겨지는 것처럼) 더 효율적인 메모리에서 덜 효율적인 메모리로 넘겨진다.

모델에 특화된 다른 임의의 선택이 있다. 예를 들어 5개의 위도와 경도를 각각의 버킷으로 이산화했다. 이 버킷 수는 실제로 무엇인가? 숫자가 너무 작으면 식별 능력을 잃는다. 숫자가 너무 크면 과적합하기 시작한다.

모델 개선의 마지막 단계로 다음 세 개의 매개변수에 서로 다른 선택을 하는 실험을 수행하는 것이다(숨겨진 유닛 수, 일괄처리 크기, 버킷 수). 이러한 실험을 하나씩 힘겹게 수행할 수 있지만, 비선형 하이퍼파라미터 튜닝 방식을 허용하는 클라우드 ML 엔진의 기능을 사용한다. 이들 세 가지 매개변수의 범위를 지정하고, 시도할 최대 시험 횟수를 지정하고, 클라우드 ML 엔진이 최상의 매개변수를 위해 하이퍼파라미터 공간에서 검색을 수행한다. 검색 자체는 모든 가능한 파라미터 세트를 힘겹게 시도하지 않는 최적화 기술을 사용해 수행된다.

모델 변경

가장 먼저 하는 일은 훈련 프로그램에서 세 가지의 주요한 변경을 하는 것이다.

- 하이퍼파라미터 평가 메트릭 추가하기

- 다른 실행이 서로 방해하지 않도록 출력 폴더를 변경하기

- 하이퍼파라미터 각자에 대한 커맨드라인 매개변수 추가하기

많은 평가 지표(정확도, 리콜, 정밀도, RMSE, AUC 등)가 있을 수 있으므로, 튜닝을 위해 어떤 평가 지표를 사용해야 하는지 클라우드 ML 엔진에 지시해야 한다. 클라우드 ML이 찾을 수 있는 특별한 이름을 가진 새로운 평가 지표를 추가해 이를 수행한다.

```
eval_metrics = {
        'rmse' : tflearn.MetricSpec(metric_fn=my_rmse,\
            prediction_key='probabilities'),
        'training/hptuning/metric' : tflearn.MetricSpec(\
            metric_fn=my_rmse, prediction_key='probabilities')
},
```

여기서는 매개변수의 최적화 세트를 찾기 위한 평가 지표로 RMSE를 사용한다.

하이퍼파라미터 튜닝은 서로 다른 세 가지 매개변수를 갖는 많은 훈련 프로그램을 포함한다. 서로 다른 실행이 동일한 폴더에 체크 포인트를 갖지 않도록 해야 한다.

그렇게 하면 내결함성은 어려워진다. 실패한 워커가 재시작되면 여러 체크포인트 중에서 다시 시작해야 하는 것은 무엇인가? 훈련의 다른 실행이 서로를 방해하지 않게 하고자 task.py에서 출력 폴더를 약간 변경한다.

```
output_dir = os.path.join(
    output_dir,
    json.loads(
        os.environ.get('TF_CONFIG', '{}')
    ).get('task', {}).get('trial', '')
)
```

여기서 한 일은 클라우드 ML 엔진이 워커의 환경에 설정한 환경 변수 TF_CONFIG에서 트라이얼 번호trial number를 찾아 사용자 지정 출력 경로를 추가하는 것이다. 예를 들어 트라이얼 번호 7의 체크포인트는 이제 gs://cloud-training-demos-ml/flights/chapter9/output/7/model.ckpt로 가게 해서 해당 체크포인트를 다른 트라이얼과 분리한다.

끝으로 최적화하고자 하는 각 변수에 대한 커맨드라인 매개변수를 추가해서 훈련 코드가 커맨드라인의 값을 사용하게 한다. 예를 들어 task.py에 batch_size라는 커맨드라인 매개변수로 시작한다.

```
parser.add_argument(
    '--batch_size',
    help='Number of examples to compute gradient on',
    type=int,
    default=512
)
```

그런 다음 batch_size를 입력 중 하나로 make_experiment() 함수에 추가하고, 이를 read_dataset() 함수에 전달하는지 확인한다.

```
def make_experiment_fn(traindata, evaldata, num_training_epochs,
                batch_size, nbuckets, hidden_units, **args):
    def _experiment_fn(output_dir):
        return tflearn.Experiment(
            get_model(output_dir, nbuckets, hidden_units),
            train_input_fn=read_dataset(traindata,
                            mode=tf.contrib.learn.ModeKeys.TRAIN,
                            num_training_epochs=num_training_epochs,
                            batch_size=batch_size),
```

Estimator에 전달되기 전에 숨겨진 유닛이 커맨드라인에서 문자열 입력으로부터 숫자 목록으로 변환돼야 하는 점을 제외하고는 nbuckets과 hidden_units 커맨드라인 매개변수에 대해 이 과정이 반복된다.

하이퍼파라미터 구성 파일

두 번째로 할 일은 하이퍼파라미터에 대한 공간 검색을 지정하는 구성 파일을 작성하는 것이다.

```
trainingInput:
scaleTier: STANDARD_1
hyperparameters:
    goal: MINIMIZE
    maxTrials: 50
    maxParallelTrials: 5
    params:
    - parameterName: batch_size
        type: INTEGER
        minValue: 16
        maxValue: 512
        scaleType: UNIT_LOG_SCALE
    - parameterName: nbuckets
```

```
        type: INTEGER
        minValue: 5
        maxValue: 10
        scaleType: UNIT_LINEAR_SCALE
    - parameterName: hidden_units
        type: CATEGORICAL
        categoricalValues: ["64,16", "64,16,4", "64,64,64,8", "256,64,16"]
```

커맨드라인 매개변수를 지정하기 위해 YAML 형식의 구성 파일을 사용한다. 예를 들어 여기에서 **scaleTier**를 지정하는 데 사용한 것에 주목한다. 또한 하이퍼파라미터를 지정해서 평가 지표가 50번의 트라이얼[14]로 최소화되고 5개가 동시에 수행될 것이라고 튜너에 알린다.

그런 다음 최적화할 매개변수를 지정한다. **batch_size** 매개변수는 정수형이다. 구간 [16, 512]에서 값을 찾도록 요청한다(로그 스케일은 범위의 더 큰 끝 쪽이 아닌 더 작은 쪽에서 더 많은 값을 시도하도록 튜너에 지시한다). 이는 일괄처리 크기가 더 작을수록 더 정확한 모델이 생성된다는 오래된 경험에 기인한 것이다.

nbuckets 매개변수 또한 정수형이다. 그러나 5와 10 사이에서 선형으로 분포한다. FAA는 공역을 분할하는 약 36개의 그리드 박스를 가진다(그림 9-9를 보라). 이것이 **nbuckets** = 6을 주장하지만(6 × 6 = 36이므로), 미 북동부의 항공 통로는 상당히 좁아서 더 세밀한 그리드 셀이 필요하다. **nbuckets**의 범위를 5에서 10으로 지정함으로써 튜너에 미국을 분할하는 데 25개에서 100개의 그리드 셀로 탐색하도록 요청한다.

hidden_units에는 몇 가지 후보를 명시적으로 지정한다(2 레이어 네트워크, 3 레이어 네트워크 및 4 레이어 네트워크와 더 많은 노드를 갖는 네트워크). 최적의 매개변수가 극한값에 가깝다는 것이 밝혀지면 다른 영역에서 튜닝을 반복한다. 예를 들어 **nbuckets**

---

14. 클라우드 ML 엔진에서의 하이퍼파라미터 튜닝은 그리드 검색이 아니다. 매개변수의 조합은 50개를 초과할 수 있다. 튜너는 탐색 전략을 선택해 시도할 최적의 매개변수 세트 50개를 찾는다.

= 10이 최적이라는 것이 밝혀지면 이 튜닝을 반복해야 하지만, 다음에는 10에서 15 사이의 nbuckets를 시도한다. 마찬가지로 4 레이어 네트워크가 최적으로 밝혀진다면 5 레이어 및 6 레이어 네트워크 또한 시도한다.

하이퍼파라미터 튜닝 실행

하이퍼파라미터 튜닝 작업을 제출하는 것은 훈련 작업을 제출하는 것과 같다. gcloud를 사용해 이를 수행할 수 있다. 유일한 차이는 앞 절에서 기술했던 구성 파일을 가리키는 추가 매개변수가 있다는 점이다.

```
gcloud ml-engine jobs submit training $JOBNAME \
    --region=$REGION \
    --module-name=trainer.task \
    --package-path=$(pwd)/flights/trainer \
    --job-dir=$OUTPUT_DIR \
    --staging-bucket=gs://$BUCKET \
    --config=hyperparam.yaml \
  -\
    --output_dir=$OUTPUT_DIR \
    --traindata $DATA_DIR/train$PATTERN \
    --evaldata $DATA_DIR/test$PATTERN \
    --num_training_epochs=5
```

몇 시간 후에 출력 폴더는 여러 가지 시험에 대한 출력으로 채워진다. 그러나 그동안 텐서플로와 함께 제공되는 텐서보드^{TensorBoard} 도구를 사용해 출력 폴더를 모니터링 할 수 있다. 예를 들어 그림 9-11은 트라이얼 1번이다.

손실 함수는 주변으로 바운스^{bounce}돼(각 일괄처리마다 계산되므로 약간의 바운스가 예상된다는 점을 기억하라) 나타난다. 그러나 매끄러운 오렌지 곡선에서도 수렴이 일정하지 않다. 이는 학습률을 낮추려고 노력해야 함을 의미한다. 여기서는 기본 옵티마이저를 사용했다(이 책을 쓰는 시점에는 Ftrl 옵티마이저다). 그러나 목록에 추가할 수 있었다.

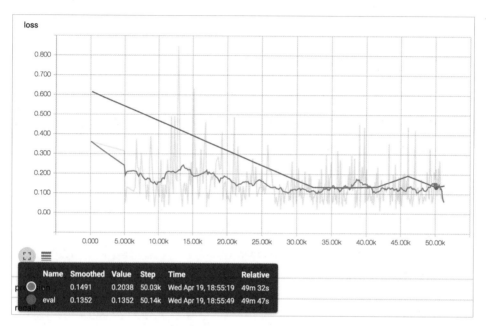

그림 9-11. 텐서보드에서 볼 수 있듯이 모델을 훈련할 때 손실 및 평가 지표의 변경(컬러 이미지 p. 565)

측정 지표의 가치(0.135)에 대해 흥분하기 전에 그림 9-12의 손실 측정은 교차 엔트로피지 RMSE가 아니라는 것을 알아야 한다. 그림 9-12는 시험 1번에 대한 RMSE 그래프를 보여준다.

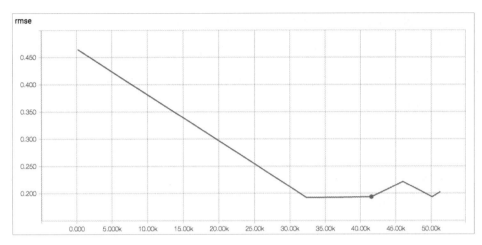

그림 9-12. 훈련이 진행됨에 따른 평가 데이터셋에 대한 RMSE

달성된 RMSE는 약 0.2다. 이 시도는 어떤 매개변수에 해당하는가? **gcloud**를 이용해 현재 상태의 실행 작업(또는 완료된 작업에서 최종 매개변수)을 찾을 수 있다.

```
gcloud ai-platform jobs describe <jobid>
```

작업을 위해 이렇게 하면 지금까지 완료된 모든 시험에 대한 매개변수와 RMSE가 산출된다. 트라이얼 1번은 특히 다음과 같다.

```
- finalMetric:
      objectiveValue: 0.202596
      trainingStep: '3559'
  hyperparameters:
      batch_size: '170'
      hidden_units: 64,16
      nbuckets: '6'
  trialId: '1'
```

다시 말해 일괄처리 크기가 170이고, 2 레이어 네트워크 및 6개의 버킷으로 구성된 RMSE는 원래의 기본 선택(0.187)보다 나쁘다.

21개의 트라이얼이 완료된 후 달성한 최고의 RMSE는 시작한 기본값보다 그다지 나쁘지 않다.

```
- finalMetric:
    objectiveValue: 0.186319
    trainingStep: '33637'
    hyperparameters:
        batch_size: '16'
        hidden_units: 64,64,64,8
        nbuckets: '10'
    trialId: '2'
```

가장 작은 일괄처리 크기, 가장 많은 히든 레이어 및 최대 수의 버킷이 승자다. 놀라지 말라. 하지만 이것과 더 단순하고 더 작은 네트워크 사이의 차이는 무시할 만하다.

```
-finalMetric:
        objectiveValue: 0.187016
        trainingStep: '5097'
    hyperparameters:
        batch_size: '100'
        hidden_units: 64,16,4
        nbuckets: '5'
    trialId: '18'
```

여기서 미세한 이득을 획득하는 데 어려웠던 점은 피처 엔지니어링이 얼마나 중요하고 영향력 있는지 느끼게 해준다. 핵심 피처를 추가함으로써 RMSE 0.25에서 RMSE 0.19를 얻을 수 있었다. 반면 네트워크에 부가 레이어를 추가함으로써 0.01보다 작은 RMSE로 개선했다.

학습률 변경

하이퍼파라미터 튜닝과의 작별을 고하기 전에 학습률의 변경을 시도해보자. 앞 절에서 다룬 대로 손실 함수의 바운스는 나에게는 약간의 걱정거리고, 하나의 잠재적인 해결책은 더 낮은 학습률을 사용하는 것이다. 또한 여전히 추가 레이어가 도움이 되는 단계에 있다는 사실은 4, 5, 6 레이어 네트워크를 시도해야 함을 의미한다. 일괄처리 크기 측면에서 이전 튜닝 실행에서 표시된 대로 batch_size를 100으로 줄이지만 16까지는 줄이지 않을 것이다(네트워크 오버헤드를 넘겨받으면서 훈련이 수용할 수 없을 정도로 느려질 뿐만 아니라 손실 함수의 바운스 또한 증가한다).

불행히도 Estimator API를 사용한 학습률의 변경(본질적으로는 가중치에 대한 변경의 크기)은 쉽지 않다. 그런 낮은 수준의 세부 사항으로부터 보호하려고 하기 때문이다. 그러나 어쨌든 해보자.

첫 번째 단계는 학습률을 커맨드라인 매개변수로 만들고, 모델을 생성하는 함수에 전달하는 것이다. 그러나 DNNLinearCombinedClassifier가 사용하는 두 가지 학습률이 있다. 이는 두 가지 옵티마이저를 사용하기 때문이다. FtrlOptimizer는 선형 영역의 가중치 변경을 제어하는 데 사용했고 AdagradOptimizer는 DNN 영역의 가중치 변경을 제어하는 데 사용했다. 이 책을 집필할 때 분류기는 $min(0.2, 1/sqrt(N))$의 학습률로 FtrlOptimizer를 초기화한다. 여기서 N는 선형 칼럼 개수다.[15] 우리의 모델에서는 10개 미만의 칼럼이 있다. 따라서 사용된 학습률은 0.2다. 분류기는 AdagradOptimizer에 0.05의 학습률을 사용한다. 간단히 하려고 딥 칼럼의 학습률은 와이드 칼럼 학습률의 1/4을 사용한다.

```
def wide_and_deep_model(output_dir,
                        nbuckets=5, hidden_units='64,32', learning_rate=0.01):
```

---

15. https://github.com/tensorflow/tensorflow/blob/master/tensorflow/contrib/learn/python/learn/estimators/dnn_linear_combined.py 를 참고하라. 기본 코드를 검토할 수 있다는 것은 오픈소스 사용의 기쁨 중 하나다.

```
...
estimator = \
    tflearn.DNNLinearCombinedClassifier(model_dir=output_dir,
            linear_feature_columns=sparse.values(),
            dnn_feature_columns=real.values(),
            dnn_hidden_units=parse_hidden_units(hidden_units),
            linear_optimizer=tf.train.FtrlOptimizer(
                    learning_rate=learning_rate),
            dnn_optimizer=tf.train.AdagradOptimizer(
                    learning_rate=learning_rate/4))
```

학습률을 설정하려면 적절히 초기화된 옵티마이저 쌍을 전달해야 한다.

그런 다음 튜닝 설정 파일을 생성해 다양한 학습률과 다양한 크기의 네트워크에 시도해 볼 수 있다.

```
trainingInput:
    scaleTier: STANDARD_1
    hyperparameters:
        goal: MINIMIZE
        maxTrials: 15
        maxParallelTrials: 3
        params:
        - parameterName: learning_rate
          type: DOUBLE
          minValue: 0.01
          maxValue: 0.25
          scaleType: UNIT_LINEAR_SCALE
        - parameterName: hidden_units
          type: CATEGORICAL
          categoricalValues: ["64,16,4", "64,64,16,4", "64,64,64,16,4",
                              "64,64,64,64,16,4"]
```

클라우드 ML에서 이를 튜닝 작업으로 실행하면 학습률을 조정해도 어떠한 획기적인 이점이 없다는 것을 알 수 있다. 학습률을 0.06으로 하고 5 레이어의 네트워크를 사용하면 RMSE는 더 낮지만 크지는 않다.

```
- finalMetric:
      objectiveValue: 0.186218
      trainingStep: '6407'
  hyperparameters:
      hidden_units: 64,64,64,16,4
      learning_rate: '0.060623111774000711'
  trialId: '12'
```

이제 이것이 전체 데이터셋에 대한 네트워크를 재교육할 수 있는 최종 매개변수다. 일괄처리 크기가 100이고 학습률이 0.06인 5 레이어를 재교육하면 평가 RMSE가 0.1856인 모델을 생성한다.

모델 배포

훈련된 모델을 얻었으므로 예측을 하는 데 사용해보자. Experiment 클래스를 사용하고 서빙 입력 함수로 내보내기 전략을 지정했기 때문에 모델에는 입력을 수용하고 예측을 하는 데 필요한 모든 부분이 있다. 해야 할 일은 REST 엔드포인트를 갖는 모델을 배포하는 것이다.

모델 배포는 구글 앱 엔진 애플리케이션을 배포하는 것과 유사하다(2장을 참고하라). 모델에 명칭과 버전을 부여한다. 버전 정보는 모델을 준비 단계에서 상용으로 승격시키기 전에 이전 버전의 모델과 병렬로 현재 모델을 A-B 테스트할 경우에 유용하다.

클라우드 ML 엔진은 내보내기 폴더 안에서 타임스탬프가 있는 폴더에 모델을 생성한다. 클라우드 ML 엔진의 출력 폴더에서 최신의 모델을 선택하자.[16]

```
MODEL_LOCATION=\
    $(gsutil ls gs://${BUCKET}/flights/chapter9/output/export/Servo/
        | tail -1)
```

그런 다음 첫 번째이므로 모델(flights)과 모델의 버전(v1)을 생성한다.

```
gcloud ml-engine models create flights --regions us-central1
gcloud ml-engine versions create v1 --model flights \
                        --origin ${MODEL_LOCATION}
```

모델로 예측

모델의 버전이 생성됐으므로 모든 언어로 REST 요청을 보낼 수 있다. 파이썬으로 호출해보자. 첫 번째 단계는 클라우드 ML 엔진으로 배포된 서비스에 접속하려고 인증하고 자격증명을 얻는 것이다.[17]

```
#!/usr/bin/env python
from googleapiclient import discovery
from oauth2client.client import GoogleCredentials
import json
credentials = GoogleCredentials.get_application_default()
```

---

16. 우리의 경우에는 하나만 있을 것이다. 내보내기 전략(Experiment 생성자를 보라)은 하나만 내보내게 돼 있기 때문이다. 전체 배포 스크립트의 문맥을 확인하려면 https://github.com/GoogleCloudPlatform/data-science-on-gcp/tree/master/09_cloudml의 deploy_model.sh를 보라.

17. 전체 내용을 보려면 https://github.com/GoogleCloudPlatform/data-science-on-gcp/blob/master/09_cloudml/call_predict.py를 참고하라.

다음 단계는 클라이언트를 구성하려고 구글 API 디스커버리 서비스[18]를 사용한다.

```
api = discovery.build('ml', 'v1', credentials=credentials,
        discoveryServiceUrl=
            'https://storage.googleapis.com/cloud-ml/discovery/ml_v1_discovery.json')
PROJECT = 'cloud-training-demos'
parent = 'projects/%s/models/%s/versions/%s' % (PROJECT, 'flights', 'v1')
response = api.projects().predict(body=request_data, name=parent).execute()
print "response={0}".format(response)
```

이 코드에는 요청이 필요하고, 여기서는 모델의 서빙 입력 함수에서 정의된 대로 입력 변수의 어휘를 제공한다.

```
request_data = {'instances':
    [
        {
            'dep_delay': 16.0,
            'taxiout': 13.0,
            'distance': 160.0,
            'avg_dep_delay': 13.34,
            'avg_arr_delay': 67.0,
            'carrier': 'AS',
            'dep_lat': 61.17,
            'dep_lon': -150.00,
            'arr_lat': 60.49,
            'arr_lon': -145.48,
            'origin': 'ANC',
            'dest': 'CDV'
        }
    ]
}
```

---

18. 상세한 내용은 https://developers.google.com/discovery를 참고하라.

요청의 결과는 다음과 같은 응답이다.

```
{u'predictions': [{u'probabilities': [0.8313459157943726, 0.16865408420562744],
u'logits': [-1.59519624710083], u'classes': 0, u'logistic':
[0.16865406930446625]}]}
```

이 JSON에서 항공편이 지연될 확률은 0.83이다. 보는 바와 같이 클라우드 ML 엔진에서는 훈련된 모델의 운영이 아주 간단하다. 이 절에서는 웹 서비스로 텐서플로 모델을 실행하는 특정 방법을 살펴봤다. 그러나 모델을 코드에 직접 포함시킬 수도 있다. 10장에서 이 두 가지 옵션을 살펴본다.

모델 설명

항공편이 0.83의 확률로 지연될 것이라고 모델을 믿는 이유는 무엇인가? 머신 러닝의 활발한 연구 분야는 인간이 이해할 수 있는 형태로 특정 모델 제작의 기반이 되는 추론을 제공하는 것이다. 한 가지 비교적 간단한 접근법은 주요 예측치를 평균값(훈련 데이터셋에서 계산된 평균)으로 교체해 해당 변경의 영향을 확인하는 것이다. 이에 따라 모델이 항공편이 지연될 것이라고 생각하는 이유를 설명하는 일부 텍스트를 제공할 수 있다. 따라서 근본적으로 하나의 요청만을 전송하는 대신 해당 요청의 여러 변형을 전송한다.

```
request_data = {'instances':
  [
    {
        'dep_delay': dep_delay,
        'taxiout': taxiout,
        'distance': 160.0,
        'avg_dep_delay': 13.34,
        'avg_arr_delay': avg_arr_delay,
```

```
            'carrier': 'AS',
            'dep_lat': 61.17,
            'dep_lon': -150.00,
            'arr_lat': 60.49,
            'arr_lon': -145.48,
            'origin': 'ANC',
            'dest': 'CDV'
        }
    for dep_delay, taxiout, avg_arr_delay in
        [[16.0, 13.0, 67.0],
         [13.3, 13.0, 67.0], # if dep_delay was the airport mean
         [16.0, 16.0, 67.0], # if taxiout was the global mean
         [16.0, 13.0, 4] # if avg_arr_delay was the global mean
        ]
    ]
}
```

예측을 위해 네 개의 예를 전달하자. 첫 번째 예는 실제 관측 값으로 구성돼 있다. 다음 세 개에는 변형이 포함된다. 두 번째 예는 활주로 진출 시간 및 평균 도착 지연과 함께 공항에서의 평균 출발 지연에 대한 관찰된 값으로 구성돼 있다. 세 번째 예는 활주로 진출 시간을 훈련 데이터셋에서의 모든 항공편에 대한 평균 활주로 진출 시간으로 변경했을 때의 변형이다.[19] 유사하게 네 번째 예는 도착 지연을 훈련 데이터셋의 평균 도착 지연으로 변경하는 것을 포함한다. 물론 항공편이 비행하는 실제 공항에 해당하는 평균을 사용한다. 그러나 클라이언트 코드에서 알아야 할 조회 테이블이 많아지지 않도록 노력해야 한다.

왜 이 세 변수이고 나머지는 아닌가? 여행자는 신시내티로 비행 중인 항공편에 탑승하고 있다! - 신시내티(CVG)가 아닌 오하이오주의 콜럼버스로 비행 중이라면 항공편이 지연되지 않을 것이라고 알리는 것은 도움이 되지 않을 것이다. 따라서 일부 변수

---

19. 나는 빅쿼리를 사용해 이를 찾았다. `SELECT AVG(taxi_out) FROM ...`

를 '주어진' 대로 취급하고, 사용자의 현재 경험에 대해 고유한 변수의 변형만 시도한다. 이런 방식으로 사용할 변형을 고안하려면 고객 중심의 사고가 일부 필요하다.

예측 서비스의 응답 결과는 다음과 같이 파싱된다.

```
probs = [pred[u'probabilities'][0] \
              for pred in response[u'predictions']]
```

따라서 다음과 같이 확률 배열(반올림)을 생성한다.

```
[0.17, 0.27, 0.07, 0.51]
```

여기에서 평균 도착 지연이 가장 많은 영향을 미치는 피처임을 추측할 수 있다. CDV에서의 도착 지연이 67분이고 5분이 아니므로, 항공편이 정시에 도착할 확률은 0.51에서 0.17로 감소했다. 출발 지연 16분 대 평균 13분도 전체 지연의 가능성에 기여하지만, 영향도는 도착 지연 영향의 약 30%(0.10/0.34)에 불과하다. 반면 활주로 진출 시간 단축은 도움이 됐다. 16.0분이었다면 정시 도착 확률은 훨씬 더 낮아졌을 것이다.

상세하지는 않지만 다음과 같이 간단한 이유로 모델 예측을 함께하는 것은 매우 유용하다. "늦게 도착할 확률은 83%다. 이는 CVG에서의 평균 도착 지연 시간이 현재 67분이기 때문이다. 또한 항공기가 16분 늦게 게이트를 떠났다. 13분이 더 일반적이다." 추가 단계를 수행하고 모델에 대한 약간의 이해력을 제공하라.

요약

9장에서는 7장에서 시작했던 머신 러닝 접근법을 확대했지만, 스파크 MLib 대신 텐서플로 라이브러리를 사용했다. 범주형 칼럼으로 인해 데이터셋이 폭발적으로 증가한다는 사실을 인식해서 텐서플로를 사용해 분산 훈련을 수행했다. 텐서플로가 제공하는 또 다른 이점은 컴퓨터 과학자가 원한다면 저수준으로 실행할 수 있다는 점이고, 꽤 많은 머신 러닝 연구의 혁신이 텐서플로로 구현된다는 점이다. 따라서 머신 러닝의 실무자로서 텐서플로를 사용하면 다른 프레임워크에서 다시 구현되기를 기다리는 대신 노출된 직후 혁신적인 머신 러닝 연구에 사용할 수 있다. 끝으로 텐서플로를 사용하면 텐서플로는 광범위한 하드웨어 플랫폼에 이식이 가능하기 때문에 어디에서 실행되는지 상관없이 모델을 데이터 파이프라인에 비교적 쉽게 배포할 수 있다.

프로그램 방식으로 분산 훈련을 실행하려고 고수준 Experiment 클래스를 사용했다. 이는 머신 러닝 모델의 다섯 가지 핵심 측면을 구현해야 했다. 대부분 Experiment가 적절한 지점에서 호출하는 콜백 함수로 구현됐다.

- 고급 Estimator API를 사용해 구현한 머신 러닝 모델. Estimator API는 선형/로지스틱 회귀, 심층 신경망 및 와이드앤딥을 비롯한 여러 분류기의 즉시 사용 가능한 구현을 제공한다. Estimator조차 구현의 거의 모든 측면을 사용자 정의할 수 있도록 개방돼 있다. 기본값보다는 다양한 학습률로 실험하려고 이렇게 했다.

- 입력 훈련 데이터셋에서 레이블 및 피처 칼럼을 얻으려고 Experiment에서 호출하는 훈련 입력 함수

- 과적합, 조기 정지 및 기타 문제를 모니터링하려고 Experiment가 주기적으로 호출하는 평가 입력 함수

- Experiment에서 호출할 모델 수를 지정했던 내보내기 전략. 평가 데이터셋을 기반으로 가장 성능이 좋은 하나만 내보내도록 선택했다.

- 예측 시간에 입력 피처 값을 파싱하는 데 사용되는 서빙 입력 함수. 서빙 입력 함수는 내보내는 텐서플로 모델 그래프의 일부다.

모든 입력값으로 로지스틱 회귀 분석을 훈련했고, 추가 피처의 사용으로 8장에서 작성했던 클라우드 데이터플로우에 따라 추가된 시간 평균에 의해 제공되는 상당한 개선(42%)과 함께 RMSE의 7% 감소(0.21에서 0.196)를 실현했다.

직관적으로 심층 신경망의 노드들은 결정 초평면을 제공하는 데 도움이 되고, 연속적인 레이어는 개별 초평면을 더 복잡한 결정 표면에 결합하는 데 도움이 된다는 점을 알아봤다. 그러나 로지스틱 회귀 분석 대신 심층 신경망을 사용해도 입력에는 어떠한 이점도 제공하지 않았다. 그러나 일부 연속적인 피처를 버킷화한 추가 피처의 형태로 인간의 통찰력을 가져오고, 피처 교차를 생성해 와이드앤딥 모델을 사용해서 RMSE가 5% 감소했다.

실행 가능한 머신 러닝 모델 및 피처를 갖춘 후 일괄처리 크기, 학습률, 버킷수 및 신경망 아키텍처의 최적화된 값을 찾기 위해 하이퍼파라미터 튜닝을 수행했다. 초기의 기본 선택 자체가 아주 좋다는 것을 발견했다. 그러나 일괄처리 크기를 줄이고, 레이어 수를 늘림으로써 작은 개선이 있었다.

실험의 속도를 높이려고 전체 데이터셋의 표본에서 모델을 훈련하고 하이퍼파라미터로 튜닝했다. 다음으로 전체 데이터셋에서 선택된 피처와 하이퍼파라미터로 모델을 훈련했다.

끝으로 모델을 배포하고 REST API로 호출해 온라인 예측을 할 수 있었다. 또한 머신 러닝 예측과 함께 근거를 제공하는 간단한 방법을 사용했다.

## 10장

실시간 머신 러닝

9장에서는 과거 항공 데이터를 입수해서 항공편 지연 여부를 예측할 수 있는 머신 러닝 모델을 훈련하는 데 사용했다. 훈련된 모델을 배포하고 REST 호출의 형식으로 모델에 입력 변수를 전송해서 개별 항공편의 예측 결과를 얻는 것을 시연했다.

모델의 입력 변수는 정시 운항이 요구되는 항공편의 정보를 포함한다. 이들 대부분의 변수(항공편의 출발 지연, 비행 거리 및 활주로로 진출하는 데 걸리는 시간)는 항공편 자체에 따라 다르다. 그러나 머신 러닝 모델의 입력은 연산하는 데 더 많은 노력을 요하는 두 가지의 시간 집계(특정 출발 공항에서의 출발 지연 이력 및 항공편 도착지의 현재 도착 지연)도 포함했다. 8장에서는 훈련 데이터셋에 대한 이들 평균을 계산하는 아파치 빔 파이프라인을 작성해 머신 러닝 모델을 훈련시킬 수 있었다. 9장에서는 입력 변수를 사용해 항공편의 지연 여부를 예측할 수 있는 텐서플로 모델을 훈련시켰다. 또한 이 모델을 구글 클라우드 플랫폼에 웹 서비스로 배포할 수 있었고, 예측하려고 이 서비스를 호출할 수 있었다.

10장에서는 각 항공편을 가져와 항공편의 예측된 정시 운항을 추가하고, 데이터베이스에 기록하는 실시간 빔 파이프라인을 작성하고자 한다. 그런 다음 특정 항공편에 관심이 있는 시스템 사용자에게 정보를 제공하려고 사용자용 애플리케이션으로 결과 테이블을 쿼리하게 한다. 특정 항공편의 상태를 요청하는 개별 사용자를 위해 서비스로서 예측을 수행할 수 있지만, 결국 소모적이다. 항공편이 이륙할 때 정시 도착 확률을 한 번 계산한 후 특정 사용자에게 필요한 항공편 정보를 간단히 조회할 수 있게 하는 편이 훨씬 더 효율적이다.[1] 항공편이 이륙할 때만 머신 러닝 모델을 훈련했기 때문에 이륙 시에만 항공편을 예측하고 (비행 중에는 업데이트하지 않는다는 점에서) 주목할 가치가 있다.

시간 평균을 계산하려고 아파치 빔을 사용하는 장점은 프로그램 모델이 실시간 데이터 및 이력 데이터에 모두 같다는 점이다. 따라서 대부분의 훈련 파이프라인 코드를 실시간에서 재사용할 수 있다. (훈련 데이터셋을 생성했던) 8장의 파이프라인에서 작성해야 할 유일한 변경 사항은 (pub/sub에서 읽는) 입력과 (알려진 정시 운항 대신 예측 확률을 추가하는) 출력이다. 그러나 예측 확률을 추가하려면 훈련된 텐서플로 모델을 호출해야 한다. 이를 위한 코드를 먼저 작성해보자.

예측 서비스 호출

9장에서는 훈련된 텐서플로 모델을 서비스로 배포하려고 클라우드 머신 러닝 엔진을 사용했다. 올바른 형식의 JSON 요청을 전송함으로써 모델을 호출할 수 있음을 보여줬다. 예를 들어 이 JSON 요청[2]이 다음과 같다고 하자.

---

1. 항공편 지연 예측 서비스 사용자 수가 항공편 수보다 훨씬 더 큰 요소라고 가정하자. 물론 이것은 낙관적이지만 성공적인 제품이 될 것을 가정하는 것이 좋다.

2. JSON(dep_delay, taxiout 등)에 있는 속성의 명칭은 9장에서 모델의 내보내기 서명에 정의돼 있기 때문이다. 특히 dep_delay의 플레이스홀더는 다음과 같이 정의했다.

   ```
   tf.placeholder(tf.float32, [None])
   ```

   그리고 origin의 플레이스홀더는 다음과 같이 정의했다.

   ```
   tf.placeholder(tf.string, [None])
   ```

   이것은 dep_delay의 부동소수 값을 보내고, origin의 문자열을 보내는 이유다.

```
{"instances":[{
"dep_delay":16.0,
"taxiout":13.0,
"distance":160.0,
"avg_dep_delay":13.34,
"avg_arr_delay":67.0,
"dep_lat":61.17,
"dep_lon":-150.0,
"arr_lat":60.49,
"arr_lon":-145.48,
"carrier":"AS",
"origin":"ANC",
"dest":"CDV"
}]}
```

위 요청에 다음의 JSON 응답을 생성한다.

```
{"predictions": [{
"probabilities": [0.8313459157943726, 0.16865408420562744],
"logits": [-1.59519624710083],
"classes": 0,
"logistic": [0.16865406930446625]
}]}
```

두 개의 확률이 반환된다. 정시 도착을 예측하는 모델을 훈련했으므로, 첫 번째 확률은 label = 0(즉, 항공편이 지연)에 연관돼 있고, 두 번째 확률은 label = 1(즉, 항공편이 정시 운항, 훈련 중 '정시 운항'을 15분 미만의 도착 지연으로 정의했음을 기억하라)에 연관돼 있다. 그러므로 이 경우에 항공편의 도착 지연이 15분 미만인 확률이 16.86%에 불과하다는 것을 예측한다. 회의 취소에 대한 임곗값은 확률이 70% 미만인 경우이므로, 회의를 취소하는 것이 좋다. 9장에서는 파이썬을 이용해 호출과 응답을 보여줬다. 그러나 이는 REST 웹 서비스이므로 JSON을 구성하고, 구글 클라우드 플랫폼에 인증하며, HTTP 요청을 보낼 수 있는 한 거의 모든 종류의 프로그래밍 언어에서 호출할 수 있다. 실시간 파이프라인에서 이 세 단계를 살펴보자.

요청 및 응답에 대한 자바 클래스

빔 자바 파이프라인[Beam Java pipeline3]에서 REST API를 호출하려면 자바 프로그램에서 JSON 메시지를 구성하고 파싱해야 한다. 이를 위한 좋은 방법은 JSON 요청 및 응답을 자바 클래스(Request와 Response라고 하자)로 정의한 후 Jackson이나 GSON 같은 자바 라이브러리를 사용해 JSON을 마샬링/언마샬링하는 것이다. 앞의 JSON 예에 따라 Request 클래스는 다음과 같다.[4]

```java
class Request {
    List<Instance> instances = new ArrayList<>();
}
class Instance {
    double dep_delay, taxiout, distance, avg_dep_delay, avg_arr_delay,
            dep_lat, dep_lon, arr_lat, arr_lon;
    String carrier, origin, dest;
}
```

JSON에서 배열([...])이 **java.util.List**로 표시되고, 딕셔너리가 적절히 명명된 필드를 가진 자바 클래스로 표시되는 방법을 주의하라. 유사하게 JSON 응답 예에 따라 **Response** 클래스를 다음과 같이 정의한다.

---

3. 나는 빔 파이썬을 사용하지 않고 빔 자바를 사용했음을 상기하라. 이 책을 쓰는 시점에 빔 파이썬은 스트리밍을 지원하지 않는다.

4. 전체 코드는 https://github.com/GoogleCloudPlatform/data-science-on-gcp/blob/master/10_realtime/chapter10/src/main/java/com/google/cloud/training/flights/FlightsMLService.java를 참고하라.

```
class Response {
    List<Prediction> predictions = new ArrayList<>();
}
class Prediction {
    List<Double> probabilities = new ArrayList<>();
    List<Double> logits       = new ArrayList<>();
    int          classes;
    List<Double> logistic     = new ArrayList<>();
}
```

JSON 요청을 작성하려면 Request 객체를 작성해야 하고, GSON 라이브러리를 사용해 JSON 코드를 작성해야 한다.

```
Request req = ...
Gson gson = new GsonBuilder().create();
String json = gson.toJson(req, Request.class);
```

또한 동일한 라이브러리를 사용해 예측을 얻을 수 있는 Response 객체에 JSON 스트림을 언마샬링할 수 있다.

```
String response = ... // invoke web service
Response response = gson.fromJson(response, Response.class);
```

이러한 Request 및 Response 클래스로 나머지 코드를 지저분하게 만들기 원치 않는다. 따라서 Flight 객체에 Request를 작성하는 방법과 Response 객체에서 관심 있는 확률을 추출하는 방법을 추가해보자. 모든 Flight는 웹 서비스에서 전송된 Instance에 관련돼 있으므로, 제공된 Flight에서 Instance의 모든 필드를 설정하는 생성자를 작성한다.

```
Instance(Flight f) {
    this.dep_delay = f.getFieldAsFloat(Flight.INPUTCOLS.DEP_DELAY);
    // etc.
    this.avg_dep_delay = f.avgDepartureDelay;
    this.avg_arr_delay = f.avgDepartureDelay;
    // etc.
    this.dest = f.getField(Flight.INPUTCOLS.DEST);
}
```

Response는 Request에서 보낸 각 항공편의 예측 목록으로 구성돼 있으므로, 항공편이 정시 도착할 확률을 얻으려면 Response 클래스에서 적절한 함수를 작성한다. 이 함수는 확률 배열을 반환한다.

```
public double[] getOntimeProbability() {
    double[] result = new double[predictions.size()];
    for (int i=0; i < result.length; ++i) {
        Prediction pred = predictions.get(i);
        result[i] = pred.probabilities.get(1);
    }
    return result;
}
```

요청 전송과 응답 파싱

이제 JSON 바이트를 생성하고 파싱할 수 있는 방법이 마련됐으므로, 항공편의 머신러닝 서비스와 대화할 준비가 됐다. 서비스는 이 URL로 배포한다.

```
String endpoint = "https://ml.googleapis.com/v1/projects/"
        + String.format("%s/models/%s/versions/%s:predict",
                        PROJECT, MODEL, VERSION);
GenericUrl url = new GenericUrl(endpoint);
```

492

구글 클라우드 플랫폼에 인증하고 요청을 보내고 응답을 받는 코드는 매우 간단하다. https 전송을 생성한 후 HTTP POST를 이용해 JSON 바이트를 전송한다. 반환받은 응답은 다음과 같다.

```
GoogleCredential credential = // authenticate
        GoogleCredential.getApplicationDefault();
HttpTransport httpTransport = // https
        GoogleNetHttpTransport.newTrustedTransport();
HttpRequestFactory requestFactory =
        httpTransport.createRequestFactory(credential);
HttpContent content = new ByteArrayContent("application/json",
        json.getBytes()); // json
HttpRequest request = requestFactory.buildRequest("POST",
        url, content); // POST request
request.setUnsuccessfulResponseHandler(
        new HttpBackOffUnsuccessfulResponseHandler(
            new ExponentialBackOff())); // fault-tol
request.setReadTimeout(5 * 60 * 1000); // 5 minutes
String response = request.execute().parseAsString(); // resp
```

내결함성 코드를 일부 추가한 점을 주의하라. 네트워크 중단이나 (http의 2xx 에러가 아닌) 일부 일시적인 장애가 있는 경우 ExponentialBackoff 클래스를 사용해 재시도 간격을 늘리면서 요청을 재시도한다. 이 책을 쓰는 시점에 추가 서버가 온라인이 되면서 트래픽이 갑작스럽게 늘어 100에서 150초의 지연이 발생했고, 따라서 평상시보다 더 긴 시간이 필요하다는 것을 알 수 있었다.

예측 서비스 클라이언트

앞의 코드 예는 항공편의 정시 도착 확률을 얻는 데 사용할 수 있는 helper 클래스 (FlightsMLService) 내에 내장돼 있다.

```
public static double predictOntimeProbability(Flight f, double defaultValue)
throws IOException, GeneralSecurityException {
    if (f.isNotCancelled() && f.isNotDiverted()) {
        Request request = new Request();

        // fill in actual values
        Instance instance = new Instance(f);
        request.instances.add(instance);

        // send request
        Response resp = sendRequest(request);
        double[] result = resp.getOntimeProbability(defaultValue);
        if (result.length > 0) {
            return result[0];
        } else {
            return defaultValue;
        }
    }
    return defaultValue;
}
```

항공편이 취소되지 않았거나 우회하지 않았는지 확인하는 점에 주의하라(이는 실제 도착 정보가 있는 항공편으로만 신경망을 훈련시켰기 때문에 중요하다).

항공편 정보에 예측 추가

항공편 머신 러닝 서비스를 탑재한 클라이언트로 이제 항공편이 이륙할 때 원시 비행 정보를 입수하고 예측 서비스를 호출하는 파이프라인을 작성할 수 있다. 항공편이 정시 도착할 확률은 항공편 정보에 추가된다. 끝으로 항공편에 대한 원시 정보와 새롭게 계산된 확률 모두가 저장된다.

이 파이프라인은 구글 클라우드 pub/sub에서 들어오는 항공편에 대한 메시지를 실시간으로 수신해야 하고(4장에서 이 피드를 만들기 위해 시뮬레이션을 구성한 것을 기억하라), 결과를 다음과 같이 내구성 있고 쿼리 가능한 빅쿼리 같은 저장소로 스트리밍해야 한다.

일괄처리 입력 및 출력

그러나 실시간으로 작업하기 전에 동일한 작업을 수행하기 위한 일괄처리 파이프라인을 작성해보자. 파이프라인이 올바르게 작동하면 코드가 실시간 스트리밍 데이터에서 동작할 수 있도록 입력 및 출력 코드를 변경한다(아파치 빔의 통합 일괄처리/스트리밍 모델은 이를 매우 간단하게 처리할 수 있다). 입력과 출력을 변경하기로 했으므로, 자바 인터페이스에서 처리할 수 있다.[5]

```
interface InputOutput extends Serializable {
    public PCollection<Flight> readFlights(Pipeline p, MyOptions options);
    public void writeFlights(PCollection<Flight> outFlights, MyOptions options);
}
```

일괄처리 데이터의 구현은 빅쿼리 테이블에서 읽고 텍스트 파일을 구글 클라우드 스토리지에 쓰는 것이다. 읽기 코드는 **CreateTrainingDataset**에서 사용한 코드와 유사하다. 차이점은 취소되거나 우회하지 않은 항공편뿐만 아니라 모든 항공편을 읽어 들인다는 점이다. 이는 항공편에 어떤 것이 예측되는지 여부에 상관없이 실시간으로 전송되는 모든 항공편을 저장해야 하기 때문이다. 표 10-1은 (중복 자바 코드를 제거한) 코드의 필수적인 부분을 보여준다.

---

5. 전체 코드는 https://github.com/GoogleCloudPlatform/data-science-on-gcp/blob/master/10_realtime/chapter10/src/main/java/com/google/cloud/training/flights/AddRealtimePrediction.java를 참고하라.

표 10-1. 빅쿼리에서 이력 데이터를 읽고 클라우드 스토리지에 확률을 저장하는 데이터 파이프라인의 주요 단계

단계	작업	코드

1	쿼리 작성	`String query = "SELECT EVENT_DATA FROM" +`
		`" flights.simevents WHERE " +`
		`" STRING(FL_DATE) = '2015-01-04' AND " +`
		`" (EVENT = 'wheelsoff' OR EVENT = 'arrived') ";`

2	라인 읽기	`BigQueryIO.Read.fromQuery(query)`

3	Flight 객체에 파싱	`TableRowrow=c.element();`
		`String line = (String)`
		`            row.getOrDefault("EVENT_DATA", "");`
		`Flight f = Flight.fromCsv(line);`
		`if (f != null) {`
		`   c.outputWithTimestamp(f, f.getEventTimestamp());`
		`}`

기록할 때 수신된 모든 항공편 정보를 기록해야 한다. 그러나 예측을 수행하고 예측된 확률도 기록해야 한다. 기록해야 하는 데이터(항공편 + 정시 운항 확률)를 나타내는 객체를 작성해보자.

```
@DefaultCoder(AvroCoder.class)
public class FlightPred {
    Flight flight;
    double ontime;
    // constructor, etc.
}
```

ontime 필드는 다음을 포함한다.

- 수신된 이벤트가 **wheelsoff**인 경우 예측된 정시 도착 확률
- 수신된 이벤트가 **arrived**인 경우 실제 정시 운항 결과(0 또는 1)

- 항공편 취소되거나 우회한 경우 Null(그러나 출력 싱크에 표시된다)

그리고 작성하는 코드에는 항공편 정보 가져 오기, ontime 필드 값 추가하기 및 이를 기록하기를 포함한다.

```
PCollection<FlightPred> prds = addPrediction(outFlights);
PCollection<String> lines = predToCsv(prds);
lines.apply("Write", TextIO.Write.to(
    options.getOutput() + "flightPreds").withSuffix(".csv"));
```

addPrediction() 함수는 DoFn의 ParDo.apply()고, processElement() 함수는 다음과 같다.

```
Flight f = c.element();
double ontime = -5;
if (f.isNotCancelled() && f.isNotDiverted()) {
    if (f.getField(INPUTCOLS.EVENT).equals("arrived")) {
        // actual ontime performance
        ontime = f.getFieldAsFloat(INPUTCOLS.ARR_DELAY, 0) < 15 ? 1 : 0;
    } else {
        // wheelsoff: predict ontime arrival probability
        ontime = FlightsMLService.predictOntimeProbability(f, -5.0);
    }
}
c.output(new FlightPred(f, ontime));
```

FlightPred를 쉼표로 구분된 값csv 파일로 변환할 때 유효하지 않은 음수 값을 null로 주의해서 대체해야 한다.

```
FlightPred pred = c.element();
String csv = String.join(",", pred.flight.getFields());
```

```
if (pred.ontime >= 0) {
    csv = csv + "," + new DecimalFormat("0.00").format(pred.ontime);
} else {
    csv = csv + ","; // empty string -> null
}
c.output(csv);
```

데이터 처리 파이프라인

이제 구현된 파이프라인에 입력과 출력 부분이 준비됐으므로 파이프라인의 가운데 부분을 구현해보자. 파이프라인의 가운데 부분은 출발 지연을 처리하는 부분을 제외하고 CreateTrainingDataset에서 했던 것과 동일하다(그리고 실제로는 이들 함수들을 호출한다).

```
Pipeline p = Pipeline.create(options);
InputOutput io = new BatchInputOutput();

PCollection<Flight> allFlights = io.readFlights(p, options);

PCollectionView<Map<String, Double>> avgDepDelay =
    readAverageDepartureDelay(p, options.getDelayPath());

PCollection<Flight> hourlyFlights =
    CreateTrainingDataset.applyTimeWindow(allFlights);

PCollection<KV<String, Double>> avgArrDelay =
    CreateTrainingDataset.computeAverageArrivalDelay(hourlyFlights);

hourlyFlights = CreateTrainingDataset.addDelayInformation(
    hourlyFlights, avgDepDelay,
    avgArrDelay, averagingFrequency);
io.writeFlights(hourlyFlights, options);
```

498

```
PipelineResult result = p.run();
result.waitUntilFinish();
```

출발 지연은 파이프라인에 의해 현재 항공편을 계산하는 반면 출발 지연은 훈련하는 동안 작성된 (훈련 데이터셋의) 전역 평균에서 간단히 읽는다.

```
private static PCollectionView<Map<String, Double>>
readAverageDepartureDelay(Pipeline p, String path) {
    return p.apply("Read delays.csv", TextIO.Read.from(path)) //
    .apply("Parse delays.csv",
            ParDo.of(new DoFn<String, KV<String, Double>>() {
        @ProcessElement
        public void processElement(ProcessContext c) throws Exception {
            String line = c.element();
            String[] fields = line.split(",");
            c.output(KV.of(fields[0], Double.parseDouble(fields[1])));
        }
    })) //
    .apply("toView", View.asMap());
}
```

코드의 나머지 부분은 CreateTrainingDataset과 같다. 출발 공항의 평균 출발 지연을 얻고, 매시간 슬라이딩 윈도우를 적용하고, 목적지 공항에서 이전 시간의 평균 도착 지연을 계산하고, 항공편 데이터에 두 개의 지연을 추가하고, 예측된 정시 운항 정보와 함께 항공편 정보를 기록한다.

비효율성 식별

작성된 파이프라인 코드로 구글 클라우드 플랫폼의 클라우드 데이터플로우에서 일괄처리 파이프라인을 실행시킬 수 있다. 불행히도 내가 이렇게 했을 때 추론이 계속 실패한다는 것을 알았다. API(머신 러닝 예측은 클라우드 ML 엔진 API이다)의 사용량을 모니터링하는 한 가지 방법은 구글 클라우드 플랫폼 웹 콘솔의 API 대시보드 부분에서 확인하는 것이다. 그림 10-1에서 트래픽 도표와 응답 코드 분석을 통해 뭐가 문제인지 바로 확인할 수 있다.

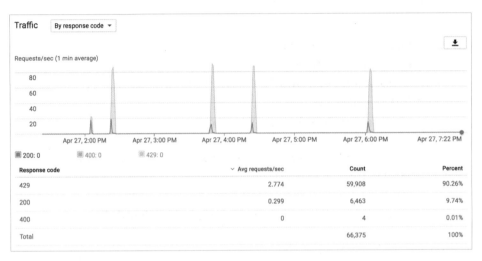

그림 10-1. 구글 클라우드 플랫폼 웹 콘솔에서 API 사용량을 모니터링(컬러 이미지 p. 566)

처음 몇 개의 요청은 HTTP 응답코드 200으로 성공하지만, 나머지 요청은 응답 코드 429('너무 많은 요청')로 실패한다. 이 패턴은 반복된다. 그림 10-1에서 청색 피크는 성공한 응답이고, 이어지는 훨씬 더 높은 황색 피크는 실패한 응답이다.[6] 더 많은 요청을 전송할 수 있도록 할당량 증가를 요청할 수 있다(그래프에서 현재 할당량의 약 5배를 요청해야 한다).

그러나 할당량 증가를 요청하기 전에 파이프라인을 최적화해서 서비스 요청을 줄일 수 있는지 확인해야 한다.

---

6. 파이프라인이 슬라이딩 시간 윈도우의 끝에서 트리거돼서 주기적으로 머신 러닝 서비스에 요청을 전송하기 때문에 도표에 여러 개의 피크가 표시된다.

일괄처리 요청

각 항공편을 예측해야 하는 반면 항공편 정보를 하나씩 서비스에 전송할 필요는 없다. 각 항공편마다 항공편 머신 러닝 서비스를 한 번씩 호출하는 대신 요청을 일괄처리할 수 있다. 60,000개의 항공편에 대한 예측을 60개의 일괄처리로 각각 호출한다면 1,000 요청으로만 수행할 수 있다. 요청 횟수를 줄이면 비용이 절감될 뿐만 아니라 서비스에서 응답을 기다리는 데 소요되는 시간을 줄일 수 있으므로 전반적인 성능이 향상된다.

요청을 일괄처리할 수 있는 몇 가지 방법이 있다. 개수 기준(100편의 항공편처럼 임곗값에 도달할 때까지 항공편을 누적하고, 이 100편의 항공편으로 서비스를 호출) 또는 시간 기준(2분처럼 고정된 시간 간격 동안 항공편을 누적하고, 이 시간 간격에 누적된 모든 항공편 정보로 서비스를 호출)으로 처리한다.

클라우드 데이터플로우 파이프라인에서 개수 기준으로 요청을 일괄처리하려면 레코드 개수에 따라 작동할 수 있도록 전역 윈도우에 트리거[trigger]를 설정한다. 이 코드는 입력을 각각 100개의 그룹으로 일괄처리하고, 더 많은 대기 시간으로 첫 번째 요소의 응답 시간이 1분을 초과한다면 파이프라인이 부분 일괄처리를 전송하게 해야 한다.

```
.apply(Window.into(new GlobalWindows()).triggering(
    Repeatedly.forever(AfterFirst.of(
        AfterPane.elementCountAtLeast(100),
        AfterProcessingTime.pastFirstElementInPane().
            plusDelayOf(Duration.standardMinutes(1))))
```

그러나 여기서는 그렇게 할 수 없다. 파이프라인은 평균 도착 지연을 계산하려고(한 시간의) 슬라이딩 윈도우를 수행하고, 이 평균은 작성 중인 Flight 객체의 일부라는 점을 상기하라. 나중에 GlobalWindow를 파이프라인에 적용하면 객체에 윈도우가 다시 수행돼 모든 group-by-keys가 데이터에 적용되고, 나중에 이것이 전체적으로 발생한다(이는 원하지도 필요하지도 않은 부작용이다). 따라서 자체적인 `Window.into()`를 수행하지 않는 슬라이딩 윈도우 콘텍스트에서 작동하는 일괄처리 함수를 찾아야 한다. 이는 매우 설득력이 있다. 항공편에 대해 예측된 실시간 운항을 얻을 수 있고, 이미 슬라이딩 윈도우 콘텍스트에 연관돼 있으므로 평균 지연의 계산에서 사용된 모든 항공편을 얻고, 그들을 일괄처리하고, 그들에 대해 예측치를 얻을 수 있기 때문이다. 머신 러닝 간섭을 수행하려고 필요한 모든 정보를 얻자마자 항공편의 예측된 실시간 운항 성능을 얻을 수 있으므로, 이는 매우 매력적이다(어떠한 추가적인 지연도 발생하지 않는다). 지난 5분 동안의 모든 항공편을 단일 일괄처리에 조합하고 예측을 위해 전송할 수 있지만, 이는 단일 클라우드 데이터플로우 워커에서 수행되는 원치 않는 영향만 얻게 된다. 단일 클라우드 데이터플로우 워커 노드에 과부하가 걸리는 것을 피할 수 있도록 5분 동안의 항공편에서 몇 가지 일괄처리를 생성할 수 있는 능력을 제공해야 한다.

일괄처리를 생성하는 내 솔루션은 각 항공편에 대한 키-값 쌍을 생성해서 키가 해당 항공편의 NUM_BATCHES에 반영되게 하는 것이다.

```
Flight f = c.element();
String key = "batch=" + System.identityHashCode(f) % NUM_BATCHES;
c.output(KV.of(key, f));
```

객체의 식별 해시 코드를 가져와 해시 코드를 NUM_BATCHES로 나눌 때 나머지를 찾아 키를 얻는다. 이는 NUM_BATCHES 고유 키만 있음을 보장한다.[7]

---

7. 실제 코드는 약간 더 복잡하다. wheelsoff, arrived, canceled/diverted 항공편은 다르게 처리하기 때문이다. 따라서 이벤트 유형은 키의 일부이기 때문에 NUM_BATCHES*3개의 고유 키를 생성한다. 전체 코드는 https://github.com/GoogleCloudPlatform/data-science-on-gcp/blob/master/10_realtime/chapter10/src/main/java/com/google/cloud/training/flights/InputOutput.java를 참고하라.

시간 윈도우 파이프라인의 콘텍스트로 작업하려면 **GroupByKey**로 (방금 했듯이) 키-값 쌍을 내보내는 변환을 따른다.

```
PCollection<FlightPred> lines = outFlights //
        .apply("Batch->Flight", ParDo.of(...) // see previous fragment
        .apply("CreateBatches", GroupByKey.<String, Flight> create())
```

GroupByKey 키는 이제 예측을 위해 함께 전송될 수 있는 Iterable<Flight>를 출력한다.

```
double[] batchPredict(Iterable<Flight> flights, float defaultValue) throws
        IOException, GeneralSecurityException {
    Request request = new Request();
    for (Flight f : flights) {
        request.instances.add(new Instance(f));
    }
    Response resp = sendRequest(request);
    double[] result = resp.getOntimeProbability(defaultValue);
    return result;
}
```

이 변경으로 그림 10-2에 표시된 대로 요청 수가 급격히 떨어지고, 할당량 아래까지 감소한다.

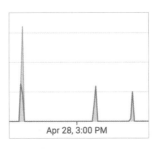

그림 10-2. 일괄처리 요청을 변경 후 요청 수가 급격히 떨어진다(컬러 이미지 p. 566).

요청을 일괄처리로 전송하게 변경한 후 훨씬 더 적은 요청으로 동일 세트의 레코드를 처리하는 방법을 주목하라.

스트리밍 파이프라인

이제 제한된 입력을 처리할 수 있는 작동 중인 데이터 파이프라인이 있으므로 입력과 출력을 변경해 파이프라인이 스트리밍 데이터에서 작동하게 해보자. 파이프라인은 클라우드 pub/sub에서 읽어 들이고, 빅쿼리로 스트리밍한다.

PCollection 평탄화

텍스트 파일에서 읽을 때 데이터 처리 코드는 동일한 텍스트 파일에서 arrived 이벤트와 wheelsoff 이벤트를 모두 받았다. 그러나 4장에서 작성했던 시뮬레이션 코드는 이들 이벤트를 클라우드 pub/sub의 두 개의 분리된 토픽으로 스트리밍한다. 데이터 처리 코드를 재사용하려면 이들 토픽 모두에서 메시지를 입수해야 하고, 두 개의 PCollection을 하나로 병합해야만 한다. Flatten PTransform을 사용해서 동일한 유형의 PCollection으로 병합할 수 있다. 따라서 이 코드는 두 이벤트를 통해 반복 및 두 개의 분리된 PCollection을 생성한 후 Flatten을 호출하는 것을 포함한다.

```
// 시작하기 위해 컬렉션을 비우기
PCollectionList<Flight> pcs = PCollectionList.empty(p);
// 두 토픽 각각에서 항공편 읽기
for (String eventType : new String[]{"wheelsoff", "arrived"}) {
    String topic = "projects/" + options.getProject() +
            "/topics/" + eventType;
    PCollection<Flight> flights = p.apply(eventType + ":read",
            PubsubIO.<String> read().topic(topic)
                    .withCoder(StringUtf8Coder.of()) //
```

```
        .timestampLabel("EventTimeStamp")) //
    .apply(eventType + ":parse",
        ParDo.of(new DoFn<String, Flight>() {
    @ProcessElement
    public void processElement(ProcessContext c)
        throws Exception {
      String line = c.element();
      Flight f = Flight.fromCsv(line);
      if (f != null) {
        c.output(f);
      }
    }
  }));
  pcs = pcs.and(flights);
}

// 컬렉션 평탄화
return pcs.apply(Flatten.<Flight>pCollections());
}
```

이는 알아야 할 패턴이다. 다중 원본에서 파이프라인을 생성하는 방법은 동일한 유형의 PCollection으로 각 소스를 입수한 후 Flatten 변환을 호출하는 것을 보장한다. 평탄화된^{flattened} 컬렉션은 나머지 파이프라인에 의해 처리된다.

주의해야 할 또 다른 점은 PubsubIO를 읽는 데 timestampLabel이 있다는 점이다. 타임스탬프 레이블이 없다면 pub/sub에 삽입된 메시지에 타임스탬프를 할당한다. 대부분의 경우 이것으로 충분하다. 그러나 삽입된 시간이 아닌 실제 항공편 시간을 타임스탬프로 사용하기를 원한다. 실시간 속도보다 더 빠른 속도로 항공편 이벤트를 시뮬레이션하고 있기 때문이다. 메시지의 생성 및 pub/sub에 실제 삽입하는 사이에 대기 시간이 있는 경우 타임스탬프 레이블을 지정할 수 있는 능력도 중요하다. timestampLabel은 pub/sub 메시지에 있는 하나의 속성을 참조하고, 퍼블리싱 프로그램으로 지정한다.

```
def publish(topics, allevents, notify_time):
    timestamp = notify_time.strftime(RFC3339_TIME_FORMAT)
    for key in topics:  # 'departed', 'arrived', etc.
        topic = topics[key]
        events = allevents[key]
    with topic.batch() as batch:
        for event_data in events:
            batch.publish(event_data, EventTimeStamp=timestamp)
```

FlightPred 정보의 출력을 빅쿼리로 스트리밍하려면 TableRow를 생성한 다음 빅쿼리 테이블에 기록해야 한다.

```
String outputTable = options.getProject() + ':' + BQ_TABLE_NAME;
TableSchema schema = new TableSchema().setFields(getTableFields());
PCollection<FlightPred> preds = addPredictionInBatches(outFlights);
PCollection<TableRow> rows = toTableRows(preds);
rows.apply("flights:write_toBQ",BigQueryIO.Write.to(outputTable) //
        .withSchema(schema));
```

스트리밍 파이프라인 실행

파이프라인 코드를 작성했으므로 4장의 시뮬레이션을 시작해서 클라우드 pub/sub 로 레코드를 스트리밍할 수 있다.

```
cd ../04_streaming/simulate
python simulate.py --startTime "2015-04-01 00:00:00 UTC" --endTime "2015-04-03
00:00:00 UTC" --speedFactor 60
```

그런 후 레코드를 소비하기 위해 클라우드 데이터 파이프라인을 시작해서 항공편 ML 서비스를 호출하고, 결과 레코드를 빅쿼리에 저장한다.

```
mvn compile exec:java \
-Dexec.mainClass=com.google.cloud.training.flights.AddRealtimePrediction \
 -Dexec.args="--realtime --speedupFactor=60 --maxNumWorkers=10 \
--autoscalingAlgorithm=THROUGHPUT_BASED"
```

실시간 옵션을 사용하면 두 개의 InputOutput의 구현(일괄처리 및 실시간) 사이에 파이프라인을 전환할 수 있고, 이 경우에는 pub/sub를 빅쿼리의 파이프라인으로 사용할 수 있다.

파이프라인이 동작한다면 그림 10-3처럼 빅쿼리 콘솔로 이동해 항공편이 실제로 스트리밍되고 있는지 확인할 수 있다.

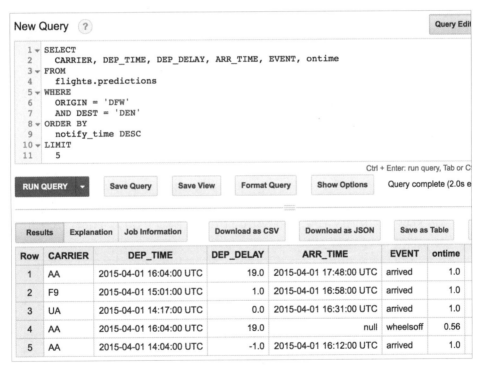

그림 10-3. 정시 도착 확률의 스트리밍 예측

그림 10-3의 쿼리는 달라스/포트워스(DFW)와 덴버(DEN) 간의 항공편을 확인하고, 결과를 정렬하고, 최신의 다섯 개 항공편을 유지하도록 제한한다. 첫 번째 행은 아메리칸 항공(AA) 비행편으로, 출발 지연이 19분임에도 정시에 도착했음을 확인할 수 있다. 4행에서는 항공기의 바퀴가 접히는 시점의 초기 지연 예측을 확인할 수 있으며, 이런 경우에 정시 도착 가능성이 56%에 불과하다는 것을 알려준다.

지연되고 비순차적인 기록

시뮬레이션은 클라우드 pub/sub에 정확한 순서로 기록을 추가하려고 비행 기록 시간을 사용한다. 그러나 실제 상황에서는 비행 기록이 순차적으로 도착하지 않는다. 대신 네트워크의 예상 밖의 변화 및 지연으로 늦고 비순차적인 기록을 초래할 수 있다. 이런 기본적인 무작위 효과를 시뮬레이션하려면 각 기록에 무작위 지연을 추가하도록 시뮬레이션을 변경해야 한다.

항공편 기록을 읽는 시뮬레이션 프로그램이 사용하는 빅쿼리 구문에서 이를 처리할 수 있다.

```
SELECT
    EVENT,
    NOTIFY_TIME AS ORIGINAL_NOTIFY_TIME,
    TIMESTAMP_ADD(NOTIFY_TIME, INTERVAL CAST (0.5 + RAND()*120 AS INT64) SECOND)
    AS NOTIFY_TIME, EVENT_DATA
FROM
    `flights.simevents`
```

RAND()는 0과 1 사이에 균등하게 분포된 숫자를 반환하기 때문에 RAND()의 결과에 120을 곱하면 0에서 2분 사이의 지연을 발생시킨다.

빅쿼리 콘솔에서 이 쿼리를 실행해 의도대로 동작하는지 확인하자. 그림 10-4처럼 기록은 이제 약간의 잡음을 반영하게 됐다.

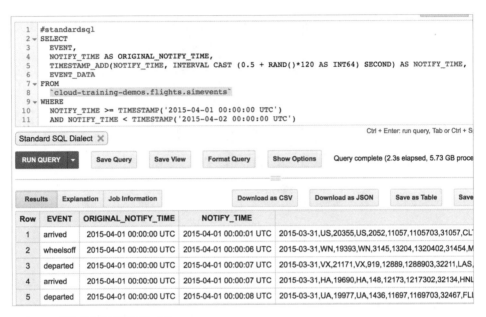

```
1  #standardsql
2  SELECT
3    EVENT,
4    NOTIFY_TIME AS ORIGINAL_NOTIFY_TIME,
5    TIMESTAMP_ADD(NOTIFY_TIME, INTERVAL CAST (0.5 + RAND()*120 AS INT64) SECOND) AS NOTIFY_TIME,
6    EVENT_DATA
7  FROM
8    `cloud-training-demos.flights.simevents`
9  WHERE
10   NOTIFY_TIME >= TIMESTAMP('2015-04-01 00:00:00 UTC')
11   AND NOTIFY_TIME < TIMESTAMP('2015-04-02 00:00:00 UTC')
```

Standard SQL Dialect ✕   Ctrl + Enter: run query, Tab or Ctrl + S

RUN QUERY ▾   Save Query   Save View   Format Query   Show Options   Query complete (2.3s elapsed, 5.73 GB proce

Results   Explanation   Job Information   Download as CSV   Download as JSON   Save as Table   Save

Row	EVENT	ORIGINAL_NOTIFY_TIME	NOTIFY_TIME	
1	arrived	2015-04-01 00:00:00 UTC	2015-04-01 00:00:01 UTC	2015-03-31,US,20355,US,2052,11057,1105703,31057,CL1
2	wheelsoff	2015-04-01 00:00:00 UTC	2015-04-01 00:00:06 UTC	2015-03-31,WN,19393,WN,3145,13204,1320402,31454,M
3	departed	2015-04-01 00:00:00 UTC	2015-04-01 00:00:07 UTC	2015-03-31,VX,21171,VX,919,12889,1288903,32211,LAS,
4	arrived	2015-04-01 00:00:00 UTC	2015-04-01 00:00:07 UTC	2015-03-31,HA,19690,HA,148,12173,1217302,32134,HNL
5	departed	2015-04-01 00:00:00 UTC	2015-04-01 00:00:08 UTC	2015-03-31,UA,19977,UA,1436,11697,1169703,32467,FL1

그림 10-4. 알림 시간에 무작위 잡음 추가

첫 번째 기록이 1초가 지연되고 있지만, 명시적으로는 같은 시간인 두 번째 기록은 이제 6초가 지연되고 있음을 알 수 있다.

균등하게 분산된 지연

그러나 지연 0은 매우 비현실적이다. 다른 시나리오를 시뮬레이션하려고 공식을 바꿀 수 있다. 예를 들어 90초에서 120초 사이의 지연을 원한다면 잡음을 CAST(90.5 + RAND()*30 AS INT64)로 바꾸면 된다. 분산 결과는 그림 10-5와 같다.

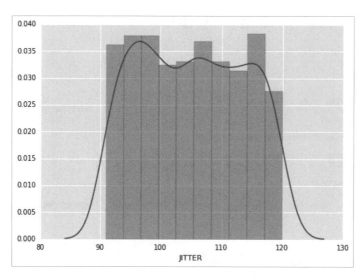

그림 10–5. 균등하게 분산된 잡음

이것조차 비현실적이라는 인상을 주다. 나는 항공기의 메시지에 포함된 지연이 무엇인지 모르지만,[8] 두 가지 가능성(지수 분포와 정규 분포)이 있어 보인다.

지수 분포

지수 분포는 일정한 비율로 발생하는 이벤트 간의 시간에 관계된 이론적인 분포다. 이벤트 수에 의해 네트워크 용량이 제한된다면 지연은 지수 분포를 따르는 것을 관찰할 수 있다. 이를 시뮬레이션하려면 다음 공식에 따라 잡음 변수를 생성한다.

```
CAST(-LN(RAND()*0.99 + 0.01)*30 + 90.5 AS INT64)
```

결과 분포는 그림 10-6과 같은 형태로 보인다.

---

8. 실시간으로 피드한다면 단순히 추측하는 대신 지연 데이터를 수집할 것이다.

지수 분포를 가지면 150초 지연보다 90초의 지연이 훨씬 더 일반적이지만, 일부 레코드는 비정상적으로 긴 지연시간을 가진다.

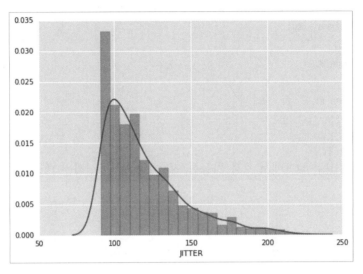

그림 10-6. 잡음의 지수 분포: 작은 값이 큰 값보다 훨씬 더 가능성이 높다.

정규 분포

지연 분포의 세 번째 대안은 큰 수의 법칙을 따르는 것이다. 그리고 충분한 비행 이벤트가 관찰된다면 지연이 일반적으로 일정한 표준 편차를 갖게 되고, 어떤 평균을 중심으로 분포하는 것을 관찰할 수 있다. 물론 지연 값은 양수이므로 분포는 0에서 잘릴 것이다.

정규 분포된 무작위 변수를 발생하는 것은 일반 SQL만으로는 하기 어렵다. 다행히도 빅쿼리는 자바스크립트로 된 사용자 정의 함수[UDFs]를 허용한다. 이 자바스크립트 함수는 균등하게 분포된 무작위 변수 쌍을 정규적으로 분포하도록 변환하는 데 마사글리아 폴라[Marsaglia polar] 규칙을 사용한다.

```
js = """
    var u = 1 - Math.random();
    var v = 1 - Math.random();
    var f = Math.sqrt(-2 * Math.log(u)) * Math.cos(2*Math.PI*v);
    f = f * sigma + mu;
    if (f < 0)
        return 0;
    else
        return f;
""".replace('\n', ' ')
```

이 자바스크립트는 SQL에서 호출 가능한 임시 UDF를 생성하는 데 사용할 수 있다.

```
sql = """
CREATE TEMPORARY FUNCTION
trunc_rand_normal(x FLOAT64, mu FLOAT64, sigma FLOAT64)
RETURNS FLOAT64
LANGUAGE js AS "{}";
SELECT
    trunc_rand_normal(ARR_DELAY, 90, 15) AS JITTER
FROM
    ...
""".format(js).replace('\n', ' ')
```

잡음의 결과 분포는 그림 10-7과 같다(이전 코드는 평균 90과 표준 편차 15를 사용했다).

512

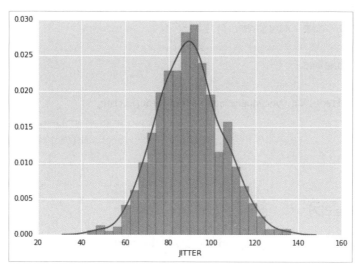

그림 10-7. 대부분 90초의 잡음을 갖는 정규 분포

다른 유형의 잡음을 실험하려면 notify_time에 무작위 잡음을 추가하도록 시뮬레이션 코드를 변경해보자.[9]

```
jitter = 'CAST (-LN(RAND()*0.99 + 0.01)*30 + 90.5 AS INT64)'

# run the query to pull simulated events
querystr = """\
SELECT
    EVENT,
    TIMESTAMP_ADD(NOTIFY_TIME, INTERVAL {} SECOND) AS NOTIFY_TIME,
    EVENT_DATA
FROM
    `cloud-training-demos.flights.simevents`
WHERE
    NOTIFY_TIME >= TIMESTAMP('{}')
```

---

9. https://github.com/GoogleCloudPlatform/data-science-on-gcp/blob/master/04_streaming/simulate/simulate.py에 있는 jitter 변수를 확인하라.

```
    AND NOTIFY_TIME < TIMESTAMP('{}')
ORDER BY
    NOTIFY_TIME ASC
"""
query = bqclient.run_sync_query(querystr.format(jitter,
                                                args.startTime,
                                                args.endTime))
```

워터마크와 트리거

빔 프로그래밍 모델은 슬라이딩 윈도우에서 비순차적인 레코드를 암묵적으로 처리하고, 기본적으로 지연 도착한 레코드를 처리한다. 빔은 워터마크[watermark] 개념을 사용한다. 워터마크는 처리되지 않고 파이프라인에 가장 오래 남아 있는 레코드다. 워터마크는 모든 실시간 데이터 처리 시스템의 고유 속성이고, 파이프라인의 지연을 표시한다. 클라우드 데이터플로우는 시간이 지남에 따라 지연을 추적하고 학습한다.

클라우드 pub/sub에 레코드가 삽입된 시간을 이벤트 시간으로 사용한다면 워터마크는 파이프라인에서 더 빠른 이벤트 시간을 가진 데이터가 더 이상 관찰되지 않는다는 것을 엄격히 보장한다. 반대로 (timestampLabel을 지정함으로써) 사용자가 이벤트 시간을 지정한다면 퍼블리싱 프로그램이 클라우드 pub/sub에 아주 오래된 레코드를 삽입하는 것을 막을 방법이 없으므로, 워터마크는 관찰된 과거의 지연을 기반으로 학습된 휴리스틱이다. 물론 워터마크 개념은 클라우드 pub/sub보다 더 일반적이다. 간헐적으로 발생하는 (저전력 IoT 디바이스와 같은) 스트리밍 소스의 경우 워터마크는 이러한 지연에 도움이 된다.

집계 통계의 계산은 '트리거[trigger]'에 의해 이뤄진다. 트리거가 발생할 때마다 파이프라인 계산이 수행된다. 파이프라인은 여러 개의 트리거를 포함할 수 있지만, 각 트리거는 일반적으로 워터마크에서 제외된다. 기본 트리거는 다음과 같다.

```
Repeatedly.forever(AfterWatermark.pastEndOfWindow())
```

이는 워터마크가 윈도우의 마지막을 통과한 후 지연된 데이터가 도착할 때마다 즉시 트리거가 발생하는 것을 의미한다. 즉, 모든 지연 도착하는 레코드는 개별적으로 처리된다. 이는 성능보다는 정확성을 우선시한다.

시뮬레이션에 균등하게 분포된 잡음을 추가하면 어떨까? 균등한 지연이 90에서 120의 범위에 있으므로 가장 빨리 도착하는 레코드와 가장 늦게 도착하는 레코드 간의 실제 지연 차이는 30초다. 따라서 클라우드 데이터플로우는 윈도우를 30초보다 더 길게 열어둬야 한다.

클라우드 플랫폼 콘솔 상의 클라우드 데이터플로우 작업 모니터링 웹 페이지는 학습된 워터마크 값을 보여준다. 변환 단계 중 하나를 클릭해 이 값이 무엇인지 볼 수 있다. 그리고 시뮬레이션에 추가된 균등한 지연으로 모니터링 콘솔(그림 10-8)은 이것이 일어나고 있음을 보여준다.

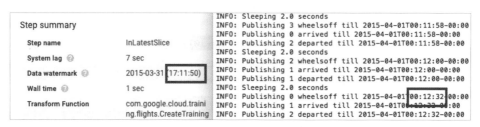

그림 10-8. 시뮬레이션이 한 시간을 지나 12분 32초에 이벤트를 전송하지만, 데이터 플로우 파이프라인에서는 한 시간을 지나 11분 50초에 워터마크를 볼 수 있다. 이는 시간 윈도우가 약 42초 길게 유지돼 있음을 나타낸다.

(그림 10-8의 오른쪽) 시뮬레이션이 00:12:32 UTC에 이벤트를 보내는 반면 모니터링 콘솔에 표시되는 워터마크는 태평양 표준시 17:11:50이다. 시간대 변환으로 7시간을 무시하면서 클라우드 데이터 플로우는 42초 더 길게 윈도우를 열어둔다(여기에는 7초의 시스템 지연을 포함하고, 이는 레코드를 처리하는 데 걸리는 시간이다).

균일한 잡음과 달리 지수적으로 분산된 잡음에서는 적은 지연이 큰 지연보다 훨씬 더 많다. 클라우드 pub/sub 파이프라인에 시뮬레이션된 데이터에 기하급수적으로 분산된 잡음을 추가하면 학습된 워터마크 값은 21초다(그림 10-9를 보라).

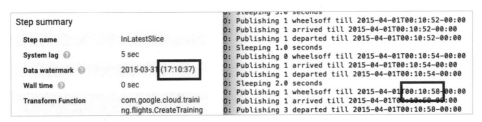

그림 10-9. 지수적으로 분산된 잡음에서는 적은 지연 발생 가능성이 더 높기 때문에 윈도우는 약 21초 만 더 길게 열려 있다.

기본 트리거는 성능보다 정확성을 우선시하므로 지연 도착된 각 레코드를 하나씩 처리하면서 계산된 집계를 업데이트한다는 점을 기억하라. 다행히도 이 절충안을 바꾸는 것은 꽤 쉽다. 다음은 다른 절충안이다.

```
.triggering(Repeatedly.forever(
        AfterWatermark.pastEndOfWindow()
        .withLateFirings(
            AfterPane.elementCountAtLeast(10))
        .orFinally(AfterProcessingTime.pastFirstElementInPane()
            .plusDelayOf(Duration.standardMinutes(30)))))
```

여기에서 계산은 (이전처럼) 워터마크에서 트리거된다. 지연 레코드는 한 번에 10개씩 처리하지만 비행기의 출발 후 30분 안에 도착하는 경우에만 처리한다. 그 이상 늦은 레코드는 버려진다.

트랜잭션, 처리량, 대기 시간

항공편 지연 시나리오에서 항공편 레코드 출력을 빅쿼리로 스트리밍하는 것은 허용되지만, 데이터 파이프라인에서는 올바른 선택이 아닐 수 있다. 네 가지 요소(액세스 패턴, 트랜잭션, 처리량, 대기 시간)를 기반으로 출력을 선택해야 한다.

기본 액세스 패턴이 장기 스토리지 및 데이터의 지연된 액세스와 관련이 있다면 클라우드 스토리지의 샤딩된 파일로 간단히 스트리밍할 수 있다. 클라우드 스토리지의 파일은 나중에 데이터를 분석하려고 클라우드 SQL이나 빅쿼리로 나중에 임포트하는 스테이징으로 제공할 수 있다. 이 절의 나머지 부분에서는 준실시간으로 데이터를 쿼리해야 한다고 가정한다.

각 항공편에서 여러 이벤트(출발, 이륙 등)를 받는다는 점을 기억하라. 해당 항공기의 최신 상태를 반영하는 각 항공편마다 하나의 행이 있어야 할까? 항공편의 이벤트가 스트리밍될 때 항공편 이벤트를 계속 저장할 수 있도록 데이터를 추가하기만 할 수 있을까? 리더가 약간 오래된 레코드를 갖는 것이 가능할까? 또는 전 시스템을 통틀어 단 하나의 참과 일관된 행위를 갖는 것이 필수적인가? 이들 질문의 답변은 항공편의 업데이트가 트랜잭션이 필요한지 여부 또는 최종 일관성만 보장하는 환경에서 항공편의 업데이트를 수행할 수 있는지 여부를 결정한다.

초당 몇 개의 항공편 이벤트가 발생하는가? 이 비율이 일정한가? 또는 최대 활동 기간이 있는가? 여기서의 답변은 처리해야 하는 처리량은 시스템이 결정한다. 최종 일관성을 제공한다면 허용 가능한 대기 시간은 얼마인가? 데이터베이스에 항공편 데이터를 추가한 후 모든 리더가 새로운 데이터를 확인하는 데 얼마만큼의 시간이 필요한가? 이 책을 집필하는 시점에 빅쿼리로 스트리밍하면 몇 초의 대기 시간에 초당 최대 100,000개의 이벤트까지 지원한다. 더 높은 처리량의 요구가 있거나 더 낮은 대기 시간의 요구가 있다면 다른 솔루션을 고려해야 한다.

가능한 스트리밍 싱크

트랜잭션이 필요 없고 단순히 발생하는 대로 항공편 이벤트를 추가해야 하는 경우 빅쿼리, 텍스트 파일, 클라우드 빅테이블을 사용할 수 있다.

- 빅쿼리는 SQL 쿼리를 지원하는 완전히 관리되는 데이터 웨어하우스다. 항공편 이벤트를 빅쿼리로 바로 스트리밍하는 것은 초당 수만 건의 레코드를 처리해야 하고, 허용 가능한 대기 시간이 몇 초인 경우에 유익하다. 많은 대시보드 애플리케이션이 이 빅쿼리를 이용한다.

- 클라우드 데이터플로우는 클라우드 스토리지의 텍스트 파일로 스트리밍하는 기능도 지원한다. 이는 주요 사용 사례가 데이터를 분석하지 않고 단순히 저장하는 경우 확실히 유용하다. 그러나 빅쿼리로의 정기적인 일괄 업데이트로 충분하다면 이 또한 고려할 만한 솔루션이다. 예를 들어 시간 단위로 샤딩된 텍스트 파일을 스트리밍할 수 있으며, 한 시간이 끝날 때 파일을 빅쿼리로 일괄 업로드할 수 있다. 이는 빅쿼리로 스트리밍하는 것보다 덜 비싸고, 시간별 대기 시간이 허용된다면 사용할 수 있다.

- 클라우드 빅테이블은 대규모로 확장 가능한 NoSQL 데이터베이스 서비스다. 밀리 초 단위의 대기 시간으로 초당 수백만 번의 읽기와 쓰기를 해서 수백 페타바이트에 이르는 워크로드를 처리할 수 있다. 게다가 클라우드 빅테이블에서 처리할 수 있는 처리량은 노드 수에 따라 선형적으로 확장된다. 예를 들어 단일 노드가 6밀리초에 10,000번의 읽기나 쓰기를 지원한다면 100개의 노드를 가진 클라우드 빅테이블의 인스턴스는 6밀리초의 간격에 백만 번의 읽기나 쓰기를 지원한다. 또한 클라우드 빅테이블은 쿼리 성능 및 가용성을 향상시키려고 자동으로 데이터의 균형을 조정한다.

반면 트랜잭션이 요구되고 가장 최근 항공편 상태를 반영하는 단일 레코드를 갖기 원한다면 트랜잭션을 가진 관계형 데이터베이스인 NoSQL 트랜잭션 데이터베이스나 클라우드 스패너를 사용할 수 있다.

- 클라우드 SQL은 MySQL이나 PostreSQL을 기반으로 제공되며, 다양한 도구와 프로그래밍 언어를 이용해 준실시간으로 접근하려는 자주 업데이트되고 처리량이 작은 중간 규모의 데이터에서 유용하다. 관계형 기술은 어디에나 있으므로 도구의 생태계는 기존 관계형 데이터베이스에서 가장 강력한 경향을 가진다. 예를 들어 타사의 산업 특화된 분석 도구를 가졌다면 관계형 데이터베이스는 해당 도구로 연결이 가능한 유일한 저장소 메커니즘일 것이다. 기존 관계형 데이터베이스 솔루션을 선택하기 전에 사용 사례가 처리량과 확장 제한에 걸릴 수 있는지 여부를 고려하라.

- NoSQL 객체 저장소인 클라우드 데이터스토어를 사용하면 평면화된 관계형 테이블과 계층적인 객체 사이에서의 변환 문제를 피할 수 있고, 훨씬 더 큰 데이터셋(테라바이트 단위 데이터)으로 확장할 수 있다. 클라우드 데이터스토어는 최종 일관성으로 설계돼 높은 처리량과 확장성을 제공한다. 그러나 엔티티 그룹과 관련된 키나 '조상 쿼리'에 의한 조회와 관련된 쿼리에서 엄격한 (또는 즉각적) 일관성을 달성할 수 있다. 엔티티 그룹에서 트랜잭션, 엄격한 일관성 및 데이터 지역성을 얻는다. 따라서 높은 처리량과 많은 엔티티에 대한 요구의 균형을 유지하면서 엄격한 일관성을 계속 지원할 수 있다.

- 클라우드 스패너^{Cloud Spanner}는 전 세계적으로 사용 가능하고, 극도로 큰 규모의 데이터로 확장할 수 있는 엄격한 일관성, 트랜잭션, SQL 쿼리 가능한 데이터베이스를 제공한다. 클라우드 스패너는 밀리초 단위의 대기 시간을 제공하고, 가용성이 매우 높으며(다운타임이 연간 5분 미만), 트랜잭션의 일관성과 전 세계적인 도달 범위를 유지한다. 클라우드 스패너 또한 복제 및 유지 보수를 위한 수동 개입 없이도 완벽하게 관리된다.

우리의 사용 사례에는 트랜잭션이 필요 없다. 입수 스트림은 초당 이벤트가 1,000개 미만이다. 해야 할 일이 항공편이 지연될 가능성이 있을 때 사용자에게 단순 경고를 보내는 것뿐이라면 데이터베이스에 삽입하고 항공편의 지연 정보가 필요한 애플리케이션 가용성 사이에 몇 초의 대기 시간이면 상당히 견딜 만하다. 빅쿼리는 완벽히 관리되고, 많은 데이터 시각화와 리포트 작성 제품에서 지원되며, 대체재에 비해 상대적으로 저렴하다. 이런 고려 사항에 따라 빅쿼리로 스트리밍하는 것이 우리의 사용 사례에 적합한 선택이다.

클라우드 빅테이블

그러나 가상 시나리오로 스트리밍이 초당 수십만 건의 항공편 이벤트로 구성돼 있고, 대기 시간이 초 단위가 아니고 밀리초 단위라면 어떻게 해야 할까? 각 항공기가 비행하는 동안 최신 좌표 정보를 제공하고, 사용 사례에 공역에서의 교통 통제가 포함돼 있는 경우가 여기에 해당한다. 이런 경우에는 클라우드 빅테이블이 더 나은 선택이다. 이런 경우에 클라우드 빅테이블에 기록하는 파이프라인을 구축하는 방법을 살펴보자. 클라우드 빅테이블은 컴퓨트와 스토리지로 분리된다. 클라우드 빅테이블의 테이블은 태블릿^{tablets}이라고 불리는 연속적인 행으로 샤딩돼 있다. 클라우드 빅테이블 인스턴스는 이런 태블릿을 제장하지 않는다. 대신 그림 10-10에서처럼 태블릿 집합의 포인터를 저장한다. 태블릿 자체는 클라우드 스토리지에 안정적으로 저장된다. 따라서 노드가 다운돼도 데이터는 클라우드 스토리지에 남는다. 작업은 다른 노드로 재조정될 수 있고, 메타데이터만 복사하면 된다.

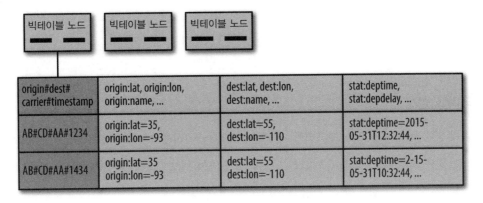

그림 10-10. 클라우드 빅테이블의 스토리지 구성 방법

데이터 자체는 정렬된 키-값 맵으로 구성된다(각 행은 단일 키를 갖는다). 빅쿼리와 달리 클라우드 빅테이블의 저장소는 행 단위고, 행은 키 값이 정렬된 순서로 저장된다. 관련된 열은 '열 패밀리'로 그룹화되고, 다른 열 패밀리들은 기본적으로 다른 애플리케이션에 의해 관리된다. 열 패밀리 안에서 열은 고유한 명칭을 갖는다. 특정 행의 특정 열 값은 서로 다른 타임스탬프를 가진 여러 셀을 포함한다(테이블은 추가 전용이므로, 테이블에 모든 값이 존재한다). 이런 식으로 시간이 지남에 따라 셀의 값에 대한 시계열 기록을 유지할 수 있다. 대부분의 경우[10] 클라우드 빅테이블은 데이터 유형에 관심이 없다. 모든 데이터는 원시 바이트 문자열로 처리된다.

클라우드 빅테이블의 성능은 태블릿(클라우드 빅테이블의 테이블에 있는 연속적인 행 블록) 내의 행 배열 측면에서 가장 잘 이해된다. 행은 키 순서대로 정렬된다. 클라우드 빅테이블의 쓰기 성능을 최적화하려고 다중 쓰기 작업을 병렬로 처리하길 원한다. 따라서 각 클라우드 빅테이블 인스턴스들은 자신의 태블릿 집합에만 쓰기를 한다. 행의 키가 예측 가능한 순서를 따르지 않는다면 가능하다. 그러나 다중 행을 동시에 읽을 경우 클라우드 빅테이블의 읽기 성능은 더 효율적이다. 두 가지 모순된

---

10. 클라우드 빅테이블에서 데이터가 정수형일 것으로 예상되는 원자 단위 증가와 같은 연산은 예외다.

목표 (대부분 읽기를 집중시키면서도 쓰기가 분산되는 것) 사이의 바른 균형을 맞추는 것이 효과적인 클라우드 빅테이블 스키마를 설계하는 핵심이다.

테이블 설계

클라우드 빅테이블에는 극단적인 두 가지 유형의 테이블 디자인이 있다. 짧고 넓은 테이블은 클라우드 빅테이블의 희소성을 활용하는 반면 길고 좁은 테이블은 범위로 행의 키$^{row\ key}$를 검색하는 기능을 활용한다.

짧고 넓은 테이블은 칼럼의 유무를 사용해 해당 값을 가진 데이터가 있는지 여부를 나타낸다. 예를 들어 자동차 공장을 운영하고, 데이터셋으로 지원하기를 원하는 첫 번째 쿼리가 특정 자동차를 구성하기 위한 부품(부품 ID, 공급자, 제조사 위치 등)의 속성을 결정하는 것이라고 가정하자. 각각 수십만 개의 부품이 있는 수백만 대의 자동차가 있다고 상상하라. 자동차의 일련번호를 행의 키로 사용할 수 있고, 고유한 각 부품(예, 점화 플러그)은 그림 10-11처럼 이에 연관된 열을 가진다.

car-serial-no	engine:part1,engine:part2, ...	transmission:part1, transmission:part2,	accessories:part1, accessories:part2...
A134224232	engine:piston=...	transmission:axle=...	accessories:navigation=...
A134323422	engine:sparkplugs=...	transmission:axle=...	accessories:seats=...

그림 10-11. 클라우드 빅테이블로 짧고 넓은 테이블 설계하기

각 행은 많은 이벤트로 구성돼 있어서 자동차가 조립 라인에서 결합되면 각 행은 업데이트된다. 값이 없는 셀은 공간을 차지하지 않기 때문에 새로운 자동차 모델이 출시될 때 칼럼의 폭증을 걱정할 필요가 없다. 자동차가 제조되는 동시에 이벤트를

받는 경향이 있기 때문에 자동차의 일련번호는 연속적이지 않도록 보장해야 하지만, 조립 라인 번호로 시작해야 한다. 이렇게 하면 서로 다른 태블릿에서 쓰기가 동시에 이뤄지므로 효율적인 쓰기가 된다. 동시에 품질 문제를 해결하는 진단 애플리케이션은 특정 날짜에 동일 라인에서 제조된 모든 차량을 쿼리할 것이므로, 연속적인 행을 가져오는 경향이 있다. 서비스 센터는 특정 차량에 연관된 모든 부품을 획득하는데 관심이 있을 수 있다. 차량 ID가 행의 키이므로 이는 하나의 행을 읽기만 하면 되기 때문에 이런 쿼리의 읽기 성능 또한 매우 효율적이다.

길고 좁은 테이블은 종종 행당 하나의 이벤트만 저장한다. 발생하는 모든 항공편 이벤트는 클라우드 빅테이블의 새로운 행으로 스트리밍된다. 이런 방식으로 각 항공편과 연관된 여러 상태(출발, 이륙 등)와 이들에 대한 이력 기록을 가진다. 동시에 각 항공편마다 20개 정도의 필드만 있고, 이 모든 필드는 동일한 열 패밀리에 속한다. 이는 스트리밍 업데이트를 쉽고 직관적으로 만든다.

행의 키 설계

이벤트당 하나의 행을 갖는 테이블 디자인은 매우 직관적이지만, 읽기와 쓰기가 모두 효율적인 방식으로 행의 키를 설계할 필요가 있다. 읽기를 효율적으로 하려면 가장 공통적인 쿼리에 특정 항공사의 특정 공항들 사이에 최신 항공편이 포함되도록 고려해야 한다(즉, AS 항공사에서 SEA와 SJC 공항 사이의 당일 항공편 상태). 각 행에 하나의 이벤트가 있는 단일 버전을 가진 여러 행을 사용하는 것이 데이터를 쿼리하고 이해하고 표현하는 가장 간단한 방법이다. 공통 쿼리에 행의 스캔 범위만 가진다면 길고 좁은 테이블이 가장 효율적이다. 항공사처럼 출발지와 도착지 공항이 키의 일부라면 이를 달성할 수 있다. 따라서 행의 키는 다음과 같이 시작한다.

```
ORIGIN#DEST#CARRIER
```

이들 세 가지 필드로 시작하는 행의 키를 갖는 것이 쓰기 성능을 최적화하는 데도 도움이 된다. 애틀랜타처럼 혼잡한 공항에 관련된 태블릿이 어느 정도의 핫스팟이 될 수 있지만, 문자 A로 시작되는 이름을 가진 많은 잠자는 공항들에 의해 과부하가 상쇄된다. 따라서 알파벳 순서의 공항 목록이 쓰기 부하를 분산시키는 데 도움이 된다. 목록의 끝에 항공사를 둔 점에 주목하라. 행의 키 시작에 항공사를 두면 대형 항공사(아메리칸 및 유나이티드)를 포함하는 태블릿에 과부하가 걸리는 효과가 발생한다. 12개 정도의 항공사가 이에 해당하므로 소규모 항공사들이 이 부하를 상쇄할 가능성은 전혀 없다.

공통 쿼리에는 최신 데이터가 포함되므로 가장 최근 데이터를 테이블의 '맨 꼭대기'에 저장할 수 있다면 스캔 성능이 향상된다. 가장 직관적인 방법으로 다음과 같은 타임스탬프를 사용하는 것은 반대 효과를 불러온다.

```
2017-04-12T13:12:45Z
```

가장 최신 데이터가 테이블의 바닥에 저장된다. 따라서 어떻게든 타임스탬프를 역순으로 저장해야 한다. 한 가지 방법은 타임스탬프를 1970년 이후부터 밀리초의 숫자로 변환하는 것이다. 그런 다음 가능한 한 가장 큰 long 값과 타임스탬프의 차이를 계산한다.

```
LONG_MAX - millisecondsSinceEpoch
```

타임스탬프는 어디로 가야 할까? 행의 키 시작 부분에 타임스탬프를 두면 쓰기는 한 번에 하나의 태블릿에만 집중될 것이다. 따라서 타임스탬프는 행의 키 끝에 둬야 한다. 요약하면 행의 키는 다음과 같은 형태가 된다.

```
ORIGIN#DEST#CARRIER#ReverseTimeStamp
```

그러나 어떤 타임스탬프인가? 특정 항공편의 모든 이벤트가 동일한 행의 키를 갖게 하길 원하므로 키에서 스케줄된 출발시간을 사용한다. 이렇게 하면 출발 지연에 따라 키가 달라지는 데 관련된 문제가 발생하지 않는다.

클라우드 빅테이블로 스트리밍

gcloud를 이용해 항공편의 이벤트를 스트리밍하도록 클라우드 빅테이블 인스턴스를 다음과 같이 생성한다.

```
gcloud beta bigtable \
    instances create flights \
    --cluster=datascienceongcp --cluster-zone=us-central1-b \
    --description="Chapter 10" --instance-type=DEVELOPMENT
```

내가 지정한 인스턴스명은 flights고, 머신의 클러스터명은 datascienceongcp다.[11] 개발 인스턴스 유형을 선택해서 비용에 제한을 뒀다. 클러스터 자체는 복제되지 않거나 전역적으로 제공되지 않는다.

클라우드 데이터플로우 코드에서 프로젝트 ID 콘텍스트에 있는 인스턴스를 참조한다.

```
private static String INSTANCE_ID = "flights";
private String getInstanceName(MyOptions options) {
    return String.format("projects/%s/instances/%s", options.getProject(),
    INSTANCE_ID);
}
```

---

11. 이 책을 집필하는 때에는 클러스터와 인스턴스는 일대일이다.

클라우드 빅테이블 인스턴스에서 predictions라는 테이블을 생성한다. 코드에서 이 테이블은 인스턴스(자체 프로젝트 ID 포함)의 콘텍스트에서 참조된다.

```java
private static String TABLE_ID = "predictions";
private String getTableName(MyOptions options) {
    return String.format("%s/tables/%s", getInstanceName(options), TABLE_ID);
}
```

모든 칼럼은 동일한 칼럼 패밀리인 CF의 일부다.

```java
private static final String CF_FAMILY = "FL";
```

이 방식으로 설정함으로써 인스턴스에 빈 테이블을 생성할 수 있다.

```java
Table.Builder tableBuilder = Table.newBuilder();
ColumnFamily cf = ColumnFamily.newBuilder().build();
tableBuilder.putColumnFamilies(CF_FAMILY, cf);

BigtableSession session = new BigtableSession(optionsBuilder
        .setCredentialOptions( CredentialOptions.credential(
    options.as( GcpOptions.class
).getGcpCredential())).build()));

BigtableTableAdminClient tableAdminClient =
        session.getTableAdminClient();

CreateTableRequest.Builder createTableRequestBuilder = //
        CreateTableRequest.newBuilder() //
        .setParent(getInstanceName(options)) //
        .setTableId(TABLE_ID).setTable(tableBuilder.build());
tableAdminClient.createTable(createTableRequestBuilder.build());
```

앞 절에서 스트리밍 클라우드 데이터플로우 파이프라인에는 정보를 빅쿼리로 스트리밍할 수 있도록 Flight 객체를 TableRow로 변환하는 PTransform이 있었다. 클라우드 변형 세트로 이를 스트리밍하려면 클라우드 빅테이블 변형 세트를 생성해야 한다(각 변형 세트는 단일 셀의 변경 사항으로 구성돼 있다).

```
PCollection<FlightPred> preds = ...;
BigtableOptions.Builder optionsBuilder = //
   new BigtableOptions.Builder()//
      .setProjectId(options.getProject()) //
      .setInstanceId(INSTANCE_ID)//
      .setUserAgent("datascience-on-gcp");
createEmptyTable(options, optionsBuilder);
PCollection<KV<ByteString, Iterable<Mutation>>> mutations =
      toMutations(preds);
mutations.apply("write:cbt", //
   BigtableIO.write() //
      .withBigtableOptions(optionsBuilder.build())//
      .withTableId(TABLE_ID));
```

항공편의 예측을 변형 세트로 변환하는 PTransform은 항공편 정보에서 행의 키를 생성한다.

```
FlightPred pred = c.element();
String key = pred.flight.getField(INPUTCOLS.ORIGIN) //
   + "#" + pred.flight.getField(INPUTCOLS.DEST) //
   + "#" + pred.flight.getField(INPUTCOLS.CARRIER) //
   + "#" + (Long.MAX_VALUE - pred.flight.getFieldAsDateTime(
         INPUTCOLS.CRS_DEP_TIME).getMillis());
```

모든 칼럼의 변형 세트가 생성됐다.

```
List<Mutation> mutations = new ArrayList<>();
long ts = pred.flight.getEventTimestamp().getMillis();
for (INPUTCOLS col : INPUTCOLS.values()) {
    addCell(mutations, col.name(), pred.flight.getField(col), ts);
}
if (pred.ontime >= 0) {
    addCell(mutations, "ontime",
            new DecimalFormat("0.00").format(pred.ontime), ts);
}
c.output(KV.of(ByteString.copyFromUtf8(key), mutations));
```

그리고 addCell()은 자바형을 빅테이블에서 동작하는 바이트형으로 변환하는 역할
을 수행한다.

```
void addCell(List<Mutation> mutations, String cellName,
String cellValue, long ts) {
    if (cellValue.length() > 0) {
        ByteString value = ByteString.copyFromUtf8(cellValue);
        ByteString colname = ByteString.copyFromUtf8(cellName);
        Mutation m = //
            Mutation.newBuilder().setSetCell(//
                Mutation.SetCell.newBuilder() //
                    .setValue(value)//
                    .setFamilyName(CF_FAMILY)//
                    .setColumnQualifier(colname)//
                    .setTimestampMicros(ts) //
            ).build();
        mutations.add(m);
    }
}
```

파이프라인 코드의 변환으로 파이프라인에서의 항공편 예측이 클라우드 빅테이블로
스트리밍된다.

528

클라우드 빅테이블에서 쿼리

빅쿼리를 데이터 원천으로 사용하는 편의성 중 하나는 데이터가 스트리밍 중에도 SQL을 통해 분석을 수행할 수 있다는 점이다. 클라우드 빅테이블도 스트리밍 분석은 제공하지만 SQL로는 제공하지 않는다. 클라우드 빅테이블이 NoSQL 저장소이기 때문에 전형적인 사용 사례는 수작업으로 코딩된 클라이언트를 사용하는 것이다. 그러나 테이블의 내용을 질의하려고 HBase 커맨드라인 셸을 이용할 수 있다.

예를 들어 테이블 스캔을 수행하고 이를 하나의 행으로 제한함으로써 데이터베이스에서 최신 행을 가져올 수 있다.

```
scan 'predictions', {'LIMIT' => 1}
hbase(main):006:0> scan 'predictions', {'LIMIT' => 1}
ROW                              COLUMN+CELL
ABE#ATL#DL#9223370608969975807 column=FL:AIRLINE_ID, timestamp=1427891940,
value=19790
ABE#ATL#DL#9223370608969975807 column=FL:ARR_AIRPORT_LAT, timestamp=1427891940,
value=33.63666667
ABE#ATL#DL#9223370608969975807 column=FL:ARR_AIRPORT_LON, timestamp=1427891940,
value=-84.42777778
...
```

행은 행의 키에 따라 오름차순으로 정렬되므로 출발 공항, 도착 공항 및 타임스탬프 역순으로 정렬된다. 이런 이유로 문자 A로 시작하는 두 공항 사이에서 가장 최신 항공편을 얻을 수 있다. 커맨드라인 셸은 셀당 한 행을 출력하므로, 행이 모두 동일한 행을 참조함에도 여러 행이 표시된다(행의 키는 동일함을 주목하라).

행의 키를 설계한 방법의 장점은 한 쌍의 공항 사이에서 최근 몇 건의 항공편을 얻을 수 있다는 점이다. 예를 들어 다음은 아메리칸 항공(AA)이 운항하는 로스앤젤리스(LAX)와 시카고 오헤어 공항(ORD) 사이 최신 두 항공편의 ontime 및 EVENT 칼럼이다.

```
scan 'predictions', {STARTROW => 'ORD#LAX#AA', ENDROW => 'ORD#LAX#AB',
                     COLUMN => ['FL:ontime','FL:EVENT'], LIMIT => 2}
ROW                                    COLUMN+CELL
 ORD#LAX#AA#9223370608929475807         column=FL:EVENT, timestamp=14279262
                                        00, value=wheelsoff
 ORD#LAX#AA#9223370608929475807         column=FL:ontime, timestamp=1427926
                                        200, value=0.73
 ORD#LAX#AA#9223370608939975807         column=FL:EVENT, timestamp=14279320
                                        80, value=arrived
 ORD#LAX#AA#9223370608939975807         column=FL:ontime, timestamp=1427932
                                        080, value=1.00
```

arrived 이벤트는 실제적인 정시 성능(1.00)을 갖는 반면 **wheelsoff** 이벤트는 정시 도착 확률(0.73)을 예측하고 있음에 주목하라. 클라우드 빅테이블 클라이언트 API를 사용해 클라우드 빅테이블 테이블에서 이런 쿼리를 수행하고, 결과를 최종 사용자에게 표시하는 애플리케이션을 작성할 수 있다.

모델 성능 평가

실제로 독립적인 데이터로만 최종 모델을 어떻게 잘 평가할 수 있을까? 2015년도의 항공편 데이터는 '테스트' 데이터로 사용해 여러 모델을 평가했고, 하이퍼파라미터 튜닝을 했기 때문에 모델의 성능을 평가하는 데 이 데이터는 더 이상 사용할 수 없다. 그러나 다행히도 이 책을 집필하기 시작했던 시점과 현재 시점 사이에 충분한 개월이 경과했기 때문에 미 교통국 통계BTS 웹 사이트는 이제 2016년도의 데이터도 갖고 있다. 머신 러닝 모델을 평가하려면 2016년도 데이터를 사용하자. 물론 환경이 변했다. 2016년도에 운송 사업을 하는 항공사의 수가 2015년도와 다를 수 있다. 또한 항공사의 항공편 일정도 변경됐을 것으로 추정한다. 경제 사정이 달라져서 항공기가 더 늘어날 수도 있다(그리고 탑승 시간이 더 늘어날 수도 있다). 여전히 2016년의 데이터를 평가하는 것은 올바른 일이다. 결과적으로 상용 환경에서 2015년 모델을 사용해 2016년도 고객에게 제공할 것이다. 예측은 어떻게 됐는가?

지속적인 훈련의 필요성

2016년도 데이터를 준비하려면 2015년도에서 수행했던 단계를 반복해야 한다. 이를 따라 하려면 다음 프로그램을 실행해야 한다.

- 2016년도 파일을 다운로드하고 정제한 후 클라우드에 업로드하기 위해 02_ingest의 ingest_2015.sh를 수정하라. 2015년도 데이터셋과 2016년도 데이터셋이 뒤섞이지 않게 하려면 다른 버킷이나 다른 출력 폴더에 업로드해야 한다.

- 2016년도 클라우드 스토리지 버킷을 가리키고 다른 빅쿼리 데이터셋에 결과를 저장하도록 04_streaming/simulate/df06.py를 수정하라(나는 `flights2016`라고 했다). 이 스크립트는 시간대 보정 및 공항 위치 정보(위도, 경도)를 데이터셋에 추가한다.

내가 이 단계들을 수행했을 때 두 번째 단계(df06.py)가 실패한 것을 발견했다. 스크립트에서 사용한 2016년도의 airports.csv 파일이 불완전하기 때문이다. 새로운 공항이 건설됐고 일부 공항 위치가 변경됐기 때문에 2015년도에는 없었던 여러 공항 고유 코드가 2016년도에 추가됐다. 2016년도에 해당하는 airports.csv 파일을 가져올 수 있었지만, 더 큰 문제는 해결되지 않는다. 머신 러닝 모델에서 출발 및 도착 공항의 임베딩을 생성해 공항 위치 정보를 사용했음을 상기하라. 이런 피처는 새로운 공항에는 제대로 동작하지 않는다. 현실 세계에서, 특히 사람 및 사람의 작업물 (고객, 공항, 제품 등)로 작업할 때 모델을 한 번 훈련하고, 이를 계속 사용할 수는 없다. 대신 모델을 최신 데이터로 지속적으로 훈련시켜야 한다. 지속적인 훈련은 머신 러닝에서 필수 재료이므로, 클라우드 ML 엔진의 쉬운 운용 및 버전 관리를 강조한다. 이것이 워크플로우를 자동화해야 하는 이유다.

모델의 지속적인 훈련을 얘기하는 중이지, 처음부터 모델을 재훈련하는 것을 얘기하고 있지 않다. 모델을 훈련시켰을 때 체크포인트를 기록했다(새로운 데이터로 모델을 훈련시키기 위해). 이러한 체크포인트 모델에서 시작해서 모델을 탑재한 후 몇 가지 일괄처리를 실행하고, 가중치를 조정한다. 이를 통해 모델은 축적된 지식을 잃지 않고 새로운 데이터에 천천히 적응할 수 있다. 체크포인트 그래프에서 노드를 교체하거나 특정 레이어를 고정해서 (아마도 공항의 임베딩된 레이어와 같은) 다른 레이어만 훈련시킬 수 있다. 학습률의 감소와 같은 작업을 수행한 경우 낮은 학습률로 계속적으로 훈련을 해야지, 가장 높은 학습률로 훈련을 재시작하지는 않는다. 클라우드 ML 엔진과 텐서플로는 이를 수용하도록 설계돼 있다.

그러나 현재로서는 오류를 자연스럽게 처리하려고 공항 코드를 조회하는 코드를 간단히 변경해서 머신 러닝 코드의 정상적인 코드가 나오게 하자.

```
def airport_timezone(airport_id):
    if airport_id in airport_timezones_dict:
        return airport_timezones_dict[airport_id]
    else:
        return ('37.52', '-92.17', u'America/Chicago')
```

공항이 사전에서 나오지 않는다면 공항 위치를 (37.52, -92.17) 위치로 가정하라. 이 위치는 미국의 인구 조사국에서 추정한 미국 인구의 중심에 해당하는 위치다.[12]

---

12. 이 위치는 미주리 중심에 있다. https://www.census.gov/2010census/data/center-of-population.php를 참고하라.

파이프라인 평가

2016년의 이벤트가 생성된 후 훈련 데이터셋을 생성하고 실시간 예측을 수행하는 파이프라인의 혼합인 클라우드 데이터플로우에 평가 파이프라인을 생성할 수 있다. 특히, 표 10-2는 평가 파이프라인 단계와 이에 부합된 코드를 나열한다.

표 10-2. 훈련된 모델의 성능을 평가하는 데이터플로우 파이프라인 단계

단계	하는 일	코드
1	쿼리를 입력한다.	`SELECT EVENT_DATA FROM flights2016.simevents` `WHERE (EVENT = 'wheelsoff' OR EVENT = 'arrived')`
2	flights의 PCollection으로 읽어 들인다.	`CreateTrainingDataset.readFlights`
3	평균 출발 지연을 얻는다.	`AddRealtimePrediction.readAverageDepartureDelay`
4	이동 평균 윈도우를 적용한다.	`CreateTrainingDataset.applyTimeWindow`
5	평균 도착 지연을 계산한다.	`CreateTrainingDataset.computeAverageArrivalDelay`
6	지연 정보를 flights에 추가한다.	`CreateTrainingDataset.addDelayInformation`

7	정시에 도착한 항공편만 유지한다.	`Flight f = c.element();`
		`if (f.getField(INPUTCOLS.EVENT).equals("arrived"))`
		`{`
		`    c.output(f);`
		`}`

8	Flights ML 서비스를 호출한다.	`InputOutput.addPredictionInBatches` `(part of real-time pipeline)`

9	기록한다.	`FlightPred fp = c.element();`
		`String csv = fp.ontime + "," +`
		`        fp.flight.toTrainingCsv()`
		`c.output(csv);`

이 일괄처리 파이프라인에서 Flights ML 서비스를 호출하려면 그림 10-12처럼 온라인 예측의 할당량을 초당 10,000 요청으로 증가시켜야 한다.

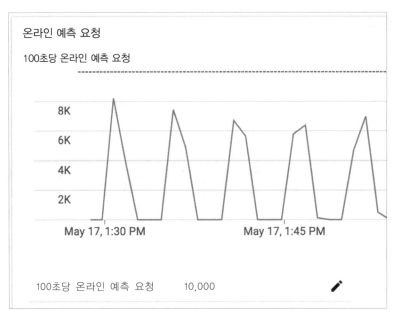

그림 10-12. 평가를 수행하려면 초당 8,000개의 요청을 전송할 수 있어야 한다.

성능 평가

평가 파이프라인은 평가 데이터셋을 클라우드 스토리지에 텍스트 파일로 기록한다. 분석의 편의를 위해 빅쿼리의 테이블로 전체 데이터셋을 일괄로 탑재할 수 있다.

```
bq load -F , flights2016.eval \
    gs://cloud-training-demos-ml/flights/chapter10/eval/*.csv \
    evaldata.json
```

빅쿼리 테이블을 사용하면 모델의 성능 분석을 빠르고 쉽게 수행할 수 있다. 예를 들어 빅쿼리 콘솔에서 다음을 입력해 평균 제곱근 오차[RMSE, Root Mean Squared Error]를 계산할 수 있다.[13]

---

13. 기존 SQL이 아닌 표준 SQL을 이용하고 있음을 확인하라.

```
SELECT
  SQRT(AVG((PRED-ONTIME)*(PRED-ONTIME)))
FROM
  flights2016.eval
```

이 쿼리의 결과는 RMSE 0.24이다. (훈련 중) 검증 데이터셋에서의 RMSE가 0.187이었음을 기억하라. (신규 공항, 잠재적으로 다른 공중 교통 제어 및 공항 스케줄 전략을 가진) 완전히 다른 기간의 완전히 독립적인 데이터셋의 경우 이는 상당히 합리적이다.

한계 분포

클라우드 데이터랩을 이용해 성능의 특성을 심층적으로 조사할 수 있다.[14] 빅쿼리를 사용해 예측된 확률[15]과 근거 자료에 따른 통계를 집계할 수 있다.

```
sql = """
SELECT
  pred, ontime, count(pred) as num_pred, count(ontime) as num_ontime
FROM
  flights2016.eval
GROUP BY pred, ontime
"""
df = bq.Query(sql).execute().result().to_dataframe()
```

그림 10-13은 결과 데이터프레임으로 보여주며, 정시 도착과 (가장 근접한 두 자리로 반올림된) 각 쌍의 예측에 따른 실제 정시 도착 수와 전체 예측 수를 보여준다.

---

14. 5장을 참고하라.

15. 클라우드 데이터플로우 파이프라인의 평가에서 두 자리 숫자로 반올림했다.

df.head()				
	pred	ontime	num_pred	num_ontime
0	0.99	0.0	1778	1778
1	0.54	1.0	13077	13077
2	0.25	1.0	5593	5593
3	0.63	0.0	2220	2220
4	0.41	0.0	2612	2612

그림 10–13. 지금까지의 결과에 대한 Pandas 데이터프레임

이제 그림 10-14처럼 정시 도착 기반의 판다스^{Pandas} 데이터프레임을 슬라이싱하고
예측 확률에 의해 예측 수를 도식화함으로써 한계 분포를 그린다.

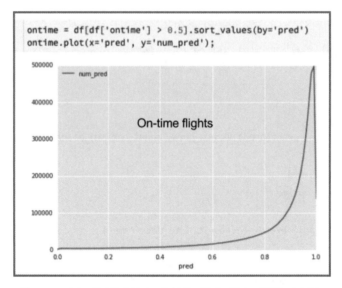

그림 10–14. 정시 도착의 한계 분포는 대다수를 정확히 예측하고 있음을 나타낸다.

과연 이는 대다수의 정시 도착이 정확히 예측되고 있음을 보여주고, 예측 확률이
0.4 미만인 정시 도착 수가 상당히 적다. 유사하게 그림 10-15처럼 나머지 한계
분포는 대다수의 경우에 도착 지연을 정확하게 예측하고 있음을 또한 보여준다.

536

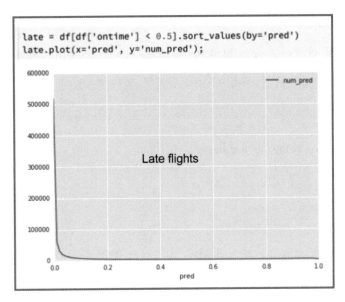

```
late = df[df['ontime'] < 0.5].sort_values(by='pred')
late.plot(x='pred', y='num_pred');
```

그림 10-15. 도착 지연의 한계 분포

대규모 데이터셋을 집계하려면 빅쿼리를 사용하고, 판다스와 결과를 시각화하려고 클라우드 데이터랩에서 Matplotlib이나 seaborn을 사용하는 이런 패턴은 강력한 패턴이다. Matplotlib과 seaborn은 강력한 도식화 및 시각화 도구지만, 매우 큰 데이터셋에는 확장할 수 없다. 빅쿼리는 대규모 데이터셋을 쿼리하고 주요 정보로 제공하는 능력을 제공하지만, 시각화 엔진은 아니다. 클라우드 데이터랩은 빅쿼리 결과세트를 판다스 데이터프레임으로 변환하는 능력을 제공하고, 강력한 백엔드 데이터처리 엔진(빅쿼리)과 강력한 시각화 도구(Matplotlib/seaborn) 사이의 접착제처럼 동작한다.

서버리스 백엔드에 쿼리를 위임하는 것은 단순한 데이터 과학 이상으로 유용하다. 예를 들어 클라우드 데이터랩과 스택 드라이버를 결합해 사용하면 대규모의 로그 추출 및 쿼리에 대한 강력한 도식화 능력을 얻을 수 있다.

모델 동작 확인

데이터에 대한 모델의 이해가 합리적인지 또한 확인할 수 있다. 예를 들어 다음을
이용해 출발 지연과 모델 예측 사이의 관계를 얻을 수 있다.

```
SELECT
    pred, AVG(dep_delay) as dep_delay
FROM
    flights2016.eval
GROUP BY pred
```

이를 도식화화면 그림 10-16처럼 매우 매끄럽고 합리적인 그래프를 도출한다.

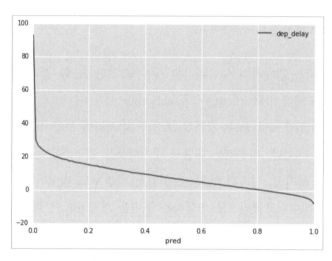

그림 10-16. 모델이 출발 지연을 처리하는 방법

30분 이상 지연된 항공편의 확률은 거의 0이지만, 출발 지연이 음수인(즉, 일찍 출발하
는) 항공편의 확률은 0.8 이상이다. 이 전환은 매끄럽고 점진적이다.

모델에서 출발 지연과의 관계가 오류인 것도 분석할 수 있다(항공편이 정시에 도착했
으나 예측이 0.5 미만인 때를 오류로 정의).

```
SELECT
   pred, AVG(dep_delay) as dep_delay
FROM
   flights2016.eval
WHERE (ontime > 0.5 and pred <= 0.5) or (ontime < 0.5 and pred > 0.5)
GROUP BY pred
```

이를 시각화하면(그림 10-17) 지연 출발했음에도 항공편이 정시에 도착할 때 모델에 오류가 많이 발생하는 것을 보여준다.

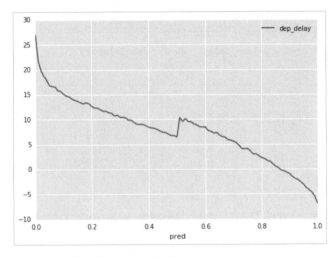

그림 10-17. 모델이 많은 오류를 만드는 곳

유사하게 각 입력 변수(활주로 진출, 거리, 출발지 공항 등)에 의해 모델의 성능을 분석할 수 있다. 간결성을 위해[16] 하나의 변수만으로 모델을 평가해보고, 다소 흥미롭게 만들기 위해 범주형 변수를 선택해보자(항공사).

쿼리는 범주형 변수로 집계하고 그룹화한다.

---

16. 나는 이 책을 끝낼 준비가 됐다!

```
SELECT
    carrier, pred, AVG(dep_delay) as dep_delay
FROM
    flights2016.eval
WHERE (ontime > 0.5 and pred <= 0.5) or (ontime < 0.5 and pred > 0.5)
GROUP BY pred, carrier
```

판다스 도표는 부합하는 그룹을 꺼내 각 항공사를 위한 분리된 선을 그린다.

```
df = df.sort_values(by='pred')
fig, ax = plt.subplots(figsize=(8,12))
for label, dfg in df.groupby('carrier'):
    dfg.plot(x='pred', y='dep_delay', ax=ax, label=label)
plt.legend();
```

그림 10-18은 결과 도표를 보여준다.

동작 변화 식별

그림 10-18을 보면 거짓 긍정[false positive][17]에 대한 평균 출발 지연이 OO(스카이웨스트 항공사)가 운항하는 항공편에서 가장 낮은 것으로 나타난다. 반대로 평균 출발 지연은 WN(사우스웨스트 항공)에서 운항하는 항공편에서 결항률이 가장 높다. 이와 같은 관찰을 통해 2015년과 2016년 사이에 이들 두 항공사의 운영 방식이 변경된 것을 확인하고, 신규 데이터로 모델을 재훈련할 때 이 차이를 포착할 수 있다. 예를 들어 스카이웨스트는 2015년에 지연됐던 항공편이 2016년에는 정시에 도착하게 원래 항공 시간에 몇 분을 추가하도록 스케줄 알고리즘을 변경시킨 것 같다.

---

17. 머신 러닝 모델은 정시에 도착 확률을 예측하는 것이므로, 거짓 긍정이란 예측 확률이 거의 0인데 정시에 도착한 항공편을 말한다.

540

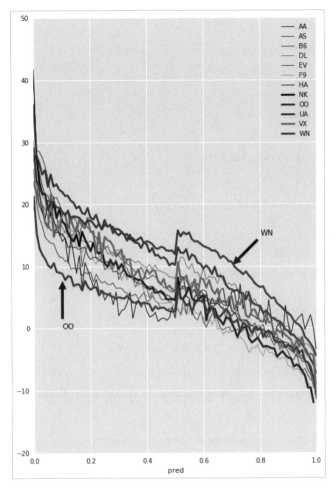

그림 10-18. 모델이 서로 다른 항공사를 처리하는 방법(컬러 이미지 p. 566)

이것이 사실인지 아닌지 확인하는 현장 검증을 해보자. OO가 운항하는 가장 일반적인 항공편을 찾아보자.

```
SELECT
    origin,
    dest,
    COUNT(*) as num_flights
```

```
FROM
    flights2016.eval
WHERE
    carrier = 'OO'
GROUP BY
    origin,
    dest
order by num_flights desc limit 10
```

이제 2015년도와 2016년도에서 (ORD-MKE)의 항공편에 대한 통계를 확인해보자.

```
SELECT
    APPROX_QUANTILES(TIMESTAMP_DIFF(CRS_ARR_TIME, CRS_DEP_TIME, SECOND), 5)
FROM
    flights2016.simevents
WHERE
    carrier = 'OO' and origin = 'ORD' and dest = 'MKE'
```

실제로 2016년의 시카고(ORD)와 밀워키(MKE) 사이에 예정된 항공편의 분위수는 다음과 같다.

```
2580, 2820, 2880, 2940, 3180
```

2015년도의 해당 분위수는 다음과 같다.

```
2400, 2760, 2880, 3060, 3300.
```

이를 풀어 보는 것은 가치가 있다. 시카고에서 밀워키까지 항공편의 비행 스케줄에서 중앙값은 동일하다. 물론 중앙값은 항공편 절반의 스케줄이 짧아지고 나머지 절반의 스케줄은 길어진다는 것을 의미한다. 2015년의 스케줄이 짧은 항공편의 스케줄 중앙값이 2,760초이다. 2016년에는 60초 길다. 다시 말해 항공사가 일정이 빡빡한 항공편에 더 많은 시간을 추가했다. 반대로 2015년의 스케줄이 긴 항공편의 중앙값은 3,060분이다. 2016년에는 이것이 120분 줄었다. 모델링하는 시스템의 기본 통계에서 이런 종류의 변경은 지속적인 머신 러닝 훈련이 왜 필요한지 알려준다.

요약

10장에서는 1장에서 시작했던 엔드투엔드 프로세스를 완성했다. 훈련된 머신 러닝 모델을 마이크로서비스로 배포했고, 이 마이크로서비스를 실시간 스트리밍 클라우드 데이터플로우에 삽입했다. 이를 위해 Flight 객체를 JSON 요청으로 변환하고, JSON 응답을 얻고, 파이프라인에서 사용하기 위한 FlightPred 객체를 생성해야 했다. 또한 한 번에 하나씩 항공편의 요청을 전송하는 것은 네트워크, 비용 및 시간 측면에서 비용이 많이 드는 것을 알 수 있었다. 따라서 클라우드 데이터플로우 파이프라인에서 머신 러닝 서비스에 요청을 일괄로 처리했다.

파이프라인은 클라우드 pub/sub에서 데이터를 읽고, 각 토픽에서의 PCollection을 훈련에서 사용하던 동일한 코드로 처리된 공통 PCollection으로 평탄화한다. 훈련에서 사용하도록 제공한 동일한 코드를 사용하면 훈련–제공 왜곡을 완화시키는 데 도움이 된다. 또한 늦게 도착하고 순서가 맞지 않은 기록을 처리하는 방법으로 좀 더 세밀한 제어를 할 수 있도록 워터마크와 트리거를 활용했다.

또한 다른 가능한 스트리밍 데이터 싱크를 살펴보고, 그중에서 선택하는 방법을 살펴봤다. 처리량이 많고 대기 시간이 짧은 상황에서 동작할 수 있는 클라우드 빅테이블 싱크를 가상으로 구현했다. 빠른 읽기 및 동시에 쓰기를 병렬적으로 하기 위한 적절한 행의 키를 설계했다.

끝으로 모델의 성능을 평가하는 방법과 모델링한 시스템의 주요 액터에 의해 동작이 변경돼 모델이 더 이상 유효하지 않을 때를 인지하는 방법을 살펴봤다. 2015년과 2016년 사이 스카이웨스트 항공사의 항공편 스케줄 변경을 발견해 이를 표시했다. 이와 같은 동작 변경은 머신 러닝이 동작하지 않는 이유다. 이제 엔드투엔드 시스템을 구축했으므로 지속적으로 개선시키고 데이터로 끊임없이 새로 고쳐야 한다.

마치며

1장에서는 데이터 분석의 목표, 통계 및 머신 러닝 모델을 사용해 데이터 기반 지침을 제공하는 방법과, 향후 이런 작업에 관련된 역할을 알아봤다. 또한 사례 연구의 문제를 공식화했다(운항 중인 항공편이 지연될 확률을 바탕으로 예정된 회의를 취소할지 여부를 여행자에게 추천함).

2장에서는 BTS 웹 사이트에서 항공편 데이터의 입수를 자동화했다. 웹 폼을 역공학하는 것으로 시작해 필요한 데이터를 다운로드하는 파이썬 스크립트를 작성했고, 데이터를 구글 클라우드 스토리지에 저장했다. 끝으로 입수 작업을 수행하는 앱 엔진 애플리케이션을 생성해 서버리스 입수 절차를 작성했고, 앱 엔진의 크론 서비스에서 호출하게 만들었다.

3장에서는 최종 사용자의 통찰력을 모델링 작업에 최대한 일찍 제공하는 것이 중요한 이유를 알아봤다. 데이터 스튜디오에서 대시보드를 작성하고 클라우드 SQL로 대시보드를 채우게 해서 이를 달성했다. 항공편의 출발 지연을 임곗값으로 해서 정시 도착 가능성을 예측하는 간단한 분할표 모델을 설명하는 데 대시보드를 사용했다.

4장에서는 실시간으로 도착한 것처럼 항공편 데이터를 시뮬레이션했고, 시뮬레이션을 사용해 클라우드 pub/sub에 메시지를 채운 후 클라우드 데이터플로우에서 스트리밍 메시지를 처리했다. 클라우드 데이터플로우에서 집계를 계산했고, 결과를 빅쿼리로 스트리밍했다. 클라우드 데이터플로우는 빔 프로그래밍 모델을 따르므로, 스트리밍과 일괄처리용 코드는 동일하며, 이는 이 책의 나머지 부분에 있는 머신 러닝 모델을 훈련시키고 운영하는 것을 매우 단순화시켰다.

5장에서는 데이터셋을 구글 빅쿼리에 탑재하고 클라우드 데이터랩으로 차트를 도식화함으로써 대화형 데이터 탐색을 수행했다. 5장에서 사용했던 모델은 도착 지연의 30번째 백분위수에 대한 비모수적 추정이었다. 이 데이터셋을 두 부분으로 나눈 것도 5장이다. 한 부분은 훈련을 위한 부분이고, 나머지 한 부분은 평가를 위한 부분이다. 데이터를 바탕으로 데이터셋을 나누는 것이 이 문제에 대한 올바른 접근법인 이유를 알아봤다.

6장에서는 클라우드 데이터프록 클러스터에서 베이지안 모델을 생성했다. 베이지안 모델 자체는 스파크에서의 양자화와 아파치 피그를 사용한 정시 도착 % 계산을 포함한다. 클라우드 데이터프록으로 빅쿼리, 스파크 SQL 및 아파치 피그를 하둡 워크플로우에 통합할 수 있다. 데이터를 (HDFS가 아닌) 구글 클라우드 스토리지에 저장했으므로 클라우드 데이터프록 클러스터는 작업별로 작동하며, 작업의 범위를 정할 수 있으므로 비용을 제한할 수 있다.

7장에서는 아파치 스파크를 사용해 로지스틱 회귀 머신 러닝 모델을 작성했다. 이 모델은 세 가지 입력 변수를 가졌고, 이들 모두는 연속적인 피처였다. 범주형 피처를 추가함으로써 결과적으로 데이터셋 양의 폭증을 초래해 확장의 문제를 유발함을 발견했다. 또한 로지스틱 회기 모델로 낮은 대기 시간의 예측을 달성할 수 있도록 상용화하는 데에도 심각한 장애물이 존재했다.

8장에서는 머신 러닝 모델에서 입력으로 사용하는 시간 집계 피처를 계산하는 클라우드 데이터플로우 파이프라인을 구축했다. 파이프라인에는 윈도우 사용과 측면 입력 및 키에 의한 다중 병렬 컬렉션을 포함한다.

9장에서는 손으로 작성된 피처를 갖는 와이드앤딥wide-and-deep 모델을 생성하려고 텐서플로를 사용했고, 정시 도착 확률을 예측하기 위한 고성능 모델이 탄생했다. 클라우드 ML 엔진으로 텐서플로 모델의 훈련을 확장했고, 하이퍼파라미터 튜닝을 수행했고, 온라인 예측을 수행할 수 있도록 모델을 배포했다.

10장에서는 마이크로서비스로 배포된 모델을 사용하고, 이에 대한 호출을 일괄처리하고, 수신된 항공편 예측을 추가하고, 실시간으로 항공편 데이터를 처리함으로써 이 모든 것을 통합했다. 또한 완벽히 독립적인 데이터로 모델을 평가했고, 머신 러닝 모델을 지속적으로 훈련시키는 것이 필수적이라는 것을 배웠다.

이 책 전반에 걸쳐 데이터 과학의 문제를 처음부터 끝까지 처리하면서 입수에서 머신 러닝에 이르기까지 이 모든 과정이 이전보다 훨씬 쉬워졌다는 사실을 깨달았다. 베이지안 기술로 간단한 임곗값을 얻는 것부터 심층 신경망에 이르기까지 놀라울 만큼 적은 노력으로 이 모든 것을 할 수 있었다. 동시에 데이터를 입수하고, 갱신하고, 대시보드를 작성하고, 스트리밍 처리를 실행하고, 아주 적은 코드로 머신 러닝 모델을 운영할 수 있었다. 내가 이 분야에서 일하기 시작할 때 데이터 과학의 질문에 답하는 데 80%의 시간은 데이터를 얻는 파이프라인을 작성하는 데 소비했다. 머신 러닝 모델을 상용에서 동작하게 만드는 것은 최초에는 개발할 때와 같은 규모였다. 그러나 구글 클라우드 플랫폼은 인프라를 잊게 설계돼 있고, 머신 러닝 모델을 상용화하는 것은 모델 개발 단계 자체에서 만들 수 있다. 데이터 과학 실무는 강력한 통계적 시각화 소프트웨어 도구에 통합된 서버리스 데이터 처리 및 머신 러닝 시스템의 출현으로 점점 더 쉬워지고 있다.

나는 여러분이 다음에 구축할 것이 무엇인지 빨리 보고 싶다.

머신 러닝 데이터셋 내에서
민감한 데이터의 보호

 브래드 스비(Brad Svee)와 나에 의해 작성된 이 부록의 내용은 구글 클라우드 플랫폼 문서
웹 사이트에 솔루션 논문으로 발행됐다.

머신 러닝^{ML} 프로그램을 개발할 때 회사 내에서의 데이터 접근과 해당 접근의 보안
연관성에 균형을 맞추는 것이 중요하다. 민감한 정보의 접근이 제한돼 있을 때조차
ML 훈련을 가이드하려고 원시 데이터셋에 포함된 통찰력을 필요로 한다. 두 가지
목표를 달성하려면 원시 데이터의 부분집합이나 여러 집계 또는 난독화 기술을 부분
적으로 적용한 후의 모든 데이터셋에서 ML 시스템을 훈련시키는 것이 유용하다.

예를 들어 데이터 엔지니어가 제품에 대한 고객의 피드백 가중치를 측정하는 ML
모델을 훈련시킬 수 있지만, 누가 피드백을 제출했는지 알지 못하기를 원한다. 그러
나 배송 주소 및 구매 이력 같은 정보는 ML 모델을 훈련하기에는 아주 중요하다.
데이터를 데이터 엔지니어에 제공한 후 데이터 탐색의 목적으로 쿼리하길 원할 것이
고, 이를 가능하게 하기 전에 민감한 데이터 필드를 보호하는 것은 중요하다. 이런
유형의 딜레마는 추천 엔진에 포함된 ML 모델에서도 일반적이다. 사용자 특화 결과

를 반환하는 모델을 생성하려면 사용자 특화 데이터의 접근이 일반적으로 요구된다.

다행히도 효과적인 ML 모델을 여전히 훈련시키면서도 데이터셋에서 일부 민감한 데이터를 제거하는 데 사용할 수 있는 기술이 있다. 이 글의 목표는 민감한 정보를 식별하고 보호하는 일부 전략 및 ML 데이터의 보안 문제를 해결하는 데 도움에 되는 절차를 중점적으로 다루는 것이다.

민감한 정보 취급

민감한 정보sensitive information는 여러분이나 보안 책임자가 원하는 제한된 액세스나 암호화 같은 추가적인 보안 수단으로 보호하고자 하는 모든 데이터다. 예를 들어 이름, 이메일 주소, 과금 정보, 또는 데이터 엔지니어, 또는 악의적인 사용자가 민감한 정보를 간접적으로 추론할 수 있는 필드는 종종 민감한 것으로 간주된다.

HIPAA 및 PCI-DSS 같은 표준은 민감한 정보를 보호하는 일련의 모범 사례를 지정하는 동시에 민감한 데이터를 처리하는 방법을 고객에게 알려준다. 이러한 인증을 통해 고객은 정보 보안에 입각한 결정을 내릴 수 있다.

머신 러닝 데이터셋에서 민감한 정보를 취급하는 것은 다음과 같은 이유로 쉽지 않을 수 있다.

- 대부분의 역할 기반 보안은 소유권의 개념을 대상으로 한다. 이는 사용자가 본인의 데이터는 조회하고/조회하거나 편집할 수 있음을 의미한다. 그러나 소유하지 않은 데이터는 액세스할 수 없다. 소유권의 개념은 많은 사용자에게서 데이터를 수집하는 ML 데이터셋에서 붕괴됐다. 기본적으로 데이터 엔지니어가 데이터셋을 효과적으로 사용하려면 모든 데이터셋의 읽기 권한이 부여돼야 한다.

- 민감성 필드를 암호화하거나 빈도를 줄이는 것은 예방 조치로 종종 사용되지만, ML 데이터셋에서 항상 충분한 것은 아니다. 집계 데이터셋 자체는 종종 빈도수 분석 공격을 통해 암호화를 해제하는 수단을 제공한다.

- 데이터셋에서 민감한 필드를 임의의 토큰화, 억제 또는 제거하면 필요한 데이터가 모호해져서 효과적인 ML 모델 훈련을 저하시키고 결과적으로 예측 성능이 저하된다.

조직은 종종 보안과 활용성 사이의 적절한 균형을 유지하려고 도구와 모범 사례를 개발한다. ML 데이터셋에서 민감한 정보를 보호하는 것을 도우려면 다음의 세 가지 목표를 명심하라. 이 목표는 이 문서의 나머지 부분에서 다룬다.

- 높은 신뢰도로 데이터셋에서 민감한 데이터를 식별하라.

- 프로젝트에 부정적인 영향을 주지 않으면서 민감한 정보를 보호하라. 이는 민감한 데이터라고 결정한 데이터를 제거하고, 마스킹하고, 조악하게 함으로써 달성할 수 있다.

- 거버넌스 계획 및 모범 사례 문서를 작성하라. 이를 통해 데이터 엔지니어뿐만 아니라 고객은 민감한 정보에 대해, 특히 민감한 데이터를 안정적으로 식별, 마스킹 또는 삭제할 수 없는 시나리오에 대해 적절한 결정을 내릴 수 있다.

이들 세 가지 목표는 다음 절에서 자세히 설명하고, 데이터셋이 회사 내에서 비공개로 유지되는 시나리오에 중점을 둔다. 이 글에서는 공개적으로 공유될 수 있는 데이터셋의 시나리오는 취급하지 않는다.

민감한 데이터 식별

환경의 여러 가지 시나리오에 민감한 정보가 존재할 수 있다. 다음 절은 다섯 가지 가장 일반적인 시나리오를 다루고, 각각에 있어 민감한 정보를 식별하는 데 사용할 수 있는 방법을 제시한다.

칼럼상의 민감한 데이터

민감한 데이터는 구조화된 데이터셋의 특정 칼럼으로 제한된다. 예를 들어 사용자의 성, 이름 및 메일 주소를 포함하는 칼럼 집합을 가질 수 있다. 이런 경우 어떤 칼럼이 민감한 데이터인지 식별하고, 어떻게 그들을 보호할지 결정하고, 이런 결정을 문서화한다.

구조화되지 않은 텍스트 기반 데이터셋에서의 민감한 데이터

민감한 데이터는 구조화되지 않는 텍스트 기반 데이터셋의 일부일 수 있으며, 종종 알려진 패턴으로 탐지될 수 있다. 예를 들어 채팅 내용 중에 있는 신용카드 번호는 신용카드 번호에 대한 일반적인 정규식 패턴을 사용해 안정적으로 감지할 수 있다. 잘못된 분류를 이끄는 정규식 탐지 오류는 구글 데이터 손실 방지^{DLP, Data Loss Prevention} API 같은 더 복잡한 도구를 이용해 최소화시킬 수 있다.

자유 형식의 구조화되지 않은 데이터에서의 민감한 데이터

민감한 데이터는 텍스트 보고서, 오디오 녹화, 사진 또는 스캔된 영수증 같은 자유 형식의 구조화되지 않은 데이터에 존재할 수 있다. 이들 데이터셋은 민감한 데이터를 식별하는 데 비교적 더 어렵다. 그러나 도움이 되는 많은 도구가 있다.

- 자유 텍스트 문서의 경우 클라우드 자연어 API 같은 자연어 처리 시스템을

사용해 엔티티, 이메일 주소 및 기타 중요한 데이터를 식별할 수 있다.

- 오디오 녹음의 경우 클라우드 스피치 API 같은 Speech-to-Text 서비스를 사용하고, 그 후에 자연어 처리기를 적용할 수 있다.

- 이미지의 경우 클라우드 비전 API 같은 텍스트 감지 서비스를 사용해 이미지에서 텍스트 원본을 도출하고, 이미지 내에서 해당 텍스트의 위치를 분리시킬 수 있다. 비전 API는 이미지 내에서 일부 대상 항목의 위치 좌표를 제공할 수 있고, 이들 정보를 사용할 수 있다. 예를 들어 고객의 평균 대기 시간을 추정하려고 머신 러닝 모델을 훈련시키기 전에 계산대의 모든 얼굴을 마스킹할 수 있다.

- 비디오의 경우 각 비디오를 개별 그림 프레임으로 파싱해 이미지 파일로 처리하거나 클라우드 비디오 인텔리전스 API 같은 비디오 처리 도구와 클라우드 스피치 API를 함께 사용해서 비디오 및 오디오를 처리할 수 있다.

이런 기술들은 여전히 법률 자문의 검토 및 승인을 거쳐야 하며, 잠재적인 민감한 데이터를 식별하려고 시스템이 얼마나 잘 비디오를 분할하고, 이미지를 이해하고, 오디오를 해석하고, 텍스트 구문을 처리하는지에 달려 있다. DLP API와 위에 나열된 구글 API는 전처리 파이프라인으로 통합할 수 있는 강력한 도구들이다. 그러나 이런 자동화된 방법은 불완전하므로 제거 후 잔존하는 민감한 정보를 다루는 거버넌스 정책의 유지를 고려하는 것이 좋다.

필드의 조합에 있어서의 민감한 데이터

민감한 데이터는 필드의 조합으로 존재할 수 있거나 시간이 지남에 따라 보호된 필드의 추세에서 나타날 수 있다. 예를 들어 사용자를 식별할 가능성을 줄이는 표준 방법은 우편번호 뒤의 두 자리를 흐리게 처리해서 우편번호용 5 글자를 3 글자('zip3')로 줄이는 것이다. 그러나 회사와 관련된 zip3와 집 주소에 관련된 zip3의 조합은 비정상적인 가정-일터 조합으로 사용자를 충분히 식별할 수 있다. 유사하게 시간이 지남에 따른 방향을 갖는 zip3 집 주소는 여러 번 이사를 간 개인을 식별하기에 충분할 수 있다.

빈도수 분석 공격에 직면했을 때 데이터셋이 정말 보호되는지 식별하려면 통계 전문 지식이 필요하다. 인간 전문가에 의존하는 모든 시나리오에는 확장성 문제가 있으며, 역설적으로 동일한 데이터 엔지니어가 데이터를 스캔해 원본 데이터에 잠재적인 문제가 있는지 검사할 수 있다. 이상적으로 이런 위험을 식별하고 정량화하는 자동화된 방법을 작성할 수 있지만, 이는 이 글의 범위를 벗어나는 작업이다.

어쨌든 이런 시나리오에서 법률 자문 및 데이터 엔지니어와 협력해 위험에 노출되는지 평가해야 한다.

구조화되지 않은 콘텐츠에서의 민감한 데이터

상황에 따르는 정보가 내장돼 있어 구조화되지 않은 콘텐츠에는 민감한 데이터가 때때로 존재한다. 예를 들어 채팅 내용에는 이런 문장이 포함될 수 있다. "나는 어제 사무실에서 전화했다. 나는 카페 디렉스 에스프레소 옆에 있는 18층 로비에 가야 했다. 4층은 휴대폰 수신이 잘되지 않기 때문이다"

훈련 데이터의 범위 및 콘텍스트와 법률 자문의 조언을 기반으로 이 콘텐츠의 특정 부분을 필터링하길 원할 것이다. 구조화되지 않은 특성과 유사한 추론을 가능하게 할 수 있는 문장의 복잡한 조합 때문에 이는 프로그래밍 도구로 다루기 어려운 시나리오다. 그러나 모든 구조화되지 않은 데이터셋의 액세스와 관련해 좀 더 엄격한 거버넌스를 고려할 가치가 있다.

신뢰할 수 있는 사람이 조회하고 검토한 데이터의 표본 일부를 가져와서 모델 개발을 위해 사용하는 것이 종종 효과적이다. 그런 다음 보안 제약 사항과 소프트웨어 자동화를 사용해 상용 모델 훈련 프로세스를 통해 전체 데이터셋을 처리할 수 있다.

민감한 데이터 보호

민감한 데이터를 식별한 후 어떻게 보호할지 결정해야만 한다.

민감한 데이터 제거

사용자 특화 정보가 프로젝트에서 필요하지 않다면 ML 모델을 작성하는 데이터 엔지니어에게 데이터셋을 제공하기 전에 모든 관련 정보를 제거하는 것을 고려하라. 그러나 앞에서 설명한 대로 민감한 정보를 제거하는 경우 데이터셋의 가치가 급격히 감소하는 경우가 있으므로, 이런 경우에는 '민감한 데이터 마스킹' 절에서 다루는 기법의 일부를 이용해 민감한 정보를 마스킹해야 한다.

데이터셋의 구조에 따라 민감한 정보를 제거하려면 여러 접근 방법이 필요하다.

- 데이터가 구조화된 데이터셋의 특정 필드가 제한된다면 해당 칼럼의 접근을 제공하지 않는 뷰를 생성할 수 있다. 데이터 엔지니어는 해당 데이터를 조회할 수 없지만, 해당 데이터는 '라이브' 상태이고, 지속적인 훈련을 위해 Id를 제거해야 하는 인간의 개입이 필요 없어진다.

- 민감한 데이터가 구조화되지 않은 콘텐츠의 일부나 알려진 패턴으로 식별이 가능하다면 일반 문자열로 자동 제거하고 교체할 수 있다. 이는 DLP API가 이 과제를 해결하는 방식이다.

- 민감한 데이터가 이미지, 비디오, 오디오 또는 구조화되지 않는 자유 형식 데이터에 존재한다면 배포 도구를 확대해 민감한 데이터를 식별 후 마스킹하거나 제거할 수 있다.

- 필드의 조합 때문에 민감한 정보가 존재하고, 자동 도구나 수동 데이터 분석 단계를 통합해 각 열에 내재된 위험을 정량화한 경우에 데이터 엔지니어는 연관된 칼럼을 유지하거나 제거하도록 정보에 근거한 결정을 내릴 수 있다.

민감한 데이터 마스킹

민감한 데이터 필드를 제거하는 경우에도 데이터 엔지니어가 마스킹된 형태의 데이터로 효과적으로 모델을 훈련시키는 것이 여전히 가능할 수 있다. 데이터 엔지니어가 ML 훈련에 영향을 주지 않으면서도 모든 또는 일부 민감한 정보 필드를 마스킹할지 결정해야 한다면 데이터를 마스킹하는 데 사용할 수 있는 여러 기법이 있다.

- 가장 일반적인 접근 방법은 대체 암호를 사용하는 것으로, 모든 평문 식별자를 해시 및 암호화된 값으로 대치하는 방법이다. 일반적으로 SHA-256 같은 강력한 암호화 해시를 사용하거나, AES-256 같은 강력한 암호 알고리즘을 사용해 모든 민감성 필드를 저장하는 것이 모범 사례로 채택된다. 암호화에 솔트를 사용하면 반복적인 값이 생성되지 않으므로 ML 훈련에 이롭지 못하다는 점을 기억해야 한다.

- 토큰화는 각 민감성 필드에 저장된 실제 값을 아무런 관련이 없는 임의의 값으로 대체시키는 마스킹 기법이다. 이 임의의 값과 실제 값의 매핑은 완전히 별개로 구축된 더 안전한 데이터베이스에 암호화/해시화한다. 이 방법은 동일한 토큰 값이 동일한 값으로 사용이 되는 경우에 한해 ML 데이터셋에 적용할 수 있음을 주목해야 한다. 이런 경우는 암호 치환과 유사하며, 빈도수 분석 공격에 취약하다. 주요 차이점은 토큰화는 암호화 값을 별개의 데이터베이스에 집어넣어 또 다른 보호 계층을 추가시킨다는 점이다.

- 다중 칼럼을 사용하는 데이터를 보호하는 또 다른 방법은 주성분 분석PCA, Principal Components Analysis, 또는 기타 차원 제거 기법을 사용해 여러 피처를 조합한 후 결과 PCA 벡터만으로 ML 훈련을 수행하는 방법이다. 예를 들어 세 가지 다른 필드, 나이, 흡연 여부(1 또는 0), 몸무게가 주어졌을 때 데이터는 다음과 같은 공식을 사용해 단일 PCA 칼럼으로 압축된다(1.5age+30smoker+ 0.2* body-weight). 나이가 20살이고, 흡연을 하고, 몸무게가 140 파운드인

경우 88이란 값이 생성된다. 나이가 30살이고, 비흡연이고, 몸무게가 215 파운드인 경우도 동일한 값이 생성된다.

이 방법은 매우 강력할 수 있다. 누군가가 어떤 방식으로든 고유한 개인들을 식별할 수 있더라도 PCA 벡터 공식에 대한 설명 없이는 그들이 고유한지 결정하기 매우 어렵다. 그러나 모든 PCA 처리는 데이터 분포를 저하시키고, 보안과 정확성을 서로 맞교환한다.

앞에서 언급한 것처럼 다른 식별자가 '자연적으로' 발생한 빈도에 대한 선행 지식을 사용해 대체 암호를 해독해서 여러 암호화된 식별자의 실제 발생에서 실제 정보를 유도하는 것이 때때로 가능하다. 예를 들어 아기 이름을 가진 공개 데이터셋에서 이름의 분포는 특정 암호화 식별자에 대한 이름 집합을 유추하는 데 사용된다. 나쁜 행위자가 완전한 데이터셋에 액세스할 수 있다고 가정하면 암호화, 해싱 및 토큰화는 빈도수 분석 공격에 취약할 수 있다. 일반화와 양자화는 대치할 때 다대일의 매핑을 사용하고, 연관되는 추론은 약간 약하기만 여전히 빈도수 분석 공격에는 취약하다. 머신 러닝 데이터셋은 많은 연관 변수를 갖기 때문에 빈도수 분석 공격은 공동 발생 확률을 이용하면 잠재적으로 암호를 훨씬 쉽게 해독할 수 있다.

따라서 모든 마스킹 방법을 효과적인 감사와 거버넌스 메카니즘과 결합해 잠재적으로 민감한 데이터를 포함할 수 있는 모든 머신 러닝 데이터셋에 대한 액세스를 제한해야 한다. 이는 모든 민감성 필드를 막거나, 암호화하거나, 양자화하거나, 일반화한 데이터셋을 포함한다.

민감한 데이터 조악화

데이터 조악화는 데이터셋 안에 있는 민감한 데이터의 식별을 매우 어렵게 하기 위해 데이터의 정확도나 세분화를 낮추는 데 사용하는 또 다른 기법이며, 미리 조악화된 데이터로 모델을 훈련하는 것과 비교할 수 있는 이점을 제공한다. 이 접근법에 특히 잘 맞는 필드들은 다음과 같다.

- **위치**. 인구 밀도는 전 세계적으로 다양하고, 위치 좌표를 얼마나 반올림해야
하는지에 대한 쉬운 답은 없다. 예를 들어 한 자리 수 정밀도로 반올림한
(예, −90.3은 약 10km 이내) 10진수 기반의 위도와 경도는 대규모 농장을 가진
농촌 지역의 거주자를 정확히 찾아내기에는 충분하다. 반올림이 좌표에 대
해 불충분하다면 도시, 주 또는 우편번호 같은 위치 식별자를 이용할 수 있
다. 이는 매우 넓은 지역을 커버하며, 한 개인을 식별하기에는 너무 어렵다.
한 행의 고유한 특성을 충분히 모호하게 하는 데 충분히 커다란 버킷 크기를
선택한다.

- **우편번호**. 5+4 형식의 미국 우편번호는 세대를 식별할 수는 있지만 처음 세
자리('zip3')만 포함하도록 조악화할 수 있다. 이는 많은 사용자를 동일한 버
킷에 집어넣어 특정 사용자를 식별하는 능력을 제한한다. 또한 매우 큰 데이
터셋은 점점 더 정교한 공격을 가능하게 하므로 위험을 정량화하길 원할 것
이다.

- **수량**. 숫자는 개인을 식별할 가능성을 줄일 수 있도록 빈으로 나눌 수 있다.
예를 들어 정확한 생일은 자주 요구되지 않으므로, 개인이 태어난 날을 10년
간격 또는 월 간격으로 분류할 수 있다. 따라서 나이, 생일 및 유사한 수치
필드는 범위를 대치해 조악화할 수 있다.

- **IP 주소**. IP 주소는 종종 애플리케이션 로그와 관련 머신 러닝 워크플로우의
일부며, 민감성 측면에서 실제 주소처럼 종종 취급된다. 좋은 조악화 기법은
IPv4 주소의 마지막 옥테트를 0으로 만드는 것이다(IPv6을 사용한다면 마지막
80비트). 이는 위도/경도를 반올림하거나 거리 주소에서 우편번호를 줄이는
것처럼 더 좋은 보호를 위해 지리적 정확도를 거래할 수 있다. 가능한 한
빨리 IP 주소 조악화에 참여하라. IP 주소를 디스크에 기록하기 전에 IP 주소

를 마스킹하거나 지우도록 로깅 소프트웨어를 수정할 수도 있다.

거버넌스 정책 수립

데이터셋에 많은 민감한 정보가 있다면 법률 자문을 통해 일련의 거버넌스 정책을 확립하고, 모범 사례 문서를 작성하는 것이 좋다. 정책의 자세한 내용은 여러분에게 달려 있으며, PCI DSS 규정을 유지하기 위한 PCI 보안 표준 위원회의 모범 사례와 미리 보기를 할 수 있는 ISO/IEC 27001 보안 기술 요구 사항 같은 사용 가능한 많은 자료가 있다. 또한 다음 목록은 여러분의 정책 프레임워크를 수립하는 데 고려할 수 있는 많은 일반 개념을 포함한다.

- 거버넌스 문서를 위한 안전한 장소를 구축한다.

- 문서에서 암호 키, 해시 함수 또는 다른 도구를 제외한다.

- 입수되는 민감한 데이터의 알려진 모든 소스를 문서화한다.

- 저장된 민감한 데이터의 모든 알려진 위치와 함께 존재하는 데이터의 유형을 문서화한다. 이를 보호하려고 취해진 모든 복구 단계를 포함한다.

- 복구 절차가 어렵고, 일관되지 않거나 복구 불가능으로 알려진 민감한 데이터의 위치를 문서화한다. 이는 빈번한 분석 공격이 사용될 것이라고 의심하는 상황을 다룬다.

- 민감한 정보의 새로운 원본을 식별하고 지속적으로 스캔하는 절차를 수립한다.

- 민감한 데이터에 임시 또는 영구 액세스를 부여 받은 (가능하다면) 개인 직원의 이름과 역할을 문서화한다. 그들이 액세스해야 하는 이유에 대한 정보도 포함시킨다.

- 어떤 직원이 민감한 정보의 액세스를 요청하는지에 대한 절차를 문서화한다. 민감한 정보를 액세스할 수 있는 위치, 조건, 방법 및 어디서 복사할 수 있는지 및 액세스에 관련된 또 다른 제한을 지정한다.

- 중요한 데이터에 액세스할 수 있는 사람을 정기적으로 검토하고 액세스가 여전히 필요한지 여부를 결정하는 프로세스를 수립한다. 직원이 떠나거나 역할을 바꿀 때 해야 할 것을 오프보딩off-boarding 절차의 일부로 설명한다.

- 정책을 전달하고, 시행하고, 정기적으로 검토하는 절차를 수립한다.

컬러 이미지

1장

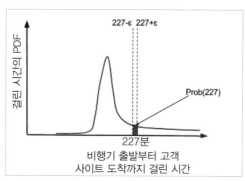

▲ 51페이지

4장

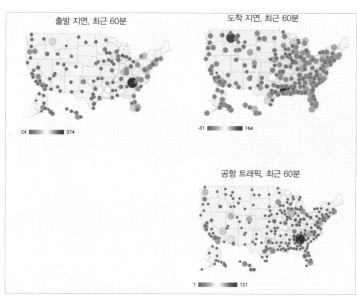

▲ 210페이지

| 평균 | 최대 | 표준화 |

▲ 236페이지

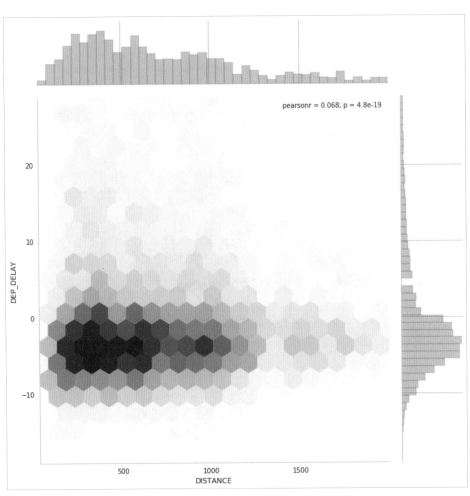

## 6장

▲ 299페이지

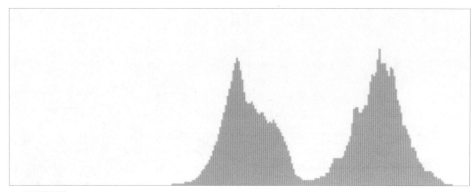

▲ 307페이지

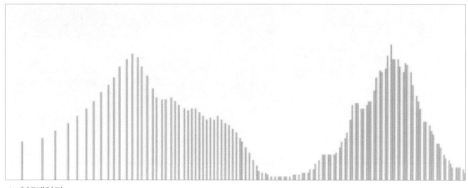

▲ 307페이지

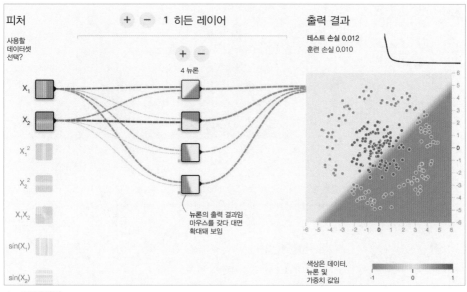

▲ 457페이지

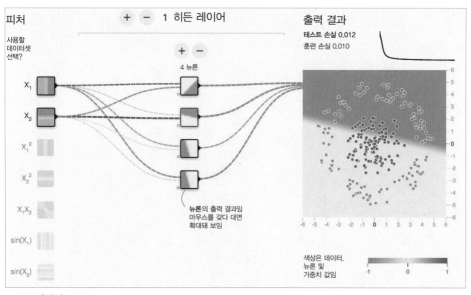

▲ 458페이지

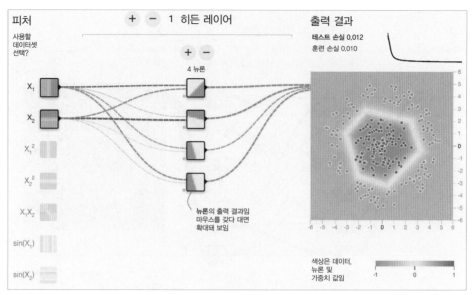

▲ 458페이지

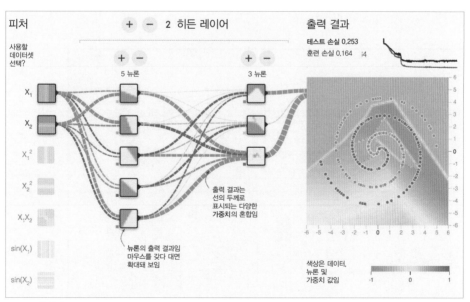

▲ 459페이지

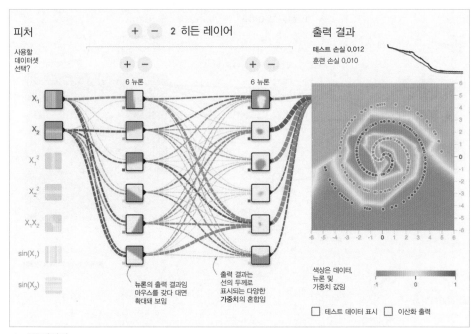

피처   + −   2 히든 레이어   출력 결과

사용할
데이터셋
선택?

+ −   + −

6 뉴론   6 뉴론

테스트 손실 0.012
훈련 손실 0.010

X_1

X_2

X_1^2

X_2^2

X_1X_2

$sin(X_1)$

$sin(X_2)$

뉴론의 출력 결과임
마우스를 갖다 대면
확대돼 보임

출력 결과는
선의 두께로
표시되는 다양한
가중치의 혼합임

색상은 데이터,
뉴론 및
가중치 값임

-1   0   1

☐ 테스트 데이터 표시   ☐ 이산화 출력

▲ 460페이지

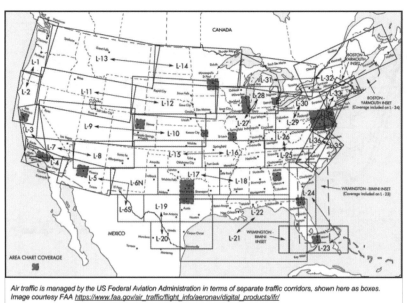

Air traffic is managed by the US Federal Aviation Administration in terms of separate traffic corridors, shown here as boxes.
Image courtesy FAA https://www.faa.gov/air_traffic/flight_info/aeronav/digital_products/ifr/

▲ 465페이지

564

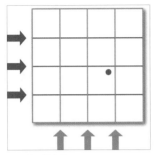

▲ 465페이지

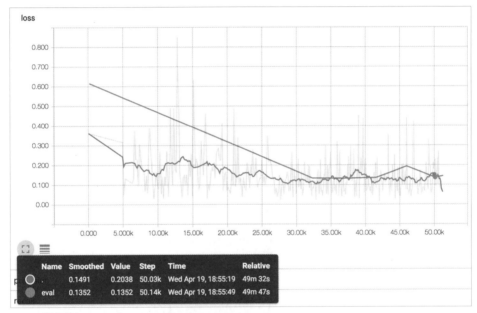

	Name	Smoothed	Value	Step	Time	Relative
○	.	0.1491	0.2038	50.03k	Wed Apr 19, 18:55:19	49m 32s
●	eval	0.1352	0.1352	50.14k	Wed Apr 19, 18:55:49	49m 47s

▲ 474페이지

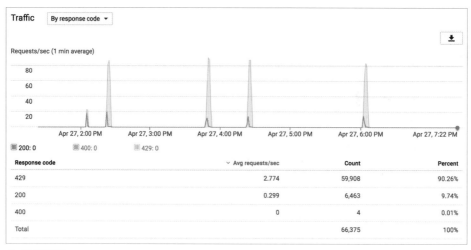

## 10장

▲ 500페이지

▲ 503페이지

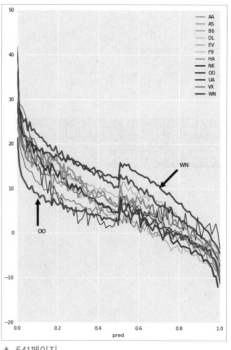

▲ 541페이지

566

찾아보기

ㅇ

ㅈ

구글 클라우드 플랫폼상의 데이터 과학

실시간 데이터 파이프라인 구현: 입수부터 머신 러닝까지

발 행 | 2020년 1월 2일

지은이 | 발리아파 락쉬마난
옮긴이 | 이 준 호

펴낸이 | 권 성 준
편집장 | 황 영 주
편 집 | 조 유 나
디자인 | 박 주 란

에이콘출판주식회사
서울특별시 양천구 국회대로 287 (목동)
전화 02-2653-7600, 팩스 02-2653-0433
www.acornpub.co.kr / editor@acornpub.co.kr

한국어판 © 에이콘출판주식회사, 2020, Printed in Korea.
ISBN 979-11-6175-373-7
http://www.acornpub.co.kr/book/google-cloud-platform

이 도서의 국립중앙도서관 출판시도서목록(CIP)은 서지정보유통지원시스템 홈페이지(http://seoji.nl.go.kr)와
국가자료공동목록시스템(http://www.nl.go.kr/kolisnet)에서 이용하실 수 있습니다.(CIP제어번호: CIP2019046894)